난생처음 성경공부

마태복음

난생 처음

읽기만 해도 깨달아지는

성경공부

마태복음

이지남 지음

규장

추 천 글

개혁주의 신학 배경의 깊이 있는 성경 해석과 삶의 적용

저자는 열정의 사람입니다. 예수님을 믿기 전에는 소위 자아실현에 열정을 쏟아부어 성공적인 사업을 했으며, 예수님을 만난 후에는 사명 완수에 온 힘을 다 쏟아붓고 있습니다. 지금도 그녀는 신실한 성도이자 말씀 사역자, 젊은 세대에게 모델이 되는 사업가로 바쁘게 살고 있습니다. 사실 그녀는 신앙생활을 막 시작하면서부터 새벽기도를 했고, 기도 후에는 신앙의 글을 매일 썼습니다. 그런 세월이 10여 년이 지나 이 책이 나왔습니다.

저는 이 책을 읽어보고 깜짝 놀랐습니다. 처음부터 끝까지 건전한 개혁주의 신학을 바탕으로 성경 해석의 깊이가 상당한 걸 보며 저도 새롭게 많이 배웠습니다. 그 깊은 해석의 내용을 치열한 삶의 현장에 적용하여 일반 성도가 공감할 만하게 풀어갑니다. 그런 점에서 성도 자신의 삶을 진솔하게 나눈 순례자의 이야기입니다. 이 책이 많은 사람의 영적 성장에 큰 도전이 되기를 바랍니다.

이순근 목사 | 다애교회 담임, 전 합동신학대학원 교수

말씀에 대한 새로운 지평과 깨달음을 열어주는 창

A. W. 토저가 이런 말을 한 적이 있습니다. "부흥은 교회에 있는 사람들이 그 책(성경)을 삼키겠다고 결심하고, 그 책이 자신들의 삶에 그 효력을 보게 하겠노라고 결심할 때 일어난다."

성경은 기독교 신앙의 전부라고 말할 수 있습니다. 그러나 막상 성경을 보려면 여러 이유로 어려움에 직면합니다. 특히 매일 성경을 꾸준히 묵상하기가 쉽지 않습니다. 그렇기에 이를 돕는 역할을 해주는 책의 도움을 받아야 할 때가 있습니다. 그럴 때 이 책이 바른 관점에서 성경을 읽고 친밀해질 수 있도록 도움을 줄 것입니다.

저자는 하나님의 말씀이 생명줄임을 굳게 믿는 사람입니다. 이 책을 읽을수록 '하나님의 말씀이 주는 힘으로 산다'라는 그의 신앙고백이 선명하게 드러납니다. 그녀는 매일 아침 성경을 읽고 묵상하며 하나님께 하루를 결재받으려고 합니다. 또 말씀을 함께 나누는 사람들에게 그런 영적 도전과 감동을 불러일으킵니다.

특히 삶의 현장에서 땀 흘리고 수고하며 성경적 가치가 말씀의 능력으로 구현되기를 간절히 사모하는 이들에게 이 책을 권합니다. 저자의 안내를 받아 성경 속을 거닐다 보면 이야기 속에 담긴 삶의 심오함에 가

닿을 것입니다. 간략하면서도 본문을 밝게 비춰주는 단락을 통해 풍성한 영적 안목과 적용점도 얻을 수 있습니다. 또한 하나님의 말씀에 대한 새로운 지평과 깨달음을 열어주는 창을 통해 우리의 믿음이 더 성장할 것입니다.

송태근 목사 | 삼일교회 담임

성경대로 살고픈 성경 사람의 책

지나미(내가 이지남 집사를 부르는 애칭)는 내게 두 장의 이미지로 남아있다. 하나는 막둥이를 등에 업은 채 큰 성경책을 들고 읽으면서 자장자장~ 하는 모습이다. 그의 손목에는 붕대 깁스가 되어 있다. 하도 이러고 살아서 손목이 나간 것이다. 그녀는 미국에서 성공한 비즈니스 우먼으로, 얻을 것을 다 얻었는데도 '왜 행복하지 않지…?' 한참을 고뇌하다가 '진리'에 도전장을 낸 삼십 대 엄마 투사였다. 그렇게 손때 묻어 두꺼워진 그의 성경책이 눈에 선하다.

또 하나는 추운 겨울 찬 바닥에 엎어진 모습이다. 새벽예배가 끝나면 한두 시간을 꼼짝 안 한다. 바위다. 보통은 몸을 흔들며 기도를 하는데, 그에게서는 숨소리도 안 들린다. 하.루.도.빠.짐.없.이. 어떤 날은 성도라고는 지나미 단 한 사람! 인도자 목사님이 깜빡 못 나오셔도 그녀는 단 하루의 실수도 없다. 토요일 새벽에는 아이들까지 다~ 데리고 등장한다. 큰 바위 옆에서 작은 바위들도 꼼짝을 안 한다. 자느라고!

새벽기도가 끝나면 어김없이 '카톡~!' 알람이 울린다. 새벽에 받은 말씀을 식자재 삼아 만든 요리가 도착하는 소리다. 솔직히 새벽기도 말씀이라는 게 성경 본문을 쭉 순서대로 잇는 정도 아닌가. 그런데 거기에 아픔, 기쁨, 속상함, 연약함, 비전, 행복, 감사… 지나미만의 비밀양념이 첨가되어 요리가 탄생한다. 성경 앞에 바위처럼 엎어져 요리하는 셰프! 그녀는 우선 자기 요리가 너~무 맛있다. 행복하다. 딴 사람 먹이고 싶어서 못 견딘다. 카톡! 카톡! 카톡! 먹으면 건강해지는 소리다. 건강해진 지나미는 에너지가 넘친다. 집에만 못 앉아있다. 세상을 다 먹이고 싶어 한다. 아무래도 그녀는 잠언의 그녀이다.

10여 년간 성경과 기도에 버무린 그녀만의 레시피! 이 책이 바로 그 책이다. 성경대로 살고픈 성경 사람의 책이다. 신학생? 목사님? 선교사? 신학자? 아니다. 그냥 지지고 볶으며 애 키우는 젊은 엄마의 자화상이다.

“지나마~ 언젠가 나한테 추천 영상 좀 찍어달라고 했지? 그때 내가 ‘이젠 네가 브랜드야. 그냥 해봐!’라고 한 말이 맞았지? 그래서 나도 행복하다, 지나마!”

이애실 사모 | 《어? 성경이 읽어지네!》 저자, 생터성경사역원 설립자

마주 앉아 눈을 보며 이야기하듯 풀어낸 성경

저는 아들에게 꼭 전해주고 싶은 이야기를 할 때 마주 앉아서 눈을 바라보며 친절하고 자세하게 말해줍니다. 이 책이 꼭 그런 책입니다. 이지남 대표님은 참 좋은 분입니다. 이 책은 그녀가 독자 한 사람 한 사람에게 꼭 들려주고픈 이야기를 마주 앉아 눈을 보며 이야기하듯 간절하게 쓴 책입니다. 그 진심이 담긴 책을 통해 많은 사람에게 예수님이 소개되기를 바랍니다. 깊은 이야기를 쉽게 풀어가는 그녀의 이야기를 듣다 보면, 우리를 위해 자신을 낮추어 우리 눈을 바라보신 예수님과 눈을 맞추게 됩니다. 그 강렬한 눈맞춤이 여러분을 하나님이 기뻐하시는 인생으로 이끌어갈 줄 믿습니다.

비글 부부 | 인플루언서, 에이치유지 대표

매일 성경을 붙들고 연구하며 눈물로 살아낸 삶

이지남 대표님은 제 어머니이자 신앙의 롤 모델입니다. 어머니를 생각하면 성경공부 하시는 모습이 제일 먼저 떠오릅니다. 바닥에 엎드려 울며 기도하시는 모습도 어릴 적부터 보아왔습니다. 어머니는 아무리 일정이 바빠도 주님 앞에서 보내는 시간을 빼먹거나 순서를 바꾸는 일이 없습니다. 어떤 문제라도 기도로 해결해야 한다는 것과 '하나님을 아는 게 최고의 스펙'이라는 가르침을 삶으로 보여주십니다. 대학생이 된 저도 어머니를 따라 그 발걸음을 내딛고 있습니다.

이 책에서 어머니의 '진심'이 느껴집니다. 매일 성경을 붙들고 연구하신 정성과 성경 앞에서 흘린 눈물 가운데 하나님의 역사하심이 고스란히 담겼습니다. 무엇보다 마태복음을 쉽고 논리적으로 설명하여, 저 같은 청년들에게도 유용하고 탁월한 길잡이가 될 것입니다. 또한 어떻게 살아야 할지 결단하게 하고 용기와 도전을 주는 놀라운 책입니다. 어머니의 집필 과정을 선하게 인도하신 하나님께 모든 영광을 올려드립니다.

구준모 | 큰아들, 대학생

하루 한 장의 기적

광야에 길을, 사막에 강을

저는 2008년까지 미국에서 사업을 크게 했습니다. 세상 부러울 게 없는 삶을 살았지요. 당시 제게 많은 사람이 하나님을 믿으라고 전도를 했어요. 그런데 제가 진심으로 궁금해서 "성경이 무슨 이야기인가요?"라고 물으면 대부분 제대로 답을 못 하더군요.

'저렇게 열심히 전도하면서 정작 자기가 믿는 말씀이 무슨 이야기인지도 모른다고?'

이 기이한 현상을 보며 마음을 더 굳게 닫았습니다. 본인도 알지 못하는 종교를 전한다는 게 말이 안 된다고 생각했거든요. 그런데 세상적으로 다 채워진 제 마음이 여전히 공허했어요. 채워지지 않는 뭔가에 대한 갈망이 생겼지요. 그러다가 셋째 출산 후에 산후 우울증에 걸렸어요. 그 계기로 교회에 가게 되었습니다.

누가복음의 '돌아온 탕자' 설교를 들었는데, 저를 오랫동안 기다려오신 아버지의 마음이 느껴졌어요. 그 아버지가 궁금해서 성경공부를 시작했지요. 신구약을 한 번 다 공부하니 원대한 하나님나라가 조금 보이더군요. 그 하나님나라를 위한 제 사명을 찾던 중에 하나님께서 '한국으로 돌아가라'라는 마음을 주셨습니다. 저는 말씀에 순종하여 하나님을 만난 지 6개월 만에 한국에 왔지요.

그리고 거의 3년 반 동안 식음을 전폐하다시피 하며 말씀을 공부했어요. 하루에 15-20시간씩 성경을 연구하며 그 깊은 진리를 깨닫기 위해 세계사, 지리, 고대문화, 심지어 과학까지 공부했습니다. 제가 어떤 존재인지, 어떻게 살아야 하는지 정말 알고 싶었거든요. 그리고 세 아이를 어떻게 키워야 할지도 저를 지으신 분께 묻고 싶었고요. 하나님을 더 알고 싶어 신학교에 가려고 했는데 그분은 저를 비즈니스 현장으로 밀어 넣으셨습니다. 당시 저는 성공을 자신했어요.

'타국에서 아무것도 없이 시작한 사업도 성공적으로 해냈는데, 이제는 하나님이 함께하시니 탄탄대로가 열릴 거야.'

하지만 제 예상은 완전히 빗나갔어요. 단순히 돈을 벌기 위한 비즈니스가 아닌 복음적 원리로 비즈니스를 하고 싶었는데, 실전에서 많은 시행착오를 겪었지요. 엄청난 광야 훈련이 시작되었습니다. 점점 바닥으로 떨어져 끼니를 걱정하는 단계까지 갔지요. 아이들 급식비 1만 원이 없어서 한동안 못 내기도 하고, 주머니에 100원도 없이 지내기도 하고, 자동차세를 못 내서 번호판이 떼이기도 했지요. 제가 일하느라 집에 없어서 초등학생인 아이들이 스스로 밥을 해 먹은 적도 많았습니다. 그때까지 제가 한 번도 경험하지 못한 진짜 가난을 경험했지요. 부유한 가정에서 자랐던 제게 새로운 세계가 열리자 안 보이던 것이 보이기 시작했습니다. 알지 못했던 감정도 느껴봤고요. 차별, 비참함, 자격지심, 소외, 외면. 그 시간을 통해 하나님은 제게 오직 그분만으로 당당하게 사는 훈련을 시키셨어요.

저는 성경 인물 중 요셉을 무척 좋아합니다. 성경은 요셉이 애굽으로 팔려 가 감옥에 갇히고 점점 낮은 곳으로 내려가는 상황에서도 하나님이 그와 함께하셔서 형통했다고 말하지요. 세상의 눈으로 보면 그는 끝없이 낮아졌지만, 그 시간에 하나님께서 그를 많은 사람을 살리는 총리로 만들기 위해 훈련시키셨습니다. 그의 낮아짐은 쓰임 받기 위한 준비 단계였지요. 형들에 의해 팔려 가는 엄청난 환난으로 주의 율례를 배우지 않았더라면, 그는 절대로 하나님의 크신 뜻을 깨달을 수 없었을 거예요.

저도 바닥에서 새로운 세계를 보며 그곳으로 보내신 주님의 뜻을 깨닫게 되었습니다. 그러다 2017년, 더 이상 내려갈 수 없을 정도의 바닥에서 '하이지나미'라는 브랜드로 사업을 시작했지요. 당시 돈이 없어서 종이에 스케치를 해서 컬렉션을 만들었어요. 어느 날, 우여곡절 끝에 만든 한 상품을 인스타그램에 올렸는데 강남의 유명 백화점 명품관에서 입점 요청이 왔습니다. 그 상품의 반응이 좋자 곧 다른 백화점에서도 연락이 왔고, 그러다 보니 백화점에 최적화된 브랜드로 급성장했어요. 저는 일어설 기회를 주신 하나님께 감사하며 낮에는 백화점에서 일하고 밤에는 디자인을 하며 최선을 다했어요.

2020년이 되면서 사업이 안정세에 접어들었지요. 그런데 곧 코로나19로 직격탄을 맞았습니다. 백화점에 손님이 안 오니 시간이 갈수록 상황이 더 심각해졌지요. 버티기 위해 생산도 줄이고 모든 비용을 최소화해야 했습니다(그래도 감원은 하지 않았어요. 다들 힘든 시기이니 아무리 어려워도 직원들의 울타리가 되어야 한다고 생각했지요).

하지만 코로나19가 확산하면서 장기화되자 벼랑 끝으로 내몰린 느낌이 들었어요. 하지만 이 어려움에도 하나님의 뜻이 있다고 생각했지요. 제가 하나님의 뜻을 못 깨달으니까 코로나19로 깨닫게 하시는 것 같았습니다. 그래서 하나님께서 새롭게 시작하게 하실 걸 바라보며 절망보다 희망을 붙들었어요. 그리고 믿음으로 성실히 주님을 의지하며 한 걸음씩 걸어갔지요.

이 시대 비즈니스의 살길은 '온라인 유통'이었어요. 사실 이전부터 시작은 했지만 제대로 못 하고 있었지요. 백화점에서 잘되고 있으니까 제 마음에 절박함이 없었던 거예요. 하나님의 뜻이 온라인에 있다는 걸 알고 난 후 모든 세팅을 바꾸었습니다. 그리고 평소에 하고 싶었던 라이프스타일 영상을 찍어 유튜브에 올리기 시작했지요. 이미 성경공부 영상을 올리고 있었지만 그저 영상을 올리는 수준이 아닌 프로 유튜브 크리에이터가 되기 위해 공부를 많이 해야 했어요. 감사하게도 하나님께서 훌륭한 선배 유튜버들을 알게 해주셔서 제가 찍은 영상에 대한 조언을 들으며 꾸준히 해나갔습니다.

사실 2018년쯤 하나님께서 유튜브로 말씀을 전하라고 하셨을 때는 엄두가 나지 않았어요. 너무 바쁠 때였고, 관련 기기를 다루는 것도 능숙하지 않았기 때문이었지요. 그래도 말씀에 순종하여 일주일에 한 번씩 라이브로 말씀을 전했습니다. 당연히 연일 방송사고를 냈지요.

이후 하나님께서 영상을 매일 올리라는 감동을 주셔서 시작은 했지만, 날마다 울고 싶을 정도로 힘들었어요. 회사를 운영하고 세 아이를 키우며 새벽에 말씀을 묵상하는 것도 만만치 않은데, 매일 영상을 찍고 편집하는 일은 또 다른 차원이더군요. 일과를 마친 늦은 밤, 영상 편집을 하려고 간신히 컴퓨터 앞에 앉았는데 찍어둔 영상 파일이 없어진 걸 발견한 것이 한두 번이 아니었어요. 그때의 심정은 말로 표현할 길이 없어요. 지금 생각해도 아찔합니다. 또 너무 피곤해서 목소리가 잘 나오지 않는 상태로 영상을 찍어 올리기도 했어요.

사실 그때는 코로나19로 벼랑 끝에 선 비즈니스를 살리기 위해 애쓰던 때여서 '아, 이 채널에 쓰는 시간만 없어도 숨을 좀 쉴 것 같다'라는 생각이 들기도 했어요. 하지만 그때마다 하나님께서 '계속 가라!'(keep going!)라는 마음을 주셨고, "채널을 통해 말씀을 사랑하게 되었고 새 힘을 얻었어요"라는 많은 구독자의 댓글을 비롯해 여러 사인을 제게 주셨습니다. 그래도 순간순간 좌절되고 포기하고 싶은 생각이 들기도 했어요. 내가 하는 매일의 사역이 내게는 죽을 것처럼 힘든 일인데 거대한 세상 앞에서는 한없이 작아 보였기 때문이지요. 그럴 때마다 새벽에 묵상하는 말씀이 저를 바른길로 인도하며 새 힘을 주었습니다.

한 손에 복음 들고, 한 손에 비즈니스 들고

제 이름을 걸고 하나는 말씀을 가르치는 채널, 다른 하나는 말씀을 일상에 녹여 적용하는 스타일 채널을 운영했습니다. 제 삶의 가치를 느끼게 해주는 행복한 작업이었어요. 그러다가 갑자기 살던 집에서 이사를 하게 되었는데, 그것이 채널 성장에 큰 계기가 되었습니다. 워낙 싼 집에 있다가 막상 집을 구하려니 마땅히 갈 데가 없었어요. 그런데 늘 우리 가정을 위해 기도해주시는 한 집사님이 지금의 집을 소개해주셨지요.

제 눈에 다른 건 안 보이고 집 앞의 나무가 우거진 길과 유난히 넓은 베란다만 선명히 보이더라고요. 이사한 후에 베란다 정원 꾸미기 영상을 찍어 올렸는데, 순식간에 스타일 채널 구독자가 1천 명이 넘었어요. 성전 꽃꽂이를 하면서 식물의 세계에 눈을 떠 집에 화분을 하나둘씩 들이다 보니 그렇게 된 거지요. 사실 이사도 '정원' 콘셉트도 제가 정한 게 아니라 하나님이 정해주신 거였어요.

한동안 채널은 큰 진전이 없었지만 성실하게 영상을 올렸어요. 코로나19로 힘든 상황에 매출은 마이너스였지만 오히려 좋지 않은 상황이 '하나님의 응원'으로 느껴졌지요. 상황이 어려우니 문제를 집중하여 풀 수밖에 없었거든요.

식물 콘텐츠 이후에 요리 콘텐츠를 올리기 시작했어요. 코로나19의 영향으로 많은 사람이 집밥을 해 먹게 됐는데, 매번 밥하는 게 힘들다고 해서 제 요리를 공유하자고 생각한 거지요. 저는 요리하는 게 너무나 행복합니다. 한창 어려울 때는 아이들 밥도 제대도 못 해줬거든요. 장을 거의 안 봐서 집에 비닐봉지가 없을 정도였으니까요. 제가 백화점에 나가서 일할 때는 애들끼리 공사장 옆 밥집에 식권을 끊고 먹기도 했고요.

그런 시간을 다 통과하고 다시 식재료를 살 수 있게 되자 요리가 제 기쁨이 되었어요. 아이들에게 밥을 해줄 수 있다는 게 정말 감사했고요. 온 가족이 집에서 복닥복닥 얼굴을 마주하며 매끼를 먹는 게 꿈만 같았지요. 코로나19가 준 선물 같은 시간입니다. 저는 외국에서 오래 산 경험 덕에 다양한 메뉴를 만들 줄 알아요. 제 모든 걸 쓰시는 하나님께 매순간 감격했어요. 퍼즐이 맞춰지는 느낌이었지요. 더 기뻤던 것은 스타일 채널의 성장이 성경공부 채널에도 큰 영향을 주었다는 거예요.

성경공부 채널에는 성경 순서에 따라 하루 한 장씩 말씀을 꾸준히 전했어요. 그러다가 구약의 끝 말라기에서 십일조에 관한 영상을 올렸는데 1개월 만에 구독자가 2만5천 명이 늘어나는 기적이 일어났어요(2021년 5월 현재 4만6천 명가량이에요). 드디어 성경공부 채널이 스타일 채널을 앞질렀고, 때마침 신약에 들어가면서 더 많은 이들과 말씀을 나누게 되었습니다.

'한 손엔 복음을, 한 손엔 비즈니스를' 든 제 삶이 유튜브로 시각화되며 말씀과 비즈니스가 서로를 성장시키는 게 정말 신기했어요. 그즈음 사업에도 큰 변화를 단행했어요. 백화점과 동일한 퀄리티의 제품을 이윤을 최대한 낮춰 온라인 판매를 해봤지요. 큰 도전이었지만 제품에 자신이 있었기에 가격을 낮춰 많은 사람에게 소개하고 평가를 받고 싶었습니다. 백화점에서 베스트셀러였던 아이템인 데다 가격까지 좋으니 반응이 폭발적이었지요.

비즈니스가 상승세를 타면서 조금만 더 시간을 투자하면 잘될 게 눈에 보였어요. 동시에 말씀 사역의 길도 활짝 열렸고요. 그런데 한정된 시간이 문제였어요. 시간 싸움! 그러나 광야 시간을 통해 '우선순위' 훈련을 철저히 받았기에 흔들림 없이 맞추며 갈 수 있었습니다. 하나님의 시간표에 맞춰주신 환경이 그분의 베스트임을 믿으면서요.

결국 그 소망의 씨앗이 싹을 틔우더니 급속하게 성장하는 걸 보았지요. 이는 주님을 붙들고 몇 개월 노력했더니 비즈니스가 잘되었다는 이야기가 아닙니다. 제 시선이 주님께 고정되자 어릴 적부터 지금까지의 모든 삶이 바른 방향으로 정리되어 하나님께 사용되었다는 고백이지요.

두 채널의 영상 내용도 제가 찍고 싶다고 찍을 수 있는 게 아니에요. 하나님을 만난 후 하루도 빼놓지 않고 말씀과 기도를 최우선순위에 놓았기에 가능했지요. 여전히 매일 성경을 공부하고 있지만 그동안 쌓아 놓은 게 있어서 쉽게 설명할 수 있었습니다. 스타일 채널도 마찬가지예요. 하나님께서 어릴 적 제 재능부터 하나님을 모르고 사치했던 그 시간까지 다 사용하게 하셨어요. 또 아이들에게 맛난 음식을 해주고 싶어도 못 했던 아픈 시간도 통합되어 영상으로 나오고 있습니다.

영상을 본 많은 사람이 제게 물어요.
"어떻게 항상 그렇게 웃을 수 있나요?"
"어떻게 요리를 항상 즐겁게 할 수 있나요?"
제가 하나님 안에서 숙성되는 오랜 시간을 거쳤기에 기쁨 충만한 표정과 몸짓이 나오는 거라고 생각합니다.

얼마 전 구독자 200만이 넘는 유튜버가 일주일에 다섯 개 영상을 올리면서 돈은 벌었는데 건강은 잃었다는 말을 들었어요. 사실 그 정도로 힘든 일이에요(지금 저는 회사를 운영하고 살림도 하면서 남편과 둘이 영상 편집을 하여 매주 영상 일곱 개를 꾸준히 올리고 있어요. 주님이 주시는 힘이 아니면 불가능한 일이지요).

뭔가 이루어진다는 사실보다 더 감격스러운 건, 하나님의 말씀이 제 삶을 이끄시고, 제가 그것을 생명줄처럼 붙들고 간다는 거예요. "말씀이 우리를 살린다"라는 사실을 제 삶을 통해 증거하고 있다는 것과 영상과 책으로 말씀을 전하며 많은 사람을 살릴 수 있다는 게 너무나 감사합니다.

우리는 하나님의 능력을 증명하는 복된 삶을 살 수도, 내 능력을 의지하여 실패하는 삶을 살 수도 있어요. 답은 예수님이 이미 보여주셨지요! 주님은 믿음을 고백하는 우리를 버려두지 않으세요. 비록 상황이 바뀌지 않는다 해도 마음을 지키게 하시고 인사이트를 주셔서 새로운 시작을 하게 하십니다. 매일 말씀이 생명줄임을 고백하며 내 힘이 아닌 하나님의 힘으로 고고씽이에요!

이지남

차례

Bible Study for the First Time

PART 2 천국 시민답게 살아요 • 5-7장

PART 3 천국에는 비밀이 있어요 • 8-12장

PART 4 천국은 이렇대요 • 13-17장

PART 5 천국은 이 세상과 달라요 • 18-20장

PART 6 이 땅에서 천국을 살아요 • 21-25장

PART 7 예수님과 함께 죽고 살아요 • 26-28장

신약성경 요약

신약 100년의 역사 속에 27권의 성경 목록이 어떻게 쓰였는지 보겠습니다. 신약은 크게 예수님의 생애, 사도행전 역사, 사도 요한 중심의 역사 기간으로 나눌 수 있어요.

예수님의 생애를 다룬 성경은 마태복음, 마가복음, 누가복음, 요한복음입니다. 그 후 제자들의 활동이 이어지지요. 크게 베드로를 중심으로 한 유대인 사역과 바울을 중심으로 한 이방인 사역으로 나눌 수 있어요. 특히 바울이 사도행전 상황에서 쓴 서신서가 다 정경이 되어 그가 쓴 신약성경이 13권이나 된답니다.

이 모든 걸 보고 깊이 숙성된 말씀이 사도 요한이 쓴 요한복음, 요한 1·2·3서, 요한계시록이지요.

이 그림을 머리에 집어넣고 신약에 들어가 볼까요?

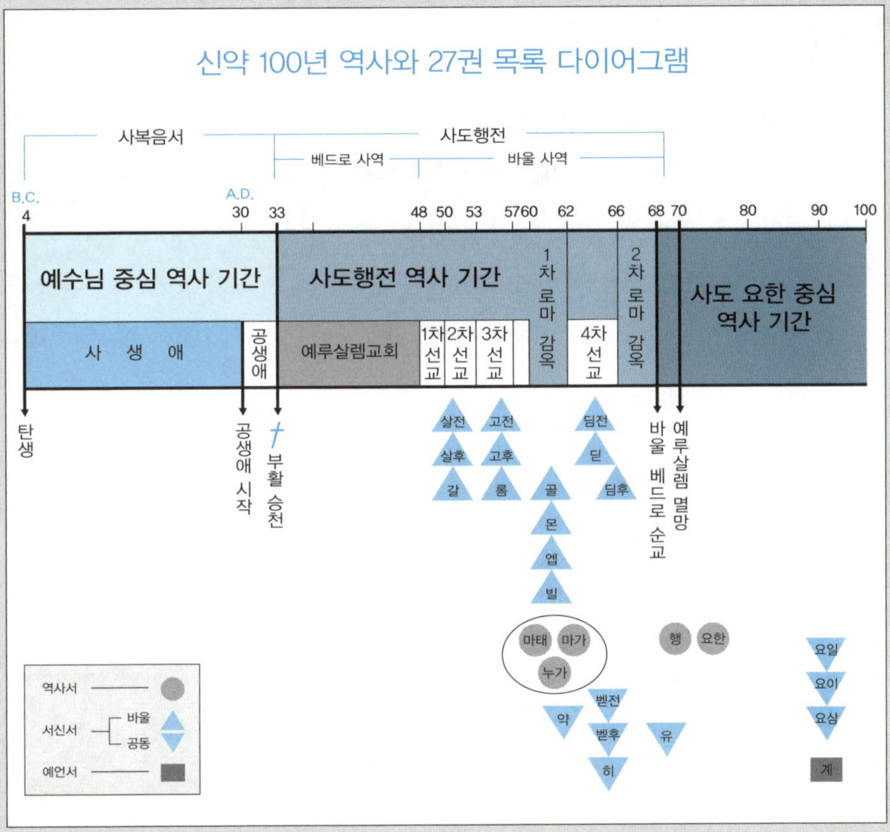

출처 : 《신약 읽기 내비게이션》, 이애실

세례 요한이 태어나고 6개월 후에 예수님이 태어나세요. 예수님은 대 헤롯의 유아 살해 명령으로 애굽에 피신했다가 유대로 돌아와 고향 나사렛에서 30세 정도까지 사시지요. 이후 세례 요한에게 세례를 받고 공생애를 시작하십니다.

40일 금식기도를 하신 다음에는 베드로, 안드레, 요한, 빌립, 나다나엘 다섯 제자도 만나시지요.

공생애 이후 첫 유월절에는 장사판이 된 성전을 청결케 하세요. 이 사건으로 일약 스타가 되시고 8개월 동안 사역하시며 세례 요한보다 더 유명해지시지요. 바리새파의 공격으로 갈릴리로 이동하셔서 대도시 가버나움을 거점으로 제자들과 사역하세요.

예수님의 공생애 두 번째 유월절에 베데스다 연못에서 38년 된 중풍병자를 고치심으로 안식일 논쟁이 시작됩니다. 이때부터 바리새파 및 기득권들은 예수님을 죽이려고 하지요. 그래서 다시 갈릴리로 이동하셔서 오랫동안 갈릴리 2차 사역을 하세요. 이때 열두 제자를 확정하고 산상수훈을 베푸시지요.

세 번째 유월절에 오병이어의 표적이 일어나요. 이즈음 세례 요한이 참수를 당하고, 유대 지도자들이 예수님을 철저히 감시하며 방해합니다. 세 번째 유월절이 지나며 예수님은 대중 사역보다는 본격적인 제자훈련을 하세요. 가이사랴 빌립보에서 십자가에 죽으심과 부활하심을 말씀하시지만 제자들은 알아듣지 못하지요.

세 번째 유월절 이후 초막절에 드디어 예수님이 예루살렘으로 가세요. 이 길은 십자가로 이어지는 길이에요. 예수님은 초막절, 수전절 설교를 통해 자신이 그리스도임을 밝히시지요.

수전절 이후 베레아에서 네 번째 유월절(십자가 사건)이 오기 전까지 요단 동편 세례 요한의 집이 있던 장소에서 마지막 활동을 하세요. 세례 요한이 그분의 길을 예비하던 그곳에서 사역을 마무리하시지요. 이때 많은 설교와 비유를 베푸시고 병을 고치십니다.

3개월의 베레아 사역을 마친 예수님은 유월절을 지키기 위해 어린 나귀를 타고 예루살렘에 입성하세요. 마지막 월요일에는 장사판이 된 성전을 청결케 하십니다. 진짜 성전의 주인이 입성하신 거지요.

화요일에 유대 학자들과 공적인 신학 논쟁에서 승리하시고, 그날 저녁 감람산에서 종말을 강론하세요. 목요일 밤, 제자들과 마지막 저녁식사 후 유언 강론인 다락방 강론과 포도나무 강론, 대제사장적 기도를 하시고 종교지도자 무리에게 체포되시지요.

대제사장 무리, 빌라도, 헤롯, 이 세 그룹에게 심문을 당하시고, 빌라도에 의해 사형선고를 받으세요. 그리고 '유대인의 왕'이란 죄목, 즉 로마 정치범으로서 로마법에 따라 처형당하세요.

하지만 사흘 만에 부활하시지요. 부활하신 예수님은 무덤에서 여자들에게, 엠마오 도상에서 제자들에게, 또 그날 밤 숙소에 모인 제자들에게 나타나셔서 방향을 제시하세요. 유언 강론의 메시지인 "성령을 기다려라, 증인이 돼라"를 강조하십니다.

제자들은 갈릴리로 내려갔다가 다시 예루살렘으로 올라가요. 그들은 아직도 깨닫지 못하고 '이스라엘의 회복'을 꿈꾸지요. 예수님은 아직도 십자가 사건에 대해 감을 잡지 못하는 제자들에게 마지막 유언, "성령을 기다려라, 증인이 돼라"를 초지일관 말씀하시고 감람원에서 승천하세요. 이후 제자들은 성령을 기다립니다.

사도행전과 바울의 서신

사도행전 1-11장은 베드로 중심의 예루살렘교회 이야기예요. 오순절에 성령이 강림하심으로 예루살렘교회가 생기지요. 베드로, 요한, 야고보가 중심이 되어 예수님의 죽으심과 부활하심을 증언해요. 성령의 역사하심을 통해 드디어 십자가 사건이 해석되고요.

예수님을 죽음으로 몰았던 일당이 이제는 사도들을 핍박합니다. 스데반의 순교로 헬라파 그리스도인들이 흩어지면서 교회가 세워져 최초의 이방인 교회인 수리아 안디옥교회가 설립되지요.

드디어 성경에 이방인의 사도로 부름 받은 바울이 등장해요. 스데반의 순교 현장에서 예수 믿는 사람들을 핍박하던 그는 다메섹 도상에서 예수님을 만나 이방인의 사도로 사명을 받지요. 그는 아라비아에서 3년을 보낸 후 고향인 다소에서 10년 정도 머물러요. 이때 바나바의 초청으로 안디옥교회에서 동역하게 됩니다.

바나바와 바울은 수리아 안디옥교회의 파송으로 1차 선교여행을 떠나 갈라디아 지방에 복음을 전하지요. 그렇게 갈라디아교회가 세워져요.

1차 선교여행 후 바나바와 바울이 수리아 안디옥교회에 돌아왔을 때, 유대에서 온 선생들이 율법을 지켜야 한다는 가르침을 전해 교회가 혼란에 빠져있었어요. 이 일을 정리할 필요가 있어 '예루살렘 총회'가 열렸고, 여기서 이방인들이 율법을 지킴으로써가 아닌 예수를 믿음으로 구원을 얻는다는 것을 공식 결정해요.

바울이 에베소를 목적지로 2차 선교여행을 떠나지만 주의 영이 막으셔서 마케도니아 지방에 빌립보·데살로니가·고린도교회가 개척되지요.

그 기간에 쓴 편지가 **데살로니가전·후서, 갈라디아서**예요.

바울은 2차 선교를 마치고 에베소에 들러 3차 선교여행을 준비해요. 고린도에서 만난 브리스길라와 아굴라를 에베소에 남겨두고 수리아 안디옥교회로 돌아와 2차 선교 보고를 하지요. 그 사이 브리스길라와 아굴라는 구약학자 아볼로를 훈련시켜 고린도교회로 파송해요.

3차 선교여행 때 에베소교회가 개척됩니다. 이 시기에 바울은 고린도교회에 일어난 분쟁 소식을 들어요. 그 분쟁 리스트에 대한 답변으로 편지를 써서 보내는데 그것이 **고린도전서**예요. 그런데 고린도교회에 다시 문제가 발생하여 '눈물의 편지'를 또 보내지요. 얼마 후 에베소에 폭동이 일어나 바울이 마케도니아로 가게 되는데 그곳에서 고린도교회의 문제가 해결되었다는 기쁜 소식을 듣습니다. 이때 쓴 편지가 **고린도후서**예요.

고린도에서 3차 선교여행을 마무리하고 다음 선교여행의 목적지를 스페인으로 정한 후, 로마교회에 후원을 요청한 편지가 **로마서**고요.

그 후 바울은 1,2,3차 여행 중 개척한 교회들에게 헌금을 거둬 흉년의 고통 속에 있던 예루살렘교회에 전달하러 떠나요. 잡힐 줄 알면서도 말이지요. 예루살렘에서 체포당한 바울은 가이사랴 감옥에서 미결수로 2년간 감금되어 있다가 로마 황제에게 항소하여 죄수의 몸으로 로마에 이송돼요. 로마 감옥에서는 어느 정도 자유를 누리며 복음을 전합니다.

이때 옥중에서 오네시모를 만나 빌레몬에게 편지를 쓰지요. 더불어 오네시모가 속한 골로새교회에 한 통, 가는 길에 있는 에베소교회에 한 통, 빌립보교회에 한 통 이렇게 총 네 통의 편지를 씁니다. 이것이 옥중서신인 **빌레몬서, 골로새서, 에베소서, 빌립보서**예요.

바울은 감옥에서 나와 4차 선교여행을 떠나요. 이 시기에 목회자가 된 두 제자 디모데(에베소)와 디도(그레데)에게 쓴 편지가 **디모데전서, 디도서**예요. 두 번째로 로마 감옥에 갇혀 아들 같은 디모데에게 쓴 마지막 유언 같은 편지가 **디모데후서**고요. 이후 바울은 순교하지요.

바울이 이방 선교를 하는 동안 베드로, 요한, 야고보, 유다도 편지를 쓰는데, 이것이 공동서신인 **야고보서, 유다서, 베드로전·후서, 요한 1·2·3서, 히브리서**(히브리서의 경우 학자에 따라 저자 미상으로 보기도 함) 입니다.

마지막으로 사도 요한이 세상 끝 날에 일어날 장면을 봅니다. 도미티아누스 황제 치하에서 엄청난 박해를 받던 교회에게 하나님께서 힘을 주시는 거지요. 대로마제국도 멸망할 것이니 보좌 우편에 앉으신 하나님의 어린양이 심판주로 오실 그날을 인내하며 기다리라고요. 그래서 요한계시록은 "아멘, 주 예수여 어서 오시옵소서"로 마무리돼요.

땅끝까지 이르러 증인이 된 제자들, 이것이 우리의 사명이 되었어요. 그래서 그 사명을 감당하는 우리의 소망도 "아멘, 주 예수여 어서 오시옵소서"이지요.

마태복음

- 저자 : 마태
- 저작연도 : 주후 60년대 초중반
- 대상 : 예수님을 믿지 않는 유대인

마태복음은 신약의 첫 번째 성경입니다. 그 대상은 예수님을 믿지 않는 유대인들이지요. 그래서 구약에 예언된 '다윗의 자손'으로 오실 메시아가 바로 예수님이란 사실을 강조하고 있어요. 특히 마태복음 1장의 족보가 다윗의 후손으로 오신 예수님을 강조해요. 이런 배경 때문에 다른 복음서에 비해 구약 인용이 많아요. 또 교회의 선교 사명을 강조하지요. 이는 복음이 모든 민족에게 전해져야 한다는 복음의 방향성을 말하며 예수님은 유대인의 왕이실 뿐 아니라 온 우주의 왕이심을 선포합니다.

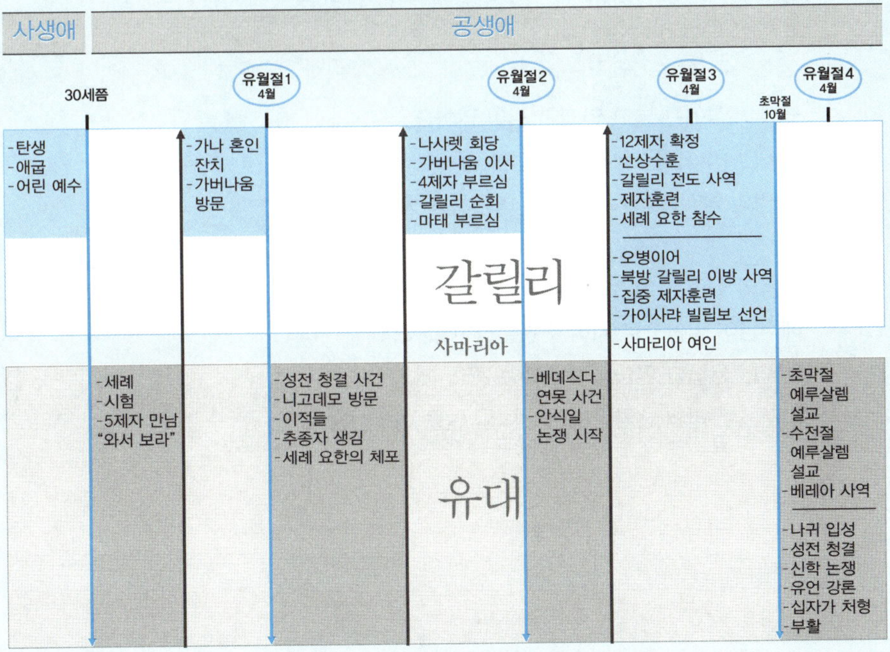

때로 '이 길로 가다간 죽을 것 같다'
삶을 정도로 길이 안 보일 때가 있지요?

하나님은 마리아, 요셉, 동방박사들을 책임져주신 것처럼
우리 삶도 완벽하게 책임져주세요.

중요한 건, 하나님이 말씀하실 때 '순종'하는 태도입니다.
하나님은 그분의 말씀을 생명줄로 붙드는 사람에게
분명한 지침을 주시지요.

물론 세상에는 넓고 안전한 길이 많아요.
하지만 하나님은 우리가 '안전한 땅'(safety zone)에서
'사명의 땅'(mission zone)으로 이동하길 원하세요.

믿음의 실력은 위기의 순간에 드러나요.
예수님이 말씀으로 시험을 종결하신 것처럼
연약한 우리가 말씀을 붙들며 순종할 때,
그분은 우리의 연약함으로 위대한 일을 이루신답니다.

PART 1

천국을 준비해요

1-4장

01 족보를 보면서 울 일? 1:1-17

1 아브라함과 다윗의 자손 예수 그리스도의 계보라

구약이 오실 메시아를 말한다면 신약은 오신 메시아와 다시 오실 메시아에 대한 이야기입니다. 오신 메시아에 대해 마태, 마가, 누가, 요한이 각자의 목소리로 전해주고 있어요. 신약성경은 마태의 목소리로 예수님을 처음 소개하지요.

마태는 유독 '세리 마태'라며 직업을 강조해요. 그것을 통해 죄인인 자기를 구원하신 하나님을 강조하는 거지요. 그는 당시 엘리트 그룹에 속했지만 백성에게 세금을 착취함으로 존경받지 못하던 세리였어요.

마태는 믿지 않는 유대인을 대상으로 마태복음을 썼어요. 그래서 구약의 성취로 오신 예수 그리스도를 소개하며 신약과 구약을 연결하지요.

1-17 아브라함과 다윗의 자손 예수 그리스도의 계보라 아브라함이 이삭을 낳고 이삭은 야곱을 낳고 야곱은 유다와 그의 형제들을 낳고 유다는 다말에게서 베레스와 세라를 낳고 베레스는 헤스론을 낳고 헤스론은 람을 낳고 람은 아미나답을 낳고 아미나답은 나손을 낳고 나손은 살몬을 낳고 살몬은 라합에게서 보아스를 낳고 보아스는 룻에게서 오벳을 낳고 오벳은 이새를 낳고 이새는 다윗 왕을 낳으니라

다윗은 우리야의 아내에게서 솔로몬을 낳고 솔로몬은 르호보암을 낳고 르호보암은 아비야를 낳고 아비야는 아사를 낳고 아사는 여호사밧을 낳고 여호

사밧은 요람을 낳고 요람은 웃시야를 낳고 웃시야는 요담을 낳고 요담은 아하스를 낳고 아하스는 히스기야를 낳고 히스기야는 므낫세를 낳고 므낫세는 아몬을 낳고 아몬은 요시야를 낳고 바벨론으로 사로잡혀 갈 때에 요시야는 여고냐와 그의 형제들을 낳으니라

바벨론으로 사로잡혀 간 후에 여고냐는 스알디엘을 낳고 스알디엘은 스룹바벨을 낳고 스룹바벨은 아비훗을 낳고 아비훗은 엘리아김을 낳고 엘리아김은 아소르를 낳고 아소르는 사독을 낳고 사독은 아킴을 낳고 아킴은 엘리웃을 낳고 엘리웃은 엘르아살을 낳고 엘르아살은 맛단을 낳고 맛단은 야곱을 낳고 야곱은 마리아의 남편 요셉을 낳았으니 마리아에게서 그리스도라 칭하는 예수가 나시니라

그런즉 모든 대 수가 아브라함부터 다윗까지 열네 대요 다윗부터 바벨론으로 사로잡혀 갈 때까지 열네 대요 바벨론으로 사로잡혀 간 후부터 그리스도까지 열네 대더라

마음먹고 성경을 읽다가 걸려 넘어지는 곳이 바로 이 족보라고요? 그건 족보의 의미를 잘 모르기 때문이에요. 저는 처음 이 족보의 의미를 알고 너무 감격해서 며칠을 펑펑 울었답니다. 일단 족보를 이해하려면 성경 속 족보의 역할을 알아야 해요.

1. 성경의 족보는 새로운 이야기의 시작을 알리는 사인이에요.
2. 족보의 시작과 끝에 두 인물이 나와요.
3. 시작에 나오는 인물은 지금까지 이야기의 주인공이에요.
4. 마지막에 나오는 인물은 앞으로 시작될 이야기의 주인공이고요.

5. 중간에 기록된 수많은 이름은 이것이 역사적 사실임을 증명해요.

이런 관점에서 다시 족보를 볼까요? 지금까지 이야기의 주인공은 아브라함과 다윗, 즉 구약을 대표하는 두 사람이었어요. 아브라함은 국부였고, 다윗 언약(네 왕위가 영원히 견고하리라, 삼하 7:16)을 통해 다윗의 왕조로 예수 그리스도가 오시지요. 그리고 족보의 맨 끝은 예수님이세요. 앞으로 나올 이야기의 주인공이 예수님이라는 거예요. 중간에 "낳고, 낳고, 낳고"는 이 모든 게 실제 역사라는 증거입니다.

여기 또 하나의 비밀이 숨어있어요. 17절에 아브라함부터 다윗까지 14대, 다윗부터 바벨론 포로까지 14대, 포로 시대부터 그리스도까지 14대라며 '14'라는 숫자를 강조해요. 그러나 실제 역사를 보면 14대가 아닌데도 끼워 맞추고 있습니다.

이는 숫자를 히브리어 알파벳으로 맞추는 주석 방식인 '게마트리아' 방식이라고 해요. 여기서 14는 '다윗'이라는 알파벳을 가리키지요. 이는 다윗의 후손으로 오신 예수님, 다윗 언약을 신실하게 성취하러 오신 예수님, 즉 언약의 성취를 강조하는 거예요.

놀랍지요! 감동은 여기서 끝이 아니에요. 족보를 다시 한번 읽어보세요. 다말, 라합, 룻, 우리야의 아내, 마리아 이렇게 5명의 여자가 등장하는데 이들이 모두 심상치 않습니다. 원래 성경 족보에는 여자가 거의 등장하지 않는데 여기에도 비밀이 있어요.

다말은 시아버지와의 관계를 통해 아이를 낳았고, 라합은 가나안의 기생 즉 성전 창녀였어요. 룻은 이방 여자였고, 우리야의 아내 밧세바는 다윗과 불륜 관계였지요. 그리고 마리아는 미혼모였습니다. 우리가 존경할 만한 이력이 아니지요. 그런 이들이 성경에 등장하는 것도 이상한데, 놀랍게도 이들은 창세기 3장 15절의 "여자의 후손"의 성취를 보여줘요. 여자의 후손, 즉 사람으로 오실 메시아가 세상을 구원할 거라는 오랜 예언의 성취지요.

하나님은 다윗과 언약을 통해 다윗 왕조가 영원할 것도 미리 말씀하셨어요. 그래서 이 두 언약을 성취하면서 여자의 후손이자 다윗 가문으로 예수님이 태어나신 거예요!

마리아가 다윗 가문의 요셉과 결혼하면서 예수님이 다윗 가문에 속하게 되셨지만, 엄밀히 보면 예수님은 요셉의 혈통이 아니지요. 성령으로 잉태되셨으니까요. 즉 완전한 하나님이자 완전한 사람으로 오신 예수님이 이 탄생을 통해 완전히 드러나요.

우리가 깨닫지 못하고 하나님을 내 맘대로 생각해서 믿지 못하는 거지, 하나님을 제대로 알면 절대 흔들릴 수가 없어요.

제 남편은 조선(造船) 공학박사예요. 그는 세상이 우연히 생길 수 없다는 건 알았지만, 세상을 만드신 분이 누군지는 알지 못했어요. 그런데 어느 날, 한 선배가 성경에 나온 노아의 방주 치수를 주면서 계산해보라고 했대요. 배 전문가인 남편은 노아의 방주가 과연 전 지구적 홍수를 견딜 수 있는지 계산해보았답니다.

네가 만들 방주는 이러하니 그 길이는 삼백 규빗, 너비는 오십 규빗, 높이는 삼십 규빗이라 **창 6:15**

그런데 성경에 기록된 치수로 계산해보니 놀랍게도 전 지구적 홍수에 견딜 수 있는 방주라는 계산이 딱 나오더래요. 그 일로 남편은 하나님이 창조주이심을 알게 되었습니다. 제게는 이 치수가 아무 의미 없었지만 전문가에게는 그의 인생을 바꾸는 계기였던 거예요.

02 계시가 나에게도 열리려면? 1:18-25

23 보라 처녀가 잉태하여 아들을 낳을 것이요 그의 이름은 임마누엘이라
하리라 하셨으니 이를 번역한즉 하나님이 우리와 함께 계시다 함이라

요셉과 마리아는 나사렛이라는 작은 동네의 커플이었어요. 이 이야기를 이해하려면 이스라엘의 결혼 풍습을 알아야 해요. 당시 이스라엘에서는 결혼식을 두 번 했답니다.

첫 번째 결혼식은 신부의 집에서 치러졌는데 이때는 '서약'이 가장 중요한 포인트였어요. 두 사람이 서약을 하고 포도주를 반 잔씩 나눠 마신 다음에 남은 포도주를 서약서에 부었어요. 이는 죽음이 둘을 갈라놓을 때까지 헤어지지 않겠다는 영원성을 상징했지요.

이후 신랑은 신부를 홀로 두고 자기 집으로 떠났어요. 1년 후에 반드시 돌아올 것을 약속하고서요. 그런데 사실 돌아올 날은 신랑도 몰랐어

요. 전적으로 신랑의 아버지가 결정했거든요.

첫 번째 결혼으로 혼인은 성사됐지만 이후 1년 동안 남편은 신혼집을 준비하고 아내는 결혼 준비를 했지요. 예수님이 다락방 강론에서 "내가 너희를 위하여 거처를 예비하러 가노니"(요 14:2)라고 하신 게 이 결혼 문화에 근거한 표현이에요.

신랑 아버지가 정한 날이 되면 신랑이 신부를 자기 집에 데려와서 두 번째 결혼식을 했어요. 첫 번째 결혼식과 두 번째 결혼식 사이에는 육체적 관계가 허락되지 않았고, 심지어 만나는 것도 금지됐지요. 자, 이런 상황에서 마리아가 성령으로 잉태를 했으니 요셉 입장에서는 마리아가 불륜을 저질렀다고 생각할 수밖에 없었겠지요.

> 18,19 예수 그리스도의 나심은 이러하니라 그의 어머니 마리아가 요셉과 약혼하고 동거하기 전에 성령으로 잉태된 것이 나타났더니 그의 남편 요셉은 의로운 사람이라 그를 드러내지 아니하고 가만히 끊고자 하여

성경은 요셉이 "의로운 사람"이라고 말해요. 여기서 "의로운"은 행동이 의롭다는 것보다 '율법에 신실하다'라는 의미예요. 그런데 앞뒤 문장이 연결이 잘 안 되지요? 요셉이 의로운 사람이라면 율법에 의해(신 22:23-27) 마리아를 고발하고 공개적으로 진상규명에 들어가야 해요. 마리아는 돌에 맞아 죽어야 정상이고요.

그런데 의로운 요셉은 그것을 드러내지 않고 마리아를 긍휼히 여김으로 보호하고 조용히 덮어주려 합니다. 여기서 우리는 '참 의로움'을 배울 수 있어요. 이 의로움의 극치가 바로 '십자가의 의'예요. 십자가의 의도

우리의 행위를 분석하고 고발하는 게 아닌 덮어줌, 즉 긍휼의 극치인 거지요.

20 이 일을 생각할 때에 주의 사자가 현몽하여 이르되 다윗의 자손 요셉아 네
아내 마리아 데려오기를 무서워하지 말라 그에게 잉태된 자는 성령으로 된 것
이라

그럼에도 요셉에게 이 일은 충격이었어요. 그래서 생각을 하다가 잠이 들었던 것 같아요. 하나님께서는 꿈으로 모든 걸 설명해주셨지요. 이 일이 왜 요셉에게 일어났는지가 "다윗의 자손 요셉아"라는 호칭에 담겨있습니다. 다윗의 가문으로 메시아, 곧 예수 그리스도가 오셔야 하기 때문이지요.

주의 사자가 아내 마리아 데려오기를 무서워하지 말라고 하며 그 아기는 성령으로 잉태되었다고 말해요.

21 아들을 낳으리니 이름을 예수라 하라 이는 그가 자기 백성을 그들의 죄에
서 구원할 자이심이라 하니라

아들을 낳으면 그 이름을 "예수"라고 하라며, 그가 자기 백성을 죄에서 구원하실 분임을 알려주지요.

22,23 이 모든 일이 된 것은 주께서 선지자로 하신 말씀을 이루려 하심이니 이
르시되 보라 처녀가 잉태하여 아들을 낳을 것이요 그의 이름은 임마누엘이라
하리라 하셨으니 이를 번역한즉 하나님이 우리와 함께 계시다 함이라

또 이 일이 갑자기 일어난 게 아니라 "주께서 선지자로 하신 말씀을 이루려 하심", 즉 이사야서 7장 14절에 기록된 임마누엘 예언의 성취임도 알려주십니다.

보라 처녀가 잉태하여 아들을 낳을 것이요 그의 이름을 임마누엘이라 하리라

사 7:14

여기에도 비밀이 있어요. 원래 이 말씀은 불신하는 아하스에게 주셨던 말씀이에요. 유다 왕 아하스가 아람과 북이스라엘의 연합군에 두려워 떨 때, 하나님께서 징조를 구하라고 하셨어요. 그러나 아하스는 머릿속으로 계산하며 실질적인 힘인 앗수르에게 도움을 청하기로 결정하고, 하나님의 제안을 거절하지요.

하나님께서 놀라운 임마누엘의 말씀을 주셨지만 아하스는 불신했어요. 실제로 이사야서에 쓰인 "처녀"라는 단어는 '젊은 여자'라는 광범위한 의미를 담고 있어요. 그러니 "젊은 여자가 아이를 낳을 것이라"라는 말에 감흥이 없을 수밖에요. 반면 마태복음 1장 23절에 쓰인 "처녀"는 명확하게 '동정녀'라는 뜻이에요. 요셉은 이를 어떻게 받아들였을까요?

24,25 요셉이 잠에서 깨어 일어나 주의 사자의 분부대로 행하여 그의 아내를 데려왔으나 아들을 낳기까지 동침하지 아니하더니 낳으매 이름을 예수라 하니라

잠에서 깨어난 요셉은 주의 사자의 말대로 실행합니다. 아내를 데려왔지만 아들이 태어날 때까지 동침하지 않았지요. 어떻게 그런 믿음이 생겼을까요? 앞서 요셉은 의로운 사람, 즉 율법과 말씀에 능한 사람이라고 했어요. 그는 이사야서 말씀을 알았고, 그 말씀이 자기 삶에 임한 걸 깨달았던 거예요. 동일한 말씀이 아하스와 요셉에게 주어졌지만 둘의 반응은 천지 차이인 걸 볼 수 있어요.

말씀을 붙들지 않은 아하스에게는 아무 영향이 없었지만 말씀에 생명을 건 요셉에게는 인생이 바뀌는 엄청난 사건이 되었지요. 이처럼 말씀이 모두에게 주어져도 그 말씀이 생명의 말씀임을 고백하며 붙잡는 사람에게만 하나님의 계시가 열린답니다. 마리아가 천사로부터 예수님 잉태 소식을 들었을 때 목숨을 걸고 받아들였듯이 말이지요.

중요한 건 요셉과 마리아의 마음에 말씀이 심겨있어서 천사가 말했을 때 소통할 수 있었다는 거예요.

대저 하나님의 모든 말씀은 능하지 못하심이 없느니라 마리아가 이르되 주의 여종이오니 말씀대로 내게 이루어지이다 눅 1:37,38

"죽으면 죽으리라!" 이 고백이 있는 마리아를 통해 하나님은 인류 구원의 역사를 행하셨어요. 요셉과 마리아, 두 사람은 소위 금수저도 아니고 대단한 스펙도 없었어요. 몰락한 촌 동네의 평범한 커플이었지요. 그러나 하나님 말씀을 알고 순종한 게 그들의 스펙이 되었어요. 하나님은 그런 그들의 믿음을 하나님나라에 사용하셨지요.

지금 이 순간도 세상은 끊임없이 변화하고 있어요. 우리는 매 순간 변하는 세상의 스펙이 아닌, 우주 만물을 창조하신 하나님께서 제시하시는 영원한 스펙을 쌓아야 해요. 그것이 우리가 세상에서 승리하는 비법이랍니다.

03 하나님의 방향 제시 2:1-12

9 박사들이 왕의 말을 듣고 갈새 동방에서 보던 그 별이 문득 앞서 인도하여 가다가 아기 있는 곳 위에 머물러 서있는지라

1 헤롯 왕 때에 예수께서 유대 베들레헴에서 나시매 동방으로부터 박사들이 예루살렘에 이르러 말하되

사람은 선악과를 따 먹는 불순종으로 하나님과 끊어졌어요. 그 결과 죄가 사람 안에 들어왔고, 죽을 수밖에 없었지요. 하나님은 그런 우리를 구원하시기 위해 제물을 가져오라고 하셨어요. 구약 시대에는 수많은 희생제물이 바쳐졌지요. 드디어 제물의 실체이신 예수님이 우리 대신 죽으시려고 완벽한 육신을 입고 이 땅에 오셨답니다.

이 본문은 예수님이 태어나시던 때에 일어난 이야기예요.

2 유대인의 왕으로 나신 이가 어디 계시냐 우리가 동방에서 그의 별을 보고 그에게 경배하러 왔노라 하니

예수님은 헤롯 왕 때 유대 베들레헴에서 태어나셨어요. 동방에서 온 박사들이 예루살렘에 이르러 유대인의 왕이 어디 계신지 물었지요.

여기서 우리는 이 동방박사들이 누군지 알아야 합니다. 이들은 파르티아 제국 사람들(페르시아의 후예)로 추정돼요. 당시 이 나라는 정치적으로 로마와 대립 관계에 있었지요. 그래서 이들이 적국인 로마의 통치권 아래 있는 이스라엘을 찾아온 것은 목숨을 건 일이었어요.

그들은 방문 이유가 별을 보고 유대인의 왕에게 경배하기 위함이라고 밝혀요. 즉 메시아의 탄생을 알고 찾아온 거지요. 어떻게 그들 가운데 그런 믿음이 있었을까요? 그 기원은 바벨론으로 거슬러 올라간답니다.

유다 백성들은 바벨론에게 정복당해 포로로 잡혀갔어요. 포로로 잡혀간 사람들은 대부분 지식인이었지요. 대표적으로 다니엘을 꼽을 수 있어요. 그는 느부갓네살 왕의 꿈을 해석함으로 정치인이 돼요. 그리고 사자 굴에 들어갈지라도 뜻을 굽히지 않는 멋진 신앙인으로서 그의 영향력이 바벨론에 미칠 수밖에 없었어요.

다니엘은 존경과 인정을 받는 정치인이어서 바벨론이 페르시아에 정복된 이후, 페르시아 정부에도 등용되지요. 결국 페르시아도 다니엘의 신앙의 영향을 받을 수밖에 없었어요. 그와 유다의 남은 자들의 영향으로 페르시아인에게도 복음이 전해졌고, 그 후예인 파르티아인에게도 신앙이 대물림된 것으로 볼 수 있어요.

동방박사들은 단순히 별로 점치는 사람이 아니라 천문학자였습니다. 그들은 신앙인으로서 별을 연구하며 성경에서 별로 표현된 메시아를 기다렸던 거지요.

내가 또 그에게 새벽 별을 주리라 계 2:28

그 별(메시아)이 마침내 등장하자 그들은 경배하기 위해 목숨을 걸고 예루살렘까지 옵니다.

3 헤롯 왕과 온 예루살렘이 듣고 소동한지라

이 말을 듣고 헤롯 왕과 온 예루살렘이 난리가 났어요. 특히 헤롯을 주목해야 해요. 그는 이 일로 베들레헴과 근방의 2세 이하 아이들을 다 죽입니다.

이 헤롯 가문은 안티오코스 4세의 횡포로 독립한 하스모니안 왕조 때 등장해요. 하스모니안 왕조는 4대쯤 되었을 때 에돔 지역을 정복하고 당시 에돔의 왕이었던 안티파스를 총독으로 세웠어요.

안티파스는 엄청난 정치가였기에 당시 급성장하던 로마와 외교정책을 통해 유다 통치권을 얻고 주전 37년에 유대를 통치하게 되지요. 이 사람이 예수님을 죽이려던 대헤롯의 할아버지예요. 그래서 예수님이 태어나셨을 때는 유다 백성들이 로마와 에돔의 이중 압제구조 속에 있었어요.

당시 유대인들의 호응을 받지 못하던 대헤롯은 늘 전전긍긍했어요.

그러니 왕위 보존을 위해 유대의 왕(예수님)을 죽여야만 했던 거지요.

4-6 왕이 모든 대제사장과 백성의 서기관들을 모아 그리스도가 어디서 나겠느냐 물으니 이르되 유대 베들레헴이오니 이는 선지자로 이렇게 기록된 바 또 유대 땅 베들레헴아 너는 유대 고을 중에서 가장 작지 아니하도다 네게서 한 다스리는 자가 나와서 내 백성 이스라엘의 목자가 되리라 하였음이니이다

헤롯 왕이 모든 대제사장과 백성의 서기관 즉 종교지도자들을 모아 성경에 그리스도가 어디서 난다고 예언되었는지 물어요. 그들은 주저 없이 이사야서 말씀을 들며 "베들레헴"이라고 대답합니다. 구약에 능통한 학자들은 메시아 예언을 너무나 잘 알고 그 메시아를 기다리고 있었거든요.

7,8 이에 헤롯이 가만히 박사들을 불러 별이 나타난 때를 자세히 묻고 베들레헴으로 보내며 이르되 가서 아기에 대하여 자세히 알아보고 찾거든 내게 고하여 나도 가서 그에게 경배하게 하라

헤롯은 박사들을 불러 별이 나타난 때를 자세히 묻고, 그들을 베들레헴으로 보내며 아이를 찾으면 꼭 알려달라고 해요. 자신도 경배하고 싶다고 거짓말을 덧붙이지요.

9,10 박사들이 왕의 말을 듣고 갈새 동방에서 보던 그 별이 문득 앞서 인도하여 가다가 아기 있는 곳 위에 머물러 서있는지라 그들이 별을 보고 매우 크게 기뻐하고 기뻐하더라

박사들은 왕의 말을 듣고 길을 떠났습니다. 동방에서 보던 별이 그들을 앞서 인도했지요. 그 별은 아이가 있는 곳 위에 머물렀어요. 목숨을 걸고 찾아와서 드디어 말씀의 성취를 본 그들의 마음이 얼마나 기뻤을까요? 믿음이 실재가 되는 순간이었어요.

11 집에 들어가 아기와 그의 어머니 마리아가 함께 있는 것을 보고 엎드려 아기께 경배하고 보배합을 열어 황금과 유향과 몰약을 예물로 드리니라

동방박사들이 아기 예수와 마리아를 만난 건 출산 후 시간이 좀 지나 마리아가 어느 집에서 산후조리를 하고 있을 때였어요(우리가 종종 보는 마구간의 동방박사와 아기 예수 그림은 잘못된 거예요). 그들은 아이와 어머니 마리아를 보고 엎드려 아기 예수께 경배하며 황금, 유향, 몰약을 예물로 드립니다.

황금은 왕, 유향은 선지자, 몰약은 제사장을 상징해요. 즉 그들은 메시아의 삼중직인 왕, 선지자, 제사장의 역할을 정확하게 알고 예물을 드린 거지요.

12 그들은 꿈에 헤롯에게로 돌아가지 말라 지시하심을 받아 다른 길로 고국에 돌아가니라

그들은 꿈을 통해 하나님께서 헤롯에게 가는 걸 막으심을 알고 다른 길로 고국에 돌아가요. 우리는 이들을 통해 하나님의 말씀을 듣고 그것이 진리임을 믿으며 붙잡고 인내한 사람들이 누리는 특권을 배울 수 있

어요. 말씀을 지식으로는 완벽하게 알았지만 거기서 그친 유대 종교지도자들은 오신 메시아를 알아보지 못했으며 결국 그분을 죽이기까지 합니다.

더 놀라운 건, 하나님께서 그들의 죄악까지지도 사용하셔서 말씀을 완벽하게 성취하시며 십자가의 죽음으로 우리를 구원하셨다는 사실이에요. 알면 알수록 놀라운 영적인 신비지요.

우리도 그들처럼 말씀을 연구하면서도 그 말씀을 실제로 경험하지 못하고, 오히려 하나님을 대적하는 인생을 살 수 있어요. 반대로 동방박사들처럼 말씀을 생명줄로 알고 목숨 걸고 말씀대로 행하여 메시아를 보는 영광의 삶을 살 수도 있고요. 하나님은 믿음의 사람들에게 분명한 방향 제시를 해주신다는 걸 꼭 기억해야 합니다.

동방박사들도 믿음으로 예루살렘에 왔지만 긴가민가한 마음이 있었을지 몰라요. 그러나 그들이 막막해할 때 하나님은 사람의 악한 의도를 선으로 사용하셔서 베들레헴으로 인도하셨어요. 뿐만 아니라 별로 인도하시고 꿈을 보여주시며 안전하게 고국으로 돌아가게 하셨지요.

중요한 건, 하나님이 말씀하실 때 '순종'하는 우리의 태도입니다. 이 태도는 말씀이 살아있음을 믿을 때 행동으로 나오지요. 하나님은 그분의 말씀을 생명줄로 붙드는 사람에게 분명한 지침을 주신답니다.

때로는 길이 안 보이고 '이 길로 가다간 죽을 것 같다'라는 생각이 들 때가 있지요? 하나님께서는 동방박사들을 책임져주신 것처럼 우리 삶도 책임져주시고 우리의 길도 완벽하게 인도해주세요.

그것을 믿을 때 놀라운 기적이 우리 삶에 실체가 되는 걸 경험할 수 있어요. 세상에는 안전한 길도 많아요. 하지만 하나님은 우리가 '안전한 땅'(safety zone)에서 일어나서 '사명의 땅'(mission zone)으로 이동하기를 원하세요. 내 꿈이 아니라 하나님의 꿈으로 세상을 살고 세상을 살리기를 원하시지요.

우리는 연약하고 만만한 존재이지만 하나님의 동역자가 될 때 하나님은 우리의 연약함을 사용하셔서 그분의 위대한 일을 이루신답니다.

04 하나님의 대적자 vs 하나님의 동역자 2:13-23

15 헤롯이 죽기까지 거기 있었으니 이는 주께서 선지자를 통하여 말씀하신 바 애굽으로부터 내 아들을 불렀다 함을 이루려 하심이라

13 그들이 떠난 후에 주의 사자가 요셉에게 현몽하여 이르되 헤롯이 아기를 찾아 죽이려 하니 일어나 아기와 그의 어머니를 데리고 애굽으로 피하여 내가 네게 이르기까지 거기 있으라 하시니

주의 사자가 요셉에게 현몽하여 헤롯이 아기 예수를 죽이려 하니 애굽으로 피하라고 경고하며 다시 말씀하실 때까지 거기에 있으라고 합니다.

14 요셉이 일어나서 밤에 아기와 그의 어머니를 데리고 애굽으로 떠나가

요셉은 바로 그 말씀에 순종하여 아기와 그의 어머니를 데리고 애굽으로 떠났어요. 쉽게 지나칠 수 있는 이 말씀에서 또다시 요셉의 빛나는 믿음을 볼 수 있습니다. 베들레헴에서 애굽까지는 쉽게 갈 수 있는 길이 아니었고, 특히 갓난아기와 산모를 데리고 떠나기엔 목숨을 건 여정이었어요. 그러나 그는 늘 기도하는 사람이고 말씀에 능했던 사람이라 그 말씀에 즉시 순종할 수 있었던 거예요.

15 헤롯이 죽기까지 거기 있었으니 이는 주께서 선지자를 통하여 말씀하신 바 애굽으로부터 내 아들을 불렀다 함을 이루려 하심이라

요셉은 헤롯이 죽기까지 애굽에 있었는데, 이는 호세아서의 말씀을 성취하는 일이었어요.

이스라엘이 어렸을 때에 내가 사랑하여 내 아들을 애굽에서 불러냈거늘 **호 11:1**

여기서 "아들"은 이스라엘을 가리킵니다. 그러니 예수님을 이스라엘의 예표라고 볼 수 있지요. 예수님의 사역이 이스라엘, 즉 자기 백성을 흑암에서 불러내어 구원하려는 것임을 미리 말해주는 본문이에요. 예수님은 보호 없이는 살 수 없는 어린 아기의 모습으로 그 위험을 경험하셨지요. 이를 통해서도 예수님이 온전한 인간으로 오셔서 우리의 고통을 체휼(體恤)하시는 분임을 알 수 있어요.

16 이에 헤롯이 박사들에게 속은 줄 알고 심히 노하여 사람을 보내어 베들레헴과 그 모든 지경 안에 있는 사내아이를 박사들에게 자세히 알아본 그때를 기준하여 두 살부터 그 아래로 다 죽이니

예수님이 안전하게 피신을 하고 난 뒤에야 헤롯은 박사들이 이미 떠난 걸 알았어요. 그래서 베들레헴과 그 모든 지경 안에 있는 2세 이하 사내아이들을 박사들에게 들은 그때를 기준으로 다 죽이라고 명합니다.

17,18 이에 선지자 예레미야를 통하여 말씀하신 바 라마에서 슬퍼하며 크게 통곡하는 소리가 들리니 라헬이 그 자식을 위하여 애곡하는 것이라 그가 자식이 없으므로 위로받기를 거절하였도다 함이 이루어졌느니라

마태는 아기들이 죽임 당한 사건을 예레미야서 31장 15절의 성취로 보았어요. 라헬은 벧엘에서 베들레헴으로 가는 길에 해산하다가 죽었는데 그곳이 라마에서 가까워서 이스라엘 사람들은 그녀의 무덤이 라마에 있다고 여겼어요. 예레미야는 이스라엘이 포로로 잡혀가는 모습을 보고 크게 슬퍼하고 통곡하며 이를 어린 두 아들을 두고 죽는 라헬의 절망과 슬픔에 비유합니다.

마태는 그런 민족의 슬픔이 아기들의 죽음을 슬퍼하는 베들레헴 여인들의 통곡으로 성취되었다고 보는 거지요. 결국 그리스도의 탄생은 라헬의 통곡을 기쁨으로 바꾸는 사건이었어요. 예수님은 인간의 깊고 깊은 슬픔을 종식시키러 오셨답니다.

19-23 헤롯이 죽은 후에 주의 사자가 애굽에서 요셉에게 현몽하여 이르되 일
어나 아기와 그의 어머니를 데리고 이스라엘 땅으로 가라 아기의 목숨을 찾던
자들이 죽었느니라 하시니 요셉이 일어나 아기와 그의 어머니를 데리고 이스
라엘 땅으로 들어가니라 그러나 아켈라오가 그의 아버지 헤롯을 이어 유대의
임금 됨을 듣고 거기로 가기를 무서워하더니 꿈에 지시하심을 받아 갈릴리 지
방으로 떠나가 나사렛이란 동네에 가서 사니 이는 선지자로 하신 말씀에 나
사렛 사람이라 칭하리라 하심을 이루려 함이러라

헤롯이 죽은 후에 주의 사자가 요셉에게 현몽하여 다시 돌아오라고 말합니다. 그래서 그들은 이스라엘로 돌아오지요. 요셉은 악한 정치를 했던 아켈라오가 다스리는 유대 대신 꿈에 지시하심을 받은 갈릴리 나사렛으로 갑니다. 여기서 잠깐 아켈라오에 대해 알아볼게요.

헤롯은 죽으며 세 아들에게 영토를 분배해줬어요. 이들을 분봉왕이라고 부르는데 헤롯 아켈라오는 유다, 사마리아, 에돔을, 헤롯 빌립은 갈릴리 북동부 지역을, 헤롯 안티파스는 갈릴리와 베레아(요단 동편) 지역을 나눠서 다스렸지요. 예수님의 가족은 그중 가장 유했던 헤롯 빌립의 영토에서 살게 된 거예요.

더 놀라운 건 이 이사로도 선지자의 말씀을 성취했다는 사실이지요(사 11:1). 사실 나사렛은 조그만 촌 동네로 경멸의 상징이었어요. 예수님은 흠모할 것이 없는 모양으로 어떤 수식어도 없이 이 땅에서 하나님의 말씀을 온전히 성취하신 거예요.

우리는 이 본문에서 세 가지 중요한 모습을 볼 수 있어요.

첫째는 구약에 기록된 예언의 세 가지 성취예요. 신약은 구약의 성취로 펼쳐지는 것을 볼 수 있지요. 하나님의 말씀은 이렇게 신실하게 성취되며 지금 이 순간도 우리를 통해 성취되고 있답니다.

둘째는 빛나는 요셉의 믿음이에요. 그는 하나님이 말씀하시면 그 어떤 망설임 없이 말씀대로 움직였어요. 그는 구약에 능통하여 말씀을 잘 알았고, 그 말씀의 성취를 경험하며 두려움이 아닌 기쁨과 설렘으로 순종했을 거예요. 늘 말씀대로 살려는 그의 태도를 통해 하나님은 정확한 지침을 주시며 그분의 말씀을 성취해가시지요.

셋째는 대조되는 두 사람입니다. 바로 대헤롯과 아기 예수님이지요. 헤롯은 세상 권력을 잡고 있었지만 두려움에 사로잡혀 있었어요. 반면 아기 예수님은 연약하디 연약한 모습이었지만 하나님의 보호 아래 만왕의 왕으로 인류 구원의 역사를 실행하고 계셨지요.

우리도 마찬가지예요. 세상 것을 붙들고 두려움에 떨며 하나님의 대적자로서 그분의 역사를 성취하든가 아니면 세상에 자랑할 것 없는 연약한 모습이지만 하나님의 은혜와 순종으로 그분의 동역자로서 역사를 성취하든가 둘 중 하나일 뿐이에요.

05 말씀을 성취하며 사는 인생 3:1-17

15 예수께서 대답하여 이르시되 이제 허락하라 우리가 이와 같이 하여
모든 의를 이루는 것이 합당하니라 하시니 이에 요한이 허락하는지라

예수님은 공생애를 시작하기 전까지 나사렛에서 사셨습니다. 그리고 30세 즈음 세례 요한에게 세례를 받으시면서 드디어 메시아로서 공생애를 시작하시지요.

우리는 먼저 세례 요한에 대해 알아야 해요. 그는 예수님보다 6개월 먼저 태어난 예수님의 친척이었어요. 그는 제사장 가문에서 태어나 미래가 보장되었지만 스스로 십자가의 길을 선택하지요. 광야에서 하나님의 특별한 훈련을 받은 후에 베레아(요단 동편)를 베이스캠프 삼아 회개를 촉구하는 심판의 메시지를 전해요.

그의 집회 장소에는 사람들이 구름같이 몰려왔어요. 그는 일약 스타가 되었지요. 당시 종교지도자들의 타락으로 말씀에 목말라 있던 사람들에게는 그의 메시지가 생명수 같았고, 그의 검소한 삶이 귀감(龜鑑)이 되었기 때문이에요. 그들은 세례 요한에게서 하나님나라의 소망을 보았던 거지요.

1-4 그때에 세례 요한이 이르러 유대 광야에서 전파하여 말하되 회개하라 천
국이 가까이 왔느니라 하였으니 그는 선지자 이사야를 통하여 말씀하신 자라
일렀으되 광야에 외치는 자의 소리가 있어 이르되 너희는 주의 길을 준비하라

그가 오실 길을 곧게 하라 하였느니라 이 요한은 낙타털 옷을 입고 허리에 가죽 띠를 띠고 음식은 메뚜기와 석청이었더라

"회개하라 천국이 가까이 왔느니라!" 이 메시지의 핵심은 이사야서 예언의 성취예요. 이사야가 700년 전에 광야에서 외치는 자의 소리가 있을 거라고 예언했는데, 진짜 그 메시지를 품은 사람이 등장한 거지요.

그의 심판의 메시지는 회개를 이끌어냈고, 그 회개는 예언대로 예수님이 선포하신 생명의 메시지가 들어올 수 있는 길을 준비했어요. 즉 사형선고 받은 사람에게 살길이 열린 거예요. 내게는 소망이 없다고 고백하는 심령 가운데 임하는 것이 예수님의 구원의 메시지이기 때문입니다.

회개 뒤에 구원의 메시지가 심기며 구원의 메시지가 임한 심령은 이 땅에서도 천국을 누리며 살 수 있어요. 천국은 죽어서 가는 곳 정도가 아니라 이 땅에 임한 하나님나라예요. 죄로 인해 하나님으로부터 끊어졌던 사람들이 회개하고 하나님께로 돌아오면, 예수님이 친히 다리가 되어주셔서 다시 하나님께 연결될 수 있습니다.

"Among you!"

그 구원받은 백성이 누리는 삶이 바로 천국이에요.

요한은 낙타털 옷을 입고 허리에 가죽 띠를 띠고 메뚜기와 석청을 먹으며 살았어요. 극도로 절제하며 최소한의 삶을 유지했지요.

5,6 이때에 예루살렘과 온 유대와 요단강 사방에서 다 그에게 나아와 자기들의 죄를 자복하고 요단강에서 그에게 세례를 받더니

생명의 말씀이 흐르는 그에게 사람들이 몰려와서 죄를 자복하고 세례를 받았어요.

7-10 요한이 많은 바리새인들과 사두개인들이 세례 베푸는 데로 오는 것을 보고 이르되 독사의 자식들아 누가 너희를 가르쳐 임박한 진노를 피하라 하더냐 그러므로 회개에 합당한 열매를 맺고 속으로 아브라함이 우리 조상이라고 생각하지 말라 내가 너희에게 이르노니 하나님이 능히 이 돌들로도 아브라함의 자손이 되게 하시리라 이미 도끼가 나무뿌리에 놓였으니 좋은 열매를 맺지 아니하는 나무마다 찍혀 불에 던져지리라

요한이 유명해지자 당시 종교지도자인 바리새인과 사두개인들도 찾아와요. 사실 그들은 백성들 덕에 먹고 살았는데 백성들이 세례 요한에게 모이니 긴장할 수밖에 없었지요. 그러나 세례 요한의 메시지는 단호해요. "아브라함의 자손"이라는 특권의식이 그들을 구원하지 못하며, 종교적 행위가 그들을 구원하지 못한다고 못 박아요.

그러니 회개에 합당한 열매를 맺고 구원을 받으라고, 이미 심판이 임박했으니 열매 맺지 않는 나무마다 찍혀 불에 던져질 거라고 외칩니다.

11,12 나는 너희로 회개하게 하기 위하여 물로 세례를 베풀거니와 내 뒤에 오시는 이는 나보다 능력이 많으시니 나는 그의 신을 들기도 감당하지 못하겠노라 그는 성령과 불로 너희에게 세례를 베푸실 것이요 손에 키를 들고 자기의 타작마당을 정하게 하사 알곡은 모아 곳간에 들이고 쭉정이는 꺼지지 않는 불에 태우시리라

요한은 자기의 정체성을 분명히 알았어요. 그는 자신이 회개를 위해 물로 세례를 베풀지만 뒤에 오시는 이는 성령과 불로 세례를 베푸실 거라고 말해요.

여기서 성령과 불은 '구원'과 '심판'을 말하지요. 세례 요한은 구약의 말씀대로 예수님의 길을 예비해요. 그는 메시아가 오시면 심판이 곧 임할 거라고 생각했지요. 이것이 요한의 깨달음의 한계이기도 했습니다.

나중에 그가 감옥에 갇혔을 때 예수님에게 사람을 보내 "당신이 메시아가 맞습니까?"라고 묻는 장면이 나와요. 그의 한계는 다음 본문에서도 볼 수 있지요.

> 13-15 이때에 예수께서 갈릴리로부터 요단강에 이르러 요한에게 세례를 받으려 하시니 요한이 말려 이르되 내가 당신에게서 세례를 받아야 할 터인데 당신이 내게로 오시나이까 예수께서 대답하여 이르시되 이제 허락하라 우리가 이와 같이 하여 모든 의를 이루는 것이 합당하니라 하시니 이에 요한이 허락하는지라

예수님은 30세쯤 메시아로서 공생애를 시작하세요. 세례 요한의 집회 장소에서 세례를 받으심으로요. 주의 길을 예비하던 세례 요한의 사역지에서 준비된 영혼들을 인수하신 거지요. 주인공이 등장하니 세례 요한의 사역은 사그라들고, 그는 점점 무대 뒤로 사라져요.

예수님이 세례를 받으려 하자 세례 요한이 만류해요. 자기가 세례를 받을 입장이라고요. 그때 예수님은 그에게 세례를 받아 "의"를 이루어야 한다고 말씀하시지요.

이 의는 로마서 3장 22절, "예수 그리스도를 믿음으로 말미암아 모든 믿는 자에게 미치는 하나님의 의"예요. 즉 '하나님의 영광에 이르게 하는 의'지요. 예수님은 심판을 하러 오신 게 아니라 우리를 살리기 위해 오셨다는 거예요. 세례 요한처럼 위대한 선지자도 점진적으로 말씀을 깨닫는 인생을 살았다는 게 우리에게 큰 힘이 됩니다.

16,17 예수께서 세례를 받으시고 곧 물에서 올라오실새 하늘이 열리고 하나님
의 성령이 비둘기같이 내려 자기 위에 임하심을 보시더니 하늘로부터 소리가
있어 말씀하시되 이는 내 사랑하는 아들이요 내 기뻐하는 자라 하시니라

성경에 매우 드물게 삼위 하나님이 동시에 등장하는 장면이지요. 이렇게 예수님의 메시아 사역이 시작돼요.

06 능력자가 되고 싶다면 4:1-11

11 이에 마귀는 예수를 떠나고 천사들이 나아와서 수종 드니라

예수님이 세례 받으시던 순간, 공생애의 시작을 축하하듯 삼위 하나님이 등장하세요. 이런 서막을 볼 때 세상 상식으로는 꽃길이 열려야 하는데 놀랍게도 예수님 앞에는 시험이 기다리고 있었어요.

시험에는 능력을 평가하는 'test'와 유혹에 대한 'temptation'이 있어요. 본문은 후자입니다. 예수님은 세례를 받으신 후 시험을 받으세요.

1 그때에 예수께서 성령에게 이끌리어 마귀에게 시험을 받으러 광야로 가사

예수님이 성령에 이끌리어 마귀에게 시험을 받으러 광야로 가시지요. 여기서 잠깐 "광야"의 시대적 의미를 살펴볼게요. 당시 이스라엘은 로마와 에돔의 이중 지배구조 속에서 엄청난 압제를 당하고 있었어요. 이 와중에 종교지도자들이 바른 지침을 주면 좋으련만 그들은 너무나 부패했지요.

아론 계열로 내려오던 대제사장직이 로마에 돈을 주고 사는 형태로 바뀔 정도로 부패했습니다. 기간을 정해놓고 많은 돈을 요구했기에 어렵게 산 대제사장직을 위해 백성들을 착취한 거예요. 오히려 종교지도자들이 백성들의 고통을 가중시키는 역할을 한 거지요.

그 꼴을 보고 싶지 않은 사람들은 광야로 들어가 말씀을 붙들고 연구하며 말씀을 성취하러 오실 메시아를 기다렸어요. 그런 이들을 '에세네파' 또는 '쿰란 공동체'라고 불렀지요. 이런 배경에서 광야에서 살던 세례 요한을 에세네파로 보는 사람들도 있어요.

예수님은 광야에서 40일을 밤낮으로 금식하세요.

2 사십 일을 밤낮으로 금식하신 후에 주리신지라

이 '40'이란 숫자가 유대인에게는 특별합니다. 노아의 홍수도 40주야로 이어졌고, 출애굽한 이스라엘 백성들도 광야에서 40년을 살았지요. 유대인에게 광야는 시험과 연단, 더 나아가 준비, 심판, 재창조의 의미가 있어요.

3 시험하는 자가 예수께 나아와서 이르되 네가 만일 하나님의 아들이어든 명하여 이 돌들로 떡덩이가 되게 하라

광야에서 사단이 예수께 나아와 "네가 만일 하나님의 아들이어든 명하여 이 돌들로 떡덩이가 되게 하라"라고 해요. 이 떡의 시험은 먹는 시험을 가장한 '할 수 있음, 능력의 시험'이에요.

예수님은 하나님이시기에 충분히 돌을 떡으로 만드실 수 있었습니다. 하지만 그렇게 하면 인간의 몸을 입고 오신 목적, 바로 십자가의 사명을 이룰 수 없게 되지요. 그래서 사단이 예수님의 능력 곧 신성을 드러내려고 안간힘을 쓴 거예요. 기를 쓰고 하나님으로 되돌려놓으려는 거지요.

4 예수께서 대답하여 이르시되 기록되었으되 사람이 떡으로만 살 것이 아니요 하나님의 입으로부터 나오는 모든 말씀으로 살 것이라 하였느니라 하시니

그러나 예수님은 말씀으로 시험을 종결하세요. 사실 첫 아담이 이 시험에 실패하여 선악과를 따 먹음으로 죄가 세상에 들어왔어요. 출애굽한 이스라엘 백성들도 이 시험을 통과하지 못했고요. 우리도 늘 이 시험 앞에 놓여있지요. 쉬운 방법으로 세상 문제를 풀고 싶은 유혹이 언제나

있습니다. 우리의 보잘것없는 능력으로 위대한 십자가의 능력을 대체해 버리고픈 유혹 앞에서 숱하게 실패하지요.

예수님은 이 시험을 통과하셨기에 인류 구원의 위대한 사명을 감당하실 수 있었어요. 우리도 마찬가지예요. 내 능력이 아닌 주님의 능력으로 사명을 감당해야 해요. 우리의 능력을 쓰는 순간, 십자가의 능력이 희석되고 복음의 순수성이 변질돼요. 변질된 복음은 아무 힘이 없어요. 오직 말씀대로 살 때 말씀의 능력을 증거하는 증인으로서 복음을 힘 있게 전할 수 있습니다.

떡의 시험이 끝나고 광야에서 성전으로 장소가 바뀌어요.

5,6 이에 마귀가 예수를 거룩한 성으로 데려다가 성전 꼭대기에 세우고 이르되 네가 만일 하나님의 아들이어든 뛰어내리라 기록되었으되 그가 너를 위하여 그의 사자들을 명하시리니 그들이 손으로 너를 받들어 발이 돌에 부딪치지 않게 하리로다 하였느니라

사단은 예수께 성전 꼭대기에서 뛰어내려 하나님의 아들임을 증명하라고 합니다. 이 무렵 사람들은 이중 압제구조와 종교지도자들의 타락 속에서 메시아를 대망(待望)하고 있었어요. 그러나 그들이 바라는 메시아는 변질된 메시아였지요. 로마에서 자신들을 해방시켜주고, 썩은 종교지도자들을 처단해줄 정치적 메시아, 능력 있는 메시아를 기다리고 있었어요.

만약 예수님이 성전 꼭대기에서 사람들의 주목을 한 몸에 받으며 뛰어내리신다면 사람들은 그분을 쉽게 따를 거예요. 사단은 그 능력을 보이라고 유혹한 거지요. 한마디로, 쉽게 가자는 거예요. 이번엔 사단도 교묘하게 말씀을 들어 유혹합니다. 예수님의 뛰어내림이 곧 말씀을 증명한다는 거지요.

그가 너를 위하여 그의 천사들을 명령하사 네 모든 길에서 너를 지키게 하심이라 그들이 그들의 손으로 너를 붙들어 발이 돌에 부딪히지 아니하게 하리로다

시 91:11,12

능력의 근원이 어디 있는지 보이는 '기준'에 대한 시험이지요. 예수님은 하나님의 아들로 살겠다는 분명한 기준이 있으셨어요.

7 예수께서 이르시되 또 기록되었으되 주 너의 하나님을 시험하지 말라 하였느니라 하시니

그래서 말씀으로 답하시며 하나님을 시험하지 않으세요.

8,9 마귀가 또 그를 데리고 지극히 높은 산으로 가서 천하만국과 그 영광을 보여 이르되 만일 내게 엎드려 경배하면 이 모든 것을 네게 주리라

그러자 사단이 예수님을 데리고 높은 산에 올라가 천하만국과 그 영광을 보여주며 '명예'의 시험을 합니다. 자기에게 엎드려 경배하면 이 모

든 것을 주겠다고요. '쉬운 길' 시험이지요.

10,11 이에 예수께서 말씀하시되 사탄아 물러가라 기록되었으되 주 너의 하나님께 경배하고 다만 그를 섬기라 하였느니라 이에 마귀는 예수를 떠나고 천사들이 나아와서 수종드니라

이때도 예수님은 "주 너의 하나님께 경배하고 다만 그를 섬기라"라는 신명기의 말씀으로 시험을 종결하세요(신 6:13). 사단은 더 이상 게임이 안 되는 걸 알고 그분을 떠나고, 천사들이 예수님을 시중들지요. 사단은 늘 우리에게 하나님의 자리에 올라가라고 해요. 또 하나님의 능력이 아닌 내 능력으로 살라고 하지요.

믿음의 실력은 위기의 순간에 드러납니다. 조금만 타협하면 될 것 같고, 조금만 세상 방법으로 하면 쉬울 것 같거든요. 눈에 보이지 않는 하나님 대신 세상을 의지하고 싶은 유혹도 느껴요. 심지어 그것이 하나님의 뜻이라며 자신을 속이기도 하고요. 그럴 때 흔들리는 마음을 부여잡고 온전히 하나님을 의지하며 한 발을 내디디면 믿음이 성장합니다.

하나님은 우리가 유혹의 순간에 어떻게 대응해야 하는지 예수님의 시험을 통해 보여주세요. 예수님은 늘 "기록되었으되"로 맞받아치며 말씀으로 상황을 해석하고 순종하며 승리하셨지요.

07 천국 만들기 4:12-25

23 예수께서 온 갈릴리에 두루 다니사 그들의 회당에서 가르치시며 천국 복음을 전파하시며 백성 중의 모든 병과 모든 약한 것을 고치시니

이 본문은 예수님의 2차 갈릴리 사역에 대한 내용입니다. 다른 복음서와 비교하면 많은 내용이 생략되어 있지요. 예수님의 공생애를 유월절을 기준으로 나눌 수 있는데, 총 세 번의 유월절을 지내시고 네 번째 유월절에 십자가에 달리세요. 이 본문은 두 번째와 세 번째 유월절 사이에 일어난 일들이에요. 마태는 예수님이 시험받으신 후 세례 요한이 잡힘을 살짝 언급하고, 바로 갈릴리로 가서 열두 제자를 확정하는 장면을 기록해요. 본문이 시작되기 전의 상황을 살짝 살펴볼게요.

첫 번째 유월절 이후 헤롯 안티파스가 이복동생 빌립의 아내를 빼앗은 당대 최고 스캔들이 터져요. 안티파스를 두려워한 사람들은 몰래 수군거렸지만 세례 요한은 이 일을 공개적으로 비판하여 결국 감옥에 갇히지요. 주님의 길을 예비하던 세례 요한의 사명이 끝나가고 예수님의 길이 본격화됨을 알 수 있어요.

이때 예수님은 갈릴리 1차 사역을 하세요. 그리고 두 번째 유월절에 예루살렘에 오셔서 안식일에 38년 된 병자를 고침으로 종교지도자들과 심각한 갈등이 시작되지요. 예수님은 살벌한 예루살렘을 떠나 2차 갈릴리 사역을 시작하세요.

12-17 예수께서 요한이 잡혔음을 들으시고 갈릴리로 물러가셨다가 나사렛을 떠나 스불론과 납달리 지경 해변에 있는 가버나움에 가서 사시니 이는 선지자 이사야를 통하여 하신 말씀을 이루려 하심이라 일렀으되 스불론 땅과 납달리 땅과 요단강 저편 해변 길과 이방의 갈릴리여 흑암에 앉은 백성이 큰 빛을 보았고 사망의 땅과 그늘에 앉은 자들에게 빛이 비치었도다 하였느니라 이때부터 예수께서 비로소 전파하여 이르시되 회개하라 천국이 가까이 왔느니라 하시더라

갈릴리의 대표적인 도시 가버나움을 거점으로 사역하셨는데, 마태는 가버나움 앞에 "스불론과 납달리 지경 해변에 있는"(13절)이라는 수식어를 굳이 붙입니다. 왜냐하면 이사야서 말씀에 응하는 것이기 때문이지요(사 9:1,2). 예수님은 구약의 모든 예언을 성취하러 오신 거예요.

이때부터 예수님은 "회개하라. 천국이 가까이 왔느니라"라며 복음을 본격적으로 전하세요.

18-22 갈릴리 해변에 다니시다가 두 형제 곧 베드로라 하는 시몬과 그의 형제 안드레가 바다에 그물 던지는 것을 보시니 그들은 어부라 말씀하시되 나를 따라오라 내가 너희를 사람을 낚는 어부가 되게 하리라 하시니 그들이 곧 그물을 버려두고 예수를 따르니라 거기서 더 가시다가 다른 두 형제 곧 세베대의 아들 야고보와 그의 형제 요한이 그의 아버지 세베대와 함께 배에서 그물 깁는 것을 보시고 부르시니 그들이 곧 배와 아버지를 버려두고 예수를 따르니라

예수님은 두 번째 유월절 이후 갈릴리로 오시자마자 열두 제자를 확정하시지요. 구약의 열두 지파를 상징하는 열두 제자를 부르시고 그들을 본격적으로 훈련시켜 교회 시대를 준비하세요.

먼저 갈릴리 어부였던 베드로라 하는 시몬과 그의 형제 안드레를 부르세요. 그리고 세베대의 아들 야고보와 그의 형제 요한도 부르십니다. 이들은 수산업을 하던 비즈니스맨으로, 세례 요한이 요단 동편에서 집회할 때 참석하던 신실한 이들이었어요.

요한복음에 의하면 그들의 첫 만남은 세례 요한의 집회 장소에서 이루어졌어요(요 1:35-51). 세례 요한의 제자였던 안드레와 요한은 자기들의 선생이 소개한 예수님을 주목할 수밖에 없었지요. 예수님을 따라가던 그들은 그분이 돌아보시자 엉겁결에 "어디로 가십니까?"라고 물어요.

그 질문에 대한 대답이 그 유명한 "come and see"예요. "와서 보라!"

안드레는 먼저 자기 형제 베드로를 찾아 예수께 데리고 가요. 이튿날 예수님이 빌립을 부르시고 빌립은 나다나엘을 불러 5명의 제자가 모입니다. 이때 그들은 제자로 부름을 받았지만 당시는 소위 '파트타임'이었어요. 왜냐면 먹고 살아야 했기 때문이지요.

그러다가 본격적인 갈릴리 사역이 시작되는 오늘 본문에서 비로소 풀타임으로 부르시는 거예요. 이미 두 번째 유월절이 지나 약 2년 뒤에는 십자가를 지셔야 했기에 그들을 집중적으로 훈련시켜야 했지요.

그들은 고기를 잡는 직업인에서 사람을 낚는 사역자가 돼요. "어부"라는 직업이 그냥 나온 게 아니에요. 구약성경의 예레미야서 16장 16-18절에도 어부가 등장합니다. 이때의 "어부"는 사람을 심판하는 어부예요. 그런데 신약에 와서는 하나님께서 그 심판을 구원으로 바꾸세요. 예수님의 콜링(calling)에 그들은 기꺼이 그물을 버려두고 사명자의 길을 걷지요.

23-25 예수께서 온 갈릴리에 두루 다니사 그들의 회당에서 가르치시며 천국 복음을 전파하시며 백성 중의 모든 병과 모든 약한 것을 고치시니 그의 소문이 온 수리아에 퍼진지라 사람들이 모든 앓는 자 곧 각종 병에 걸려서 고통 당하는 자, 귀신 들린 자, 간질하는 자, 중풍병자들을 데려오니 그들을 고치시더라 갈릴리와 데가볼리와 예루살렘과 유대와 요단강 건너편에서 수많은 무리가 따르니라

예수님은 제자들과 온 갈릴리에 두루 다니시며 회당을 중심으로 말씀을 가르치시고, 천국 복음을 전파하시며, 백성의 질병과 약한 것을 고치세요. 이것은 수많은 예언서에 이미 언급된 바이며, 특히 이사야서 61장에 기록된 메시아의 때에 구원이 임하면 나타나는 현상이지요.

구원이 완성될 때의 모습이 예수님을 통해 나타납니다. 사실 예수님이 하신 일들만 봐도 그분이 메시아임을 분명히 알 수 있지요. 예수님에 대한 소문은 온 수리아에 퍼졌어요. 병든 자, 귀신 들린 자, 간질 환자, 중풍병자들이 예수님에게 나아왔고 그분은 친히 고쳐주셨어요. 갈릴리와 데가볼리, 예루살렘과 유대와 요단강 건너편에서 수많은 무리가 예수님을 따랐습니다.

예수님은 이 땅에서 '가르치고, 전파하고, 고치는' 사역을 하셨어요. 작은 예수인 우리도 천국이 이 땅에 임하게 하기 위해 말씀을 가르치고 복음을 전하고 세상을 고쳐야 해요. 우리가 세상을 어떻게 고칠 수 있을까요? 각자 부름 받은 자리에서 하나님나라를 이루어가면 된답니다.

계란으로 바위 치기 같은 상황일지라도
우리는 예수께 시선을 고정하고
천국 시민답게 살아야 해요.

우리는 하나님의 자녀예요.
이 땅에 어둠을 몰아내는 빛으로, 살맛 나게 하는 소금으로
부름을 받았지요! 예수님이 팔복을 통해
우리의 정체성과 사명을 가르쳐주셨답니다.

기도는 하나님 자녀의 특권 중 최고의 특권이에요.
우리의 모든 걸 아시는 하나님께
24시간 오픈된 핫라인이지요.

그분은 우리의 필요를 누구보다 잘 아시며
늘 최고의 것을 주고 싶어 하세요.
그러니 먼저 아버지의 뜻을 구하는 게 중요합니다.
그 뜻을 알고 순종할 수 있는 은혜를 구하는 게
제일 복된 기도예요.

PART 2

천국 시민답게 살아요

5-7장

08 천국 시민 프로필 5:1-12

10 의를 위하여 박해를 받은 자는 복이 있나니 천국이 그들의 것임이라

1 예수께서 무리를 보시고 산에 올라가 앉으시니 제자들이 나아온지라

산상수훈의 대상은 '제자들'입니다. 앞서 말했듯이 예수께서 두 번째 유월절을 지나 갈릴리 사역을 시작하며 가장 먼저 하신 일은 열두 제자를 확정한 거였어요. 그들에게 하나님의 백성이 행해야 할 삶의 원리를 말씀해주신 게 산상수훈이지요. 쉽게 말하면, '천국 시민법'이라고 할 수 있어요.

여기서 유심히 봐야 하는 단어가 "산"이에요. 현재 산상수훈을 말씀하신 장소로 추정되는 곳에 팔복교회가 세워져 있는데, 이곳은 산이라기보다는 작은 언덕에 가까워요. 그런데 굳이 마태가 "산"이라고 표현한 건 이스라엘 사람이면 누구나 떠올리는 모세와 연결하기 위한 작전이랍니다.

산상수훈은 새 이스라엘인 천국 시민에게 주는 새 계명으로, 놀랍도록 구약과 대칭을 이루며 연결되어 있어요.

산에 오르신 예수님 vs 시내 산에 오른 모세

열두 제자 vs 열두 지파(언약 백성)

산상수훈 vs 십계명(율법)

우리는 산상수훈을 통해 구약에 주신 모든 '법'의 정신을 배울 수 있어요. 모세 때에 하나님은 그의 눈앞에 있던 약 250만 명을 다스리는 데 필요한 현실적인 법인 십계명과 율법을 주셨어요. 예수님은 이제 그 원리를 설명해주세요. 결국 '하나님 사랑', '이웃 사랑'이 그 근원임을 말씀해주시지요.

우리는 이 산상수훈에서 팔복을 찾을 수 있어요. 팔복은 여덟 가지 복이 아닌 '복 있는 사람에게 나타나는 여덟 가지 특징'입니다. 그런데 이 여덟 가지 특징에는 단계가 있어요.

첫 번째가 되어야 두 번째가 될 수 있고, 두 번째가 되어야 세 번째가 될 수 있답니다. 첫 번째 단계에서 갑자기 여덟 번째 특징이 나타날 수는 없어요.

또 첫 번째부터 네 번째는 하나님 사랑, 다섯 번째부터 여덟 번째는 이웃 사랑을 담고 있어요. 하나님 사랑을 제대로 느낀 사람은 이웃 사랑을 자연스럽게 실현하거든요. 이런 배경으로 팔복을 살펴볼게요.

2 입을 열어 가르쳐 이르시되

우리도 예수님의 가르침에 귀 기울여보아요.

3 심령이 가난한 자는 복이 있나니 천국이 그들의 것임이요

심령이 가난한 사람은 소망 없는 참 자아를 본 사람이에요. 하나님과 깨어진 관계를 깨닫고 회복을 소망하는 사람이지요. 즉 나를 구원할 수

있는 분이 오직 주님이심을 고백하고, 돈, 명예, 권력 같은 세상 것들 대신에 어떤 상황에서도 주님만 의지하는 사람에게 천국이 임해요. 하나님의 임재 앞에서 진정한 기쁨을 누리며 이 땅에서 천국을 사는 거지요.

4 애통하는 자는 복이 있나니 그들이 위로를 받을 것임이요

자기를 직면한 사람은 애통하게 돼요. 마땅히 있어야 할 '의'는 없고 죄만 있기에 애통해하는 거예요. 그런데 그 죄의 문제를 예수님이 대신 해결해주신다는 복된 소식을 듣게 됩니다. 그는 이제 하나님께서 주신 위로의 힘으로 힘차게 살 수 있지요.

5 온유한 자는 복이 있나니 그들이 땅을 기업으로 받을 것임이요

심령의 가난과 애통의 비밀을 깨달은 사람은 겸손해집니다. 그는 모든 문제를 들고나와 십자가 앞에 엎드릴 수 있어요. 하나님의 선하신 통치를 믿고 해결을 바라며 그분 앞에 무릎 꿇을 수 있는 사람이 바로 온유한 사람이지요.

온유한 사람의 삶에는 하나님의 통치가 임해요. 이런 사람에게 땅이 기업으로 주어지지요. 여기서 "땅"은 하나님의 통치가 드러나는 공간이에요. 다시 말해 하나님의 통치를 경험하는 곳인데, 온유한 사람에게 그 땅이 주어진다는 겁니다. 그는 하나님나라를 이어가는 사람이에요.

온유의 극치를 보여주는 게 바로 '십자가'지요.

6 의에 주리고 목마른 자는 복이 있나니 그들이 배부를 것임이요

그래서 온유한 사람은 자신이 십자가의 은혜가 없으면, 그리스도의 구원이 없으면 안 되는 존재임을 깨닫고 날마다 그 의를 사모해요. 결국 그 의를 만나 세상에 실현하지요. 그 의를 붙들고 세상에서 빛과 소금의 역할을 감당함으로 충만함이 가득 채워져요.

이처럼 하나님을 제대로 만나 그분의 사랑을 배운 사람을 통해 이웃 사랑과 관계 회복이 시작돼요.

7 긍휼히 여기는 자는 복이 있나니 그들이 긍휼히 여김을 받을 것임이요

긍휼히 여김을 받은 사람은 누군가를 긍휼히 여길 수 있어요. 사랑을 많이 받고 자란 아이가 사랑을 많이 베풀듯, 죄인인 자신을 용서하신 하나님의 깊은 긍휼을 깨달으면 원수도 용서할 수 있지요.

8 마음이 청결한 자는 복이 있나니 그들이 하나님을 볼 것임이요

마음이 청결한 사람은 주님의 보혈로 씻김을 받은 사람이에요. 이 사람은 마음이 나뉘지 않고 순결합니다. 세상과 하나님 사이에 양다리를 걸치지 않고 시선을 하나님께 고정하며 살지요.

아이가 잘못하면 부모를 피하듯이 죄 가운데 있으면 하나님을 피하게 돼요. 하지만 마음이 청결한 사람은 은혜의 보좌로 담대히 나갈 수 있습니다.

9 화평하게 하는 자는 복이 있나니 그들이 하나님의 아들이라 일컬음을 받을 것임이요

하나님께서 죽기까지 우리를 사랑하신다는 사실을 깨달으면 그분의 사랑이 우리 삶에 흘러넘칩니다. 자연히 다른 사람에게도 흘려보낼 수 있지요. 예수님이 하나님과 우리 사이를 다시 연결하는 다리가 되신 것처럼 우리도 기꺼이 세상과 하나님을 잇는 다리가 돼요. 분쟁과 미움이 가득한 세상에 피스 메이커(peace maker)가 되는 거예요.

10-12 의를 위하여 박해를 받은 자는 복이 있나니 천국이 그들의 것임이라 나로 말미암아 너희를 욕하고 박해하고 거짓으로 너희를 거슬러 모든 악한 말을 할 때에는 너희에게 복이 있나니 기뻐하고 즐거워하라 하늘에서 너희의 상이 큼이라 너희 전에 있던 선지자들도 이같이 박해하였느니라

하나님의 의는 세상의 가치와 부딪치기에 의롭게 사는 사람은 세상의 박해를 받을 수밖에 없어요. 히브리서도 "믿음의 사람들은 세상이 감당할 수 없다"라고 말합니다(히 11장). 그래서 하나님의 자녀들은 이 악한 세상을 살아가기가 힘들지만 끊임없이 부딪치며 하나님의 의를 살아내야 해요. 믿음은 결단하고 도전할 때 견고해지거든요.

비록 눈에 보이는 성과가 없고 계란으로 바위 치기 같은 상황일지라도 우리는 예수께 시선을 고정하고 천국 법을 지키며 천국 시민답게 살아야 해요. 예수님이 팔복을 통해 우리의 정체성과 사명을 확실히 가르쳐주셨으니까요.

D. L. 무디는 "세상 사람 100명 중 1명은 성경을 읽고 나머지 99명은 그리스도인을 읽는다"라고 말했어요. 세상이 조롱하고 핍박해도 담대히 작은 예수로 살며 팔복의 사람이 될 때, 우리는 세상에 하나님을 보여줄 수 있습니다.

09 하나님의 자녀교육 클래스 5:13-26

16 이같이 너희 빛이 사람 앞에 비치게 하여 그들로 너희 착한 행실을 보고 하늘에 계신 너희 아버지께 영광을 돌리게 하라

하나님은 이스라엘을 세계사 가운데 모델이 되는 나라로 세우셨어요. 그리고 건국이념을 "땅의 모든 족속이 너로 말미암아 복을 얻을 것이라"(창 12:3)라고 하셨지요. 신약성경에서도 예수님이 열두 지파를 상징하는 열두 제자를 세우시고, 새 계명으로 산상수훈을 주시면서 같은 말씀을 하세요.

"너희는 복의 근원이니까 복을 전해라!"

13절부터는 산상수훈의 말씀을 좀 더 구체적으로 우리 삶에 적용하는 방법을 제시하세요. 가장 먼저 우리가 너무나 잘 아는 '빛과 소금' 이야기를 하십니다.

13 너희는 세상의 소금이니 소금이 만일 그 맛을 잃으면 무엇으로 짜게 하리요 후에는 아무 쓸데없어 다만 밖에 버려져 사람에게 밟힐 뿐이니라

다시 한번 기억해야 하는 건, 이 이야기의 대상이 '제자들'이라는 거예요. 즉 예수가 그리스도임을 고백하는 지금의 교회 공동체에게 주신 말씀이지요.

"너희는 세상의 소금이니 짠맛을 잃지 말라!"

소금은 한때 돈을 대신할 정도로 중요한 재원이었어요. 또 성경 속 소금의 역할은 첫째로 부패 방지(언약의 소금)이고, 둘째로 맛 내기예요. 우리는 살맛 안 나는 세상에 살맛을 내는 존재란 뜻이지요. 그런데 만일 우리가 세상과 똑같다면 아무 소용없다는 거예요.

여기서 전제 조건은 우리가 '이미' 소금이라는 사실입니다. 소금이 짠맛을 잃는 건 불가능함을 전제한 강한 부정의 표현이지요. 절대 그럴 수 없다는 거예요. 하나님의 자녀라면 당연히 그 맛이 나야 한다는 의미입니다. 복음을 깨달으면 스스로도 살맛이 나고 그 감격을 전할 수밖에 없으니까요.

14 너희는 세상의 빛이라 산 위에 있는 동네가 숨겨지지 못할 것이요

예수님은 우리를 세상의 빛이라 말씀하세요. 저는 새벽기도회에 제일 먼저 도착하는 걸 좋아해요. 그러면 어두운 복도와 예배당에 불을 켤 수 있거든요. 깜깜하던 예배당에 불이 켜지며 모든 게 드러나는 그 순간이 마치 복음이 깨달아지는 순간 같아서 매일 숨죽이고 불을 켤 때마다

얼마나 기쁜지 몰라요. 빛이 비치면 어둠은 한순간에 물러가요. 여기서 "산 위에 있는 동네"는 이사야서 2장 2,3절에 근거하여 예루살렘으로 볼 수 있어요. 당시 예루살렘은 타락할 대로 타락한 상태였어요. 죄가 죄인 줄 모르고 합리화하며 살던 그들에게 예수님의 빛이 임하면 그들의 타락이 환히 드러날 거라는 말씀이지요.

15,16 사람이 등불을 켜서 말 아래에 두지 아니하고 등경 위에 두나니 이러므로 집 안 모든 사람에게 비치느니라 이같이 너희 빛이 사람 앞에 비치게 하여 그들로 너희 착한 행실을 보고 하늘에 계신 너희 아버지께 영광을 돌리게 하라

우리는 우리 안에 있는 예수 그리스도의 빛을 사람들에게 비추어서 그들이 우리의 착한 행실과 영적인 매력을 보고 하나님을 궁금해하고 그분께 영광 올려드리게 해야 해요.

제 동생들은 새벽기도와 금식을 하며 저를 전도했어요. 저는 동생들이 보낸 수많은 설교 테이프와 신앙 서적들을 뜯지도 않고 버렸지요. 우리는 미국의 다른 주에서 동시에 유학을 시작했는데 삶의 모양이 다 달랐어요. 동생의 삶은 제게 큰 감동을 주었어요. IMF 시절에 유학생활을 한 동생은 밤낮으로 아르바이트를 하며 공부했어요. 그런데 어렵게 번 돈으로 더 어려운 친구와 동생들에게 늘 밥을 사주는 거예요.

'같은 부모님에게서 태어났는데 쟤는 어떻게 저토록 이타적일 수 있지?'

저는 처음으로 동생이 믿는 하나님이란 존재가 궁금해졌습니다. 이로부터 10년이라는 세월이 지난 뒤 하나님을 제 발로 찾아갔고, 그 궁금

증이 성경공부로 이어졌지요. 이렇듯 내 삶을 통해 하나님의 빛을 비추어 영적 매력을 사람들이 궁금해하도록 만들어야 해요.

17-20 내가 율법이나 선지자를 폐하러 온 줄로 생각하지 말라 폐하러 온 것이 아니요 완전하게 하려 함이라 진실로 너희에게 이르노니 천지가 없어지기 전에는 율법의 일점일획도 결코 없어지지 아니하고 다 이루리라 그러므로 누구든지 이 계명 중의 지극히 작은 것 하나라도 버리고 또 그같이 사람을 가르치는 자는 천국에서 지극히 작다 일컬음을 받을 것이요 누구든지 이를 행하며 가르치는 자는 천국에서 크다 일컬음을 받으리라 내가 너희에게 이르노니 너희 의가 서기관과 바리새인보다 더 낫지 못하면 결코 천국에 들어가지 못하리라

다음은 예수님과 율법의 관계입니다. 당시 예수님은 종교지도자들이 이해할 수 없는 일을 자꾸 행하셨어요. 가장 큰 이슈가 안식일 논쟁이었지요. 당시 종교지도자들은 안식일에 하나님께 온전히 집중하기 위한 여러 가지 세칙을 두어 엄격하게 지켰어요. 그러나 형식은 점점 엄격해지는데 정작 주인이신 하나님은 그 안에 계시지 않았지요. 종교적 허영심을 채우기 위한 형식에 지나지 않았던 거예요. 그래서 그들은 안식일에 병자를 고치고, 벼 이삭을 먹게 허용하는 예수님을 이해할 수 없었어요.

그런 논란 속에서 예수님은 율법을 폐하러 온 게 아니라 율법을 완성하러 오셨다고 말씀하세요. 또 천지가 사라지는 게 불가능하듯이 율법의 일점일획도 없어질 수 없으며, 반드시 다 이룰 거라고 말씀하시지요. 그리고 종교적 형식에 빠져 참 하나님을 알지 못하면 천국에 들어가지 못한다고 단호히 말씀하세요.

21,22 옛사람에게 말한 바 살인하지 말라 누구든지 살인하면 심판을 받게 되리라 하였다는 것을 너희가 들었으나 나는 너희에게 이르노니 형제에게 노하는 자마다 심판을 받게 되고 형제를 대하여 라가라 하는 자는 공회에 잡혀가게 되고 미련한 놈이라 하는 자는 지옥 불에 들어가게 되리라

앞서 마태복음은 믿지 않는 유대인을 위해 쓰인 책이라고 설명한 걸 기억하지요? 그래서 구약과 계속 연결시켜 말하고, 구약의 성취로 예수님의 사역을 설명하는 거예요. "옛사람에게 말한 바"는 바로 구약을 가리키는 거지요.

누구든지 살인하면 심판을 받는다고 말씀하는데, 그 살인의 의미가 정말 놀라워요. 하나님의 형상과 모양대로 지음 받은 사람의 존엄성을 잊어버리고 다른 사람에게 화를 내거나 인신공격을 하거나 욕하는 것도 다 살인이라는 거예요. 이 살인 혐의에서 벗어날 수 있는 사람은 아무도 없을 겁니다. 예수님은 법의 정신을 말씀하신 거예요.

23-26 그러므로 예물을 제단에 드리려다가 거기서 네 형제에게 원망 들을 만한 일이 있는 것이 생각나거든 예물을 제단 앞에 두고 먼저 가서 형제와 화목하고 그 후에 와서 예물을 드리라 너를 고발하는 자와 함께 길에 있을 때에 급히 사화하라 그 고발하는 자가 너를 재판관에게 내어주고 재판관이 옥리에게 내어주어 옥에 가둘까 염려하라 진실로 네게 이르노니 네가 한 푼이라도 남김이 없이 다 갚기 전에는 결코 거기서 나오지 못하리라

예물을 하나님께 드리기 전에 형제에게 원망 들을 일을 했거든 먼저 가서 형제와 화해한 후에 와서 예물을 드리라고 하세요. 예배드린 뒤가

아니라 예배드리기 전에 화해부터 하라시지요. 또 고발하는 자와 함께 길을 갈 때 재판관에게 가기 전에 풀라고 하세요. 이웃 사랑과 그 실천을 강조하시는 거예요.

사실 귀가 닳도록 들은 말씀이지만 지키기 쉽지 않아요. 하지만 그럴 때마다 우리는 하나님의 자녀임을 기억해야 해요. 우리는 어둠을 몰아내는 빛으로, 살맛 나게 하는 소금으로 이 땅에 부름 받았다는 사실을요! 완벽하지 않아도 조금씩 실천할 때, 내가 있는 그곳이 천국이 된답니다.

10 하나님 빼박이 5:27-48

44 나는 너희에게 이르노니 너희 원수를 사랑하며 너희를 박해하는 자를 위하여 기도하라

천국 시민으로 어떻게 살아야 하는지 그 구체적인 적용법을 다음 말씀을 통해 예수님의 육성으로 들어보세요.

27-30 또 간음하지 말라 하였다는 것을 너희가 들었으나 나는 너희에게 이르노니 음욕을 품고 여자를 보는 자마다 마음에 이미 간음하였느니라 만일 네

오른 눈이 너로 실족하게 하거든 빼어 내버리라 네 백체 중 하나가 없어지고 온몸이 지옥에 던져지지 않는 것이 유익하며 또한 만일 네 오른손이 너로 실족하게 하거든 찍어 내버리라 네 백체 중 하나가 없어지고 온몸이 지옥에 던져지지 않는 것이 유익하니라

첫 번째는 "간음하지 말라"입니다. 간음은 하나님나라의 모형인 가정을 깨뜨리는 중범죄일 뿐 아니라 공동체를 깨뜨리는 무서운 죄이지요. 예수님은 간음의 결과 온몸이 지옥에 던져진다고 말씀하세요. 여기서 우리는 결혼의 성경적 의미를 잘 알아야 해요.

이러므로 남자가 부모를 떠나 그의 아내와 합하여 둘이 한 몸을 이룰지로다

창 2:24

에베소서 5장 22-32절을 보면 머리 되신 예수 그리스도와 몸 된 교회, 신랑이신 예수님과 신부인 교회의 관계를 통해 신랑과 신부가 한 몸이며 거룩한 관계임을 알 수 있어요. 또한 결혼생활을 통해 예수님과 교회의 관계를 배울 수 있지요. 그러나 안타깝게도 죄성이 있는 우리는 눈으로 음욕을 품고 손으로 죄를 범해요. 예수님은 그럴 거면 차라리 손을 없애 버리라고 말씀하세요. 물론 실제로 없애라는 게 아니라 죄를 절대 짓지 말 것을 엄중히 강조하시는 거지요.

31,32 또 일렀으되 누구든지 아내를 버리려거든 이혼 증서를 줄 것이라 하였으나 나는 너희에게 이르노니 누구든지 음행한 이유 없이 아내를 버리면 이는 그

로 간음하게 함이요 또 누구든지 버림받은 여자에게 장가드는 자도 간음함이니라

이어 이혼에 대해서도 말씀하세요. 간음과 연결되는 교훈이지요. 당시 유대인들은 이혼할 때 율법에 따라 '이혼 증서'를 썼어요. 원래 구약에서 이혼 증서를 쓰게 한 건 이혼하지 못하게 하려는 장치이자 합당한 이유로 이혼했음을 증명하여 여성의 권리를 보호하려는 목적이었지요.

그런데 예수님 당시 사람들이 이 법을 악용하여 너무 쉽게 이혼했어요. 그래서 예수님은 잘못을 바로잡으며 명확한 지침을 주세요. 음행 외에는 이유 없이 아내를 버리지 말라고요. 아내를 버리는 행위가 간음이라고까지 말씀하세요. 이는 이혼당한 여자들이 살아낼 방법이 주로 매춘이었기 때문입니다.

33-37 또 옛사람에게 말한 바 헛맹세를 하지 말고 네 맹세한 것을 주께 지키라 하였다는 것을 너희가 들었으나 나는 너희에게 이르노니 도무지 맹세하지 말지니 하늘로도 하지 말라 이는 하나님의 보좌임이요 땅으로도 하지 말라 이는 하나님의 발등상임이요 예루살렘으로도 하지 말라 이는 큰 임금의 성임이요 네 머리로도 하지 말라 이는 네가 한 터럭도 희고 검게 할 수 없음이라 오직 너희 말은 옳다 옳다, 아니라 아니라 하라 이에서 지나는 것은 악으로부터 나느니라

구약 시대에는 맹세를 반드시 지켜야 한다고 가르쳤지요. 그러나 예수님은 맹세 자체를 하지 말라고 하세요. 왜일까요? 종교지도자들이 맹공격했던 것처럼 예수님이 율법을 폐하신 걸까요? 아니에요. 맹세가 위

기 모면과 책임 회피의 수단으로 악용되었기 때문입니다. 또한 맹세한다는 건 평소 자기가 한 말을 잘 지키지 않았다는 반증이기도 하지요.

그러니 하나님을 연상시키는 그 어떤 것으로도 함부로 맹세하지 말라는 거예요. 또 옳으면 "옳다", 아니면 "아니다"를 분명하게 말하라고 하세요. 장황한 말로 애매모호하게 말하면서 핑계와 거짓말을 뒤섞지 말라는 거지요. 남을 속이는 말은 결국 사단에게서 오니까요. 그러므로 우리도 늘 분명하고 정직하게 말하는 습관을 가져야 해요.

38,39 또 눈은 눈으로, 이는 이로 갚으라 하였다는 것을 너희가 들었으나 나는 너희에게 이르노니 악한 자를 대적하지 말라 누구든지 네 오른편 뺨을 치거든 왼편도 돌려 대며

다음은 '보복'의 문제예요. 우리에게 흔히 일어나는 감정이지요. 구약에서는 "눈은 눈으로, 이는 이로" 갚는 '동해(同害) 보복법'을 적용했어요. 해를 입었을 때 누구나 되로 받은 걸 말로 갚아주고 싶은 습성이 있지요. 그러나 동해 보복법은 받은 만큼만 갚게 했어요. 죄지은 사람에게 지나친 벌이 주어지는 걸 방지하는 조치였지요. 이 법에 근거해서 유대인은 반드시 보복했어요.

그런데 예수님은 악한 자 즉 피해를 입힌 사람에게 보복하지 말라고 하십니다. 심각한 모욕을 상징하는 뺨 맞는 일을 당해도 다른 편 뺨을 내주라고 하시지요. 폭력에 저항하지 않을 뿐 아니라 사랑하는 단계까지 가라는 거예요. 그러기 어려운 줄 알지만 예수님이 도와줄 테니 하라고 하세요.

40 또 너를 고발하여 속옷을 가지고자 하는 자에게 겉옷까지도 가지게 하며

예수님은 우리를 고발하여 속옷을 가지려고 하는 자에게 겉옷까지 주라고 하세요. 손해를 감수하면서까지 이웃에게 사랑을 베풀라는 말씀이지요. 당시 겉옷은 비쌌고, 기온 차가 심한 중동 지방에서는 밤에 덮고 자는 이불 역할도 하는 필수품이었어요. 대부분 서민은 겉옷을 한 벌 정도만 갖고 있었기에 그것을 준다는 건 생명을 건 희생을 의미합니다.

41 또 누구든지 너로 억지로 오 리를 가게 하거든 그 사람과 십 리를 동행하고

예수님은 억지로 오 리를 가게 하는 사람과 십 리를 동행하라고 하세요. 당시 먼 길을 혼자 가는 건 매우 위험한 일이었어요. 사나운 짐승과 강도를 만날 위험이 늘 도사렸지요. 그래서 먼 길은 꼭 무리 지어 갔는데, 그 부탁을 들어주라는 거예요. 심지어 상대가 원하는 것 이상으로 들어주라고 하세요.

이 말씀은 또 다른 의미가 있었어요. 이때는 로마 치하였기에 로마 군인들은 피지배민에게 언제든 오 리 정도 거리의 노동력을 요구할 수 있었어요. 예수님이 십자가를 지고 골고다 언덕을 올라가실 때 구레네 시몬이 로마 군인의 요청으로 대신 십자가를 진 것도 그 때문이지요.

이처럼 겉옷과 모욕, 오 리는 '십자가'를 암시합니다. 예수님이 다 주시고 십자가에 달리신 것처럼 우리도 그렇게 살라고 하시는 거예요. 십자가의 의를 의지하면 할 수 있다는 거지요. 이것이 바로 하나님이 바라시는 그분의 자녀 된 성품이에요.

42 네게 구하는 자에게 주며 네게 꾸고자 하는 자에게 거절하지 말라

이는 구하는 자와 꾸는 자, 즉 물질이 필요한 사람을 도와주라는 말씀이에요. 가난한 사람에게 한 일이 곧 하나님께 한 일이라고 말씀하실 정도로 돕는 일은 중요해요.

43-45 또 네 이웃을 사랑하고 네 원수를 미워하라 하였다는 것을 너희가 들었으나 나는 너희에게 이르노니 너희 원수를 사랑하며 너희를 박해하는 자를 위하여 기도하라 이같이 한즉 하늘에 계신 너희 아버지의 아들이 되리니 이는 하나님이 그 해를 악인과 선인에게 비추시며 비를 의로운 자와 불의한 자에게 내려주심이라

마지막으로 원수를 사랑하라고 말씀하세요. 사실 구약성경에 정확하게 "원수를 미워하라"라는 말은 없어요. 그러나 당시에는 그렇게 적용되었지요. 예수님은 이 해석을 고쳐주세요. 당시 유대인들은 자신들만 선택받았다는 특권의식에 이방인들을 무시하고 미워했어요. 그런데 원수 곧 이방인을 사랑할 뿐 아니라 그들을 위해 기도하라는 건 매우 충격적인 말씀이지요.

또 예수님은 원수를 사랑할 때 우리가 하나님의 아들이 된다고도 말씀하셨어요. 이런 노력을 통해 그리스도의 장성한 분량에 이르러 하나님의 자녀답게 성화된다는 거지요. 하나님은 해와 비를 차별 없이 비추시고 내려주시며 선인과 악인 모두를 사랑하시는 분입니다.

그러니 자녀인 우리도 그렇게 살라는 거지요. 이 본문을 통해 율법을 주신 분의 의도와 마음을 정확하게 해석하는 게 얼마나 중요한지 새롭

게 깨달을 수 있어요.

46,47 너희가 너희를 사랑하는 자를 사랑하면 무슨 상이 있으리요 세리도 이같이 아니하느냐 또 너희가 너희 형제에게만 문안하면 남보다 더하는 것이 무엇이냐 이방인들도 이같이 아니하느냐

사랑하는 사람을 사랑하는 건 세리도 한다고 하세요. 또 자기 형제나 친한 사람에게만 문안하는 건 이방인도 한다고 하십니다. 당시 세리는 동족인 유대 백성들에게 지독하게 세금 징수를 해서 경멸의 대상이었어요. 이방인도 마찬가지고요. 예수님은 그들이 그렇게 경멸하는 세리와 이방인 수준에 머물 거냐고 하십니다.

48 그러므로 하늘에 계신 너희 아버지의 온전하심과 같이 너희도 온전하라

그러면서 아버지가 온전하심같이 우리도 온전하라고 강조하세요. 하나님께서는 우리를 그분의 모양과 형상대로 지으셨어요. 다시 말하면, 우리는 하나님을 빼다 박은 자녀이니 그분의 자녀답게 살라는 거예요. 여기서 "온전"은 '사랑'으로 바꿔 쓸 수 있어요. 하나님이 세상을 사랑하셔서 독생자를 주신 것처럼 우리도 세상을 사랑하라는 겁니다.

솔직히 감동이 되면서도 마음이 무거워져요. 우리가 잘하지 못하는 부분을 꼬집어 말씀하시니까요. 그래도 우리는 하나님의 '빼박이'라는 것, 하나님의 실패작이 아닌 그분의 걸작품이라는 사실을 기억해야 해요.

11 딸바보 아버지 6:1-18

6 너는 기도할 때에 네 골방에 들어가 문을 닫고 은밀한 중에 계신 네
아버지께 기도하라 은밀한 중에 보시는 네 아버지께서 갚으시리라

유대인 경건의 키워드는 '구제, 기도, 금식'이었어요. 그들은 이를 잘 지킴으로 구원받고자 했지요. 예수님은 그들이 가장 중요하게 여기던 이 세 가지 종교 행위를 얼마나 잘못 시행하고 있는지 지적하세요.

1 사람에게 보이려고 그들 앞에서 너희 의를 행하지 않도록 주의하라 그리하
지 아니하면 하늘에 계신 너희 아버지께 상을 받지 못하느니라

그들의 가장 큰 문제는 신앙생활을 하나님 앞이 아닌 사람 앞에서 하는 거였어요. '하나님의 의'인 예수님을 의지해야 하는데 그들은 '자기 의'를 행했던 거지요. 그것도 사람들에게 보이려고요. 예수님은 그러면 하나님께 상을 받지 못할 거라고 하세요. 사람한테 칭찬받는 것으로 이미 상을 받았기 때문이지요.

2-4 그러므로 구제할 때에 외식하는 자가 사람에게서 영광을 받으려고 회당과
거리에서 하는 것같이 너희 앞에 나팔을 불지 말라 진실로 너희에게 이르노니
그들은 자기 상을 이미 받았느니라 너는 구제할 때에 오른손이 하는 것을 왼
손이 모르게 하여 네 구제함을 은밀하게 하라 은밀한 중에 보시는 너의 아버지
께서 갚으시리라

구제할 때 외식하는 자가 사람 앞에서 하듯 하지 말라고 하세요. 여기서 "외식"은 '휘포크리테스'로 고대 그리스의 '연극배우'를 뜻해요. 즉 다양한 가면을 쓰고 사람 앞에서 연극하듯이 신앙생활을 하지 말라는 거예요. 당시 유대인들은 구제를 특히나 중요하게 여겨서 구제할 때 동네방네 소문을 냈어요.

본문에는 "나팔을 불지 말라"라고 쓰여있는데, 실제로 나팔을 불었다기보다 자기를 드러내고 싶은 욕망을 과장한 표현입니다. 이처럼 자신을 드러내며 구제하는 사람은 이미 "자기 상"을 받았다고 하세요. 이 말씀은 구제로 확실한 복을 기대했던 유대인에게 엄청난 실망과 그에 따른 분노를 유발했을 거예요. 그래서 더욱 예수님을 미워할 수밖에 없었겠지요.

다음은 기도에 대한 말씀이에요.

5-8 또 너희는 기도할 때에 외식하는 자와 같이 하지 말라 그들은 사람에게 보이려고 회당과 큰 거리 어귀에 서서 기도하기를 좋아하느니라 내가 진실로 너희에게 이르노니 그들은 자기 상을 이미 받았느니라 너는 기도할 때에 네 골방에 들어가 문을 닫고 은밀한 중에 계신 네 아버지께 기도하라 은밀한 중에 보시는 네 아버지께서 갚으시리라 또 기도할 때에 이방인과 같이 중언부언하지 말라 그들은 말을 많이 하여야 들으실 줄 생각하느니라 그러므로 그들을 본받지 말라 구하기 전에 너희에게 있어야 할 것을 하나님 너희 아버지께서 아시느니라

유대인들은 하루 세 번 기도했어요. 제3시(오전 9시), 제6시(낮 12시), 제9시(오후 3시)에 기도했지요. 다니엘도 하루 세 번 기도했다고 기록되어 있어요(단 6:10).

예수님은 기도하는 것 자체가 나쁜 게 아니라 사람에게 보이려고 회당이나 큰 거리 어귀에서 하는 게 문제라고 꼬집어 말씀하십니다. 이런 기도는 하나님께 드리는 기도가 아니라 사람에게 자기의 경건성을 자랑하기 위한 기도이기 때문이에요. 하나님과 상관없는 기도였지요.

그러고는 바른 기도를 가르쳐주세요. 하나님 앞에서 은밀히 기도하라고요. 즉 하나님께 온전히 집중하며 교제하는 기도를 하라는 거지요. 기도 내용도 이방인처럼 기계적으로 되풀이하지 말라고 하세요. 당시 이방인들은 알아듣지 못하는 주문을 반복적으로 외우는 습성이 있었는데 그런 방식으로 하나님께 기도하지 말라는 거예요.

하나님은 우리 아버지이시기에 우리가 기도제목을 말하기도 전에 이미 다 알고 계세요. 자녀와 부모 관계를 떠올려보세요. 육신의 부모도 자녀에게 무엇이 필요한지 말로 표현하지 않아도 어느 정도 알아요. 자녀가 구하는 것 이상으로 잘해주고 싶은 게 부모 마음이지요.

하물며 창조주이신 하나님은 어떠실까요? 그분은 육신의 부모와는 차원이 다르게 우리의 필요를 다 아십니다. 그래서 하나님을 '아버지'로 여기는 인격적인 만남이 중요해요. 육신의 아버지에게 필요한 걸 중언부언 주문을 외듯 말하는 장면을 상상해보세요. 웃기지 않나요? 마찬가지예요. 아버지이신 하나님은 우리와 친밀하게 대화하길 원하세요. 어떤 형식을 원하지 않으시지요. 우리가 '아버지'라고 고백할 수 있는 관계가 중요한 거예요.

> 9,10 그러므로 너희는 이렇게 기도하라 하늘에 계신 우리 아버지여 이름이 거룩히 여김을 받으시오며 나라가 임하시오며 뜻이 하늘에서 이루어진 것같이 땅에서도 이루어지이다

하도 기도를 이상하게 하니까 예수님이 아예 기도 샘플을 주시며 방법을 알려주세요.

"하늘에 계신 우리 아버지여", 이 호칭에 창조주 하나님이시자 우리의 보호자이신 친밀한 아버지의 의미가 다 포함되어 있어요. "이름이 거룩히 여김을 받으시오며", 이 이름에 하나님이 어떤 분이신지, 어떤 일을 하시는지가 담겨있습니다. 예수님의 사역은 그 하나님의 거룩한 이름을 전하는 거였지요. 그분의 사역을 통해 하나님의 이름이 높임 받기를 원하셨어요. 이것은 우리도 마찬가지예요.

"나라가 임하시오며", 하나님나라 즉 천국은 하나님이 다스리시는 나라이자 예수님의 가르침의 핵심이에요. 제자인 우리가 전해야 할 내용이기도 하지요. 이 하나님나라가 우리 안에 그리고 이 땅에 임하시길 구하라는 겁니다. "뜻이 하늘에서 이루어진 것같이 땅에서도 이루어지이다", 하나님의 통치가 하늘에서 이루어지듯이 이 땅에서도 이루어지며 계속 확장되기를 간구하는 거지요. 우리는 이 '천국 확장공사'에 부름 받은 주의 일꾼이에요. 주님 다시 오실 날까지 대를 이어 확장공사를 하다 보면 주의 재림 때에 온전히 성취될 거예요.

11 오늘 우리에게 일용할 양식을 주시옵고

"양식"은 우리의 생명과 연결돼요. 근원적인 양식은 생명의 떡이신 예수님이세요. 매 순간 우리의 생명을 유지하기 위해 하나님을 의지해야 함을 말하지요.

12 우리가 우리에게 죄지은 자를 사하여준 것같이 우리 죄를 사하여주시옵고

여기서 죄는 '빚'을 의미해요. 갚을 수 없는 하나님의 은혜에 대한 빚이지요. 죄 사함을 두 가지 측면에서 이해할 수 있어요. 하나는 '칭의'이고, 또 하나는 '성화'예요. 칭의는 예수님의 십자가 죽음으로 이미 받은 용서를 의미해요. 성화는 매일매일 새롭게 짓는 죄에 대한 용서를 말하고요.

우리가 다른 사람의 죄를 용서하지 않으면 하나님도 우리를 용서하지 않으신다고 하십니다. 영적 성장이 멈추는 거지요. 사실 타인을 용서하는 문제는 나한테 달린 거예요. 그를 용서하기로 결정해야 하지요. 먼저 내 유익을 위해 몸을 쳐서 순종해야 해요.

13 우리를 시험에 들게 하지 마시옵고 다만 악에서 구하시옵소서 (나라와 권세와 영광이 아버지께 영원히 있사옵나이다 아멘)

여기서 "시험"은 'temptation'(유혹)이에요. 죄를 짓도록 부추기는 시험을 뜻하지요. 우리가 유혹에서 벗어날 수 있는 유일한 길은 하나님의 은혜를 구하는 것뿐이에요.

기도는 송영으로 마무리돼요. 이처럼 예수님은 주기도문을 샘플로 주시며 바른 기도를 위한 지침을 제시하세요.

14,15 너희가 사람의 잘못을 용서하면 너희 하늘 아버지께서도 너희 잘못을 용서하시려니와 너희가 사람의 잘못을 용서하지 아니하면 너희 아버지께서도 너희 잘못을 용서하지 아니하시리라

예수님은 다시 한번 다른 사람을 용서하라고 말씀하세요. 12절의 부연 설명이지요. 여기서 우리는 용서가 얼마나 중요한지 배울 수 있어요. 용서함으로 구원받는 건 아니지만 다른 사람을 용서함으로 하나님의 용서를 배울 수 있고, 더 나아가 하나님과 바른 관계를 맺을 수 있답니다. 하나님 사랑, 이웃 사랑이 율법의 기본인 것처럼 하나님의 용서를 받은 사람은 이웃 용서가 가능해야 해요. 그러나 말처럼 쉽지 않기에 예수님은 이 부분을 반복하며 강조하세요.

16-18 금식할 때에 너희는 외식하는 자들과 같이 슬픈 기색을 보이지 말라 그들은 금식하는 것을 사람에게 보이려고 얼굴을 흉하게 하느니라 내가 진실로 너희에게 이르노니 그들은 자기 상을 이미 받았느니라 너는 금식할 때에 머리에 기름을 바르고 얼굴을 씻으라 이는 금식하는 자로 사람에게 보이지 않고 오직 은밀한 중에 계신 네 아버지께 보이게 하려 함이라 은밀한 중에 보시는 네 아버지께서 갚으시리라

마지막은 "금식"에 대한 말씀이에요. 유대인들은 금식도 엄청 자랑했어요. 금식하는 동안 사람에게 보이려고 슬픈 표정을 과장되게 지었지

요. 예수님은 그들이 이미 상을 받았다고 하세요. 하나님과 상관없는 금식이라는 거지요. 바른 금식은 외모를 단정히 하고 하나님 앞에서 하는 거라고 말씀하세요.

본문을 통해 구제, 기도, 금식의 참 의미와 방법을 배웠어요. 이 세 가지에는 반복되는 패턴이 있습니다.

1. 외식하지 말라, 자기 상을 다 받았다.
2. 은밀한 중에 나아가라, 아버지가 갚으신다.

이 두 패턴의 중요한 기준점은 '하나님과의 관계'예요. 우리가 하나님과 어떤 관계를 맺느냐에 따라 종교인으로 혹은 자녀로 살아갈 수 있어요. 전자는 하나님과 아무런 관계도 맺지 않고 그분이 내 마음의 중심을 모르신다는 생각에 형식만 취하며 복 받으려 하는 삶이에요. 후자는 하나님을 내 아버지로 여기며 그분과 친밀한 교제 가운데 마음을 쏟아내는 삶이지요. 어느 쪽을 택하시겠어요?

12 실패 없는 재테크 가이드 6:19-34

33 그런즉 너희는 먼저 그의 나라와 그의 의를 구하라 그리하면 이 모
든 것을 너희에게 더하시리라

19,20 너희를 위하여 보물을 땅에 쌓아두지 말라 거기는 좀과 동록이 해하며
도둑이 구멍을 뚫고 도둑질하느니라 오직 너희를 위하여 보물을 하늘에 쌓아
두라 거기는 좀이나 동록이 해하지 못하며 도둑이 구멍을 뚫지도 못하고 도둑
질도 못 하느니라

보물은 무엇보다 안전한 곳에 두어야 합니다. 그런데 만약 땅에 두면 좀먹고 녹슬거나 도둑이 훔쳐갈 수 있어요. 그래서 예수님은 철통 경비가 되는 하늘에 쌓으라고 하세요. 이는 이 땅에서 경제 활동을 하지 말라는 게 아니라 하나님께서 원하시는 데에 재물을 사용하라는 말씀이에요.

21 네 보물 있는 그곳에는 네 마음도 있느니라

보물을 어디에 두는지를 보면 마음의 중심이 어디에 있는지 알 수 있어요.

22,23 눈은 몸의 등불이니 그러므로 네 눈이 성하면 온몸이 밝을 것이요 눈이
나쁘면 온몸이 어두울 것이니 그러므로 네게 있는 빛이 어두우면 그 어둠이 얼
마나 더하겠느냐

여기서 "눈"은 영적인 눈을 의미해요. 하나님과의 관계가 바르면 그분

의 시선으로 세상을 보며 빛 가운데 거할 수 있어요. 반대로 눈이 어두우면 죄가 이끄는 대로 어둠 속에서 살게 되지요.

24 한 사람이 두 주인을 섬기지 못할 것이니 혹 이를 미워하고 저를 사랑하거나 혹 이를 중히 여기고 저를 경히 여김이라 너희가 하나님과 재물을 겸하여 섬기지 못하느니라

'나는 하나님과 재물 사이에서 균형을 잘 맞출 수 있어!'라고 자신하는 사람도 있을 거예요. 하지만 우리의 속마음을 잘 아시는 예수님은 "하나님과 재물을 겸하여 섬기지 못한다"라고 못을 박으세요. 돈이냐 하나님이냐 둘 중 하나만 정해야 한다는 거지요.

여기서 주의해야 할 것은 '돈'과 '하나님' 사이의 결단이 아니라 '돈을 섬기는 것'과 '하나님을 섬기는 것' 사이에서 결단해야 한다는 거예요. 돈은 엄청난 힘이 있어요. 성경에서 하나님과 견주어 말하는 건 돈이 유일할 정도지요. 그만큼 돈이 많은 걸 해결해주는 것도 사실이고요.

돈이 있으면 좋은 집에 살며 좋은 걸 먹을 수 있고, 심지어 생명까지 어느 정도 연장시킬 수 있습니다. 부자의 평균수명이 가난한 사람보다 더 길다는 통계자료가 있을 정도로 돈은 힘이 있지요. 이를 '유사 전능성'(돈이 하나님처럼 전능해 보인다는 뜻)이라고 말하기도 합니다. 우리는 이런 막강한 힘을 가진 돈을 섬기는 게 아니라 청지기로서 잘 관리해야 해요.

25 그러므로 내가 너희에게 이르노니 목숨을 위하여 무엇을 먹을까 무엇을 마실까 몸을 위하여 무엇을 입을까 염려하지 말라 목숨이 음식보다 중하지 아니

하며 몸이 의복보다 중하지 아니하냐

예수님은 우리에게 “목숨을 위해 무엇을 먹을까, 무엇을 마실까, 무엇을 입을까 염려하지 말라”라고 하세요. 이것은 ‘어떤 음식을 먹을까, 어떤 음료를 마실까, 어떤 옷을 입을까?’와 같은 행복한 고민을 뜻하는 게 아니에요. ‘먹을 수 있을까, 입을 수 있을까?’라는 훨씬 근원적인 염려지요. 이에 대한 답은 “염려하지 말라”예요.

예수님은 목숨이 음식보다 중요하고, 몸이 의복보다 중요하다고 말씀하세요. 즉 몸과 생명을 주신 하나님께서 당연히 먹을 것과 입을 것을 주신다는 뜻이지요.

26 공중의 새를 보라 심지도 않고 거두지도 않고 창고에 모아들이지도 아니하되 너희 하늘 아버지께서 기르시나니 너희는 이것들보다 귀하지 아니하냐

주님은 여전히 의심하는 우리에게 차분히 설명해주세요. 공중의 새와 들의 백합화처럼 작고 사소한 것들을 예로 들며 그것조차 입히고 먹이는 아버지께서 어찌 자녀를 돌보지 않겠냐고 반문하시지요. “심다”, “거두다”, “모아들이다” 이 세 동사를 통해 돈에 대한 인간의 집착을 지적하시며, 제발 걱정하지 말라고 당부하시는 거예요.

27 너희 중에 누가 염려함으로 그 키를 한 자라도 더할 수 있겠느냐

우리가 아무리 전전긍긍하며 수고한들 수명을 연장할 수 있나요? 의술의 발전으로 어느 정도는 가능하겠지만 죽음에서 완전히 벗어날 수

있는 사람은 아무도 없어요.

28-30 또 너희가 어찌 의복을 위하여 염려하느냐 들의 백합화가 어떻게 자라
는가 생각하여보라 수고도 아니하고 길쌈도 아니하느니라 그러나 내가 너희
에게 말하노니 솔로몬의 모든 영광으로도 입은 것이 이 꽃 하나만 같지 못하
였느니라 오늘 있다가 내일 아궁이에 던져지는 들풀도 하나님이 이렇게 입히
시거든 하물며 너희일까 보냐 믿음이 작은 자들아

다음은 의복이에요. 주님은 들의 백합화도 입히시고 그 흔한 들꽃도 돌보세요. "솔로몬의 모든 영광으로도 입은 것이" 이 꽃 하나만 못하지요. 여기서 "솔로몬의 모든 영광"은 엄청난 영광과 부를 뜻하는 관용 어구였어요. 즉 사람이 누리는 최상의 것도 하나님이 주시는 것에 비하면 한참 못하다는 거지요. 아궁이에 던져지는 들풀처럼 가치 없는 것들도 주님이 이렇게 아름답게 입히시는데 하물며 사랑하는 자녀를 그냥 두시겠냐는 말씀입니다.

우리는 하나님이 우주 만물의 창조주이시고 우리의 아버지이심을 온전히 믿지 않기에 세상에 집착하고 생존을 염려하는 거예요. "으이구, 이 믿음 없는 아가들아~"라는 예수님의 안타까운 목소리가 들리시나요? 이제 염려는 그만하기로 해요.

31,32 그러므로 염려하여 이르기를 무엇을 먹을까 무엇을 마실까 무엇을 입을
까 하지 말라 이는 다 이방인들이 구하는 것이라 너희 하늘 아버지께서 이 모
든 것이 너희에게 있어야 할 줄을 아시느니라

먹고 입는 걱정은 하나님을 모르는 이방인들이나 하는 거라고 말씀하세요. 그들은 든든한 아버지가 없기에 스스로 입고 먹어야 하니까 걱정이 태산이지요. 그런데 우리는 우리에게 무엇이 필요한지 우리보다 더 잘 아시는 하늘 아버지가 계시기에 걱정할 게 없어요. 그러니 제발 걱정하지 말라고 예수님은 말씀하세요.

33,34 그런즉 너희는 먼저 그의 나라와 그의 의를 구하라 그리하면 이 모든 것을 너희에게 더하시리라 그러므로 내일 일을 위하여 염려하지 말라 내일 일은 내일이 염려할 것이요 한 날의 괴로움은 그날로 족하니라

그런 걱정 대신 "먼저 그의 나라와 그의 의를 구하라"라고 하세요. 하나님의 나라는 하나님이 다스리시는 영역으로, 현재와 미래를 다 포함해요. 내 삶의 주인이 하나님임을 고백하고 삶의 가치와 우선순위를 하나님나라와 그의 의에 둘 때 모든 걸 더해주신다는 거지요.

더 나아가 내일 일을 미리 걱정하는 우리에게 "내일"을 의인화해서 내일은 하나님께 속해있음을 말씀하세요. 우리의 내일은 우리의 걱정에 달린 게 아니라 하나님께 달려있어요. 전능하시고 나를 위해 죽기까지 사랑하시는 아버지께 달려있답니다!

저는 이 말씀을 묵상할 때마다 가슴이 먹먹해요. 왜냐면 절절하게 경험했기 때문이지요. 하나님을 만난 후, 저는 물질을 통해 정말 혹독한 광야 훈련을 받았어요. 하나님께서 돈 개념이 별로 없던 제게 돈이 얼마나 귀한지, 또 그 주인이 누구인지 가르쳐주시는 시간이었지요. 제 가슴에 사무치게 새겨주셨어요.

훈련 기간 동안 하나님은 레벨 테스트도 하셨어요. 미처 준비할 시간도 없이 시험지를 주시고 바로 답을 쓰게 하셨지요. 진짜 제 지갑에 100원도 없어서 자동차세를 못 내고 번호판까지 떼인 때였어요. 그런데 어떤 분이 제 사무실까지 찾아와서 제가 디자인한 가방을 사겠다고 했어요. 너무나 감사했지요. 오랜만에 아이들에게 맛있는 걸 해줄 수 있다는 생각에 가슴이 부풀었습니다.

그날 저녁, 어떤 집회를 섬길 일이 있었어요. 거기서 북한 사역을 하시는 탈북민 전도사님을 만났지요(유튜브 성경공부 채널 수익금으로 처음 후원한 분이에요). 전도사님의 사역 이야기를 듣다 보니 제 가슴이 뜨거워지는 거예요.

'우리 애들은 당장 굶지는 않으니 북한에서 죽어가는 생명을 살리는 게 우선이지.'

그래서 몇 달 만에 손에 쥐어본 돈 봉투를 전도사님께 기쁘게 드렸어요. 그날 저는 제 마음이 온전히 하나님께 있다는 걸 알았어요. 돈을 섬기는 게 아니라 그 돈의 주인이신 하나님을 섬기고 있다는 것을요.

또 당시는 돈이 없어서 옷을 사지도 못했어요. 그런데 어느 날 막냇동생이 백화점 상품권을 줬어요. 옷을 너무나 좋아하는 언니가 옷을 못 사 입는 게 안타까웠나 봐요. 저는 얼마나 신이 났는지 몰라요.

그래도 당장 사지는 못하고 며칠 동안 상품권을 지갑에 넣고 다녔어요. 그러다 동생과 함께 택시를 탈 일이 생겼어요. 그런데 택시에 타자마자 기사님이 뜬금없이 가족 얘기를 들려주는 거예요. 아내는 병으로 누워있고 딸은 막 대학에 입학했는데 엄마 간호를 하느라 고생만 하고 옷

한 벌도 변변히 없다고요. 저는 1초의 고민도 없이 고이 품고 있던 상품권을 기사님에게 바로 내밀었습니다. 그와 그의 가정에 하나님이 함께하신다고도 말했지요. 말을 하는 제 눈과 그의 눈에 눈물이 맺혔어요.

그의 나라와 그의 의를 먼저 구하는 제게 하나님은 모든 것을 더하여주셨어요. 재정뿐 아니라 기회, 아이디어, 관계 심지어 실수를 통해서도 채우시는 하나님을 매일 경험했답니다. 이는 하나님이 내 아버지이심을 진심으로 고백하는 관계 속에 있는 누구에게나 나타나는 현상이에요. 진짜 '하나님의 자녀'라면 누구든 누릴 수 있는 특권이지요.

저는 제 인생을 통해 더하여주시는 하나님을 늘 만나요. 그래서 내일을 염려하는 게 아니라 도리어 기대합니다.

13 핫라인 개통하기 7:1-12

11 너희가 악한 자라도 좋은 것으로 자식에게 줄 줄 알거든 하물며 하늘
에 계신 너희 아버지께서 구하는 자에게 좋은 것으로 주시지 않겠느냐

이번 본문의 키워드는 '비판', '기도', '대접'입니다. 일상에서 늘 접하는 아주 구체적이고 실질적인 내용이지요.

1,2 비판을 받지 아니하려거든 비판하지 말라 너희가 비판하는 그 비판으로
너희가 비판을 받을 것이요 너희가 헤아리는 그 헤아림으로 너희가 헤아림을
받을 것이니라

여기서 "비판"은 분별과는 달라요. 타인을 향해 지적하는 걸 말해요. 이 말씀의 1차 대상은 당시 종교지도자들이에요. 그들은 율법을 잘 지킴으로써 자기 의를 쌓고 있었어요. 그런데 하나님 앞이 아닌 사람 앞에서 지키다 보니 정작 하나님이 원하시는 뜻은 지키지 않았지요.

즉 말씀의 잣대로 타인의 잘못은 엄청나게 지적하면서 자기는 그렇게 살지 않으니, 자기가 한 비판을 되돌려 받을 거라는 의미예요.

성경에 비판을 제대로 승화한 두 인물이 나와요. 바로 요셉과 다윗이에요. 먼저 요셉을 볼까요? 요셉의 형들은 아버지 야곱이 죽자 요셉이 아버지 때문에 참고 있던 복수를 할까 봐 두려워했어요.

요셉의 형제들이 그들의 아버지가 죽었음을 보고 말하되 요셉이 혹시 우리를 미워하여 우리가 그에게 행한 모든 악을 다 갚지나 아니할까 하고 **창 50:15**

그때 요셉이 형들의 말을 듣고 말했어요. "두려워하지 마세요. 제가 하나님을 대신하겠어요?"라며 심판과 비판은 하나님의 영역이라고 해요.

요셉이 그들에게 이르되 두려워하지 마소서 내가 하나님을 대신하리이까 **창 50:19**

하나님은 요셉의 형들의 잘못을 사용해 선하게 역사하셨지요. 요셉은 그 하나님의 선하신 손길을 경험했기에 이런 위대한 고백을 할 수 있었던 거예요.

다윗도 마찬가지예요. 이유 없이 자기를 죽이려 했던 사울을 두고 절대 자신이 하나님 자리에 앉지 않았지요. 사울을 죽일 기회가 여러 번 있었지만 하나님께 모든 걸 맡겼어요.

이렇듯 비판은 하나님이 하시는 거지 사람이 하는 게 아닙니다. 저도 인간관계에서 크게 상처 입은 적이 있었어요. 사람에게 받은 상처는 재정의 고통과 비교도 안 될 만큼 크고 깊다는 걸 알았습니다. 숨이 잘 쉬어지지 않을 정도로 힘들었지요. 그렇지만 미움이 올라올 때마다 하나님 앞에 엎드렸어요. 그때마다 하나님은 요셉과 다윗을 떠올리게 해주셨고, 덕분에 그 일을 주님께 맡길 수 있었어요. 물론 쉽지 않았지만 끊임없이 노력하면서 하나님의 긍휼하심과 은혜를 배울 수 있었어요.

최근에 하나님께서 불시에 이 문제에 대해 시험지를 꺼내셨어요. 그런데 저는 정답을 못 썼어요. 비록 테스트는 망쳤지만 계속 말씀으로 다독이고 알려주시는 아버지의 사랑에 제 마음도 조금씩 움직이고 있답니다. 지금은 상처가 믿음으로 겨우 아물었지만 언젠가는 온 맘으로 하나님께 맡겨드릴 날이 올 줄 믿어요.

3,4 어찌하여 형제의 눈 속에 있는 티는 보고 네 눈 속에 있는 들보는 깨닫지 못하느냐 보라 네 눈 속에 들보가 있는데 어찌하여 형제에게 말하기를 나로 네 눈 속에 있는 티를 빼게 하라 하겠느냐

사실 우리가 내 안에 있는 들보는 보지 못하고 남의 티만 보기 때문에 비판하는 겁니다. 자신에겐 너무 관대하고 남에겐 너무 엄격한 게 문제예요. 그 반대여야 하는데 말이지요.

5,6 외식하는 자여 먼저 네 눈 속에서 들보를 빼어라 그 후에야 밝히 보고 형제의 눈 속에서 티를 빼리라 거룩한 것을 개에게 주지 말며 너희 진주를 돼지 앞에 던지지 말라 그들이 그것을 발로 밟고 돌이켜 너희를 찢어 상하게 할까 염려하라

예수님은 "외식"을 다시 한번 경고하세요. 6장에서 외식하는 사람은 '가면 쓴 사람'이라고 했을 정도지요. 그들은 하나님이 아닌 사람을 의식하며 세상 가치를 추구했어요. 예수님은 그들에게 자기를 먼저 돌아보라고 말씀하십니다. 그리고 "거룩한 것을 개에게 주지 말며 너희 진주를 돼지 앞에 던지지 말라"라고 하시지요.

여기서 "거룩한 것"은 제단에 드려지는 제물이라고 할 수 있어요. 제물의 본체는 예수님이시니 "거룩한 것"은 결국 예수님이시고 또한 그분의 메시지인 '복음'이라고 할 수 있지요. 이 복음을 '개, 돼지'에게 주지 말라는 거예요.

당시 유대인은 이방인을 개, 돼지로 여길 만큼 교만했어요. 분명 처음에는 하나님의 택한 백성으로서 이방인을 사랑하며 그들을 하나님께로 돌아오게 하려고 했을 거예요. 그런데 점점 그 본질이 사라지고 택함을 특권으로 여겨 이방인들을 경시하게 된 거지요.

그런데 이 본문의 "개", "돼지"는 이방인을 지칭하는 말이 아닙니다. 이

방인을 개, 돼지로 여기며 외식하는 사람을 뜻해요. 엄밀히 따지면 이방인은 '하나님이 우리 아버지이심을 모르는 사람들'을 의미해요. 당시 종교지도자들은 율법 지키는 것을 자랑하며 스스로 하나님 자리에 올라 다른 사람을 비판하고 개, 돼지 취급하며 살았어요. 하지만 정작 그들 자신이 하나님을 아버지로 알지 못하는 이방인, 즉 '개, 돼지'라고 말씀하시는 거예요.

그러면서 다음 주제인 '기도'로 넘어가지요.

7,8 구하라 그리하면 너희에게 주실 것이요 찾으라 그리하면 찾아낼 것이요 문을 두드리라 그리하면 너희에게 열릴 것이니 구하는 이마다 받을 것이요 찾는 이는 찾아낼 것이요 두드리는 이에게는 열릴 것이니라

너무나 유명한 구절이지요. "구하면 주실 것이요, 찾으면 찾을 것이요, 문을 두드리면 열릴 것이다!" 이 구절의 진짜 의미를 모른 채 하나님께 열심히 조르면 주실 거라는 기대로 조르고 또 조른 경험이 있지 않나요? 그러면서 '구하는 이마다 받는다는데 왜 나는 못 받고, 못 찾고, 못 여는 거지?' 하면서 시험에 든 적도 있으실 거예요.

여기서 강조하는 건 그런 치성(致誠)이 아닙니다. '지성이면 감천'은 이방 종교의 개념이에요. 7,8절의 참 의미는 바로 뒤에 나옵니다.

9-11 너희 중에 누가 아들이 떡을 달라 하는데 돌을 주며 생선을 달라 하는데 뱀을 줄 사람이 있겠느냐 너희가 악한 자라도 좋은 것으로 자식에게 줄 줄 알

거든 하물며 하늘에 계신 너희 아버지께서 구하는 자에게 좋은 것으로 주시지 않겠느냐

하나님은 아버지와 "아들"의 관계를 다시 말씀하세요. 육신의 부모도 자식이 떡을 달라는데 돌을 주거나 생선을 달라는데 뱀을 주지 않아요. 부족한 부모라도 자식에게 좋은 것으로 줄 줄 알지요.

그렇다면 하나님 아버지는 어떠실까요? 당연히 좋은 것으로 주시지요. 게다가 그분은 전능하세요. 그러니 우리가 근시안적으로 눈앞에 놓인 '떡'을 구할 때 하나님의 원대한 눈에는 그것이 '돌'이기에 안 주시는 것뿐이지요. '생선'이 아니라 '뱀'이라서 차마 주실 수 없는 거예요. 우리를 사랑하시니까요. 우리가 원하는 대로 다 주신다면 아마 그 인생은 곧 망하고 말 거예요.

마음을 가다듬고 잠잠히 생각해보세요. 앞에 절벽이 있는지도 모르고 질주하는 우리가 속도를 더 내도록 내버려두시는 게 과연 사랑일까요? 아니지요. 막는 게 사랑이지요. 그래서 하나님 아버지와 자녀 관계에 있는 사람은 그분의 막으심과 오랜 침묵에도 감사할 수 있어요. 저도 지나고 나서 '아, 그때 안 주신 것이 얼마나 감사한지요'라고 고백할 때가 많거든요.

12 그러므로 무엇이든지 남에게 대접을 받고자 하는 대로 너희도 남을 대접하라 이것이 율법이요 선지자니라

앞 구절과 상관없는 내용 같지만 "그러므로"라는 접속사로 연결되는

결론이에요. 12절의 핵심 단어는 "대접"이에요. 하나님을 아버지로 대접하라는 말이지요. 그분을 아버지로 신뢰하고 그 사랑 안에 거하라는 거예요. 아버지를 진짜 신뢰한다면 일이 원하는 대로 풀리지 않아도 '분명 이유가 있을 거야', '아버지께 더 좋은 방법이 있을 거야'라고 생각하겠지요. 그래서 우리에게 진짜 필요한 기도는 "이거 해주세요, 저거 해주세요"가 아니라 "아버지 뜻대로 되게 해주세요, 하나님 마음이 제 마음이 되게 해주세요"예요.

하나님 아버지는 우리의 필요를 누구보다 잘 알고 계시며 최고의 것으로 주고 싶어 하시니까요. 꼭 필요한 과정이기에 때로 광야에도 살게 하시고, 앞길을 막기도 하세요. 그러니 먼저 아버지의 뜻을 구하는 게 중요합니다. 그 뜻을 알고 순종할 수 있는 은혜를 구하는 게 제일 복된 기도예요.

매일 새벽, 저는 중요한 결정들을 하나님 앞에 쏟아놓고 기도해요. 그러면 아버지께서 제 짧은 생각의 폭을 넓혀주시고 그분의 뜻을 환히 보여주십니다. 그러다 보면 이미 결정된 일들이 뒤집히기도 해요. 물론 이런 하나님과의 친밀감은 오랜 시행착오 끝에 얻은 거예요.

기도는 하나님과 24시간 오픈된 핫라인이에요. 우리에게는 모든 걸 아시는 하나님께 물을 수 있는 특권이 있어요. 기도는 제가 아는 특권 중에 최고의 특권이랍니다.

14 휘파람 불며 들어가는 좁은 문 7:13-29

24 그러므로 누구든지 나의 이 말을 듣고 행하는 자는 그 집을 반석 위에 지은 지혜로운 사람 같으리니

이 본문은 산상수훈의 결론이에요. 믿음의 자녀로 살아가기 위한 주요 포인트인 '좁은 문', '열매', '반석'을 말씀해주시지요. 그 첫 번째가 "좁은 문으로 들어가라"입니다.

13,14 좁은 문으로 들어가라 멸망으로 인도하는 문은 크고 그 길이 넓어 그리로 들어가는 자가 많고 생명으로 인도하는 문은 좁고 길이 협착하여 찾는 자가 적음이라

'넓은 문'은 '멸망', '좁은 문'은 '생명'과 연결되어 있어요. 멸망과 생명, 즉 종말론적 심판을 말씀하시는 거예요. 우리는 모두 생명으로 인도하는 좁은 문으로 가고 싶어 해요. 그러려면 좁은 문의 의미를 잘 알아야 합니다. '좁은' 문으로 향하는 길은 환난이 동반돼요. 좁아서 아무나 들어갈 수 없으니 쉬운 길도 아니지요. 환난의 다른 모습들이 잘 정리된 구절이 로마서 8장 35절이에요.

누가 우리를 그리스도의 사랑에서 끊으리요 환난이나 곤고나 박해나 기근이나 적신이나 위험이나 칼이랴 롬 8:35

좁은 문으로 들어가려면 이런 것들이 우리 삶에 따라온다는 거지요. 그런데 중요한 건 그리스도의 사랑이 이를 넉넉히 이기게 해준다는 거예요.

여기서 '문'의 개념을 알아볼게요. 요한복음 10장 7절에서 예수님은 "나는 양의 문이라"라고 말씀하세요. 예수님이 생명으로 인도하는 문이시라는 의미지요. 우리는 넓은 길로 가서 멸망할지, 좁은 길로 가서 생명에 이를지 선택해야 해요. 좁은 문이 정답인 것 같은데 '환난' 때문에 망설여지나요? 그럼 제 얘기를 한번 들어보세요.

> 그러므로 예수께서 다시 이르시되 내가 진실로 진실로 너희에게 말하노니 나는 양의 문이라 요 10:7

저는 인생의 전반 3분의 2는 예수님을 믿지 않았고, 후반 3분의 1은 예수님을 믿으며 살아왔어요. 그런데 돌아보면 탄탄대로를 걷던 시절에도 환난은 있었습니다. 존재 자체가 '죄인'인 우리의 인생은 고난의 연속이지요. 솔직히 환경의 고난이 없어도 사서 걱정하는 게 인간이에요. 어차피 고난의 연속이라면 이왕 살 거 목적지가 '생명'이고 든든한 가이드가 있는 길을 택하는 게 훨씬 현명하지 않을까요?

좁은 길을 선택하는 순간, 우리 삶은 이미 예수님의 승리 안에서 승리한 삶이고, 그 길을 가는 동안 그분의 사랑이 우리를 안전하게 감싸지요. 아무리 따져보아도 좁은 길이 탁월한 선택인 것 같아요.

자, 믿음의 자녀로 살아가기 위한 두 번째 포인트는 바로 '열매'예요. 사람은 '열매'로 안다고 하십니다.

15-20 거짓 선지자들을 삼가라 양의 옷을 입고 너희에게 나아오나 속에는 노략질하는 이리라 그들의 열매로 그들을 알지니 가시나무에서 포도를, 또는 엉겅퀴에서 무화과를 따겠느냐 이와 같이 좋은 나무마다 아름다운 열매를 맺고 못된 나무가 나쁜 열매를 맺나니 좋은 나무가 나쁜 열매를 맺을 수 없고 못된 나무가 아름다운 열매를 맺을 수 없느니라 아름다운 열매를 맺지 아니하는 나무마다 찍혀 불에 던져지느니라 이러므로 그들의 열매로 그들을 알리라

당시 종교지도자들은 '눈 가리고 아웅' 식의 종교 생활을 했어요. 예수님은 그들을 "거짓 선지자"라고 하십니다. 양의 옷을 입고 양의 탈을 쓴 이리라고요. 그러나 결국 열매로 그들의 실체가 드러난다고 하세요. 거짓 선지자들이 아무리 하나님의 백성인 척 위장해도 결국 가짜임이 들통난다는 거지요. 가시나무에서 포도가 날 수 없고, 엉겅퀴에 무화과가 맺힐 수 없으니까요.

특히 구약에서 '포도나무'와 '무화과나무'는 이스라엘, 곧 하나님나라 백성을 상징해요. 이사야서를 보면 극상품 포도나무를 심었는데 들포도가 맺혔다는 표현이 나와요(사 5:2). 정성을 다해 가꿨는데 열매는 없고 찔레와 가시만 무성하다는 말씀도 있어요(사 5:6). 이처럼 가짜는 반드시 드러납니다. 우리는 진짜로 살아야 해요.

21-23 나더러 주여 주여 하는 자마다 다 천국에 들어갈 것이 아니요 다만 하

늘에 계신 내 아버지의 뜻대로 행하는 자라야 들어가리라 그날에 많은 사람이 나더러 이르되 주여 주여 우리가 주의 이름으로 선지자 노릇 하며 주의 이름으로 귀신을 쫓아내며 주의 이름으로 많은 권능을 행하지 아니하였나이까 하리니 그때에 내가 그들에게 밝히 말하되 내가 너희를 도무지 알지 못하니 불법을 행하는 자들아 내게서 떠나가라 하리라

종교적 열심을 내어 아무리 "주여, 주여" 해도 천국에 들어갈 수 없어요. 오직 "아버지의 뜻대로 행하는 자라야" 들어갈 수 있지요. 당시 수많은 사람이 주님의 이름으로 선지자 노릇을 하고, 귀신을 쫓고, 권능을 행했어요. 그런데 예수님은 그들을 도무지 모른다고 하세요. 심지어 불법을 행했다고 말씀하십니다. 결국 그들은 천국에서 쫓겨나겠지요.

악한 세력도 기적을 일으킬 힘이 있어요. 무당이 칼 위에서 춤을 추거나 애굽의 선지자들이 물을 피로 변하게 한 이적처럼요. 그러나 그건 아버지의 뜻이 아닌 불법이에요.

여기서 "불법"이라는 단어를 짚고 넘어갈게요. 이 말은 단순히 악한 행동을 뜻하는 게 아니라 '예수 그리스도께 기초를 두지 않는 모든 것'을 말합니다. 성경에서 가장 근원적이고 큰 죄는 행위로 지은 죄가 아니라 '하나님을 모르는 것'이에요. 불법도 이와 같은 의미지요. 예수님은 이를 다음 본문에서 더 자세히 설명해주세요.

24-27 그러므로 누구든지 나의 이 말을 듣고 행하는 자는 그 집을 반석 위에 지은 지혜로운 사람 같으리니 비가 내리고 창수가 나고 바람이 불어 그 집에 부딪치되 무너지지 아니하나니 이는 주추를 반석 위에 놓은 까닭이요 나의 이

말을 듣고 행하지 아니하는 자는 그 집을 모래 위에 지은 어리석은 사람 같으리니 비가 내리고 창수가 나고 바람이 불어 그 집에 부딪치매 무너져 그 무너짐이 심하니라

"불법"은 그리스도의 반석 위에 짓지 않는 모든 것입니다. 우리는 불법을 행하는 대신 지혜로운 사람이 되어야 해요. 산상수훈을 듣고 하나님 백성의 정체성과 사명을 깨달아 그 말씀을 삶에 적용하는 사람은 반석 즉 그리스도 위에 집을 지은 지혜로운 사람이지요.

다시 말해, 그리스도 위에 집을 지은 사람이 최고로 지혜로운 사람입니다. 비가 내리고 창수가 나고 바람이 불어도 그 집은 무너지지 않으니까요. 반면에 말씀을 듣고도 행하지 않는 사람은 모래 위에 집을 지은 어리석은 사람이라고 하세요. 당연히 비바람이 불고 홍수가 나면 무너지겠지요.

신앙인과 비신앙인은 '환난에 대처하는 자세'에 큰 차이가 있어요. 해가 악인과 선인에게 동일하게 비추듯 환난도 마찬가지예요. 하나님이 없는 사람은 환난 앞에서 몹시 흔들리고 쉽게 무너지지요. 의지가 강한 사람은 이 악물고 일어나기도 하지만, 훗날 상처와 쓴 뿌리가 남아 악으로 나타나는 경우가 많아요.

반면에 하나님의 자녀들은 환난 속에서도 소망을 잃지 않아요. 그것을 허락하신 하나님의 선하심을 믿기 때문이지요. 죽기까지 나를 사랑하시는 아버지의 계획을 믿는 거예요. 또한 환난을 통해 스스로 성장하고, 그 아픔을 다른 사람을 살리는 에너지로 승화시키기도 해요.

제가 정말 바닥을 쳤을 때, 돈이 없으니까 관계도 끊어지고 사람답게 살 수가 없었어요. 게다가 가까운 사람에게 상처까지 받아서 바닥 중의 밑바닥이었지요.

그 상황에서 하나님 아버지는 '다음세대를 위해 다시 한번 힘을 내주면 안 되겠니?'라고 말씀하셨어요. '잘될 거야'나 '복 줄 거야'가 아니었어요. '7포'(연애, 결혼, 출산, 집 마련, 인간관계, 꿈, 희망을 포기한 2030세대를 일컫는 말)를 외치는 다음세대를 위해 아무것도 없는 제가 주님을 의지해 일어나는 모델이 되라는 거였지요. 눈물이 폭포수처럼 쏟아졌어요.

저는 돈이 없어서 옷 샘플을 못 만들었지만 그림으로 저만의 컬렉션을 만들기 시작했어요. 소망을 주신 하나님께서 때가 되면 쓰실 것을 믿으면서요. 그 컬렉션이 바로 '하이지나미'라는 브랜드가 되었지요. 이 스토리를 통해 하나님은 수많은 사람에게 힘을 주셨어요. 실제로 그들을 일으켜 세우시는 걸 볼 수 있었답니다.

제게는 너무나 아프지만 그럼에도 매우 가치 있는 시간이었어요. 또 하라고 하시면… 힘들지만 아마 또 할 것 같아요. 이미 하나님의 선하심을 경험했고, 그분을 더 알고 신뢰하게 되었기 때문이지요.

오병이어의 기적은 단지 성경 속 이야기가 아니에요. 우리가 반석 위에 집을 짓고 좁은 문으로 들어가기를 기뻐한다면, 이 위대한 기적은 삶에는 일어납니다. 우리는 평범하지만 우리와 동행하시는 하나님이 위대하시기 때문이지요. 위대한 동역자가 함께하시기에 우리의 일상이 위대해질 수밖에 없어요.

28,29 예수께서 이 말씀을 마치시매 무리들이 그의 가르치심에 놀라니 이는 그 가르치시는 것이 권위 있는 자와 같고 그들의 서기관들과 같지 아니함일러라

예수님의 말씀은 1세기를 살던 그들에게도, 21세기를 살아가는 우리에게도 놀랍고 또 놀라워요. 오늘도 예수 그리스도 위에 집을 짓고 좁은 문을 즐거이 들어가며 아름다운 열매를 맺기 위해 함께 걸어가요.

누구나 아픔이 있고 묶인 영역이 있어요.
그러나 예수님 안에서 우리는
완전히 치유되고 풀려날 수 있답니다.

예수님은 영적 나병환자처럼 죽을 운명인 우리를 위해
깨지기 쉬운 질그릇과 같은 모습으로 오셨어요.
그 질그릇 안에서 산 채로 죽임을 당하심으로
인류에게 자유를 주셨지요.

우리는 예수 그리스도의 죽음으로 말미암아
생명과 자유를 얻은 거예요.
더 이상 죄의 노예가 아니라
은혜 아래 살아난 하나님의 자녀랍니다.

그러니 수고하고 무거운 짐을 내려놓고
예수님의 쉽고 가벼운 멍에를 메기로 해요.
진정한 안식을 주는 멍에, 바로 순종이에요.

PART 3

천국에는 비밀이 있어요

8-12장

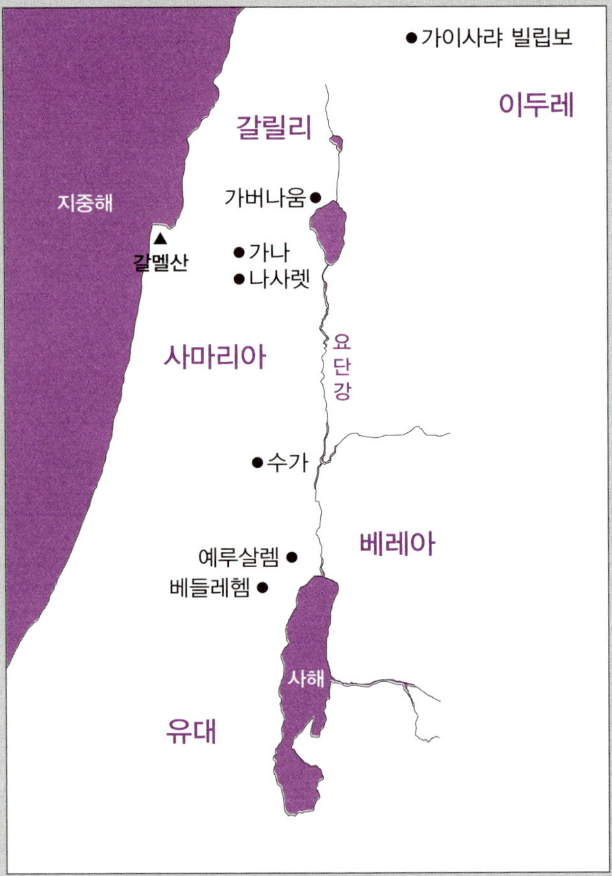

출처 : 《성경 파노라마》 신약 지도

15 세 가지 치유의 결론 8:1-17

17 이는 선지자 이사야를 통하여 하신 말씀에 우리의 연약한 것을 친히 담당하시고 병을 짊어지셨도다 함을 이루려 하심이더라

마태복음 4장 23절에는 예수님 사역의 핵심이 나타나 있어요. 가르치고, 전파하고, 고치시는 일이지요. 5-7장까지는 가르치셨다면 8장부터는 전파하고 고치기 위해 산에서 내려오세요. 마태는 예수님의 사역인 말씀과 행적을 균형 있게 기록함으로써 우리의 신앙에도 균형이 중요함을 알려줍니다.

1 예수께서 산에서 내려오시니 수많은 무리가 따르니라

말씀을 공부하다 보면 세상에 나가고 싶지 않은 마음이 들어요. 저도 말씀에 빠져 신학교에 가고 싶었지요. 그런데 하나님께서 저를 굳이 비즈니스 현장으로 보내셨어요. 은혜를 받았다고 모두 신학교에 가면 세상은 누가 지키겠어요. 우리도 예수님처럼 산에서 내려와야 해요!

2 한 나병환자가 나아와 절하며 이르되 주여 원하시면 저를 깨끗하게 하실 수 있나이다 하거늘

한 나병환자가 예수께 나아왔어요. 이 나병은 단순히 한센병이 아니라 포괄적인 피부병을 말합니다. 그래서 무조건 격리되어야 했지요. 예

수님을 "주여"라고 부르는 걸 보면 그가 믿음이 있는 사람임을 알 수 있어요. 그런데 "원하시면" 낫게 해달라고 간청해요. 그는 오랜 격리 끝에 자존감이 무너질 대로 무너진 것 같아요. 그러나 그 모습 그대로 목숨 걸고 율법을 어기면서까지 예수께 나아왔지요.

3,4 예수께서 손을 내밀어 그에게 대시며 이르시되 내가 원하노니 깨끗함을 받으라 하시니 즉시 그의 나병이 깨끗하여진지라 예수께서 이르시되 삼가 아무에게도 이르지 말고 다만 가서 제사장에게 네 몸을 보이고 모세가 명한 예물을 드려 그들에게 입증하라 하시니라

예수님은 목숨 걸고 은혜를 구하는 나병환자에게 손을 대심으로 율법을 깨세요. 율법의 완성이 예수님의 십자가 사랑이기 때문이지요. 그러자 그의 병이 즉시 나았어요. 예수님은 그에게 소문내지 말고 율법대로 제사장에게 보인 뒤 예물을 드려 입증함으로 자유로운 인생을 살라고 하세요.

이처럼 예수님의 사랑은 우리를 묶고 있는 모든 결박에서 자유함을 누리게 합니다. 그분은 우리의 망가진 마음과 육체를 온전케 하시지요.

"모세가 명한 예물"에도 엄청난 비밀이 담겨있어요. 레위기 14장 1-9절에는 나병환자가 정결해지는 날의 규례가 쓰여있어요. 당시 제사장은 나병환자의 환부를 살펴본 후 병이 나았으면 사람들을 시켜서 새 두 마리를 잡아다가 한 마리는 생수가 담긴 질그릇 안에서 잡고 다른 한 마리는 산 채로 가져다가 죽은 새의 피를 찍어 날려 보냈어요.

이 규례는 예수님의 십자가 사건에 담긴 의미를 나타내요. 예수님은

영적 나병환자처럼 죽을 운명인 우리를 위해 이 땅에 깨지기 쉬운 질그릇과 같은 모습으로 오셨어요. 그리고 그 질그릇 안에서 산 채로 죽임을 당하심으로 나머지 한 마리 곧 인류에게 자유를 주셨지요.

죽임 당한 새로 인해 나머지 한 마리가 생명과 자유를 얻듯 우리도 예수 그리스도의 죽음으로 말미암아 생명과 자유를 얻은 거예요. 정말 성경은 알면 알수록 신비해요.

5-7 예수께서 가버나움에 들어가시니 한 백부장이 나아와 간구하여 이르되 주여 내 하인이 중풍병으로 집에 누워 몹시 괴로워하나이다 이르시되 내가 가서 고쳐주리라

다음은 예수께 극찬을 들은 백부장의 이야기입니다. 그는 로마인이었고, 아마 그의 부하도 로마인이었을 거예요. 백부장은 예수께 부하의 병을 고쳐달라고 간청해요. 당시 관습으로는 있을 수 없는 일이었지요. 예수님 일행에게 그들은 이방인이었으니까요.

그런데 누가복음을 보면 이 백부장이 유대인들에게 우호적이고 심지어 회당까지 지어준 훌륭한 인품의 소유자인 걸 알 수 있어요(눅 7:5). 백부장의 부탁으로 유대 장로들이 와서 간청하자, 예수께서 그의 집으로 향하십니다.

8-10 백부장이 대답하여 이르되 주여 내 집에 들어오심을 나는 감당하지 못하겠사오니 다만 말씀으로만 하옵소서 그러면 내 하인이 낫겠사옵나이다 나도 남의 수하에 있는 사람이요 내 아래에도 군사가 있으니 이더러 가라 하면 가

고 저더러 오라 하면 오고 내 종더러 이것을 하라 하면 하나이다 예수께서 들으시고 놀랍게 여겨 따르는 자들에게 이르시되 내가 진실로 너희에게 이르노니 이스라엘 중 아무에게서도 이만한 믿음을 보지 못하였노라

이 소식을 듣고 백부장이 사람을 보내서 "말씀으로" 고쳐달라고 청해요. 이는 이방인의 집에 들어가면 부정하게 된다는 유대인의 율법을 존중한 태도였어요. 그는 군인이라 '순종'의 의미를 분명히 이해하고 있었던 것 같아요. 예수님은 이 말을 놀랍게 여기며 이스라엘 중 누구에게서도 이만한 믿음을 보지 못했다고 극찬하시지요.

11-13 또 너희에게 이르노니 동서로부터 많은 사람이 이르러 아브라함과 이삭과 야곱과 함께 천국에 앉으려니와 그 나라의 본 자손들은 바깥 어두운 데 쫓겨나 거기서 울며 이를 갈게 되리라 예수께서 백부장에게 이르시되 가라 네 믿은 대로 될지어다 하시니 그 즉시 하인이 나으니라

예수님은 유대인들이 부정하다고 여기던 이방인에게도 복음이 전해질 것을 말씀하세요. 진짜 부정한 건 이방인이 아니라 유대인, 특히 종교 지도자들이라는 거지요. 예수님이 백부장의 믿음대로 될 것을 명하시자 하인의 병이 즉시 나았어요.

14,15 예수께서 베드로의 집에 들어가사 그의 장모가 열병으로 앓아누운 것을 보시고 그의 손을 만지시니 열병이 떠나가고 여인이 일어나서 예수께 수종 들더라

이번에는 베드로의 장모를 고치신 사건이 등장합니다. 이것도 율법을

깨는 일이었지요. 당시 성인 남성은 여인에게 손을 대면 안 되었거든요. 그런데 예수님이 열병을 앓는 베드로의 장모의 손을 만지시니 열병이 떠나갔어요.

여기서 눈여겨봐야 하는 단어는 "일어나서"입니다. 이는 '부활'과 같은 의미예요. 즉, 예수님의 사역은 사망에서 일으키는 사역이라는 거지요. 또 하나 주목할 표현이 "수종 들더라"예요. 베드로의 장모는 새 생명을 얻고 예수님의 사역에 적극적인 서포터(지지자)가 되었어요.

이 일이 있기 얼마 전에 베드로가 '풀타임' 사역자로 부름을 받았지요. 장모 입장에선 잔소리할 만해요. 장모와 아내가 반대하면 천하의 베드로도 꼼짝 못 하겠지요? 그런데 예수님이 그의 장모를 고쳐주심으로 두 여인을 진정한 지원군이 되게 하신 거예요. 실제로 베드로가 아내와 동행하며 사역한 기록들이 남아있답니다.

16 저물매 사람들이 귀신 들린 자를 많이 데리고 예수께 오거늘 예수께서 말씀으로 귀신들을 쫓아내시고 병든 자들을 다 고치시니

베드로의 집에서 예수님의 사역이 본격적으로 이루어지기 시작합니다. 그의 아내와 장모가 손님 대접을 위해 부지런히 밥을 하고 필요한 것을 내주었을 거예요. 성경 속 상황을 상상하며 읽으면 정말 재밌어요.

우리는 세 가지 치유를 보았어요. 마태는 이 세 가지 치유의 결론을 17절에서 알려줘요.

17 이는 선지자 이사야를 통하여 하신 말씀에 우리의 연약한 것을 친히 담당하시고 병을 짊어지셨도다 함을 이루려 하심이더라

예수님의 치유 사역은 "우리의 연약한 것을 친히 담당하시고 병을 짊어지셨도다"라는 이사야서 말씀의 성취입니다. 예수님은 하나님이시지만 육체를 입고 이 땅에 오셔서 우리의 아픔을 체휼하시고, 율법의 저주에서 우리를 속량하시고, 사망에서 생명으로 옮기셨어요. 이것이 십자가의 사랑 즉 복음인 거지요.

부정한 사람도, 혈통적으로 부정한 이방인도, 문화적으로 천대받던 여인도 모두 십자가의 사랑으로 새 생명을 얻었어요. 더 나아가 예수께 수종 들며 열방을 품고 복음을 전하는 인생을 살게 되었지요.

누구나 아픔이 있고 묶인 영역이 있어요. 그러나 예수님 안에서 우리는 완전히 치유되고 풀릴 수 있어요. 본문이 증거하듯 말이지요. 우리는 화가 나면 마음과 귀를 닫고 화나게 만든 일만 묵상합니다. 하나님 아버지가 말을 걸어와도 내 입장만 항변하느라 바쁘지요. 하나님 말씀이 도저히 안 들려요. 그러다가 좀 진정되면 하나님이 다시 말씀하시지요. 아주 부드럽고 사랑 가득한 목소리로요.

그런데 부드럽다고 한 귀로 듣고 한 귀로 흘리면 안 돼요. 하나님은 우리가 순종할 때까지 끈질기게 말씀하시거든요. 그분은 우리도 예수님처럼 산 아래로 내려가 세상에서 놀라운 십자가의 사랑을 전하기를 원하신답니다.

16 팬인가 제자인가, 이것이 문제로다 8:18-34

34 온 시내가 예수를 만나려고 나가서 보고 그 지방에서 떠나시기를 간
구하더라

누군가를 열광적으로 좋아하는 사람을 '팬'이라 하고, 스승의 가르침을 받아 그 뒤를 따르는 사람을 '제자'라고 합니다. 여러분은 누구의 팬인가요, 또 누구의 제자인가요? 예수님의 가르침은 경이로울 만큼 뛰어났어요. 게다가 불치병을 고치고 귀신도 쫓으시니 주목받을 수밖에 없었지요. 그래서 군중이 몰려왔어요. 그중에는 여러 부류가 있었겠지요. 구경꾼, 자기 필요를 채우려는 사람, 어떻게든 예수님의 인기를 몰아 대선주자로 세워보려는 무리…. 저마다의 이유로 예수님을 따르던 사람들에게 예수님은 '팬 vs 제자 자가 진단'을 하세요.

18 예수께서 무리가 자기를 에워싸는 것을 보시고 건너편으로 가기를 명하시
니라

예수님은 가버나움을 떠나 건너편 즉 가다라로 가자고 말씀하세요. 대중적 인기를 원치 않으셨기에 피하셨지요. 그때 한 서기관이 예수께 나아와요.

19 한 서기관이 나아와 예수께 아뢰되 선생님이여 어디로 가시든지 저는 따르
리이다

그의 말에 속마음이 고스란히 담겨있어요. 그는 서기관, 즉 율법학자였지요. 소위 공부 좀 했다는 학자의 잣대로도 예수님의 말씀은 너무나 놀라웠어요. 그래서 더 배우고 싶은 학문적 관심이 컸을 거예요. 그 마음이 "선생님"이라는 호칭에 잘 드러납니다.

또 그는 성공하고 싶은 마음이 있었던 것 같아요. 예수님을 따르는 이들이 폭발적으로 늘어나자 그분께 대단한 학문과 병 고치는 기술을 배우면 자기도 소위 스타강사가 될 것 같았겠지요. 예수님이 어디로 가시든 따르겠다는 그의 결의는 명예와 지위, 돈에 대한 열정이었어요. 그는 제자가 되고 싶은 게 아니라 욕망 가득한 팬일 뿐이었습니다. 그걸 모르실 리 없는 예수님은 말씀하세요.

20 예수께서 이르시되 여우도 굴이 있고 공중의 새도 거처가 있으되 인자는 머리 둘 곳이 없다 하시더라

그는 풍요와 안정을 바라며 따르고자 했지만 예수님은 그분의 길이 다른 길이라고 하세요. 여기서 "인자"는 다니엘서 7장 13절에 처음 등장한 개념으로 예수님의 정체성, 곧 신성(神性)과 인성(人性)을 동시에 나타내는 단어예요. 그러니까 그분의 길은 부귀영화를 얻는 길이 아니라 우리를 위해 대신 죽는 길이라는 거지요.

요즘 유튜브 알고리즘으로 뜨는 영상들의 제목을 보면 예수님을 팔아서 구독자를 늘리려는 의도가 다분한 영상이 많아요. 제발 복음만큼은 인기와 명예의 도구로 이용하지 않길 바랍니다.

21 제자 중에 또 한 사람이 이르되 주여 내가 먼저 가서 내 아버지를 장사하게 허락하옵소서

다음으로 제자 중 한 사람이 나왔어요. 이번엔 호칭이 "주여"인 걸 보니 예수님을 주님으로 여기는 사람인 것 같아요. 그는 먼저 아버지의 장례를 치르고 오겠다고 말해요. 이에 예수님의 대답은 놀라울 만큼 매몰차요.

22 예수께서 이르시되 죽은 자들이 그들의 죽은 자들을 장사하게 하고 너는 나를 따르라 하시니라

예수님은 "장사는 죽은 자들에게 맡기고 너는 나를 따르라"라고 말씀하세요. '아니, 아버지 장사도 못 지내게 한단 말이야?', '기독교가 이렇게 비정한 종교였어?'라고 생각할 수 있어요. 하지만 아니에요. 성경은 부모 공경을 강조합니다. 특히 유대인들에게 부모의 장례는 사회적 평판에 매우 중요했어요. 곡하는 사람을 돈 주고 사고, 조문인도 동원할 정도였지요. 그렇기에 이 말씀을 들은 제자는 큰 충격을 받았을 거예요.

이 구절은 난해해서 해석이 분분합니다. 하지만 논란의 소용돌이에 휘말리기보다 말씀의 핵심을 발견해야 해요. 이는 바로 '우선순위'를 말하는 거예요. 물론 부모님도 우선이지만 그보다 우선되어야 할 분이 예수님이라는 거지요. 즉 제자가 되려면 예수님이 삶의 최우선이 되어야 함을 강조하신 거예요.

다음 본문은 예수님이 바람과 바다를 잔잔하게 하시는 사건이에요.

23-25 배에 오르시매 제자들이 따랐더니 바다에 큰 놀이 일어나 배가 물결에 덮이게 되었으되 예수께서는 주무시는지라 그 제자들이 나아와 깨우며 이르되 주여 구원하소서 우리가 죽겠나이다

예수님은 대중을 뒤로하고 배에 오르세요. 제자들도 따랐지요. 이들은 앞선 두 문제에 스스로 점수를 후하게 준 사람들이겠지요? 그런데 얼마 안 있어 그들의 믿음 수준이 드러나요. 바다에 큰 풍랑이 일고 배가 물결에 뒤덮이자 모두 혼비백산하지요.

이 상황에서 예수님과 제자들의 반응은 극명한 대조를 보여요. 예수님은 주무시지만, 제자들은 죽게 되었다고 아우성칩니다. 예수님은 창조주 하나님이시기에 풍랑 중에도 평안히 주무실 수 있었어요. 그분은 대자연도 통제하실 수 있기 때문이에요.

26,27 예수께서 이르시되 어찌하여 무서워하느냐 믿음이 작은 자들아 하시고 곧 일어나사 바람과 바다를 꾸짖으시니 아주 잔잔하게 되거늘 그 사람들이 놀랍게 여겨 이르되 이이가 어떠한 사람이기에 바람과 바다도 순종하는가 하더라

예수님은 그들을 향해 "믿음이 작은 자들"이라고 나무라시고는 바람과 바다를 평정하세요. 사람들은 놀라서 "이분이 누구시기에 바람과 바다가 순종하는 거지?"라며 수군거렸어요. 그들은 예수님을 "주여"라고 부르며 제자로서 비장한 각오로 따라가고 있다고 생각했지만 예수님이

창조주이심은 몰랐던 거예요. 이처럼 위기의 때에 믿음의 수준이 여실히 드러납니다. 위기의 때일수록 믿음이 꼭 필요하지요.

제자들은 풍랑을 통해 예수님이 구주이시고 창조주이심을 배웠어요. 임진왜란 때 이순신 장군, 미국 남북전쟁 때 링컨이 위인이 된 것처럼 위기 가운데 진정한 영웅이 탄생하지요. 우리도 코로나19 팬데믹을 통해 하나님을 더 깊이 만나며 세상에서 빛을 발해야 합니다.

마지막으로 돼지 떼 몰살 사건이에요.

28,29 또 예수께서 건너편 가다라 지방에 가시매 귀신 들린 자 둘이 무덤 사이에서 나와 예수를 만나니 그들은 몹시 사나워 아무도 그 길로 지나갈 수 없을 지경이더라 이에 그들이 소리 질러 이르되 하나님의 아들이여 우리가 당신과 무슨 상관이 있나이까 때가 이르기 전에 우리를 괴롭게 하려고 여기 오셨나이까 하더니

예수님은 가다라 지방으로 가셨어요. 이곳은 로마의 직접적인 통치하에 있던 데가볼리 지역으로, 이방 땅으로 향하는 복음의 방향성을 보여줘요. 그곳에서 예수님은 귀신 들린 두 사람을 만나시지요. 그들은 그 길로 사람들이 지나다닐 수 없을 만큼 사나웠어요. 그런데 이들은 예수님을 정확하게 알아보지요. "하나님의 아들이여"라고 부르며 때가 되기도 전에 자신들을 괴롭히러 오셨냐고 물어요.

요한계시록에 기록된 대로 자기들이 때가 되면 무저갱에 빠질 걸 알았던 거예요. 그들은 예수님의 정체와 사역을 분명히 알고 있었습니다. 하

나님의 아들이지만 인간의 몸을 입고 인류를 구원하려고 오셨다는 것을요. 그래서 예수님이 인성을 버리고 신성만 가진 하나님으로 돌아가시길 원했지요. 그래야 세상을 그들의 권세로 다스릴 수 있으니까요. 마태복음 4장의 '광야 시험'에서 이미 그들의 의도가 증명되었지요.

30-32 마침 멀리서 많은 돼지 떼가 먹고 있는지라 귀신들이 예수께 간구하여 이르되 만일 우리를 쫓아내시려면 돼지 떼에 들여보내 주소서 하니 그들에게 가라 하시니 귀신들이 나와서 돼지에게로 들어가는지라 온 떼가 비탈로 내리달아 바다에 들어가서 물에서 몰사하거늘

귀신들은 많은 돼지 떼(마가복음 5장 13절에 의하면 2천 마리에 달함)를 보고 예수께 자기들을 쫓아내려면 돼지 떼에 들여보내 달라고 청해요. 예수님이 허락하시니 그들이 돼지 떼에 들어갔고, 온 떼가 비탈로 내리달아 순식간에 익사하고 말았어요.

33,34 치던 자들이 달아나 시내에 들어가 이 모든 일과 귀신 들린 자의 일을 고하니 온 시내가 예수를 만나려고 나가서 보고 그 지방에서 떠나시기를 간구하더라

이 소식을 듣고 온 시내 사람들이 예수님을 만나러 와요. 그리고 자기 마을에서 떠나달라고 간청합니다.

당시 로마의 통치권 안에 있던 가다라 지방에는 신전이 많았어요. 이 신전들은 로마의 왕권을 강화하기 위한 수단이었지요. 또 돼지는 신전에 바쳐지는 제물로써 헬레니즘 문화권에서 부와 명예를 상징했어요. 그러니 이 동네 사람들은 로마 황제를 숭상하기 위해 돼지를 치고 있었고,

이 몰사한 돼지 떼 역시 우상에게 바칠 목적으로 길렀다고 볼 수 있지요.

결국 이 이야기는 '하나님의 아들 vs 로마 황제(우상)' 중 무엇을 의지하는지 묻고 있어요. 오늘날로 치면 '하나님이냐, 맘몬(돈)이냐'라고 할 수 있지요. 당시 그들의 가치는 맘몬, 즉 돈에 있었기에 복음을 받아들일 일생일대의 기회를 놓쳐버리고 만 거예요.

예수님은 제자들에게 이 일련의 광경을 똑똑히 보여주며 네 가지를 가르치십니다. 첫 번째는 예수님을 따르는 이유, 두 번째는 우선순위, 세 번째는 믿음의 수준, 네 번째는 인생의 참 주인이 누구인지를 말이에요. 우리도 스스로 점검하고 진단해보아요. 나는 예수님의 팬인지 제자인지, 또 제자가 되길 원한다면 어떤 결단을 해야 하는지 말이지요.

17 기적에 숨겨진 비밀들 9:1-17

8 무리가 보고 두려워하며 이런 권능을 사람에게 주신 하나님께 영광을 돌리니라

공관복음(사복음서 중 마태·마가·누가복음 세 권을 일괄해서 부르는 말)에 '중풍병자 사건'이 모두 기록되어 있지만, 마태는 유독 예수께 초점을 맞추고 있어요. 우리도 예수께만 집중해보아요.

1 예수께서 배에 오르사 건너가 본 동네에 이르시니

예수님은 가다라 지방에서 다시 배를 타시고 본 동네, 즉 가버나움으로 돌아오세요. 가버나움에 있는 베이스캠프로요. 어딜까요? 네, 바로 베드로의 집이에요.

2 침상에 누운 중풍병자를 사람들이 데리고 오거늘 예수께서 그들의 믿음을 보시고 중풍병자에게 이르시되 작은 자야 안심하라 네 죄 사함을 받았느니라

이때 사람들이 침상에 누운 중풍병자를 데리고 옵니다. 마태복음은 간략하게 묘사했지만 다른 복음서에선 사람들이 빼곡히 차서 들어갈 수 없어 지붕을 뚫고 중풍병자를 달아 내렸다고 설명해요.

예수님은 그들의 믿음을 보시고 그 병자를 고쳐주세요. 그때 그를 "작은 자야"라고 부르시는데 이는 영어로 'son'(NIV) 혹은 'my child'(NLT)라고 해요. 아주 다정하고 친근한 표현이지요.

그런데 그에게 병이 나을 거라고 하지 않으시고 "네 죄 사함을 받았느니라"라고 하세요. 이 말씀이 너무나 중요해요. 예수님이 누구신지를 공개적으로 밝히신 대목이거든요. 죄를 사하는 일은 누구도 할 수 없고, 오직 하나님만 하실 수 있기 때문이에요. 그래서 이 말은 곧 "나는 하나님이다"라는 의미예요.

자, 이 현장에 사람들이 꽉 차있는데, 다른 복음서에 보면 그들은 율법학자와 바리새인이었어요. 그들이 가만히 있을 리 없지요.

3 어떤 서기관들이 속으로 이르되 이 사람이 신성을 모독하도다

역시 서기관들 즉 율법학자들은 마음속으로 '신성모독이다'라고 생각했어요.

4,5 예수께서 그 생각을 아시고 이르시되 너희가 어찌하여 마음에 악한 생각을 하느냐 네 죄 사함을 받았느니라 하는 말과 일어나 걸어가라 하는 말 중에 어느 것이 쉽겠느냐

예수님은 우리 마음을 꿰뚫어 보세요. 당연히 서기관들의 생각도 아셨지요. 그들의 생각이 악하다고 하시며 죄 사함과 치유 중 어떤 게 더 쉽겠냐고 반문하세요. 병 고침은 죄 사함이라는 신적 능력을 드러내는 가시적인 도구에 불과하다는 거지요.

6절에서 더 자세히 말씀하십니다.

6,7 그러나 인자가 세상에서 죄를 사하는 권능이 있는 줄을 너희로 알게 하려 하노라 하시고 중풍병자에게 말씀하시되 일어나 네 침상을 가지고 집으로 가라 하시니 그가 일어나 집으로 돌아가거늘

예수님은 "인자"라는 단어를 다시 쓰시며, 인자에게는 "죄를 사하는 권능"이 있다고 하세요. 그러고는 중풍병자에게 "일어나… 집으로 가라"라며 치유를 허락하십니다. 먼저 그의 죄를 사하시고 그 결과로 병이 고침을 받은 거지요.

이 사건에는 구원의 원리가 담겨있어요. 예수님이 우리 안에 임하시면

먼저는 죄 사함을 받고 우리를 묶고 있는 모든 것에서 자유롭게 되며 나음을 받지요. 들것에 실려 온 중풍병자가 일어나 집으로 돌아갔듯이요.

8 무리가 보고 두려워하며 이런 권능을 사람에게 주신 하나님께 영광을 돌리니라

이 놀라운 광경을 보고 무리는 두려워했어요. 그리고 이런 죄 사함의 권능을 "사람"에게 주신 하나님께 영광을 돌렸어요.

마태는 예수님의 사역이 시작될 때를 가리켜 "이때부터 예수께서 비로소 전파하여 이르시되 회개하라 천국이 가까이 왔느니라 하시더라"(마 4:17)라고 했어요. 예수님이 공생애를 시작하심으로 이미 하나님나라, 천국이 임했다는 거지요.

그리고 5-7장에서는 산상수훈을 통해 하나님나라를 설명하고, 8장에서는 그 나라의 권능을 드러내요. 병을 고치고, 폭풍을 다스리고, 귀신을 쫓는 권세지요. 이어 9장에서는 그 권세가 어떻게 하나님나라의 영광이 되는지를 보여줘요. "인자"라는 단어를 통해 말씀하신 것처럼 십자가의 순종을 통한 영광이지요.

예수님이 걸으신 이 순종의 길은 지금도 교회를 통해 이어지고 있습니다. 결국 작은 예수인 우리도 하나님의 '나라', '권세', '영광'을 드러내는 존재예요. 영광을 올려드린다는 건 모든 게 하나님으로부터 왔다는 고백이지요. 또 영광은 순종을 통해 드러지는데, 그 순종의 극치가 바로 십자가예요.

십자가의 사랑으로 하나님의 백성이 된 우리에게도 죄 사함의 권세가 주어졌어요. 우리도 예수님처럼 사랑과 용서와 긍휼로 세상을 섬기며 하나님의 영광을 드러내야 해요. 그래서 주기도문에서 "나라와 권세와 영광이 아버지께 영원히 있사옵나이다"라고 고백하는 거지요.

그다음 이야기는 예수님이 마태를 부르시는 장면이에요. 시간순으로 보면 이는 한참 전 사건이에요. 지금은 2차 갈릴리 사역 기간인데 마태는 1차 갈릴리 사역, 즉 두 번째 유월절 전에 부르셨거든요.

그런데 굳이 이 내용을 여기에 삽입한 건 마태를 부르심이 죄 사함의 권세의 구체적 실현이기 때문이지요. 예수님은 죄인을 사랑으로 치유하시고 용서하시며 그분을 따르게 하세요. 우리를 부르신 것처럼요.

자, 마태를 부르시는 현장으로 가볼까요?

9 예수께서 그곳을 떠나 지나가시다가 마태라 하는 사람이 세관에 앉아있는 것을 보시고 이르시되 나를 따르라 하시니 일어나 따르니라

마태는 세리였어요. 그가 세관에 앉아 일하고 있을 때 예수님이 부르셨지요. 아주 간단하게 "나를 따르라 하시니 일어나 따르니라"라고 기록되어 있지만 이 안에는 엄청난 영혼 구원의 역사가 담겨있습니다.

이걸 이해하려면 '세리'라는 직업을 알아야 해요. 세리는 세금을 거두는 사람으로, 마태는 로마를 위해 세금을 징수하는 유대인 관리였어요. 로마 정부가 세리에게 일정 세금을 거두도록 시켰는데, 세리들은 그보다 많은 세금을 거두어 자기 몫으로 떼어먹기 일쑤였지요. 기록에 보면

마차 바퀴 수에 따라서도 세금을 매겼다고 해요. 사람들이 싫어할 만하지요.

당시 유대 사회에서 세리는 '도둑, 매국노, 압제자의 하수인, 반역자, 죄인' 등으로 낙인찍혀 있었어요. 회당과 성전에 들어갈 수도 없고, 법정에 증인으로 설 수도 없을 만큼 부정한 자로 취급을 받았지요. 그야말로 공동체의 왕따였어요. 돈은 많았지만 그 마음이 얼마나 가난했을까요. '정말 이렇게 살아야 할까' 하며 수없이 번민했을 거예요. 자신을 경멸하며 살았을지도 모르죠.

9절에서 마태를 "보시고"라는 표현은 그의 가난한 마음을 보셨다는 뜻이에요. 마태는 심령이 낮아질 대로 낮아진 상황이었기에 예수님의 부르심에 즉시 따를 수 있었던 거지요.

저도 오랜 세월 예수님을 거부했어요. 그분에 대한 소개는 계속 받았지만요. 그러던 중 세상적인 부와 명예를 다 가졌을 때에 하나님은 '산후 우울증'으로 저를 부르셨어요. 평소 남부럽지 않게 살았지만 저라고 가난한 마음이 왜 없었겠어요. 일을 하고 사람들을 겪으면서 아픔과 상처, 허무함이 커졌지요. 성공하면 그것들이 사라질 것 같았는데 더 깊어만 갔어요.

그때 예수님이 저를 부르셨고 저는 바로 그분을 따랐어요. 이미 제 마음은 활시위가 팽팽히 당겨진 상태였거든요. 그러니 화살이 과녁을 향해 얼마나 쏜살같이 날아갔겠어요. 그래서 저는 마태의 마음을 누구보다 공감해요.

마태를 부르신 후 예수님이 어떻게 하셨는지 살펴볼게요.

10 예수께서 마태의 집에서 앉아 음식을 잡수실 때에 많은 세리와 죄인들이 와서 예수와 그의 제자들과 함께 앉았더니

예수님은 마태의 집에서 많은 세리와 죄인과 더불어 식사하셨어요. '아, 밥을 같이 드셨구나'라고 단순하게 생각하면 안 돼요. 당시 유대인들에겐 식사가 엄청 중요했거든요. 그들의 관습에서 함께 식사한다는 건 같은 부류로 여겨지는 일이었지요. 그래서 자기보다 높은 사람들과 밥 먹기를 원했고, 아랫사람과는 겸상하지 않았습니다.

예수님이 당대의 죄인으로 손가락질 받던 세리와 죄인들과 식사를 하신 건 대단히 불명예스러운 일이었고, 율법학자나 바리새인에게는 이해되지 않는 행동이었지요.

11 바리새인들이 보고 그의 제자들에게 이르되 어찌하여 너희 선생은 세리와 죄인들과 함께 잡수시느냐

역시 바리새인들은 예수님에게 직접 말하진 못하고 비겁하게 제자들에게 속닥거려요.

"아니, 너희 선생님은 어떻게 세리와 죄인들과 함께 식사할 수 있어?"

12,13 예수께서 들으시고 이르시되 건강한 자에게는 의사가 쓸데없고 병든 자에게라야 쓸 데 있느니라 너희는 가서 내가 긍휼을 원하고 제사를 원하지 아니하노라 하신 뜻이 무엇인지 배우라 나는 의인을 부르러 온 것이 아니요 죄인

을 부르러 왔노라 하시니라

예수님은 이 말을 들으시고 "건강한 자에게는 의사가 필요 없고 병든 자에게 필요하다"라고 말씀하세요. 당시 이 말은 관용어구에 가까운 말이었어요. 또한 "나는 인애를 원하고 제사를 원하지 아니하며"(호 6:6)라는 말씀의 뜻을 배우라고 하시며 자신은 의인이 아닌 죄인을 부르러 왔다고 하세요.

호세아서 6장 6절은 종교적인 규례에 집착해서 정작 제일 중요한 하나님을 잃어버린 자들에게 경고하신 말씀이에요. 바리새인들의 상태가 딱 그렇다는 거지요. 예수님은 자칭 '의인'이라 자부하던 바리새인을 부르러 오신 게 아니라 자신이 죄인인 줄 알고 겸손히 엎드리는 '죄인'에게 죄 사함을 주기 위해 오셨다는 거예요.

즉 자칭 의인인 바리새인이야말로 진짜 '죄인'이고 '병자'라는 뜻이지요. 예수님은 그들에게 이걸 배우라고 하신 거예요. 제발 제 분수를 깨닫고 구원받으라고요.

14 그때에 요한의 제자들이 예수께 나아와 이르되 우리와 바리새인들은 금식하는데 어찌하여 당신의 제자들은 금식하지 아니하나이까

이번엔 세례 요한의 제자들이 예수님을 찾아왔어요. 그들은 "우리와 바리새인들은 금식하는데 왜 당신의 제자들은 금식하지 않습니까?"라고 물어요. 요한의 제자들은 금욕적인 생활에 바탕을 둔 금식을 했고, 바리새인들은 신앙을 드러내기 위한 금식을 했지요.

15 예수께서 그들에게 이르시되 혼인집 손님들이 신랑과 함께 있을 동안에 슬퍼할 수 있느냐 그러나 신랑을 빼앗길 날이 이르리니 그때에는 금식할 것이니라

예수님은 '지금은 혼인 잔치 중'이라고 말씀하세요. 신랑이 함께 있을 때 슬퍼할 이유가 없다는 거지요. 신랑을 빼앗길 날에 금식하라고 하세요. 성경은 하나님과 그분의 백성의 관계를 혼인 관계로 묘사해요. 여기서는 메시아의 도래를 통한 하나님과 백성의 잔치를 혼인집에 비유한 거예요. 지금은 신랑이신 예수님이 계시니 슬퍼하지 않아도 되지만 그분을 빼앗기는 십자가의 날에는 슬퍼하게 될 거라는 말씀입니다.

16,17 생베 조각을 낡은 옷에 붙이는 자가 없나니 이는 기운 것이 그 옷을 당기어 해어짐이 더하게 됨이요 새 포도주를 낡은 가죽 부대에 넣지 아니하나니 그렇게 하면 부대가 터져 포도주도 쏟아지고 부대도 버리게 됨이라 새 포도주는 새 부대에 넣어야 둘이 다 보전되느니라

예수님은 자신의 제자와 유대 종파의 행동을 대조하면서 두 가지 비유를 드세요. 바로 '새 옷' 비유와 '새 포도주' 비유예요. 옷과 포도주는 혼인 잔치와 연관이 있어요.

먼저 새 옷 비유는 낡은 옷에 새 삼베를 붙이면 결국 당겨져서 찢어진다는 거예요. 새 포도주 비유도 새 포도주를 낡은 가죽 부대에 넣으면 발효되어 터져서 포도주도 부대도 모두 버리게 된다는 거지요. 두 비유 모두 새 질서와 옛 질서가 공존할 수 없음을 의미합니다.

예수님은 두 비유를 통해 종교로 전락해버린 전통적인 유대교를 탈피하고 눈앞에 계신 예수님을 메시아로 인정하라고 말씀하세요. 옛것과

새것이 어울리지 않듯 예수님과 유대교가 어울릴 수 없다는 거지요.

우리도 마찬가지예요. 예수님이 인생 가운데 들어오시면 우리는 새 피조물이 돼요. 이 부분은 세상을 닮고, 저 부분은 예수님을 닮은 존재가 아닌 완전히 새로운 피조물이지요. 세상과 예수님 사이에 한 발씩 걸친 상태는 예수님을 구주로 온전히 만나지 못한 거예요. 새로운 피조물이라고 볼 수 없지요.

18 천국 미션 9:18-38

35 예수께서 모든 도시와 마을에 두루 다니사 그들의 회당에서 가르치시며 천국 복음을 전파하시며 모든 병과 모든 약한 것을 고치시니라

이 본문에는 예수님이 메시아이심이 드러나는 기적들이 기록되어 있어요.

18 예수께서 이 말씀을 하실 때에 한 관리가 와서 절하며 이르되 내 딸이 방금 죽었사오나 오셔서 그 몸에 손을 얹어주소서 그러면 살아나겠나이다 하니

예수님이 새 옷과 새 포도주 이야기를 하실 때 한 관리가 찾아와 딸을

살려달라고 간청합니다. 다른 복음서를 종합해보면 이 관리는 회당장이에요. 회당의 책임자로 공공예배를 주관했지요. 또 성경 낭독이나 기도, 설교할 사람을 지명하고 회당 건물, 가구, 두루마리 성경 관리자를 감독했어요.

신약 시대 회당에는 관리자가 10명 있었는데, 그 가운데 원로 장로 3명이 회당장 역할을 했어요. 이 회당장은 유대 사회에서 굉장히 중요한 인물로 구약성경에 능통했지요. 본문에 등장하는 회당장은 엘리야가 사르밧 과부의 아들을 살린 것과 엘리사가 수넴 여인의 아들을 살린 일을 이미 알고 있었어요. 그의 믿음은 구약성경에 근거한 믿음이었지요.

19 예수께서 일어나 따라가시매 제자들도 가더니

여기서 중요한 단어는 "일어나"예요. 이는 예수님의 '부활'을 나타내는 전형적인 용어지요. 죽음의 장소를 향해 일어나시는 모습을 통해 예수님의 사역이 '사망에서 생명으로 옮기는' 사역임을 보여줍니다. 예수님이 일어나시면 우리 삶에 생명이 임하고 치유가 일어나요. 또 한 가지 중요한 포인트는 제자들도 함께 갔다는 거예요. 교회 공동체도 예수님의 길을 따라가야 함을 보여주지요.

20,21 열두 해 동안이나 혈루증으로 앓는 여자가 예수의 뒤로 와서 그 겉옷 가를 만지니 이는 제 마음에 그 겉옷만 만져도 구원을 받겠다 함이라

가는 길에 열두 해 동안 혈루증 앓은 여인을 만나게 됩니다. 혈루증은

율법에 부정한 병으로 명시되어 사람들과 접촉이 금지되었지요. 이 여인은 간절히 낫고 싶은 마음에 예수님의 뒤로 가서 겉옷을 만져요. 더 정확하게는 옷술을 만졌지요. 옷술은 계명을 기억하고 거룩하게 행동하라는 상징성이 있었어요. 그 여인에겐 겉옷만 만져도 구원을 얻을 수 있다는 믿음이 있었던 거예요.

> 22 예수께서 돌이켜 그를 보시며 이르시되 딸아 안심하라 네 믿음이 너를 구원하였다 하시니 여자가 그 즉시 구원을 받으니라

예수께서 돌이켜 그녀를 보시며 "딸아, 안심하라. 네 믿음이 너를 구원했다"라고 말씀하세요. 그러자 여자가 즉시 구원을 받았어요. 여기서 주목할 건 "구원"이라는 단어예요. 예수님은 "네 병을 낫게 해주겠다"라는 말 대신에 "구원하였다"라고 하셨어요. 마태는 21,22절에서 세 번이나 이 단어를 반복하면서 예수님의 사역이 몸의 치유뿐 아니라 영과 육, 전인적인 구원에 있음을 강조해요.

마가와 누가는 이 혈루증 앓는 여인이 극심한 육체적 고통을 받으며 의사들을 찾아다녔지만 재산만 탕진했을 뿐 누구에게도 고침을 받지 못했다고 기록했어요(막 5:26, 눅 8:43). 그녀는 오랫동안 사회적으로 격리를 당해 심적으로 무너져있었을 거예요. 그런데 오직 믿음으로 그 부정한 손을 예수께 내밀었을 때, 예수님이 대신 부정해지심으로 그녀를 자유케 하셨어요.

십자가 죽음은 모든 사망과 죽음의 권세를 깨뜨리고 우리를 자유케 해요. 이렇듯 복음은 삶을 즉시 변화시킵니다.

23,24 예수께서 그 관리의 집에 가사 피리 부는 자들과 떠드는 무리를 보시고
이르시되 물러가라 이 소녀가 죽은 것이 아니라 잔다 하시니 그들이 비웃더라

예수님이 회당장의 집에 도착하셨을 땐 이미 피리 부는 사람과 곡하는 사람 등 전문적으로 애곡하는 무리들이 장사 지낼 준비를 하고 있었어요. 예수님은 이들에게 "물러가라"라고 하시며 어둠의 권세를 쫓으세요. 그리고 소녀가 죽은 게 아니라 "잔다"라고 말씀하시죠.

"잔다"라는 단어는 성경 속 믿음의 자녀들의 죽음을 표현할 때 쓰여요. 주님이 다시 오실 때 깨어 부활할 것이기에 죽음이 끝이 아니라는 거지요(고전 15:20, 엡 5:14). 이에 사람들은 비웃어요.

25 무리를 내보낸 후에 예수께서 들어가사 소녀의 손을 잡으시매 일어나는지라

예수님이 소녀의 손을 잡으시자 소녀가 일어났어요. "일어나는지라"는 부활을 의미합니다. 시체에 닿으면 부정해진다는 구약의 말씀대로 예수님이 소녀의 손을 잡으심으로 소녀의 부정함을 대신 짊어지시고 생명을 주신 거예요. 십자가에서 우리의 죄를 대신 짊어지시고 새 생명 곧 부활을 주셨듯이 말이에요.

다른 복음서는 이 소녀가 12세였다고 언급해요. 가만 보니 12년 동안 혈루증을 앓은 여인, 12세에 죽은 소녀 등 숫자 '12'가 강조되네요. 이처럼 12는 아주 중요한 숫자로 하나님의 경영이 완성됨을 보여줍니다. 요한계시록에 12라는 숫자가 반복되는 게 그 증거예요.

또한 혈루증을 앓던 여인과 죽은 소녀는 이스라엘의 영적 상태를 나

타내요. 예수님이 일어나 그들에게 가셔서 다시 생명을 주신 것처럼 우리의 무너진 삶도 예수님을 통해서만 살아날 수 있어요.

26 그 소문이 그 온 땅에 퍼지더라

죽은 소녀를 살리신 예수님의 소문은 꼬리에 꼬리를 물고 퍼졌어요. 더 많은 사람이 예수께 모여들었지요.

27 예수께서 거기에서 떠나가실새 두 맹인이 따라오며 소리 질러 이르되 다윗의 자손이여 우리를 불쌍히 여기소서 하더니

예수께서 회당장의 집에서 떠나실 때 두 맹인이 따라와서는 소리를 지르며 간구했어요. 그들은 "다윗의 자손이여"라며 예수님을 부르는데, 이 말은 '다윗 언약의 성취로 오신 메시아여!'라는 의미예요. 그들은 예수님을 메시아로 믿고 긍휼을 구한 거지요.

맹인의 눈을 뜨게 하는 게 쉬울까요, 죽은 사람을 살리는 게 쉬울까요? 우리 생각에 눈은 어쩌다 나을 수도 있을 것 같은데 죽은 사람을 살리는 건 불가능해 보이지요. 그런데 유대인의 생각엔 그렇지 않았어요.

구약성경에 엘리야와 엘리사가 사람을 살린 일이 기록되어 있거든요(왕상 17:17-24, 왕하 4:18-37). 그런데 눈을 뜨게 한 일은 한 번도 없었습니다. 그래서 메시아만이 눈을 뜨게 할 수 있다고 생각했지요. 이사야의 예언에도 그렇게 기록되어 있고요(사 35:5). 이런 배경에서 맹인들이 예수님을 "다윗의 자손이여"라고 부른 건 엄청난 신앙고백이었어요.

28 예수께서 집에 들어가시매 맹인들이 그에게 나아오거늘 예수께서 이르시되 내가 능히 이 일 할 줄을 믿느냐 대답하되 주여 그러하오이다 하니

예수님이 집에 들어가시니 맹인들이 나아왔어요. 이 집은 누구의 집일까요? 바로 베드로의 집이에요. 가버나움에 계실 때 이곳에서 사역을 많이 하셨거든요.

예수님이 맹인들에게 질문하세요. "내가 이 일을 할 수 있다고 믿느냐?" 이런 질문을 하신 건 이 부분이 유일해요. 다른 기사 때는 그냥 고쳐주셨거든요. 그들은 "예, 주님!" 하고 믿음의 고백을 합니다.

29,30 이에 예수께서 그들의 눈을 만지시며 이르시되 너희 믿음대로 되라 하시니 그 눈들이 밝아진지라 예수께서 엄히 경고하시되 삼가 아무에게도 알리지 말라 하셨으나

예수님은 그들의 눈을 만지며 "믿음대로 돼라" 하셨고, 그들의 눈이 밝아졌어요. 예수님은 이 일을 절대 비밀로 하라고 엄중히 경고하셨어요. 예수님이 본격적으로 드러나실 시기가 아니었기 때문이에요. 십자가의 때가 아직 남아있었지요.

31 그들이 나가서 예수의 소문을 그 온 땅에 퍼뜨리니라

그런데 그들이 온 세상에 소문을 퍼뜨려요. 놀라운 기적을 경험했으니 그 감격을 전할 수밖에 없었던 거지요. 우리가 예수님을 경험하면 이런 증상이 나타나는 게 당연해요. 구원의 감격을 전하지 않고는 못 배기

는 게 정상이 아닐까요?

32,33 그들이 나갈 때에 귀신 들려 말 못 하는 사람을 예수께 데려오니 귀신이 쫓겨나고 말 못 하는 사람이 말하거늘 무리가 놀랍게 여겨 이르되 이스라엘 가운데서 이런 일을 본 적이 없다 하되

이번에는 예수님이 귀신 들린 사람을 고치세요. 악한 영은 분명히 존재한답니다. 그것들이 우리를 늘 묶으려고 하지요. 그러나 예수님은 사망과 죽음에 묶인 우리를 자유케 해주세요. 사람들은 이런 일을 처음 본다면서 예수님의 사역에 경탄을 금치 못해요. 예수님의 인기가 날로 치솟았지요.

34 바리새인들은 이르되 그가 귀신의 왕을 의지하여 귀신을 쫓아낸다 하더라

그런데 바리새인들의 반응은 달랐어요. 예수님이 귀신의 왕을 의지해 귀신을 쫓는다며 없는 얘길 꾸며내지요. 왜 그럴까요? 그들은 다른 종교지도자들에 비해 나름 경건 생활을 중시했기에 백성들의 인기를 얻었어요. 그런데 그 인기를 다 빼앗아가는 슈퍼스타가 등장했으니 미워할 수밖에 없었지요.

다음 구절은 8-9장의 예수님 사역 마무리이자 10장의 도입부인 35절이에요.

35 예수께서 모든 도시와 마을에 두루 다니사 그들의 회당에서 가르치시며 천국 복음을 전파하시며 모든 병과 모든 약한 것을 고치시니라

이 땅에서 예수님의 사역을 요약하면 "가르치시다", "전파하시다", "고치시다"입니다. 이 내용이 마태복음 4장 23절과 9장 35절에 기록되어 있지요. 그 가운데 5-7장은 예수님의 말씀을, 8-9장은 예수님의 행적을 위주로 기록했어요. 이런 방법을 '인클루시오'(inclusion) 구조, 소위 괄호 용법이라고 해요. 예수님의 사역을 괄호 시작과 끝에 나타내고 괄호 안에 그 내용을 풀면서 예수님이 어떤 분인지 강조하여 보여주는 거지요.

36 무리를 보시고 불쌍히 여기시니 이는 그들이 목자 없는 양과 같이 고생하며 기진함이라

예수님의 사역은 "불쌍히 여기심"(compassion)에서 시작되었어요. 이는 창자가 끊어지는 듯한 아픔, 마음 깊은 곳에서 올라오는 긍휼을 말해요. 하나님의 긍휼하심이 우리를 구원해주시는 근거라는 게 제겐 큰 감동으로 다가와요. 우리의 어떠함을 뛰어넘는 긍휼하심으로 모든 걸 덮고 구원하시니까요.

예수님은 백성들이 목자 없는 양같이 고생하며 기진함을 불쌍히 여기셨어요. "목자 없는 양"은 구약에서 이스라엘의 상태를 묘사할 때 자주 사용된 비유예요(겔 34장). 고생하고 기진한 양 떼에게 참 목자를 세워 먹이실 건데, 그 목자가 바로 다윗이지요(겔 34:23). 그 말씀의 성취로 다윗의 후손인 예수님이 오신 거예요.

또 여기에는 이스라엘 종교지도자들에 대한 비판의 메시지도 담겨있어요. 그들은 참 목자가 아닌 삯꾼 목자였어요. 양들을 돌보지 않아 양들이 유리하고 고생하며 기진맥진했으니까요. 이 고통받는 양들에 대한 예수님의 안타까운 마음이 느껴지나요?

진이 빠져 거의 죽게 된 백성들에게 예수께서 친히 목자가 되어주신다고 하십니다. 목자이시기에 굶주린 자를 먹이시고 아픈 자를 고치시고 고통받는 자를 구원해주시는 거예요. 그분의 사역이 이를 증명하지요.

37,38 이에 제자들에게 이르시되 추수할 것은 많되 일꾼이 적으니 그러므로 추수하는 주인에게 청하여 추수할 일꾼들을 보내주소서 하라 하시니라

"추수"는 종말론적인 추수를 가리켜요. 추수에는 구원과 심판의 의미가 다 있지만, 여기서는 특히 '구원'에 강조점을 두고 있어요. 양들에게 건강한 꼴, 즉 말씀을 먹이고 돌보고 치유하는 주의 일꾼들이 필요하다는 거지요. 우리는 하나님의 일꾼으로서 피폐해진 양 떼에게 참 양식이신 하나님을 전해야 해요.

저는 이 책을 쓰면서 진짜 여유가 하나도 없었어요. 기존의 빡빡한 스케줄에 집필이라는 엄청난 일이 추가되니 눈물 날 정도로 힘들었지요. 비즈니스도 전환기를 맞아 에너지를 엄청 쏟아야 하는데 말씀 사역을 동시에 하려니 스스로 용량 초과라고 느꼈습니다. 그래서 내 욕심은 아닌지 하나님 앞에서 점검해보았어요.

그런데 하나님은 제게 '선택의 문제'라는 마음을 주셨어요. 말씀 사역

을 내려놓고 비즈니스에 박차를 가해도 그것이 주의 일이기에 기뻐하실 거고, 말씀 사역에 주력하면서 비즈니스를 덜 해도 마찬가지로 기뻐하실 거라는 마음이 들었지요.

사실 저희 부부는 같은 일을 하기에 비즈니스는 선택의 문제가 아니에요. 비즈니스와 말씀 사역을 둘 다 하되 강약 조절을 해야 하는 상황이지요. 그런데 하나님은 그 선택권을 제게 주시며 어떻게 조절하든 기뻐하실 거란 마음을 주셨어요.

그 와중에 주일에 대표기도 부탁까지 받았어요. 부랴부랴 일을 마치고 토요일 자정이 되어서야 겨우 기도문을 준비할 수 있었지요. 충분히 기도하며 준비하고 싶은데 시간이 너무 없어서 하나님께 간절히 긍휼을 구하며 기도문을 정리했어요. 어찌나 눈물이 쏟아지던지요.

주일 아침, 대표기도를 하려는데 그 은혜와 사랑에 목이 메어 말을 잇기 어려웠어요. 기도를 마쳤는데도 은혜의 봇물이 터져서 눈물이 멈추질 않았지요. 그때 저는 다시 깨달았어요.

'아, 하나님이 충분히 감당할 힘을 주시는구나. 둘 다 감당하며 가야 하는구나. 이 치열한 삶의 현장에서 주의 은혜를 구하게 하실 때는 다 이유가 있구나. 그분의 도우심을 날마다 생생히 경험하고 기록하게 하시려는 거구나.'

그러고 나니 몸도 놀랍게 회복되었어요. 하나님의 성실하고 신실한 일꾼으로 다시 나아갈 힘을 얻었지요.

19 울면서 웃을 수 있는 비법 10:1-23

1 예수께서 그의 열두 제자를 부르사 더러운 귀신을 쫓아내며 모든 병과 모든 약한 것을 고치는 권능을 주시니라

참 목자가 없어서 건강한 꼴과 방향 감각을 상실하고 배회하는 주의 자녀들을 위해 예수님이 친히 인간의 몸을 입고 이 땅에 오셨어요. 그리고 구원받은 우리에게도 참 목자의 역할을 맡기셨지요. 이 이야기를 들은 1차 청중은 제자들이었어요. 다음 본문은 예수님이 열두 제자를 부르시는 것으로 시작합니다.

1 예수께서 그의 열두 제자를 부르사 더러운 귀신을 쫓아내며 모든 병과 모든 약한 것을 고치는 권능을 주시니라

예수님은 여기서 열두 제자를 처음 부르신 게 아니에요. 갈릴리 2차 사역을 시작하면서 열두 제자를 확정하셨지요. 문맥상으로 이 대목은 이미 부른 제자들을 데리고 다니며 훈련시키시다가 드디어 파송하는 장면이라고 볼 수 있어요. 실전 경험이 없는 이론은 힘이 없을뿐더러 제대로 아는 게 아니니까요. 제자들은 이때부터 예수님의 사역을 계승하여 실제 사역을 펼쳐나가야 했지요.

하나님께서는 구약 시대에 하나님나라의 모델 국가로 이스라엘을 택하사 열두 지파를 세우시고 그것을 성취하기 위해 신약 시대에 열두 제자를 부르신 거예요. 새로운 하나님나라의 백성이지요.

마태복음의 핵심 단어 세 개를 기억하나요? '나라', '권세', '영광'이었지요. 하나님께서는 열두 제자가 가는 곳마다 하나님나라가 임하도록 '권세', 즉 권능을 주셨어요. 귀신을 쫓고 모든 병과 약한 것을 고치시는 예수님의 일을 제자들이 이어받았지요. 제자들은 그 모든 일에 순종함으로 하나님의 영광으로 나아갑니다.

> 2-4 열두 사도의 이름은 이러하니 베드로라 하는 시몬을 비롯하여 그의 형제 안드레와 세베대의 아들 야고보와 그의 형제 요한, 빌립과 바돌로매, 도마와 세리 마태, 알패오의 아들 야고보와 다대오, 가나나인 시몬 및 가룟 유다 곧 예수를 판 자라

복음서 중에 마태만 열두 사도의 이름을 기록하고 있어요. 가룟 유다에게는 "예수를 판 자"라는 부연 설명이 있고요. 여기서 호칭이 '제자'에서 "사도"로 바뀌는데, 사도는 '보내심을 받은 자'라는 뜻입니다. 사도의 조건은 사도행전 1장 21,22절에 잘 드러나 있어요. 요한의 세례부터 예수님의 승천까지 함께 다니던 사람 중에 예수님의 부활을 증언할 사람이어야 했지요. 이 시대에 독특하게 쓰인 직분이에요.

> 5,6 예수께서 이 열둘을 내보내시며 명하여 이르시되 이방인의 길로도 가지 말고 사마리아인의 고을에도 들어가지 말고 오히려 이스라엘 집의 잃어버린 양에게로 가라

예수님은 제자들을 파송하시며 그들에게 지침을 주세요. 이는 이 시기의 사도들에게 특별히 주신 것이어서 일반화하여 적용할 수는 없어요.

이 본문을 보면 이방인을 배제하는 듯한 뉘앙스가 묻어나는데, 28장에서는 땅끝까지 복음을 전하라고 하시지요. 이는 대치되는 내용이 아니라 강조점을 다른 곳에 둔 거예요. 복음 전파의 방향성이 유대인에서 이방인으로 나아간다는 의미지요.

7 가면서 전파하여 말하되 천국이 가까이 왔다 하고

그들이 전해야 하는 내용은 "천국이 가까이 왔다"예요. 이것은 세례 요한의 메시지이며 예수님의 메시지이기도 해요. 천국은 하나님이 통치하시는 나라인데, 예수님의 초림으로 시작되어 재림으로 완성될 거예요.

8 병든 자를 고치며 죽은 자를 살리며 나병환자를 깨끗하게 하며 귀신을 쫓아내되 너희가 거저 받았으니 거저 주라

이처럼 예수님이 하신 일을 제자들이 똑같이 함으로써 복음을 눈으로 확인할 수 있습니다. 그들의 사역을 통해 영과 육이 회복되는 전인적 구원이 일어나지요. 여기서 중요한 건 "거저"예요. 제자들은 예수님으로부터 거저 '부르심'을 받고, '능력'을 받고, '보냄'을 받았어요. 그러니 오직 주님만 의지하며 그 통로 역할을 감당하라는 거예요. 물론 이것은 사례를 받지 말라는 이야기이기도 해요.

9,10 너희 전대에 금이나 은이나 동을 가지지 말고 여행을 위하여 배낭이나 두 벌 옷이나 신이나 지팡이를 가지지 말라 이는 일꾼이 자기의 먹을 것 받는 것이 마땅함이라

돈 될 만한 금품, 배낭, 여벌 옷, 신, 보호를 위한 지팡이 등 어떤 것도 가져가지 말라고 하세요. 하나님을 철저히 의존하도록 훈련하시기 위함이지요. 모든 걸 채우시는 하나님을 경험하라는 겁니다. 예수님은 복음을 전하는 자가 그것을 들은 이들에게서 필요한 걸 공급받는 게 마땅하다고 말씀하세요. 이것은 복음을 전하며 이익을 취하는 것과는 다른 얘기예요.

> 11-13 어떤 성이나 마을에 들어가든지 그중에 합당한 자를 찾아내어 너희가 떠나기까지 거기서 머물라 또 그 집에 들어가면서 평안하기를 빌라 그 집이 이에 합당하면 너희 빈 평안이 거기 임할 것이요 만일 합당하지 아니하면 그 평안이 너희에게 돌아올 것이니라

이어서 유숙하는 방법도 알려주십니다. 그들이 가는 마을마다 합당한 사람을 찾아서 그의 집에 머물라고 하시지요. 그 집에 들어갈 땐 평안을 빌어주라고 하세요. 만일 그 집 사람들이 제자들을 영접하면 복이 그곳에 임하겠지만 그렇지 않으면 복이 제자들에게 돌아올 거라고 하시지요. 이 말은 복음을 전한다고 다 받아들이는 게 아니라 상대가 믿음으로 영접해야 평안이 임한다는 뜻이에요.

> 14,15 누구든지 너희를 영접하지도 아니하고 너희 말을 듣지도 아니하거든 그 집이나 성에서 나가 너희 발의 먼지를 떨어버리라 내가 진실로 너희에게 이르노니 심판 날에 소돔과 고모라 땅이 그 성보다 견디기 쉬우리라

이어서 상대가 복음을 거부할 경우의 행동 지침도 주십니다. 예수님

은 "너희 발의 먼지를 떨어버리라"라고 말씀하세요. 당시 유대인은 이방 지역을 밟으면 발에서 먼지를 털었어요. 이방인을 차별하고 무시하는 태도였지요.

하지만 여기서는 복음을 받아들이지 않는 사람에게 임할 심판을 말합니다. '심판의 상징'인 소돔과 고모라 땅이 복음을 거부한 성보다 견디기 쉬울 거라고 하시지요. 복음을 받아들이지 않으면 소돔과 고모라와는 비교도 안 될 무시무시한 심판이 기다린다는 거예요.

16 보라 내가 너희를 보냄이 양을 이리 가운데로 보냄과 같도다 그러므로 너희는 뱀같이 지혜롭고 비둘기같이 순결하라

그리고 제자들이 세상에서 미움을 받게 될 거라고 말씀하세요. 그들이 전도하러 가는 건 마치 양이 이리 가운데로 가는 것처럼 아주 위험한 일이므로, 뱀처럼 지혜롭고 비둘기처럼 순결하게 견뎌내라고 말씀하시지요. 이 당부는 제자들뿐 아니라 우리에게도 동일하게 주어진 말씀이에요. 성경에서 뱀은 종종 부정적인 의미로 사용되지만 여기서는 '지혜'와 '명철'을 상징해요. 또 비둘기는 '평화'와 '순결' 즉 때 묻지 않은 순수함을 상징합니다.

제 회사 이름은 '퓨리탄'이에요. '청교도'란 뜻이지요. 패션 회사 이름이 청교도라니 엄청난 신앙고백이지요? 말씀에 순종하는 마음으로 미국 생활을 정리하고 한국에 돌아온 뒤 3년 반 동안 식음을 전폐하며 성경공부를 하다가 시작한 회사였거든요. 담임목사님이 창립예배 때 주신 말

씀이 바로 이 16절이었어요.

이 말씀대로 패션 사업을 하기란 정말 쉽지 않았어요. 그때마다 뱀처럼 지혜롭고 비둘기처럼 순결하라는 말씀을 붙들고 지혜를 구했지요. 물론 시행착오도 많았지만, 10년 가까이 되니 이 말씀이 회사 경영에 탁월하게 적용되고 있어요.

예수님 말씀의 난이도가 점점 높아져요. 이제는 박해받을 때의 태도를 말씀하십니다. 악한 세상에서 하나님의 자녀로 살려면 박해는 옵션이 아니라 '필수'라는 거지요.

> 17,18 사람들을 삼가라 그들이 너희를 공회에 넘겨주겠고 그들의 회당에서 채찍질하리라 또 너희가 나로 말미암아 총독들과 임금들 앞에 끌려가리니 이는 그들과 이방인들에게 증거가 되게 하려 하심이라

여기서는 제자들이 받을 박해를 아주 구체적으로 열거하세요. 공회에 넘겨지고 회당에서 채찍을 맞고 총독과 임금 앞에 끌려간다고 하시지요. 이 말씀은 사도행전에서 모두 성취돼요. 예수님은 이런 박해가 총독과 임금, 이방인 앞에서 복음을 증언할 기회가 된다고 하세요. 복음이 땅끝까지 퍼지는 큰 그림을 보여주시는 거예요.

> 19,20 너희를 넘겨줄 때에 어떻게 또는 무엇을 말할까 염려하지 말라 그때에 너희에게 할 말을 주시리니 말하는 이는 너희가 아니라 너희 속에서 말씀하시는 이 곧 너희 아버지의 성령이시니라

관가에 끌려가서도 무엇을 말할까 염려하지 말라고 하세요. 그들 안에 계신 성령 하나님께서 할 말을 주신다고요. 저는 이런 경험을 정말 많이 했어요. 중요한 미팅이나 발표를 할 때 하나님께서 늘 지혜를 주시고 할 말을 주셔서 잘 마무리할 수 있었거든요.

사실 사업을 하면서 말씀 사역을 공개적으로 하면 안팎으로 공격의 대상이 되기 쉬워요. 그런데 모든 과정을 통해 하나님이 증거되고 성령님이 제 입술을 주장하시는 걸 경험하니 더 힘 있게 전할 수 있어요.

21 장차 형제가 형제를, 아버지가 자식을 죽는 데에 내주며 자식들이 부모를 대적하여 죽게 하리라

핍박의 강도가 점점 세져서 가정 안에 분열이 일어날 거라고 말씀하세요. 당시 유대인에게 예수 믿으라는 말은 거의 우상숭배와 신성모독을 하라는 말과 같았어요. 그래서 심지어 가족 간에도 서로 대적하여 죽이려 했고, 그 잘못된 종교적 열심이 예수님까지 죽인 거예요. 예수 믿는 삶이 얼마나 힘든 길인지 알 수 있지요.

22 또 너희가 내 이름으로 말미암아 모든 사람에게 미움을 받을 것이나 끝까지 견디는 자는 구원을 얻으리라

더 나아가 예수님의 이름으로 인해, 즉 그분을 따른다는 이유로 모든 사람에게 미움을 받게 된다고 하십니다. 물론 과장된 말이지만 엄청난 박해와 고난이 뒤따른다는 뜻이지요. 그러나 "끝까지" 견디면 구원을 얻

을 거라고 하세요.

모든 핍박은 주님이 다시 오실 때 비로소 끝나요. 그러니 그분을 따르는 삶 가운데 어려움이 찾아오면 '올 것이 왔구나. 내가 제대로 가고 있구나' 하면서 고난과 박해를 친구처럼 여기며 걸어가면 돼요. 얼마나 힘듦이 보장된 길이면 예수님이 이렇게 자세하고도 분명하게 말씀하실까요.

23 이 동네에서 너희를 박해하거든 저 동네로 피하라 내가 진실로 너희에게 이르노니 이스라엘의 모든 동네를 다 다니지 못하여서 인자가 오리라

그런데 복음을 전할 때 불필요한 박해는 피하라고 하세요. 이 동네에서 박해하면 다른 동네로 피하라는 거지요. 후에 또 기회를 주시면 우리를 박해하던 그곳에 다시 가면 돼요. 사도 바울의 전도 여행에서 이런 지혜가 잘 나타납니다. 예수님도 사람들이 몰려오면 피하시고, 바리새인과 대립하지 않으셨어요. 십자가의 때까지요.

예수님은 이 박해가 그들이 이스라엘의 온 동네를 다 다니기 전에 인자가 오심으로 끝날 거라고 하세요. 이 구절은 해석이 분분하지만 우리는 요점만 알면 돼요. 그날이 언제든 주님이 다시 오실 날까지 끝까지 인내하며 복음을 전하는 게 우리의 할 일이라는 사실을요.

20 99명은 그리스도인을 읽는다 10:24-42

38 또 자기 십자가를 지고 나를 따르지 않는 자도 내게 합당하지 아니하니라

앞서 예수님은 제자들이 박해를 받는 것은 따놓은 당상이라고 하셨어요. 마음 한편이 불안하죠? 예수님은 그 마음을 아시고 하나님나라의 원리를 알려주며 격려하세요.

24,25 제자가 그 선생보다, 또는 종이 그 상전보다 높지 못하나니 제자가 그 선생 같고 종이 그 상전 같으면 족하도다 집주인을 바알세불이라 하였거든 하물며 그 집 사람들이랴

제자는 선생님만큼, 종은 상전만큼 높아지기 위해 노력해야 한다는 말씀입니다. 즉 제자들은 예수님처럼 되려고 노력해야 한다는 거지요. 그러나 그 길에는 반드시 박해가 따른다고 하십니다. 세상이 예수님을 박해한 것처럼 예수님의 제자들도 박해받을 거라고 하세요. 집주인에게 바알세불 즉 귀신의 왕이라고 욕했으니, 그 집 사람들도 그 욕을 들을 거라고요.

26,27 그런즉 그들을 두려워하지 말라 감추인 것이 드러나지 않을 것이 없고 숨은 것이 알려지지 않을 것이 없느니라 내가 너희에게 어두운 데서 이르는 것을 광명한 데서 말하며 너희가 귓속말로 듣는 것을 집 위에서 전파하라

그럼에도 우리에게 "두려워하지 말라"라고 말씀하세요. 그리고 '신에 의해 드러나다, 알려지다'라는 '신적 수동태'를 사용함으로써 지금까지 감춰진 천국 비밀이 제자들을 통해 드러날 거라고 격려하시지요.

> 28 몸은 죽여도 영혼은 능히 죽이지 못하는 자들을 두려워하지 말고 오직 몸과 영혼을 능히 지옥에 멸하실 수 있는 이를 두려워하라

그러려면 먼저 복음의 가치를 알아야 해요. 두려움은 떨쳐내려고 아무리 애써도 잘 사라지지 않아요. 그러나 그 실체를 정확히 알면 더 이상 두렵지 않지요. 그러니 두려움의 정체를 먼저 파악해야 해요.

세상은 죄의 영향력 아래에 있어요. 노력하지 않아도 우리는 죄 가운데서 태어났기에 죄를 짓습니다. 어린아이가 배우지 않아도 거짓말하는 걸 보면 알 수 있지요. 그런데 하나님을 만나는 순간, 우리는 죄와 사망의 권세에서 벗어나 하나님의 영향력 안에 들어가요(롬 6:14). 더 이상 죄가 우리를 다스릴 수 없지요. 이제는 은혜 아래에 있기 때문이에요.

세상에는 죄의 지배 아래 있는 사람과 하나님의 은혜 아래 있는 사람이 있어요. 그러면 당연히 죄 가운데 있는 사람은 하나님의 사람에게 함께 죄를 짓자고 끊임없이 유혹하고 공격하겠지요. 그들과 가치 기준이 다르니까요. 그래서 영적 전쟁이 일어날 수밖에 없답니다.

안타깝게도 그 유혹이 너무 달콤해서 넘어가는 경우가 종종 있어요. 그러나 소속이 달라서 전쟁이 일어나거나 핍박받을 순 있지만, 우리는 죽음도 어찌하지 못하는 천국 시민임을 잊지 말아야 해요. 최후의 심판

은 반드시 도래하니까요. 심판의 날을 기준으로 살면 이 핍박은 아무것도 아니지요.

29-31 참새 두 마리가 한 앗사리온에 팔리지 않느냐 그러나 너희 아버지께서 허락하지 아니하시면 그 하나도 땅에 떨어지지 아니하리라 너희에게는 머리털까지 다 세신 바 되었나니 두려워하지 말라 너희는 많은 참새보다 귀하니라

더 나아가 하나님이 우리를 얼마나 세밀하게 보호하시는지 말씀하세요. 유대인은 참새를 가장 작은 피조물로 여겼는데, 예수님은 그 참새가 팔리는 일도 하나님이 허락지 않으시면 일어나지 않는다고 하십니다.

미물인 참새도 주관하시는데 하물며 자녀인 우리를 얼마나 귀히 돌보시겠어요. 게다가 우리의 머리털까지 다 세신다고 하세요. 누구도 자기 머리카락 수를 알지 못하지요. 하지만 우리의 아버지이신 하나님은 그마저도 다 알고 계시며 세밀히 보호하신다는 거예요.

32,33 누구든지 사람 앞에서 나를 시인하면 나도 하늘에 계신 내 아버지 앞에서 그를 시인할 것이요 누구든지 사람 앞에서 나를 부인하면 나도 하늘에 계신 내 아버지 앞에서 그를 부인하리라

우리는 삶의 모든 영역에서 주님을 시인해야 해요. 비록 세상에 살지만 주님이 친히 우리를 건져 자녀 삼아주셨으니까요. 그 이유는 세상이 주께 돌아오게 하기 위함이지요. 그러니 그분의 자녀답게 살아야 해요. 여기서 "시인"은 입술로 "저는 하나님을 믿어요"라고 말하는 정도가 아니라 모든 행동이 세상의 기준과 달라야 한다는 거예요.

우리는 더 이상 죄의 노예가 아니라 은혜 아래 살아난 하나님의 자녀입니다. 그러니 세상을 살리는 하나님의 "의의 무기"(롬 6:13)로 살아야 하지요. 하나님 앞에서 살 때 진정한 행복과 이웃 사랑과 나눔이 가능하기 때문이에요.

> 34-37 내가 세상에 화평을 주러 온 줄로 생각하지 말라 화평이 아니요 검을 주러 왔노라 내가 온 것은 사람이 그 아버지와, 딸이 어머니와, 며느리가 시어머니와 불화하게 하려 함이니 사람의 원수가 자기 집안 식구리라 아버지나 어머니를 나보다 더 사랑하는 자는 내게 합당하지 아니하고 아들이나 딸을 나보다 더 사랑하는 자도 내게 합당하지 아니하며

이 본문을 이해하려면 먼저 "화평"의 의미를 알아야 해요. 사람은 죄로 인해 하나님으로부터 끊어져 그분을 대적하며 살게 되었어요. 그런데 예수 그리스도가 하나님과 우리 사이의 중보자가 되셔서 다시 하나님과 화평할 수 있도록 해주셨지요. 진정한 화평은 사람과 싸우지 않는 게 아니라 하나님과 싸우지 않는 걸 말해요.

또한 진정한 평안은 하나님이 내 인생의 주인이 되셔서 하나님의 가치(진리, 거룩)가 내 가치가 될 때 비로소 얻을 수 있어요. 물질, 권력, 명예 등 세상 것으로 아무리 채워도 평안이 없는 이유가 바로 이 때문이지요.

하나님이 주인이신 삶과 내가 주인인 삶 사이엔 반드시 치열한 전쟁이 일어나요. 이런 의미로 34절에 '내가 검을 주러 왔다'라고 말씀하신 거예요. 가장 가깝고 소중한 가족 간에도 이 가치관 전쟁이 일어나면 서로 원수가 될 수 있다는 뜻이에요.

그래서 하나님의 자녀가 된 순간, 우선순위를 정립해야 해요. 하나님보다 우선인 게 있어서는 안 됩니다. 가족도 하나님보다 앞설 수는 없어요. 이는 인간의 도리를 저버리라는 게 아니에요. 하나님과 세상 사이에서 치열한 전쟁을 벌인 후에 우리 안에 우선순위가 바로 세워지면 결국 그것이 모두를 위하는 길이 된답니다.

> 38,39 또 자기 십자가를 지고 나를 따르지 않는 자도 내게 합당하지 아니하니라 자기 목숨을 얻는 자는 잃을 것이요 나를 위하여 자기 목숨을 잃는 자는 얻으리라

우리는 모두 날마다 자기 십자가를 지고 예수님을 따르는 삶을 살아야 해요. '십자가'는 언제든 내려놓을 수 있지만 그럼에도 주를 위해 기꺼이 지는 걸 의미해요. 예를 들어 제 십자가는 성경공부 영상을 매일 찍어 올리는 일이지요. 이걸 안 한다고 해서 하나님이 혼내시거나 제가 구원을 못 받는 건 아니지만 주님이 기뻐하시니까 날마다 스스로 십자가를 지는 거예요.

놀라운 건 이 십자가가 고통인 것 같지만 실은 나를 지탱하는 힘이라는 사실입니다. 제가 13년 동안 매일 아침 묵상을 써서 나눴는데, 지나고 보니 생각을 글로 빠르게 요약하는 실력이 되었어요. 또 성경을 가르치기 위해 꾸준히 노력한 것도 공부한 내용과 깨달음을 조리 있게 설명하는 실력이 되었고요.

브랜딩도 마찬가지예요. 내 달란트를 깨닫고 그 의미를 정리하자 나만의 브랜드가 되었어요. 그래서 저는 아들들에게도 '하나님을 제대로

아는 게 최고의 스펙'이라고 늘 강조해요. 이 진리를 제 삶으로 증명해 보이니 아이들도 믿고 따라주지요.

> 40-42 너희를 영접하는 자는 나를 영접하는 것이요 나를 영접하는 자는 나를 보내신 이를 영접하는 것이니라 선지자의 이름으로 선지자를 영접하는 자는 선지자의 상을 받을 것이요 의인의 이름으로 의인을 영접하는 자는 의인의 상을 받을 것이요 또 누구든지 제자의 이름으로 이 작은 자 중 하나에게 냉수 한 그릇이라도 주는 자는 내가 진실로 너희에게 이르노니 그 사람이 결단코 상을 잃지 아니하리라 하시니라

"선지자", "의인"은 하나님의 사람을 말해요. 그들을 영접하는 게 하나님을 영접하는 거라고 하세요. 이 말씀은 마태복음 25장에도 나와요. 이웃을 먹이고 입히고 돌본 일이 다 주님께 한 것이고, "지극히 작은 자 하나에게 한 것이 곧 내게 한 것"(마 25:40)이라고 하시지요. 다 상급이 있다는 의미예요.

여기서 "작은 자"의 의미를 잘 알아야 해요. 왜 제자를 작은 자로 표현하셨을까요? 이는 세상의 가치로는 제자들이 보잘것없어 보일 수 있다는 거예요.

하나님의 사람들이 소위 세상 복을 많이 받았다면 세상 사람들이 알아서 따를 텐데, 하나님은 왜 그렇게 안 하실까요? 하나님은 우리를 세상의 기준으로 작아 보이게 함으로써 세상과 구별하시려는 거예요. 위대한 하나님의 종 바울이 이 비밀을 깨닫고 "내 능력이 약한 데서 온전하여짐이라"(고후 12:9)라고 고백하지요. 그는 그리스도의 능력이 자신에게

머물게 하기 위해 자신의 약한 것을 자랑한다고 말합니다. 우리도 이 비밀을 소유한 '작은 자'로 세상과 구별되어 살아야 해요.

그리스도인은 삶으로 예수님을 드러내는 자입니다. 말씀이 육신이 되어 이 땅에 오신 예수님처럼 말씀을 삶으로 살아내는 게 최고의 전도지요. 그것이 참 평안에 거하는 유일한 방법이고요.

21 참을 수 없는 존재의 보배로움 11:1-19

11 내가 진실로 너희에게 말하노니 여자가 낳은 자 중에 세례 요한보다 큰 이가 일어남이 없도다 그러나 천국에서는 극히 작은 자라도 그보다 크니라

예수님의 파송 설교가 끝나고 11-12장에는 예수님의 사역에 대한 사람들의 다양한 반응이 나옵니다. 당시 유대인들은 구약 시대에 예언된 메시아를 간절히 기다리고 있었어요. 그런데 정작 예수님이 메시아의 예언을 성취하며 오셨음에도 그분을 알아보지 못하고 결국 십자가에 못 박은 주동자가 되고 말았지요.

자, 본문에 들어가서 자세히 살펴볼게요.

1 예수께서 열두 제자에게 명하기를 마치시고 이에 그들의 여러 동네에서 가르
치시며 전도하시려고 거기를 떠나가시니라

파송 설교가 끝나자 제자들은 실습하러 출발해요. 예수님도 계속 가르치고, 전파하고, 고치러 떠나시지요.

2,3 요한이 옥에서 그리스도께서 하신 일을 듣고 제자들을 보내어 예수께 여짜
오되 오실 그이가 당신이오니이까 우리가 다른 이를 기다리오리이까

옥에 갇힌 세례 요한이 예수께 사람을 보내서 "당신이 메시아가 맞습니까?"라고 질문해요. 세례 요한은 헤롯 안티파스에 의해 첫 번째 유월절이 지나자마자 옥에 갇혔어요. 본문에 등장하는 시기는 두 번째 유월절과 세 번째 유월절 사이이고, 세 번째 유월절 즈음에 참수당해요.

다시 말해서 예수님의 사역이 본격적으로 시작될 때 세례 요한의 활동이 마무리되지요. 그의 사명이 주의 길을 예비하는 것이니 주가 오시면서 마무리된 거예요.

4,5 예수께서 대답하여 이르시되 너희가 가서 듣고 보는 것을 요한에게 알리되
맹인이 보며 못 걷는 사람이 걸으며 나병환자가 깨끗함을 받으며 못 듣는 자
가 들으며 죽은 자가 살아나며 가난한 자에게 복음이 전파된다 하라

예수님은 세례 요한이 보낸 사람에게 답을 하세요. 예수님이 하시는 일, 즉 맹인이 보고, 앉은뱅이가 일어나고, 나병환자가 깨끗게 되고, 못 듣는 자가 듣고, 죽은 자가 살아나며, 가난한 자에게 복음이 전파되는

것들이 메시아의 증거라는 거지요. 예수님이 하시는 일들이 이사야서에 기록된 메시아 예언의 성취임을 말씀하세요.

6 누구든지 나로 말미암아 실족하지 아니하는 자는 복이 있도다 하시니라

그런데 이런 이적들은 세례 요한을 비롯한 당시 유대인들이 기대했던 것과 차이가 있었습니다. 그들은 로마로부터 그들을 구해줄 정치적 메시아를 기대했기 때문이지요. 또 그들은 선민사상이 짙어서 유대인만이 하나님의 백성이라고 생각했어요.

구약성경을 보면 하나님의 백성이 잘못을 저질렀을 때 하나님은 이방 민족의 침략으로 그들을 회개하게 하셨어요. 그러니 천하의 세례 요한도 유대 민족이 회개하면 메시아가 오셔서 자신들을 압제하는 로마를 심판하실 거라고 기대한 거지요. 그런데 완전히 다른 일들이 일어나고 있으니 실망과 의심이 든 거예요. 예수님은 실족하지 말라고 권면하세요.

7-9 그들이 떠나매 예수께서 무리에게 요한에 대하여 말씀하시되 너희가 무엇을 보려고 광야에 나갔더냐 바람에 흔들리는 갈대냐 그러면 너희가 무엇을 보려고 나갔더냐 부드러운 옷 입은 사람이냐 부드러운 옷을 입은 사람들은 왕궁에 있느니라 그러면 너희가 어찌하여 나갔더냐 선지자를 보기 위함이었더냐 옳다 내가 너희에게 이르노니 선지자보다 더 나은 자니라

세례 요한이 보낸 사람들이 떠나자 예수님은 그를 평가하세요. 세 질문을 통해 그의 지위와 신분을 말씀해주시지요. "바람에 흔들리는 갈대"는 주관과 확신이 없는 사람을 말하는데, 요한은 그런 사람이 아니었어

요. 또 "부드러운 옷을 입은 사람", 즉 왕궁에 있는 사람처럼 값비싼 옷을 입지 않고 낙타 털옷을 입었지요. 마지막으로 "선지자를 보기 위함이었더냐"라고 질문하시며 그는 선지자였지만 메시아의 도래를 알리는 사명으로 선지자보다 나은 자라고 말씀하십니다.

10 기록된 바 보라 내가 내 사자를 네 앞에 보내노니 그가 네 길을 네 앞에 준비하리라 하신 것이 이 사람에 대한 말씀이니라

예수님은 요한이 말라기 3장 1절 말씀의 성취로 온 "사자"임을 확인시켜주세요.

11 내가 진실로 너희에게 말하노니 여자가 낳은 자 중에 세례 요한보다 큰 이가 일어남이 없도다 그러나 천국에서는 극히 작은 자라도 그보다 크니라

예수님은 세례 요한을 "큰 이"로 높이 평가하세요. "여자가 낳은 자"는 평범한 사람의 출생을 의미하는 유대의 관용 표현이에요. 그런데 요한은 "큰 이"라는 거지요. 여기서 크다는 건 인품이나 능력이 대단하다는 뜻이 아니에요. 그의 사역이 메시아의 길을 예비하고 구원의 새 시대를 알리는 큰일이라는 뜻이지요.

그러나 "천국에서는 극히 작은 자라도 그보다 크니라"라고 하세요. 이는 세례 요한이 메시아를 소개하는 위대한 일을 했지만 예수님이 오심으로 시작된 구원의 계시가 열린 새 시대에는 속하지 못했다는 거예요. 구약성경의 주옥같은 메시지도 어디까지나 '오실 메시아'에 대한 것들이

에요. 반면 신약성경은 '예수님의 오심'을 통해 성취된 천국 이야기이고요. 그러므로 구약 시대보다 신약 시대가 더 크다는 의미지요.

12 세례 요한의 때부터 지금까지 천국은 침노를 당하나니 침노하는 자는 빼앗느니라

이 구절을 이해하려면 "침노"의 의미를 알아야 합니다. 이를 능동과 피동의 중간태인 '침노하다'로 볼 수도 있고, 수동태인 '침노를 당하다'로 볼 수도 있어요. 이에 따라 해석이 달라지지요.

중간태로 보면 '천국이 힘 있게 온다'라는 뜻으로, 천국을 열망하는 하나님의 백성들이 천국을 적극적으로 차지한다는 의미예요. 반면 수동태로 보면 '천국은 고통을 당한다'라는 부정적 의미로, 악한 대적에게 공격을 받는다는 뜻이 돼요. 세례 요한이 갇힌 상황이 그 예지요.

두 의미를 종합해서 해석할 수도 있어요. 천국을 차지하기 위해 적극적으로 복음을 전하면서 천국을 지켜내기 위해 싸워야 한다는 의미로요.

13-15 모든 선지자와 율법이 예언한 것은 요한까지니 만일 너희가 즐겨 받을진대 오리라 한 엘리야가 곧 이 사람이니라 귀 있는 자는 들을지어다

예수님은 세례 요한이 구약 시대에 속한 사람임을 말씀하세요. 요한까지 구약성경에 속하며, 요한을 기점으로 신약이 시작돼요. 또 예언된 "선지자 엘리야"(말 4:5)가 바로 세례 요한임을 믿으라고 말씀하세요. 그러나 안타깝게도 사람들은 세례 요한도 예수님도 믿지 않았습니다.

16,17 이 세대를 무엇으로 비유할까 비유하건대 아이들이 장터에 앉아 제 동무
를 불러 이르되 우리가 너희를 향하여 피리를 불어도 너희가 춤추지 않고 우
리가 슬피 울어도 너희가 가슴을 치지 아니하였다 함과 같도다

예수님은 장터에서 노는 아이들의 비유로 그들의 태도를 지적하세요. 아이들이 친구를 불러 피리를 불며 결혼식 놀이를 해도 같이 춤추지 않고, 슬피 울며 장례식 놀이를 해도 가슴을 치지 않고 멀뚱히 바라보는 상황이라고 하시지요. 한마디로 '무반응'이라는 거예요. 예수님이 구원의 메시지를 전해도 반응하지 않고, 세례 요한이 심판의 메시지를 전해도 반응하지 않는다는 겁니다.

18,19 요한이 와서 먹지도 않고 마시지도 아니하매 그들이 말하기를 귀신이
들렸다 하더니 인자는 와서 먹고 마시매 말하기를 보라 먹기를 탐하고 포도주
를 즐기는 사람이요 세리와 죄인의 친구로다 하니 지혜는 그 행한 일로 인하여
옳다 함을 얻느니라

요한은 광야에서 금욕주의적 삶을 살았어요. 그러자 사람들은 그가 귀신 들렸다고 비난했지요. 반면에 예수님은 죄인들과 함께 먹고 마셨어요. 그러자 이번엔 먹기를 탐하고 포도주를 즐기며 세리와 죄인의 친구라고 비난했지요.

그러나 사람들이 뭐라고 비난하든 결국 지혜는 그 행한 일로 인해 옳다고 인정받게 될 거라고 하세요. 때가 되면 분명하게 드러날 거라고요.

세상이 하나님을 모를 뿐 아니라 하나님을 사랑하며 따르는 사람조차 한계를 보였어요. 세례 요한마저도요. 자신의 사명을 분명히 알고 목

숨 걸고 그 길을 걸었던 요한도 예수님을 아는 데 한계가 있었어요. 그가 생각하는 메시아 왕국과 예수님이 성취해가시는 천국은 너무도 달랐지요.

요한은 예수님의 사명을 "세상 죄를 지고 가는 하나님의 어린양이로다"(요 1:29)라고 말할 정도로 잘 알았지만, 당시 사람들처럼 정치적 메시아를 기대했던 것 같습니다.

우리도 마찬가지예요. 우리의 한계로 하나님을 얼마든지 제한하고 왜곡할 수 있어요. 하지만 우리는 세례 요한보다 훨씬 유리한 상황에 놓여 있어요. 이미 완성된 계시인 성경이 우리 손에 주어졌고 그 비밀이 밝히 드러났으니까요. 솔직히 우리는 변명할 여지가 없어요.

지금도 많은 크리스천이 하나님의 길이 아닌 세상의 가치를 하나님의 이름으로 포장하여 성취하려고 해요. 그리고 자기 욕심대로 안 되면 하나님을 비난하고 원망하며 떠나기까지 하지요.

우리는 세상을 구원하는 위대한 사명에 하나님의 동역자로 부름 받은 존재예요. 세상의 가치를 하나님의 이름으로 성취하면서 혼자 잘 먹고 잘살라고 부름 받지 않았어요. 하나님은 우리를 천국 백성으로 부르시고 머리 된 예수 그리스도의 몸 된 교회로 완성해가고 계신답니다.

22 진정한 쉼으로 갈아타기 11:20-30

28 수고하고 무거운 짐 진 자들아 다 내게로 오라 내가 너희를 쉬게 하리라

제 삶은 무척 드라마틱해요. 이 흥미진진하고 드라마 같은 스토리를 제게 주신 이유는, 세상 사람들의 관심을 끌어 하나님을 친근하게 전달하는 도구로 쓰시기 위함이라고 생각합니다. 그래서 제게 주신 재능을 몽땅 발휘해서 하나님을 전하고 있어요.

물론 제가 전해도 모두가 받아들이지는 않아요. 그럴 땐 예수 믿는데 20년 넘게 걸린 저를 생각하면서 넉넉한 마음으로 기다리게 돼요. 그래도 지칠 땐 이 본문을 떠올리며 힘을 낸답니다.

20-22 예수께서 권능을 가장 많이 행하신 고을들이 회개하지 아니하므로 그때에 책망하시되 화 있을진저 고라신아 화 있을진저 벳새다야 너희에게 행한 모든 권능을 두로와 시돈에서 행하였더라면 그들이 벌써 베옷을 입고 재에 앉아 회개하였으리라 내가 너희에게 이르노니 심판 날에 두로와 시돈이 너희보다 견디기 쉬우리라

예수님은 회개하지 않는 도시들에게 경고를 하세요. 본문에 언급된 고라신, 벳새다는 갈릴리 호수 근처 도시예요. 예수님은 그곳에서 특별히 많은 권능을 행하셨지요. 그런데도 그들은 돌이키지 않았어요. 이런 걸 보면 아무리 기적을 많이 보고 말씀을 많이 들어도 회개하지 않을 수

있음을 알게 되지요.

눈앞에서 병자가 낫고 귀신이 쫓겨나고 심지어 죽은 사람이 살아났는데도 안 믿다니 그들도 참 대단해요. 게다가 예수님이 직접 말씀을 전하시고 기적을 보여주셨는데 말이지요. 예수님은 그런 그들에게 심판을 예고하십니다. 이방 나라 두로와 시돈에 이만큼 전했으면 그들이 돌아왔을 거라면서요. 심판 날에 두로와 시돈이 그들보다 견디기 쉬울 거라고 말씀하세요.

23,24 가버나움아 네가 하늘에까지 높아지겠느냐 음부에까지 낮아지리라 네게 행한 모든 권능을 소돔에서 행하였더라면 그 성이 오늘까지 있었으리라 내가 너희에게 이르노니 심판 날에 소돔 땅이 너보다 견디기 쉬우리라 하시니라

가버나움에도 경고하세요. 이사야서 14장 12-20절 말씀의 패턴으로 심판을 선언하시지요. 마태복음의 대상은 예수님을 믿지 않는 유대인들이란 걸 기억하지요? 그래서 구약 인용이 많답니다.

원래 이사야서 본문은 바벨론의 느부갓네살 왕의 교만을 책망하시는 말씀이에요. 그런데 마태복음에서는 이 말씀을 인용해서 번화했던 도시 가버나움의 교만에 대해 경고하고 있지요. 심판의 상징인 소돔에 이만큼 전했으면 그들이 돌아왔을 것이며, 심판의 날에 가버나움이 소돔보다 더 견디기 어려울 거라고 하세요.

이렇게 강하게 경고하시는 것은 회개할 기회를 주시기 위함이에요. 심판이 아니라 구원이 목적인 거지요. 예수님의 속마음 아시지요? 아무리 무서운 얼굴로 화를 내셔도 그 안에 절절한 사랑이 흐른다는 것을요.

25 그때에 예수께서 대답하여 이르시되 천지의 주재이신 아버지여 이것을 지혜롭고 슬기 있는 자들에게는 숨기시고 어린아이들에게는 나타내심을 감사하나이다

예수님은 하나님을 "천재의 주재이신 아버지여"라고 부르며 하나님이 세상의 주권자이심을 고백합니다. 그리고 "지혜롭고 슬기 있는 자", 즉 교만한 자에게는 복음을 숨기시고 어린아이 같은 자에게는 나타내심을 감사하세요. 여기서 복음을 받는 '어린아이 같은 자'라는 의미를 좀 더 알아볼게요.

아이를 떠올려보세요. 어릴수록 부모의 도움 없이는 살 수 없어요. 즉 어린아이 같다는 건 하나님을 온전히 의지하는 사람, 우리의 모든 필요를 하나님으로부터 공급받는 사람을 말하는 거예요. 이 마음으로 구하는 사람에게 하나님이 복음을 나타내시는 거죠. 예수님은 이 모든 것이 아버지의 주권임을 말씀하세요. 은혜로 말미암은 구원이라는 거예요.

26,27 옳소이다 이렇게 된 것이 아버지의 뜻이니이다 내 아버지께서 모든 것을 내게 주셨으니 아버지 외에는 아들을 아는 자가 없고 아들과 또 아들의 소원대로 계시를 받는 자 외에는 아버지를 아는 자가 없느니라

예수님은 하나님과 당신의 독특한 관계를 말씀하세요. 아버지께서 아들에게 모든 것을 주셨고, 아버지 외에는 아들을 아는 자가 없고, 아들과 또 아들의 소원대로 계시를 받는 자 외에는 아버지를 아는 자가 없다고 하시지요. 즉 하나님께서 아들이신 예수님에게 모든 것을 위임하셨기에 예수님을 통해서만 하나님을 안다는 거예요.

이 관계는 요한복음 14장 1-14절에 자세히 나와있어요. 이 때문에 우리는 예수 그리스도의 이름으로 하나님께 모든 것을 구하는 기도를 하는 거예요.

28-30 수고하고 무거운 짐 진 자들아 다 내게로 오라 내가 너희를 쉬게 하리라 나는 마음이 온유하고 겸손하니 나의 멍에를 메고 내게 배우라 그리하면 너희 마음이 쉼을 얻으리니 이는 내 멍에는 쉽고 내 짐은 가벼움이라 하시니라

이 구절은 정말 유명하지요. 예수님은 하나님의 구원 계획을 실행하시는 분이기에 "내게로 나와 구원을 받으라"라고 초청하세요. "무거운 짐 진 자"는 "어린아이"와 반대되는 개념이에요. 모든 것을 자기 힘으로 해결하려는 사람이지요. 문제는 자기 힘으로 해결하려고 아무리 노력해도 안 된다는 거예요.

사람은 하나님의 모양과 형상대로 지음을 받았어요. 그런데 죄로 인해서 망가졌지요. 성화의 과정은 고침을 받는 과정이에요. 그런데 우리는 스스로 고칠 수가 없어요. 원본인 창조주 하나님을 피조물인 우리가 만들 수 없고, 그 지혜에 근접할 수도 없거든요. 스스로 고치려고 애쓰는 것이 바로 "무거운 짐"이에요. 아무리 노력해도 불가능하니 그 짐은 점점 무거워질 수밖에 없지요.

그런데 기쁜 소식이 있어요. 예수께 가면 쉬게 해주신대요. 우리가 스스로 지고 있는 멍에 대신 예수님의 멍에를 메고 배우래요. 그 멍에는 쉽고 그 짐은 가볍대요.

여기서 우리가 착각하면 안 되는 게 있어요. 예수님이 그 무거운 짐을

대신 지시거나 멍에를 없애주시는 게 아니에요. 우리의 무거운 짐 대신 예수님의 멍에와 짐을 지라는 겁니다. 그 방법을 배우라는 거지요.

그렇다면 "멍에"는 뭘까요? 일반적으로 멍에는 가축을 제어하는 기구예요. 예수님 당시에는 교육을 위한 규범을 말할 때 사용되는 단어이기도 했어요. 여기서는 하나님의 자녀로서 져야 하는 신앙의 실제적인 계명들을 말합니다. 예수님의 멍에는 모든 것을 하나님 말씀대로 순종하는 걸 의미해요. 이 멍에는 신비하게도 질수록 즐겁고 행복하며 진정한 안식을 주지요.

나눌 때 더 풍성하고 진짜 행복해지는 경험을 해보셨을 거예요. 그게 이 멍에의 신비입니다. 인간적인 생각으론 내가 나를 위해 다 쓸 때 채워질 것 같지만, 실제로는 내 것을 아껴 남에게 줄 때 풍성하게 채워져요. 왜냐하면 우리는 하나님 사랑, 이웃 사랑을 할 때 행복해지는 존재로 지음 받았기 때문이지요.

우리는 원래부터 죄인, 욕심쟁이, 심술쟁이로 만들어지지 않았어요. 선악과를 따 먹는 불순종으로 죄가 들어오자 죄인이 되고, 욕심쟁이가 되고, 무거운 짐을 스스로 지고 고생하는 존재가 되어버린 거지요. 예수님은 우리가 처음 창조되었을 때 아름다웠던 원래 모습으로 돌아갈 수 있게 길을 열어주십니다.

여러분은 무엇이 있어야 행복한가요? 돈인가요? 돈이 있으면 편한 건 사실이에요. 하지만 돈으로는 행복을 살 수 없고 생명도 살 수 없어요. 평안도 사랑도 살 수 없지요. 우리가 행복하기 위해 꼭 필요한 것은 하나님께 받아야 해요. 예수님의 멍에를 메고 순종함을 통해서요.

23 구별됨 제대로 적용해보기 12:1-21

8 인자는 안식일의 주인이니라 하시니라

복음서에는 유난히 안식일 논쟁이 많이 나옵니다. 바리새인들이 눈에 불을 켜고 예수님을 지켜보는데도 예수님은 아랑곳하지 않고 안식일에 할 일을 하시지요. 이 일로 바리새인들이 예수님을 죽이려 하자 예수님은 안식일의 주인이 본인이심을 드러내셨어요. 즉 하나님이심을 드러내신 거지요.

1 그때에 예수께서 안식일에 밀밭 사이로 가실새 제자들이 시장하여 이삭을 잘라 먹으니

예수님과 제자들이 안식일에 밀밭 사이를 지나게 되었어요. 배가 고픈 제자들은 밀 이삭을 잘라 먹었고, 그것이 문제가 되었지요. 남의 밭의 이삭을 잘라 먹은 것 자체는 괜찮았어요. 율법에서 가난한 자와 고아, 과부, 나그네를 위해 적당량을 남겨놓으라고 했고, 그것을 손으로 잘라 먹어도 되었지요. 문제는 그날이 안식일이었다는 거예요.

2 바리새인들이 보고 예수께 말하되 보시오 당신의 제자들이 안식일에 하지 못할 일을 하나이다

율법에 엄격한 바리새인들이 가만히 있을 리 없지요. 그들은 예수께

항의해요. 이 행동은 그들이 정해놓은 율법의 세칙에 어긋난 것이었기 때문이에요. 원래 '바리새인'의 뜻은 '구별된 사람들'입니다. 이들이 처음부터 형식주의자였던 건 아니에요. 구약 말기, 말씀을 강조한 에스라 공동체에 그 기원을 두지요. 구약 말기에 이스라엘은 바벨론에 의해 망해서 국가의 형태가 사라진 상태였어요. 그래서 그들이 세상과 구별되려면 율법을 지키는 방법밖에 없었지요. 더구나 말씀대로 살지 않아서 나라가 망했으니 말씀대로 사는 걸 생명처럼 여겼어요.

그들은 말씀을 잘 지키기 위해 613개의 세부 조항을 만들어서 철저히 지켰어요. 첫 동기는 좋았지만 시간이 지나면서 본질이 사라지고 형식만 남았지요. 사람을 살리는 율법을 사람을 죽이는 데 오용한 거예요.

> 3-5 예수께서 이르시되 다윗이 자기와 그 함께한 자들이 시장할 때에 한 일을 읽지 못하였느냐 그가 하나님의 전에 들어가서 제사장 외에는 자기나 그 함께 한 자들이 먹어서는 안 되는 진설병을 먹지 아니하였느냐 또 안식일에 제사장들이 성전 안에서 안식을 범하여도 죄가 없음을 너희가 율법에서 읽지 못하였느냐

안식일의 형식을 논하는 바리새인들에게 예수님은 안식일의 정신을 말씀하세요. 두 가지 예를 드시며 율법학자인 그들의 해석이 잘못되었음을 가르쳐주시지요.

첫 번째는 다윗이 사울에게 쫓기느라 허기진 상태에서 성전에 들어갔을 때 제사장 아히멜렉이 제사장들만 먹을 수 있는 진설병을 내준 사건이에요(삼상 21:1-6). 구약성경 어디에도 그게 잘못이라고 언급하지 않지

요. 두 번째는 제사장들이 안식일에 성전에서 일해도 죄가 없듯이 제자들도 괜찮다는 거예요. 율법이 생명을 살리는 일을 앞설 수 없다는 거지요. 율법의 형식에 매인 바리새인과 달리 예수님은 율법의 정신을 강조하신 거예요.

자, 우선 안식일에 대해 생각해볼까요. 하나님은 첫째 날부터 여섯째 날까지 세상을 창조하시고 일곱째 날에 안식하셨어요. 안식일은 여기서 유래했어요.

이는 하나님의 완전하신 창조와 구원을 기념하는 날이에요. 또한 피조물로서 생명 된 가치를 누리며 그분을 예배하고 그분과 풍성히 교제하는 날이지요. 우리의 본체이신 하나님 앞에서 나를 점검하고 주중의 삶도 주의 날로 살기 위해 준비하는 날이기도 해요. 마치 외출하기 전에 거울 앞에서 매무새를 고치듯 하나님 앞에서 영적인 매무새를 바로잡는 날이지요. 생명을 온전히 누리는 기쁨의 날이에요.

그런데 바리새인들이 엄격한 세칙을 만들어 사람들을 옭아매는 '올무의 날'로 만들어버렸어요. 마가복음 2장 27절에 안식일에 대한 아주 중요한 개념이 나와요.

> 또 이르시되 안식일이 사람을 위하여 있는 것이요 사람이 안식일을 위하여 있는 것이 아니니 막 2:27

사람을 위해 안식일이 있는 거지 안식일을 위해 사람이 있는 게 아니라고 분명히 말씀하십니다.

6-8 내가 너희에게 이르노니 성전보다 더 큰 이가 여기 있느니라 나는 자비를 원하고 제사를 원하지 아니하노라 하신 뜻을 너희가 알았더라면 무죄한 자를 정죄하지 아니하였으리라 인자는 안식일의 주인이니라 하시니라

예수님은 자신이 성전보다 크시며 안식일의 주인이라고 말씀하세요. 7절에 인용된 호세아서 6장 6절은 예수님이 세리와 죄인들과 겸상하신 것을 비난할 때도 등장한 구절이에요(마 9:13). 율법의 진정한 의미는 사람을 살리는 데 있지, 정죄하고 죽이는 게 아니라는 말씀이지요.

당시 유대의 종교지도자들은 형식과 문자적 해석에만 급급해서 그 의미를 놓치고 있었어요. 주님을 누리며 생명을 살리는 날인 안식일을 남을 정죄하며 죽이는 날로 전락시켰습니다. 스스로 구별됨으로 하나님을 드러내고 그로 인해 다른 사람도 하나님의 은혜를 누리게 하는 복의 근원이 되어야 하는데 악의 근원으로 전락해버린 거예요.

9-13 거기에서 떠나 그들의 회당에 들어가시니 한쪽 손 마른 사람이 있는지라 사람들이 예수를 고발하려 하여 물어 이르되 안식일에 병 고치는 것이 옳으니이까 예수께서 이르시되 너희 중에 어떤 사람이 양 한 마리가 있어 안식일에 구덩이에 빠졌으면 끌어내지 않겠느냐 사람이 양보다 얼마나 더 귀하냐 그러므로 안식일에 선을 행하는 것이 옳으니라 하시고 이에 그 사람에게 이르시되 손을 내밀라 하시니 그가 내밀매 다른 손과 같이 회복되어 성하더라

그곳에서 떠나 회당에 들어가시니 한쪽 손이 오그라든 사람이 있었어요. 이는 이스라엘의 영적 상태를 상징합니다. 이때 바리새인들이 예수님을 고발할 목적으로 안식일에 병을 고쳐도 되냐고 물어요. 당시 '에세네

파'의 내부 문서 중 하나인 다마스쿠스 문서를 보면 율법이 매우 엄격해서 안식일에 구덩이에 빠진 짐승이나 사람을 비롯해 어떠한 생명도 꺼내주지 않았어요. 그마저도 일로 규정한 거지요.

지금도 예수님을 믿지 않는 유대인들은 안식일에 자동차를 타지 않고 심지어 엘리베이터 버튼도 누르지 않아요. 그래서 층마다 서는 안식일 전용 엘리베이터를 설치하거나 유대인이 아닌 사람을 고용해서 버튼을 누르게 하지요. 참 우스운 일인데 그들은 그걸 지키는 게 신앙이라 생각해요. 신앙이 형식에 갇혀버린 나머지 안식일에 병자도 고치면 안 된다고 주장하지요.

그러나 예수님의 입장은 달라요. 요한복음 5장에서 예수님은 안식일에 38년 된 병자를 고치시고 "아버지께서 일하시니 나도 일한다"라고 말씀하세요. 이는 안식일에 하나님께서 생명을 탄생시키는 일을 하시듯, 예수님도 생명 살리는 일을 하신다는 거예요.

예수님은 회당에 모인 사람들 눈앞에서 병자의 손을 고쳐주셨어요.

14 바리새인들이 나가서 어떻게 하여 예수를 죽일까 의논하거늘

바리새인들은 눈앞에서 기적이 일어났음에도 경이로워하거나 기뻐하지 않았어요. 도리어 예수님을 죽이려고 논의했지요. 예수님이 율법을 어겼을 뿐 아니라 스스로 안식일의 주인이라 말하며 신성모독을 했다는 거예요. 안식일의 주인은 하나님이신데 예수님이 자신을 하나님이라고 하시니까요.

처음에는 하나님을 잘 섬기려고 율법을 강조한 건데, 어느새 본래 목적은 잊고 예수님을 죽이는 자리까지 이르러요. 생명과 본질을 붙잡지 않으면 형식만 굳어져 무섭게 변질됨을 볼 수 있습니다.

15,16 예수께서 아시고 거기를 떠나가시니 많은 사람이 따르는지라 예수께서 그들의 병을 다 고치시고 자기를 나타내지 말라 경고하셨으니

예수님이 이를 아시고 그곳을 떠나셨어요. 아직 십자가의 때가 오지 않았기에 불필요한 충돌을 피하신 거예요. 그때 많은 사람이 따랐고, 예수님은 그들의 병을 다 고쳐주셨어요. 그리고 당신을 나타내지 말라고 경고하시고는 이사야서 말씀을 인용하세요.

17-21 이는 선지자 이사야를 통하여 말씀하신 바 보라 내가 택한 종 곧 내 마음에 기뻐하는 바 내가 사랑하는 자로다 내가 내 영을 그에게 줄 터이니 그가 심판을 이방에 알게 하리라 그는 다투지도 아니하며 들레지도 아니하리니 아무도 길에서 그 소리를 듣지 못하리라 상한 갈대를 꺾지 아니하며 꺼져가는 심지를 끄지 아니하기를 심판하여 이길 때까지 하리니 또한 이방들이 그의 이름을 바라리라 함을 이루려 하심이니라

마태가 인용한 이사야서 42장 1-4절 말씀은 '종의 노래'로 알려져 있어요. 바로 메시아의 프로필이지요. 예수님은 이 말씀을 성취하심으로 메시아임을 증명하셨어요. 자신을 드러내지 않으심으로 메시아 예언을 성취하셨지요.

당시 유대 사람들은 그들을 로마에서 구원해줄 정치적 메시아, 즉 힘

과 능력의 메시아를 기다렸어요. 그러나 예수님은 온유와 섬김으로 또 가장 낮은 모습으로 사람들을 죄와 사망에서 건지기 위해 오셨답니다.

반면 종교지도자들은 종교적 율법을 지킴으로 구별됨을 보이려고 했어요. 하나님의 자녀임을 드러내는 순종이 자기 의가 되고 무기가 되어 다른 사람을 죽이고 억눌렀지요. 그런 배경에서 예수님은 "수고하고 무거운 짐 진 자들아 다 내게로 오라"(마 11:28)라고 하신 거예요. 스스로 모든 문제를 해결하려는 사람 또는 종교지도자들이 지운 무거운 짐을 진 사람은 다 오라는 말씀이에요. 무거운 짐 대신 온유하고 겸손한 예수님의 멍에, 곧 십자가를 메고 배우라고 하시지요.

우리도 마찬가지예요. 종교지도자들처럼 먼저 예수님을 믿었다고 안 믿는 자들을 정죄하면 안 돼요. 그들을 기다리고 사랑해야 합니다. 세상은 우리의 종교적 헌신이 아닌 사랑을 보고 반응하기 때문이지요. 그러나 세상과 거룩히 구별되는 건 중요해요. 다름으로 바른 방향을 보여줘야 하니까요.

> 지혜 있는 자는 궁창의 빛과 같이 빛날 것이요 많은 사람을 옳은 데로 돌아오게 한 자는 별과 같이 영원토록 빛나리라 **단 12:3**

제가 정말 좋아하는 구절이에요. 우리는 하나님의 지혜를 소유한 자녀답게 어두운 세상에서 빛과 같이 빛나며 많은 사람이 "옳은 데", 즉 예수 그리스도께 돌아오게 하는 역할을 해야 해요. 저는 사업과 유튜브 영상을 통해 이 말씀을 삶에 녹여내려고 노력해요.

하나님은 최고의 디자이너세요. 세상을 형형색색으로 아름답게 창조하셨지요. 저도 하나님의 디자인 감각을 빼닮아서 디자이너가 되었어요.

그런데 우리나라 사람들이 주로 입는 옷이나 선택하는 색깔이 획일화된 게 너무 마음이 아팠어요. 자기만의 색깔을 잃고 남의 눈과 대세에 맞춰 살아가는 게 무척 안타까웠지요. 그래서 잃어버린 색깔을 되찾아 주는 디자이너가 되고 싶었어요. 저는 그걸 '별 찾기 운동'이라 불러요. 자기 안에 있는 보석, 별을 찾아주는 게 제 역할이라 생각하거든요. 감사하게도 제가 디자인한 옷을 입은 많은 사람이 자기 색깔을 찾았다며 행복해합니다.

사실 옷 색깔을 바꾸는 게 쉬울 것 같지만 그렇지 않아요. 많은 고객이 "난 이 색을 좋아하는데 입지는 못하겠어요"라고 말해요. 저는 좋아하는 걸 과감히 시도해보는 게 하나님께서 창조하신 진짜 내 모습을 찾아가는 시작이라고 생각해요. 비단옷이 아니어도 내가 좋아하는 거라면 뭐든 하면서 하나님을 누리는 게 그분이 기뻐하시는 일이에요.

저는 디자이너로서 이 작은 도전을 통해 사람들이 그들을 지으신 하나님을 알게 하려고 노력합니다. 하나님은 세상의 다양한 사람들을 위해 우리를 다양하게 부르셨어요. 저는 디자이너로, 세 아이의 엄마로, 말씀을 전하는 사람으로 부름 받았지요. 이처럼 하나님이 우리를 부르신 자리가 다 달라요. 우리는 각자의 자리에서 나를 지으신 하나님을 드러내며 그분을 세상에 소개해야 합니다.

24 이런 가족이 있는데 뭔들 12:22-50

50 누구든지 하늘에 계신 내 아버지의 뜻대로 하는 자가 내 형제요 자매요 어머니이니라 하시더라

이 본문은 예수님의 사역에 대한 사람들의 오해와 하나님 안에서 새로운 가족의 의미에 대한 이야기입니다. 예수님은 적극적으로 자신이 메시아임을 알리셨어요. 이에 사람들은 다양한 반응을 보였지요. 메시아라는 사인을 똑똑히 목격하면서도 극구 부인하는 바리새인, 기적에 매료되어 좇아다니는 대중, 왕으로 세우려는 무리 등이 있었어요.

22 그때에 귀신 들려 눈멀고 말 못 하는 사람을 데리고 왔거늘 예수께서 고쳐 주시매 그 말 못 하는 사람이 말하며 보게 된지라

귀신이 들려 눈이 멀고 말도 못 할 정도면 사람은 절대 고칠 수 없는 상태지요. 당시 유대인들은 눈먼 자가 눈을 뜨는 일은 구약성경에서 한 번도 일어나지 않았기에 메시아만 할 수 있는 일이라 여겼어요. 그런데 예수님이 그를 고쳐 말하고 보게 하시니 사람들은 몹시 흥분했지요.

23 무리가 다 놀라 이르되 이는 다윗의 자손이 아니냐 하니

두 종류의 반응이 있었어요. 하나는 그들이 그토록 기다리던 "다윗의 자손" 즉 메시아일지도 모른다는 기대감이었어요. 그러나 아직 확신하

진 못한 것 같아요.

24 바리새인들은 듣고 이르되 이가 귀신의 왕 바알세불을 힘입지 않고는 귀신을 쫓아내지 못하느니라 하거늘

그러나 바리새인들은 예수님이 귀신의 왕 바알세불의 힘으로 귀신을 쫓았다고 비난합니다. 다시 말해 귀신과 한패라는 거지요. 어쩌면 말씀에 능통한 바리새인들은 예수님이 메시아라는 생각을 더 하고 있었는지도 몰라요. 그러나 예수님을 자기 세력에 위협적인 존재로 여겨 본능적으로 공격한 거지요. 이에 대한 예수님의 대답을 들어볼까요?

25,26 예수께서 그들의 생각을 아시고 이르시되 스스로 분쟁하는 나라마다 황폐하여질 것이요 스스로 분쟁하는 동네나 집마다 서지 못하리라 만일 사탄이 사탄을 쫓아내면 스스로 분쟁하는 것이니 그리하고야 어떻게 그의 나라가 서겠느냐

내부 분쟁이 있는 나라, 동네, 집은 설 수 없다고 말씀하세요. 바리새인들의 말대로 예수님이 귀신과 한패라면 귀신을 쫓는 게 내부 분쟁이니 스스로 갈라진다는 거지요.

27,28 또 내가 바알세불을 힘입어 귀신을 쫓아내면 너희의 아들들은 누구를 힘입어 쫓아내느냐 그러므로 그들이 너희의 재판관이 되리라 그러나 내가 하나님의 성령을 힘입어 귀신을 쫓아내는 것이면 하나님의 나라가 이미 너희에게 임하였느니라

여기서 “너희의 아들들”은 바리새인 그룹을 말해요. 예수님이 그들에게 누구를 힘입어 귀신을 쫓느냐고 물으세요. 그들을 인정한다면 예수님도 인정해야 한다는 거지요. 그러면서 예수님은 자신이 하나님의 성령을 힘입어 귀신을 쫓아냈으며, 이는 하나님나라가 이미 그들에게 임한 걸 보여주는 증거라고 하세요.

29 사람이 먼저 강한 자를 결박하지 않고서야 어떻게 그 강한 자의 집에 들어가 그 세간을 강탈하겠느냐 결박한 후에야 그 집을 강탈하리라

사람이 남의 집에 들어가 세간을 강탈하려면 먼저 그 집의 강한 자를 결박해야 하지요. 예수님은 이 비유를 들며 자신이 “강한 자” 곧 사단의 세력을 결박하고, “강한 자의 집” 곧 사단의 세력에 들어가 “그 세간을 강탈”하는 일 곧 귀신을 쫓아냄으로써 죄 아래 있는 사람을 자유케 하고 계심을 말씀하세요.

30 나와 함께 아니하는 자는 나를 반대하는 자요 나와 함께 모으지 아니하는 자는 헤치는 자니라

그러므로 이 영적 전쟁 가운데 예수님과 함께하지 않는 자는 예수님을 반대하는 자이고, 바리새인처럼 하나님의 일을 한다면서 하나님의 사람들을 흩어버리는 자는 그분의 대적이라고 말씀하세요.

31 그러므로 내가 너희에게 이르노니 사람에 대한 모든 죄와 모독은 사하심을 얻되 성령을 모독하는 것은 사하심을 얻지 못하겠고

"그러므로"로 시작하는 이 문장은 예수님이 바알세불을 힘입어 귀신을 좇는다는 바리새인들의 주장에 대한 결론입니다. 예수님은 사람에 대한 모든 죄와 모독은 용서를 받지만 성령을 모독하면 용서받지 못한다고 하세요. 명백한 성령의 사역을 사단의 능력이라며 귀신을 들먹여 부인하고 모독하는 것은 '성령 훼방죄'(성령을 모욕하고 성령이 역사하지 못하도록 계획적으로 방해하는 죄)이므로 사망에 이른다는 거지요.

같은 사건을 다루는 마가복음 3장 29,30절은 예수님을 향해 귀신 들렸다고 말하는 게 성령 모독죄라고 정확히 밝히고 있어요.

32 또 누구든지 말로 인자를 거역하면 사하심을 얻되 누구든지 말로 성령을 거역하면 이 세상과 오는 세상에서도 사하심을 얻지 못하리라

더 나아가 누구든지 말로 인자, 곧 예수님을 거역하면 사함을 받지만 성령을 거역하면 이 세상에서는 물론 오는 세상에서도 사함을 받지 못한다고 하세요. 지금 예수님을 잘 몰라서 오해하는 건 회개함으로 용서받을 수 있지만, 성령을 거역하고 예수님을 통해 하나님이 이루어가시는 하나님나라를 반대하는 건 용서받지 못한다는 거예요.

당시 바리새인들은 로마로부터 그들을 구원할 힘과 능력 있는 정치적 메시아를 원했습니다. 그들은 자기 욕심에 사로잡혀 예수님이 이루시는 성령의 사역을 부정했기에 영원히 용서받지 못한다는 거지요.

33 나무도 좋고 열매도 좋다 하든지 나무도 좋지 않고 열매도 좋지 않다 하든지 하라 그 열매로 나무를 아느니라

사람의 마음에 있는 것은 말로 드러날 수밖에 없어요. 예수님은 마음과 말을 나무와 열매로 비유하시며 열매로 나무를 알듯 그들의 말로 그들의 마음을 알 수 있다고 하세요.

34-37 독사의 자식들아 너희는 악하니 어떻게 선한 말을 할 수 있느냐 이는 마음에 가득한 것을 입으로 말함이라 선한 사람은 그 쌓은 선에서 선한 것을 내고 악한 사람은 그 쌓은 악에서 악한 것을 내느니라 내가 너희에게 이르노니 사람이 무슨 무익한 말을 하든지 심판 날에 이에 대하여 심문을 받으리니 네 말로 의롭다 함을 받고 네 말로 정죄함을 받으리라

예수님은 바리새인들을 향해 "독사의 자식들"이라고 꾸짖으시며 그들의 마음이 악하니 악한 말밖에 못 한다고 하세요. 선한 사람은 그 쌓은 선에서 선을 내고, 악한 사람은 그 쌓은 악에서 악을 낸다는 거지요. 그러므로 심판의 날에 그들이 내뱉은 말로 정죄함을 받게 될 거라고 경고하세요. 이어서 악한 세대의 모습이 두 가지 예를 통해 나타납니다. 첫째는 '표적을 구하는' 모습이에요.

38 그때에 서기관과 바리새인 중 몇 사람이 말하되 선생님이여 우리에게 표적 보여주시기를 원하나이다

서기관과 바리새인 몇 명이 예수님에게 표적을 보여달라고 청해요. 지금까지 실컷 보았는데 또 보여달라는 건 진짜 믿으려는 태도가 아니었어요. 그들의 "선생님"이라는 호칭에서 이미 예수님을 메시아로 믿지 않음이 잘 드러나요.

39 예수께서 대답하여 이르시되 악하고 음란한 세대가 표적을 구하나 선지자 요나의 표적밖에는 보일 표적이 없느니라

예수님은 그들을 "악하고 음란한 세대"라고 부르세요. 성경에서 "음란"은 우상숭배를 말해요. 하나님보다 중요하게 여기는 모든 걸 가리키죠. 그들이 하나님보다 자기들의 이익을 더 바라고 세상을 더 사랑한다고 비난하신 거예요.

40-42 요나가 밤낮 사흘 동안 큰 물고기 뱃속에 있었던 것같이 인자도 밤낮 사흘 동안 땅속에 있으리라 심판 때에 니느웨 사람들이 일어나 이 세대 사람을 정죄하리니 이는 그들이 요나의 전도를 듣고 회개하였음이거니와 요나보다 더 큰 이가 여기 있으며 심판 때에 남방 여왕이 일어나 이 세대 사람을 정죄하리니 이는 그가 솔로몬의 지혜로운 말을 들으려고 땅끝에서 왔음이거니와 솔로몬보다 더 큰 이가 여기 있느니라

예수님은 요나의 표적 외에는 보일 표적이 없다고 말씀하세요. 요나가 사흘 밤낮을 물고기 배 속에 있었듯이 예수님도 사흘간 땅속에 계실 거라고요. 이는 예수님의 십자가 죽으심과 부활을 예고하시는 거예요. 또 물고기 배 속은 당장은 환난 같아도 결국 요나를 니느웨로 보내시는 하나님의 도구였어요. 마찬가지로 예수님의 죽으심도 하나님의 뜻이 이 땅에서 이루어지는 방법이라는 거지요.

이어서 요나와 솔로몬을 예로 들며 그들을 통해 하나님을 보여줬을 때 니느웨는 회개했고, 남방 여왕도 하나님의 지혜를 찬양했다고 하십니다. 그런데 그들보다 더 크신 예수님이 복음을 전하는데도 이 세대는

회개하지 않았다며 심판 때에 정죄 받을 것을 말씀하세요.

다음은 '귀신의 예'로 악한 세대의 영적 상태를 지적하세요.

> 43-45 더러운 귀신이 사람에게서 나갔을 때에 물 없는 곳으로 다니며 쉬기를 구하되 쉴 곳을 얻지 못하고 이에 이르되 내가 나온 내 집으로 돌아가리라 하고 와보니 그 집이 비고 청소되고 수리되었거늘 이에 가서 저보다 더 악한 귀신 일곱을 데리고 들어가서 거하니 그 사람의 나중 형편이 전보다 더욱 심하게 되느니라 이 악한 세대가 또한 이렇게 되리라

더러운 귀신이 사람에게서 나갔는데 쉴 곳을 찾지 못해 다시 그 사람에게로 돌아갔어요. 그런데 와서 보니 그 집이 비어있는데 말끔히 청소되고 수리되어 더 좋은 환경이 된 거예요. 그 귀신은 혼자 살기 아까워서 다른 귀신 일곱을 데리고 그에게 들어가 살았어요. 여기서 일곱은 '완전수'로 더 많고 강한 귀신이 들어갔다는 뜻입니다. 그 사람은 어떻게 되었을까요? "전보다 더욱 심하게" 되고 말았지요. 예수님은 이 악한 세대가 이렇게 될 거라고 말씀하세요. 점점 더 악해질 거라는 의미예요.

자, 이제는 예수님 가족의 반응을 볼 차례예요. 마리아는 예수님을 성령으로 잉태하면서 하나님께서 보내신 분임을 분명히 알았어요. 그렇다면 예수님을 낳은 마리아와 한집에서 자란 예수님의 동생들은 어떤 반응을 보였을까요?

> 46-50 예수께서 무리에게 말씀하실 때에 그의 어머니와 동생들이 예수께 말하

려고 밖에 섰더니 한 사람이 예수께 여짜오되 보소서 당신의 어머니와 동생들이 당신께 말하려고 밖에 서있나이다 하니 말하던 사람에게 대답하여 이르시되 누가 내 어머니이며 내 동생들이냐 하시고 손을 내밀어 제자들을 가리켜 이르시되 나의 어머니와 나의 동생들을 보라 누구든지 하늘에 계신 내 아버지의 뜻대로 하는 자가 내 형제요 자매요 어머니이니라 하시더라

이 본문을 보면 예수님이 너무하셨다는 생각이 들지요? 그런데 마리아와 동생들이 왜 그분을 찾아왔는지 알아야 해요. 마가복음 3장 21절을 보면 예수님이 미쳤다는 소문을 듣고 붙잡으러 왔다고 기록되어 있어요. 그들도 예수님이 메시아인 걸 알지 못했던 거예요.

동생들은 그렇다 쳐도, 목숨 걸고 예수님을 성령으로 잉태한 마리아의 모습은 이해하기 어렵지요. 여기서 인간의 한계와 연약함, 곧 성령을 경험하고도 믿음이 흔들리는 우리의 모습을 보게 돼요.

예수님은 마리아와 동생들을 향해 "누가 내 어머니이며 내 동생들이냐"라고 매몰차게 말씀하세요. 하지만 이는 혈연으로 맺어진 가족을 무시하라는 얘기가 아니에요. 성경은 가정이 천국의 가장 작은 단위로서 얼마나 소중한지 늘 강조합니다.

다만 여기서는 하나님 안에서 새로운 가족의 의미를 효과적으로 설명하기 위해 이렇게 말씀하신 거예요. 하나님 아버지의 뜻을 순종하는 사람이 혈연과 지연, 학연을 넘어 형제요 자매요 어머니라는 것이지요. 말씀으로 하나 된 '하나님의 가정'을 소개한 거예요.

제가 이 책을 집필하기로 했을 때 쉽지 않을 건 예상했지만 정말 너무

힘들었어요. 육체도 힘들었지만 말씀이 넘지 못할 산처럼 느껴질 때 가장 괴로웠지요. 매일 성경을 연구하고 강의를 수없이 했기에 하던 대로 글도 쓰면 될 줄 알았거든요.

그런데 성경은 하나님을 계시하는 책이고, 창조주 하나님을 한낱 피조물인 우리가 다 이해한다는 게 사실상 불가능하지요. 알면 알수록 더 어려워서 제가 성경을 가르치고 글을 쓰는 것 자체가 불가능한 일처럼 느껴졌습니다. 그래서 새벽에 하나님 앞에 무릎을 꿇었어요. 제가 할 수 있는 일이 아닌 것 같다고 펑펑 울면서 고백했지요. 그러자 하나님께서는 완벽한 걸 원하시는 게 아니라 내 모습 그대로를 받으신다는 마음을 주셨어요.

그날 저녁, 저는 쓴 글을 다듬으려고 컴퓨터를 켰다가 유튜브 댓글을 보게 되었어요. 진심 어린 댓글들을 보며 눈물이 났지요. 그중 한 분의 댓글에서 답을 얻었어요. 그분은 제가 성경을 '쉽게' 설명해준 덕에 연로하신 어머님과 성경공부를 하며 많은 은혜를 받는다고 했어요. '쉽게', 바로 이거였어요!

학창 시절, 제 막냇동생이 유난히 공부를 잘했어요. 저는 공부를 싫어해서 잘하지 못했고요. 하루는 그 공부 잘하는 동생이 제게 뭔가를 묻기에 아는 대로 설명을 해줬지요. 그때 동생이 이렇게 말했어요.

"언니는 참 쉽게 설명하는 은사가 있는 거 같아."

그 기억이 떠오르면서 눈물이 흘렀어요. 이 내용을 SNS에 올리자 많은 분이 기도와 응원, 사랑을 전해주셨지요. 그 후에 마태복음을 보니 바로 이 본문, '새로운 가족' 이야기가 나왔어요. 그러자 좀 어려울 수도 있는 '하나님나라 가족'의 개념이 확실히 깨달아졌지요. 또 하나님의 말씀을 사모하는 우리가 진정한 가족임을 느꼈습니다.

하나님께서 제 안에 이렇게 말씀하셨어요.

'내가 네게 말씀을 쉽게 설명하는 은사를 주었잖니. 네가 쉽게 깨달을 수 있도록 많은 예시를 삶 가운데 줄 거니까 걱정하지 말렴.'

신실하신 하나님이 나와 늘 동행하시며 때에 따라 필요를 채워주시니 저는 두려울 게 하나도 없답니다.

오병이어, 칠병이어의 기적을 경험하고도
떡 걱정을 하며 사나요?

혹 하나님께 부족한 걸 잔뜩 나열하고는
더 달라고 투덜대고 있진 않나요?
"수중에 돈이 이거밖에 없어요"라며
절망하고 있진 않나요?

우리의 소속은 천국이에요.
천국 시민은 떡으로만 살지 않고
하나님의 말씀으로 살지요.
말씀이 우리 인생을 책임진다는 거예요.

하나님은 우리의 필요를 잘 아시고 넘치도록 채워주세요.
영적인 것뿐 아니라 육적으로도 책임지시고
세상의 가치가 아닌 하늘의 보배를 주시지요.
천국 보배로 행복할 수 있는 사람이 복 있는 사람입니다.

PART 4

천국은 이렇대요

13-17장

25 땅 좀 볼까요? 13:1-23

8 더러는 좋은 땅에 떨어지매 어떤 것은 백 배, 어떤 것은 육십 배, 어떤 것은 삼십 배의 결실을 하였느니라

13장은 천국 비유로 꽉 차있어요. 여덟 가지 비유가 등장하지요. 이 내용을 잘 이해하려면 먼저 앞뒤 분위기를 알아야 해요. 지금까지 우리는 예수님을 배척하는 분위기를 통과해왔어요. 천국 비유는 천국에 대한 기대감을 말하기보다 복음이 주어졌을 때 나타나는 다양한 반응에 초점을 둡니다. 이런 배경을 가지고 본문에 들어가 볼게요.

1,2 그날 예수께서 집에서 나가사 바닷가에 앉으시매 큰 무리가 그에게로 모여 들거늘 예수께서 배에 올라가 앉으시고 온 무리는 해변에 서있더니

예수님이 바닷가에서 말씀을 가르치시자 대중이 모여들었어요. 그래서 예수님은 배 위에서 말씀을 전하시고 사람들은 해변에 서서 말씀을 들었지요. 수상 강단이 만들어진 거예요.

네 가지 땅에 떨어진 씨 비유

3-9 예수께서 비유로 여러 가지를 그들에게 말씀하여 이르시되 씨를 뿌리는 자가 뿌리러 나가서 뿌릴새 더러는 길가에 떨어지매 새들이 와서 먹어버렸고 더러는 흙이 얕은 돌밭에 떨어지매 흙이 깊지 아니하므로 곧 싹이 나오나 해가

돋은 후에 타서 뿌리가 없으므로 말랐고 더러는 가시떨기 위에 떨어지매 가시가 자라서 기운을 막았고 더러는 좋은 땅에 떨어지매 어떤 것은 백 배, 어떤 것은 육십 배, 어떤 것은 삼십 배의 결실을 하였느니라 귀 있는 자는 들으라 하시니라

씨 뿌리는 사람이 씨를 뿌렸는데, 길가에 떨어진 씨는 새들이 와서 먹어버려요. 이는 복음이 전해져도 마음에 심기지 않는 경우를 말해요. 다음으로 흙이 얕은 돌밭에 떨어진 씨는 싹은 나오나 이내 말라버려요. 복음이 심기긴 했으나 완성되지 못하는 경우를 의미하지요.

또 가시떨기에 떨어진 씨는 가시덤불로 인해 자라지 못해요. 이는 마음이 세상의 것들로 가득 차서 복음이 자라지 못함을 뜻하지요. 마지막으로 좋은 땅에 떨어진 씨는 백 배, 육십 배, 삼십 배의 열매를 맺어요.

예수님은 청중에게 잘 들으라고 당부하시며 비유를 설명해주세요.

10-12 제자들이 예수께 나아와 이르되 어찌하여 그들에게 비유로 말씀하시나이까 대답하여 이르시되 천국의 비밀을 아는 것이 너희에게는 허락되었으나 그들에게는 아니 되었나니 무릇 있는 자는 받아 넉넉하게 되되 없는 자는 그 있는 것도 빼앗기리라

제자들은 예수님에게 왜 비유로 말씀하시는지 여쭙니다. 그러자 예수님은 "천국의 비밀"(하나님의 구원 계획)은 "너희"(제자들, 택함 받은 사람)에게만 주어졌다고 말씀하세요. 신자들은 말씀을 깨달아 더욱 결실하지만 비신자들은 깨닫지 못해서 결실하지 못한다는 거예요.

13-17 그러므로 내가 그들에게 비유로 말하는 것은 그들이 보아도 보지 못하며 들어도 듣지 못하며 깨닫지 못함이니라 이사야의 예언이 그들에게 이루어졌으니 일렀으되 너희가 듣기는 들어도 깨닫지 못할 것이요 보기는 보아도 알지 못하리라 이 백성들의 마음이 완악하여져서 그 귀는 듣기에 둔하고 눈은 감았으니 이는 눈으로 보고 귀로 듣고 마음으로 깨달아 돌이켜 내게 고침을 받을까 두려워함이라 하였느니라 그러나 너희 눈은 봄으로, 너희 귀는 들음으로 복이 있도다 내가 진실로 너희에게 이르노니 많은 선지자와 의인이 너희가 보는 것들을 보고자 하여도 보지 못하였고 너희가 듣는 것들을 듣고자 하여도 듣지 못하였느니라

예수님은 대중이 그분의 말씀을 받아들이지 않는 건 이사야 예언의 성취라고 말씀하세요. 이사야는 "너희가 듣기는 들어도 깨닫지 못할 것이요 보기는 보아도 알지 못하리라"라고 선포했어요(사 6:9,10). 왜냐하면 그들의 마음이 완악할 대로 완악해졌기 때문이에요.

이사야서 6장은 하나님께서 이사야를 예언자로 부르시는 장면이에요. 하나님은 이스라엘 백성들의 강퍅함을 내버려 두실 텐데, 성읍이 황폐하여 나라가 망할 때까지 그렇게 하실 거라고 하셨어요. 그런데 소망이 있는 건 그루터기, 곧 거룩한 씨를 남겨두신다는 거예요. 이로 인해 하나님나라가 이어질 걸 말씀하시지요.

지금 상황도 마찬가지입니다. 죄로 인해 죽을 수밖에 없는 우리의 유일한 소망은 예수께서 죗값을 대신 치러주심으로 생명을 얻는 거지요. 이 과정을 통해 심판과 구원이 임해요.

볼 수 있고 들을 수 있는 사람은 복이 있어요. 예수님의 말씀을 듣고

깨달은 우리는 그 복을 소유한 자이지요. 과거에 많은 선지자와 의인들이 제대로 보지 못하고 듣지 못한 천국 복음을 제자들과 우리가 보고 듣는 거예요. 정말로 소중하고 감사한 일이에요.

18,19 그런즉 씨 뿌리는 비유를 들으라 아무나 천국 말씀을 듣고 깨닫지 못할 때는 악한 자가 와서 그 마음에 뿌려진 것을 빼앗나니 이는 곧 길가에 뿌려진 자요

예수님은 씨 뿌리는 비유의 뜻을 해설해주세요. "씨"는 천국 복음이고 "씨를 뿌리는 자"는 예수님이에요. 훗날 씨 뿌리는 사람은 제자들로, 우리로 이어지지요. 그런데 복음이 똑같이 심겨도 사람의 마음 상태에 따라 저마다 다른 열매를 맺어요.

먼저 마음 상태가 "길가"인 사람은 그 마음에 천국 복음이 뿌려져도 "악한 자", 곧 사단이 와서 빼앗아 가버려요.

20,21 돌밭에 뿌려졌다는 것은 말씀을 듣고 즉시 기쁨으로 받되 그 속에 뿌리가 없어 잠시 견디다가 말씀으로 말미암아 환난이나 박해가 일어날 때에는 곧 넘어지는 자요

두 번째는 "돌밭" 같은 마음이에요. 그는 복음이 뿌려지면 즉시 기쁨으로 받지만 환난이나 박해가 일어나면 쉽게 넘어지지요.

22 가시떨기에 뿌려졌다는 것은 말씀을 들으나 세상의 염려와 재물의 유혹에 말씀이 막혀 결실하지 못하는 자요

세 번째는 "가시떨기" 같은 마음으로, 그는 이미 세상의 염려와 재물의 유혹, 즉 세상 것들로 꽉 차서 복음이 결실하지 못해요.

23 좋은 땅에 뿌려졌다는 것은 말씀을 듣고 깨닫는 자니 결실하여 어떤 것은 백 배, 어떤 것은 육십 배, 어떤 것은 삼십 배가 되느니라 하시더라

마지막으로 "좋은 땅", 곧 옥토 같은 마음을 가진 자는 복음이 뿌려지면 말씀을 듣고 깨달아 백 배, 육십 배, 삼십 배로 결실해요.

네 가지 땅에 떨어진 씨의 비유를 통해 우리의 마음 상태가 얼마나 중요한지 깨달을 수 있어요. 복음은 모두에게 동일하게 주어지지만 마음 상태에 따라 다르게 결실한다는 거지요.

지금 예수님 앞에 있는 대중은 '로마로부터 구원해달라'라는 원함과 욕심이 마음에 가득해서 말씀이 심기지 않았어요. 게다가 스스로 이미 선택받은 옥토라고 여겼기에 밭이 갈리지도 않았지요.

예수님은 우리의 마음 밭을 기경하러 오셨어요. 우리 마음은 원래 사망 선고를 받은 상태였어요. 선악과를 따 먹으면 반드시 죽을 거라고 하신 하나님의 말씀대로 인간은 사망 가운데 있었어요.

한 사람의 범죄로 말미암아 사망이 그 한 사람을 통하여 왕 노릇 하였은즉 더욱 은혜와 의의 선물을 넘치게 받는 자들은 한 분 예수 그리스도를 통하여 생명 안에서 왕 노릇 하리로다 롬 5:17

그런데 예수님을 통해 죽음에서 생명으로 옮겨졌지요.

그러나 이제는 너희가 죄로부터 해방되고 하나님께 종이 되어 거룩함에 이르는 열매를 맺었으니 그 마지막은 영생이라 롬 6:22

우리의 마음은 처음엔 길가일 수도 있고, 돌밭일 수도 있고, 가시밭일 수도 있어요. 그러나 우리의 소속은 죄인이 아닌 천국 시민이지요. 그러므로 예수 그리스도께 마음을 내어드림으로 옥토가 되어 풍성한 열매를 맺고 영생에 이르러야 합니다.

저는 하나님을 모를 때는 세상적 성공을 이루면 행복할 줄 알고 열심히 살았어요. 하지만 좋은 학교, 부와 명예, 심지어 소중한 가족도 완벽한 행복을 안겨주지 못하더라고요.

그때까지 복음의 씨앗이 수도 없이 떨어졌지만 제 마음은 언제나 '길가'였어요. 그런데 하나님은 포기하지 않으시고 많은 사람을 통해 계속해서 제 마음을 개간하셨지요. 제 마음이 준비된 어느 날 또다시 복음의 씨앗이 떨어졌고, 저는 백 배, 육십 배, 삼십 배 열매 맺는 삶으로 바뀌었어요.

감사하게도 하나님을 믿기 시작한 후로 길가나 돌밭, 가시밭으로 돌아가지 않았어요. 무지개를 좇듯 막연히 참 행복을 찾아 떠났는데 복음을 듣고 깨달은 후로는 흔들리지 않더라고요. 물론 덜 깨달아서 생기는 시행착오나 연약함, 부족함은 여전히 있지만 방향이 흔들리진 않아요.

주님을 만나고 고된 훈련 과정이 있었지만 제가 가진 세상적인 스펙도 때마다 찾아온 고난과 환난도 하나님과 저 사이를 갈라놓지 못했어요. 축복도 환난도 다 능력 주시는 자 안에서 하나님나라를 확장하는 사명을 이루는 도구가 되었지요.

강한 곡괭이로 내리쳐도 꿈쩍하지 않던 언 땅 같은 제 마음이 주님의 은혜로 녹아 싹을 틔우고 열매를 맺게 된 게 얼마나 감사한지요.

우리는 이미 십자가의 승리하심으로 세상을 이긴 사람들이에요. 그러니 우리의 연약함을 참소하는 사단에게 넘어가면 안 돼요. 주의 용사인 우리는 생각보다 강해요. 설혹 연약할지라도 주님이 보호하시고 힘 주신다는 걸 잊지 말아야 합니다. 반대로, 연약해서 넘어졌다고 자기 합리화를 해서도 안 되지요. '오늘은 이만큼 노력해서 시험을 이전보다 많이 통과했어'라며 승리의 고백을 해보기로 해요.

자, 이제 땅 좀 보러 갈까요?

우리는 하나님의 개간사업의 일꾼으로서 늘 주변 땅을 살펴야 해요. 길가와 돌밭, 가시밭을 주님의 옥토로 일구는 데 쓰임 받아야 하니까요.

26 천국 오해는 이제 그만 13:24-58

43 그때에 의인들은 자기 아버지 나라에서 해와 같이 빛나리라 귀 있는 자는 들으라

이번 본문에는 나머지 일곱 가지 천국 비유가 나옵니다. 이 비유들의 초점은 천국을 오해해서 믿지 못하던 당시 유대인들의 오해를 풀어주는 데 있었어요.

알곡과 가라지 비유

24,25 예수께서 그들 앞에 또 비유를 들어 이르시되 천국은 좋은 씨를 제 밭에 뿌린 사람과 같으니 사람들이 잘 때에 그 원수가 와서 곡식 가운데 가라지를 덧뿌리고 갔더니

천국은 자기 밭에 좋은 씨를 뿌린 사람과 같다고 하십니다. 그런데 문제는 그가 자는 틈을 타서 원수가 곡식 가운데 가라지를 덧뿌리고 갔다는 거예요.

26-29 싹이 나고 결실할 때에 가라지도 보이거늘 집주인의 종들이 와서 말하되 주여 밭에 좋은 씨를 뿌리지 아니하였나이까 그런데 가라지가 어디서 생겼나이까 주인이 이르되 원수가 이렇게 하였구나 종들이 말하되 그러면 우리가 가서 이것을 뽑기를 원하시나이까 주인이 이르되 가만두라 가라지를 뽑다가 곡

식까지 뽑을까 염려하노라

싹이 나고 결실할 때가 되니 비로소 가라지가 보여요. 처음에는 구분이 안 될 정도로 비슷했던 거지요. 종들이 주인에게 가라지가 났다고 보고합니다. 주인은 원수가 한 짓임을 대번에 알아채요. 종들이 가라지를 뽑을지 말지 묻자 주인은 그대로 두라고 해요. 혹여 알곡까지 뽑힐까 걱정해서지요.

30 둘 다 추수 때까지 함께 자라게 두라 추수 때에 내가 추수꾼들에게 말하기를 가라지는 먼저 거두어 불사르게 단으로 묶고 곡식은 모아 내 곳간에 넣으라 하리라

그러나 추수 때는 곡식과 가라지가 분명하게 구분되기에 가라지를 먼저 거두어 불사르게 단으로 묶고 곡식은 곳간에 들일 거라고 선언합니다.

겨자씨 비유

31,32 또 비유를 들어 이르시되 천국은 마치 사람이 자기 밭에 갖다 심은 겨자씨 한 알 같으니 이는 모든 씨보다 작은 것이로되 자란 후에는 풀보다 커서 나무가 되매 공중의 새들이 와서 그 가지에 깃들이느니라

천국은 밭에 심은 겨자씨 한 알 같다고 하세요. 겨자씨는 아주 작은 씨앗이지만 자란 후에 큰 가지를 내어 공중의 새들이 그 가지에 깃들일

만큼 커진다고 해요. 이 비유는 보통 천국의 확장성의 개념으로 해석합니다. 문맥상 그렇게 해석하는 것이 맞아요.

그런데 저는 캠벨 몰간(Campbell Morgan)의 마태복음 강해서를 공부하다가 다른 측면을 배웠어요. 겨자는 실제로 나무로 자랄 수 없는 풀인데 그것이 큰 나무가 된 것은 비정상적이라는 거예요. 이처럼 천국이 확장되면서 비본질적인 문제들이 함께 생길 수 있어요.

그 예가 느부갓네살 왕의 꿈에 등장한 나무예요(단 4:20-23). 나무가 거대하게 자라 많은 짐승의 터전이 되었지만 그루터기만 남기고 잘리잖아요. 이는 하나님께 영광을 드리지 않는 것은 아무리 대단하다 할지라도 제거될 수 있음을 뜻해요. 천국이 확장될 때 비본질적인 것들은 제거된다는 얘기예요. 참 탁월한 해석이지요. 우리는 이 두 가지 사실을 함께 알아야 해요. 천국은 반드시 확장돼야 하지만 이에 따라오는 비본질적인 것들은 경계하며 제거해야 한다는 것을요.

누룩 비유

33 또 비유로 말씀하시되 천국은 마치 여자가 가루 서 말 속에 갖다 넣어 전부 부풀게 한 누룩과 같으니라

누룩은 팔레스타인에서 쉽게 접하는 식재료로, 밀가루를 발효시킬 때 사용되는 효소예요. 누룩은 발효되어 크게 부풀어 오르는 특징이 있지요. 바로 천국의 확장성을 의미해요.

34,35 예수께서 이 모든 것을 무리에게 비유로 말씀하시고 비유가 아니면 아무 것도 말씀하지 아니하셨으니 이는 선지자를 통하여 말씀하신 바 내가 입을 열어 비유로 말하고 창세부터 감추인 것들을 드러내리라 함을 이루려 하심이라

예수님이 모든 것을 비유로 말씀하신 이유는 시편 말씀을 이루시려는 거였어요. 예수님은 비유를 통해 창세부터 감춰진 진리들을 택함 받은 자들에게 가르치세요.

36 이에 예수께서 무리를 떠나사 집에 들어가시니 제자들이 나아와 이르되 밭의 가라지의 비유를 우리에게 설명하여주소서

예수님이 무리를 떠나 집에 들어가시니 제자들이 가라지 비유를 다시 설명해달라고 해요. 완전히 이해하지 못한 거지요.

37-39 대답하여 이르시되 좋은 씨를 뿌리는 이는 인자요 밭은 세상이요 좋은 씨는 천국의 아들들이요 가라지는 악한 자의 아들들이요 가라지를 뿌린 원수는 마귀요 추수 때는 세상 끝이요 추수꾼은 천사들이니

우리도 모르는 것이 있으면 예수님에게 물어야 해요. 그러면 어떤 방법으로든 알려주시지요. 제 유튜브 영상 댓글 중에 '이 영상을 보게 된 게 기도 응답이에요'라는 글들이 있었어요. 말씀을 전하는 일에 저 같은 사람도 쓰시는 게 감사하지요.

유튜브 알고리즘까지 사용하셔서 말씀에 목마른 자들을 인도하시는 분이 우리 예수님이세요. 그러니까 궁금한 게 있으면 그분께 기도하며 구하세요. 그러면 우리의 눈높이에 맞춰서 반드시 알려주십니다. 한 번

이 아니고 알아들을 때까지요. 성경의 내용이 자꾸 반복되는 것도 그 이유예요. 여러 사람을 통해 다양한 방법으로 재차 말씀하시지요. 하나님의 크신 사랑이 느껴지지 않나요?

40-43 그런즉 가라지를 거두어 불에 사르는 것같이 세상 끝에도 그러하리라 인자가 그 천사들을 보내리니 그들이 그 나라에서 모든 넘어지게 하는 것과 또 불법을 행하는 자들을 거두어내어 풀무 불에 던져 넣으리니 거기서 울며 이를 갈게 되리라 그때에 의인들은 자기 아버지 나라에서 해와 같이 빛나리라 귀 있는 자는 들으라

세상 끝날에 가라지에 대한 심판이 있을 거라고 말씀하세요. "모든 넘어지게 하는 것"과 "불법을 행하는 자들"이 풀무 불에 던져져서 울며 이를 갈 거라고도 하시지요. 얼마나 고통스러울까요. 반면 의인들은 하나님나라에서 해처럼 빛날 거라고 해요.

이 비유를 통해 세상 끝날까지 의인과 가라지가 공존함을 알 수 있어요. 하나님이 그것을 허용하십니다. 솔직히 우리는 가라지가 존재하는 게 불만스럽지요. 가라지들이 더 힘이 센 것 같고 그들 때문에 말라 죽을 것 같을 때도 많아요. 알곡이라고 햇볕을 더 받거나 물을 얻는 우대도 없다고 느껴지지요.

그러나 알곡이 가라지 때문에 성장하지 못했다는 기록은 없어요. 오히려 가라지 덕분에 알곡이 빛날 수 있지요. 가라지는 우리를 넘어뜨리며 불법을 행할 뿐입니다. 하나님은 한 알곡이라도 더 보호하시기 위해 우리에게 이 사실을 기억하고 세상 끝날까지 잘 분별되어 가라지와 공

존하라고 하시는 거예요. 세상 끝날에는 반드시 심판과 구원으로 갈릴 것이기 때문이지요.

감추인 보화 비유

44 천국은 마치 밭에 감추인 보화와 같으니 사람이 이를 발견한 후 숨겨두고 기뻐하며 돌아가서 자기의 소유를 다 팔아 그 밭을 사느니라

우리가 찬양으로 즐겨 부르는 본문이지요. 예수님은 천국이 밭에 감추인 보화 같다고 비유하세요. 그 당시에는 실제로 귀중품을 밭에 숨겨 놓는 경우가 많았다고 해요. 그런데 어떤 사람이 보물을 묻어둔 밭을 발견한 거지요. 그는 기뻐하며 모든 소유를 팔아 그 밭을 사요.

겉으로 보기엔 평범한 밭이지만 그의 눈에는 그 안에 숨겨진 보물이 보이니 전 재산을 팔아서라도 사는 거예요. 마찬가지로 복음도 그 가치를 모르는 사람에겐 아무것도 아닐 수 있어요. 그런데 그 속의 보물, 곧 복음의 가치를 발견한 사람은 복음에 전부를 걸게 돼요.

여기서 한 가지 주의해야 할 태도가 있습니다. 하나님의 자녀가 되는 과정에서 세상의 것을 포기했으니 그에 합당한 보상을 달라고 요구하는 것 말이에요. 욕심은 또 얼마나 많은지 본전도 아니고 백 배, 육십 배, 삼십 배의 기적을 원하지요. 물론 하나님께선 우리에게 넘치도록 주세요. 그러나 세상의 가치가 아닌 하늘나라의 보배를 주시지요. 천국 보배로 행복할 수 있는 사람이 복 있는 사람이랍니다.

저도 처음엔 그렇게 생각했어요. 하나님을 믿은 후 한국으로 돌아가

라는 마음을 주시기에 순종했지요. 저로서는 모든 소유를 팔아서 보물이 묻힌 밭을 산 셈이었어요. 한국에 돌아와서 3년 반 동안 성경공부를 하고 사업을 재기할 때, 당연히 잘될 거라 기대했지요.

'하나님 없이도 잘됐는데, 지금은 하나님이 시켜서 하는 거니까 얼마나 더 잘될까!'

그런데 망했어요. 처음엔 이해되지 않았지요. 그런데 지나고 보니 이 시간 동안 너무 많은 걸 주셨더라고요. 고난을 통해 하나님을 깊이 만났고, 참 자유와 평안을 얻었거든요. 저뿐 아니라 자녀들도 하나님을 배우는 시간이었어요. 그의 나라와 의를 구하면 더하여주시는 하나님을요. 지금도 세상적으론 가진 게 없지만 하늘나라에 있는 제 창고에 보물이 쌓여가는 게 보여요. 하나님의 자녀가 된다는 건 세상 축복을 보장받는 길이 아니라 십자가의 길을 가는 거예요. 가라지도 공존하는 길이고요.

값진 진주 비유

45,46 또 천국은 마치 좋은 진주를 구하는 장사와 같으니 극히 값진 진주 하나를 발견하매 가서 자기의 소유를 다 팔아 그 진주를 사느니라

진주를 산다는 말도 같은 의미예요. "극히 값진"이란 수식어를 통해 진주의 가치를 강조하고 있어요. 이는 곧 '천국과 예수 그리스도'를 말합니다. 복음의 가치를 모르는 사람에겐 아무것도 아닐 수 있어요. 하지만 그 안의 보물을 본 사람은 그 나라에 올인할 수 있지요.

그물 비유

47-50 또 천국은 마치 바다에 치고 각종 물고기를 모는 그물과 같으니 그물에
가득하매 물가로 끌어내고 앉아서 좋은 것은 그릇에 담고 못된 것은 내버리느
니라 세상 끝에도 이러하리라 천사들이 와서 의인 중에서 악인을 갈라내어 풀
무 불에 던져 넣으리니 거기서 울며 이를 갈리라

가라지 비유와 같은 맥락이에요. 그물에 좋은 것과 나쁜 것이 함께 걸려 올라오지만 나쁜 것들은 골라서 버리신다는 거지요.

새것과 옛것 비유

51,52 이 모든 것을 깨달았느냐 하시니 대답하되 그러하오이다 예수께서 이르
시되 그러므로 천국의 제자 된 서기관마다 마치 새것과 옛것을 그 곳간에서 내
오는 집주인과 같으니라

하나님의 말씀을 바르게 가르치는 서기관마다 새것과 옛것을 함께 내오는 집주인 같아야 한다고 하세요. 이는 새것과 옛것, 즉 신약과 구약을 넘나들며 복음을 전해야 한다는 말씀이에요. 예수님이 구약의 성취로 오신 메시아이심을 보여주는 말씀이지요.

53-58 예수께서 이 모든 비유를 마치신 후에 그곳을 떠나서 고향으로 돌아가
사 그들의 회당에서 가르치시니 그들이 놀라 이르되 이 사람의 이 지혜와 이런
능력이 어디서 났느냐 이는 그 목수의 아들이 아니냐 그 어머니는 마리아, 그

형제들은 야고보, 요셉, 시몬, 유다라 하지 않느냐 그 누이들은 다 우리와 함께 있지 아니하냐 그런즉 이 사람의 이 모든 것이 어디서 났느냐 하고 예수를 배척한지라 예수께서 그들에게 말씀하시되 선지자가 자기 고향과 자기 집 외에서는 존경을 받지 않음이 없느니라 하시고 그들이 믿지 않음으로 말미암아 거기서 많은 능력을 행하지 아니하시니라

예수님이 고향에서 배척받으시는 장면이에요. 나사렛 회당에서 예수님의 가르침을 들은 사람들은 그분의 지혜와 능력에 놀라지요. 그러나 예수님의 성장 배경을 잘 알던 그들은 선입견을 갖고 그분을 배척하기로 결론을 내렸어요.

누가복음 4장에는 같은 장면이 좀 더 자세하게 기록되어 있어요. 예수님이 그때 회당에서 펼치신 말씀은 이사야서 61장 1,2절이에요. 예수님은 엘리야가 이스라엘의 수많은 과부를 두고 시돈 땅의 사렙다 과부에게 보내심을 받았으며 엘리사가 이스라엘의 수많은 나병환자를 두고 수리아 사람 나아만 장군을 고치셨음을 말씀하세요. 메시아를 통해 은혜의 해가 선포되었지만 이방 사람도 받아들인 복음을 정작 유대인들은 받아들이지 않음을 비난하신 것이지요.

회당에 모인 사람들은 이 말을 듣고 화가 잔뜩 나서 예수님을 동네 밖으로 내쫓고 낭떠러지에서 밀어 죽이려고 했어요. 자신이 메시아라고 주장하는 건 신성모독이니까요. 그런데 예수님은 그들 사이를 유유히 지나가세요. 그들은 예수님의 신적인 권위에 감히 손을 댈 수 없었던 거지요.

예수님은 그들이 믿지 않았기에 그곳에서 많은 능력을 행하지 않으셨

어요. 이 말씀도 우리 마음에 새겨야 해요. 우리가 믿지 않으면 예수님은 우리 삶에 능력을 행하지 않으세요.

사실 저는 간증을 잘 듣지 않아요. 또 간증을 하라고 해도 안 하는 편이에요. 꼭 필요할 땐 하지만 되도록 말씀을 가르치는 데 집중해요. 간증은 잠시 도전이 될 수 있지만 말씀이 심기면 그 말씀이 우리 안에 역사하여 삶에 기적으로 나타나기 때문이에요. 그러면 간증을 듣는 사람이 아니라 간증을 하는 사람이 되지요.

하나님나라가 우리 삶에 임하면 권능이 나타날 수밖에 없습니다. 그것을 통해 하나님이 영광 받으시니까요. 마태복음의 핵심 단어인 '나라, 권세, 영광'을 기억하지요? 우리 모두 늘 은혜 충만하여 날마다 하나님을 자랑하는 증인이 되기로 해요.

27 내 삶의 오병이어 14:1-21

20 다 배불리 먹고 남은 조각을 열두 바구니에 차게 거두었으며

우리는 13장에서 천국이 어떤 곳인지 여덟 가지 비유를 통해 살펴보며 말씀으로 천국이 확장된다는 걸 알았어요. 14-17장에서는 예수님이 천국 법을 삶의 현장에 적용해 보여주세요. 예수님의 사역이 절정에 이르

자 세례 요한은 그의 사명을 다하고 죽임을 당해요.

1,2 그때에 분봉왕 헤롯이 예수의 소문을 듣고 그 신하들에게 이르되 이는 세례 요한이라 그가 죽은 자 가운데서 살아났으니 그러므로 이런 능력이 그 속에서 역사하는도다 하더라

분봉왕 헤롯 안티파스가 예수님의 소문을 들었어요. 병자들이 고침을 받고 귀신이 쫓겨나고 죽은 사람이 살아난다는 이야기였지요. 이 소문을 듣고 헤롯은 자기가 죽인 세례 요한이 살아난 줄 알고 두려워했어요.

이어서 세례 요한에 대한 보충 설명이 나오네요.

3-5 전에 헤롯이 그 동생 빌립의 아내 헤로디아의 일로 요한을 잡아 결박하여 옥에 가두었으니 이는 요한이 헤롯에게 말하되 당신이 그 여자를 차지한 것이 옳지 않다 하였음이라 헤롯이 요한을 죽이려 하되 무리가 그를 선지자로 여기므로 그들을 두려워하더니

헤롯 안티파스가 동생 빌립의 아내 헤로디아를 빼앗아 오자 요한은 이를 잘못된 일이라며 비난했어요. 헤롯은 요한을 죽이려 했지만 대중이 그를 선지자로 여기며 존경했기에 차마 죽이지는 못했지요. 더구나 헤롯도 요한을 의롭고 거룩한 사람으로 인정하여 그를 두려워하면서도 보호했고 그의 말 듣기를 좋아했어요(막 6:20). 비록 헤롯은 비도덕적으로 살았지만 세례 요한이 선포하는 진리에 매력을 느꼈던 것 같아요.

6-12 마침 헤롯의 생일이 되어 헤로디아의 딸이 연석 가운데서 춤을 추어 헤롯

을 기쁘게 하니 헤롯이 맹세로 그에게 무엇이든지 달라는 대로 주겠다고 약속하거늘 그가 제 어머니의 시킴을 듣고 이르되 세례 요한의 머리를 소반에 얹어 여기서 내게 주소서 하니 왕이 근심하나 자기가 맹세한 것과 그 함께 앉은 사람들 때문에 주라 명하고 사람을 보내어 옥에서 요한의 목을 베어 그 머리를 소반에 얹어서 그 소녀에게 주니 그가 자기 어머니에게로 가져가니라 요한의 제자들이 와서 시체를 가져다가 장사하고 가서 예수께 아뢰니라

그런데 헤로디아는 그렇지 않았어요. 그녀는 남편이 버젓이 있는데도 그 형 헤롯의 유혹에 넘어가 결혼한 여자였어요. 그런데 이 불륜 관계를 계속해서 지적하는 요한이 그녀에게는 눈엣가시였지요. 그러던 차에 기회가 온 거예요.

헤로디아는 헤롯의 생일에 딸 살로메를 춤추게 해요. 헤롯이 그 춤에 감동해서 살로메에게 무엇이든지 주겠다고 약속하지요. 그러자 이 소녀는 엄마가 시킨 대로 요한의 목을 달라고 해요. 헤롯은 고민이 되었지만 이미 사람들 앞에서 맹세했기에 결국 소녀의 요청을 들어주지요. 요한의 목을 베어서 주자 소녀는 자기 엄마에게 가져가요. 요한의 제자들이 요한의 시신을 거두어 장사하고 예수님에게 이 사실을 알립니다.

다음은 오병이어 사건이에요. 이 사건은 너무나 중요해서 유일하게 사복음서에 모두 기록되어 있답니다. 마태는 비교적 간략하게 기록했지요.

13,14 예수께서 들으시고 배를 타고 떠나사 따로 빈 들에 가시니 무리가 듣고
여러 고을로부터 걸어서 따라간지라 예수께서 나오사 큰 무리를 보시고 불쌍

히 여기사 그중에 있는 병자를 고쳐주시니라

예수님은 세례 요한의 참수 소식과 제자들의 파송 사역을 들으셨어요. 제자들의 사역에서 하나님의 권능이 나타나자 예수님의 인기는 더 커졌지요. 그래서 제자들을 데리고 대중을 피해 빈 들로 가셨어요. 물론 쉼도 필요하셨지요(막 6:31). 예수님이 배를 타고 떠나시자 사람들은 호숫가를 따라 예수님이 탄 배를 좇아갔어요. 세례 요한이 죽었기에 예수님에게 대중의 관심이 더 집중될 수밖에 없었거든요.

예수님을 따르는 이들의 마음은 각양각색이었지요. 병을 고치려고 좇아가는 사람, 기적이 궁금해서 좇아가는 사람…. 예수님은 그들을 불쌍히 여기셨어요. 컴패션(compassion), 즉 창자가 끊어질 듯 불쌍한 마음이었지요. 그래서 병자들을 고쳐주셨어요.

15-17 저녁이 되매 제자들이 나아와 이르되 이곳은 빈 들이요 때도 이미 저물었으니 무리를 보내어 마을에 들어가 먹을 것을 사 먹게 하소서 예수께서 이르시되 갈 것 없다 너희가 먹을 것을 주라 제자들이 이르되 여기 우리에게 있는 것은 떡 다섯 개와 물고기 두 마리뿐이니이다

예수님을 따르는 사람들은 한적한 들판에 있었는데 어느새 날이 저물었어요. 빈 들이니 먹을 것을 구할 데가 없었지요. 제자들은 그들을 마을로 보내서 밥을 먹고 오게 하자고 제안해요. 그런데 예수께서는 "너희가 먹을 것을 주라"라고 말씀하십니다.

- 장소 : 빈 들
- 먹일 인원 : 장정만 5천 명(어린아이, 여자까지 합하면 약 2만 명)
- 돈 : 없음

제자들 입장에선 얼마나 황당했을까요. 그러나 이 상황을 누구보다 잘 아시는 예수님이 이런 말씀을 하실 때는 이유가 있겠지요. 요한복음은 그 이유를 "시험하고자 하심"(요 6:6)이라고 설명합니다. 바로 제자들이 깨달을 수 있도록 시험하신 거예요. 우리가 시험을 치르며 자기 수준을 점검하고 이전에 모르던 걸 새롭게 알게 되듯이요.

제자들은 떡 다섯 개와 물고기 두 마리가 그들에게 있는 전부라고 말해요. 더 정확히 말하자면, 빌립은 사람들을 다 먹이려면 빵을 200데나리온어치나 사더라도 부족할 거라고 했고, 안드레는 떡 다섯 개와 물고기 두 마리뿐이니 이 많은 사람들에게는 소용없다고 했지요(요 6장). 한마디로 불가능하다는 거예요.

18-21 이르시되 그것을 내게 가져오라 하시고 무리를 명하여 잔디 위에 앉히시고 떡 다섯 개와 물고기 두 마리를 가지사 하늘을 우러러 축사하시고 떡을 떼어 제자들에게 주시매 제자들이 무리에게 주니 다 배불리 먹고 남은 조각을 열두 바구니에 차게 거두었으며 먹은 사람은 여자와 어린이 외에 오천 명이나 되었더라

예수님은 제자들에게 떡 다섯 개와 물고기 두 마리를 가져오라고 하세요. 그리고 사람들을 잔디밭에 앉히신 후 떡과 물고기를 들고 하늘을

우러러 감사 기도를 드리셨지요. 예수님은 축사한 음식을 떼어 제자들에게 주셨고, 제자들은 사람들에게 나눠주었어요.

놀랍게도 어린아이와 여자를 제외하고도 성인 남성 5천 명이 배불리 먹었고, 남은 조각을 모았더니 열두 바구니가 가득 찼어요. 말 그대로 충분히 먹고도 풍성하게 남은 거지요. 이것은 미래의 종말론적 완성, 곧 예수님의 재림 때 완성될 하나님나라를 의미해요.

혹시 오병이어 사건을 보며 떠오르는 장면이 있나요? 힌트는 구약, 출애굽기! 바로 광야에서 만나를 먹이신 장면이에요. 하나님은 사람이 떡으로만 사는 게 아니고 하나님의 말씀으로 산다는 걸 계속 가르치세요. 말씀대로 만나를 주시고 넘치게 먹이셨듯이 말씀이 우리 인생을 책임진다는 거지요.

하나님은 우리를 영적인 것뿐 아니라 육적으로도 책임지세요. 우리가 기대하는 세상의 보상은 없을지 몰라도 우리의 필요를 잘 아시고 넉넉히 채워주시지요.

여러분에게 지금 당면한 과제가 무엇인가요? 혹시 빌립처럼 그 문제를 풀려면 돈은 얼마 필요하고 자격증은 어떤 게 있어야 한다며 부족한 걸 잔뜩 나열하고는 불가능하다고 투덜대고 있진 않나요? 아니면 안드레처럼 "이 일을 제가 하라고요? 제 수중에는 돈이 만 원밖에 없어요"라며 손사래 치고 있진 않나요?

2년 전, 하나님께서 유튜브에 성경공부 영상을 올리라고 하셨을 때 제 안에 빌립과 안드레와 같은 마음이 있었어요. 정말 시간이 없었거든요. 그때는 백화점 판매까지 하던 터라 종일 서서 일하고 집에 오면 몸이 파김치가 되었어요. 그런 상황에서 유튜브 영상 촬영은 정말 불가능했어요. 그런데 제 장점이 하나님이 시키시면 '일단' 하는 거예요. 그래서 토요일 저녁에 라이브 방송으로 먼저 시작했어요. 너무 피곤해서 목소리도 잘 나오지 않았지요. 그래도 울며불며 은혜를 나눴던 기억이 지금도 생생합니다.

그러다가 백화점 출근을 줄일 수 있게 되자 하나님은 제게 영상 업로드를 매일 하라는 마음을 주셨어요. 저는 또 안드레처럼 빵 다섯 개와 물고기 두 마리를 들이밀며 불가능하다고 우는소리를 했지요. 그러자 하나님은 아가서를 통해 충만한 사랑을 부어주시며 '내가 이렇게 부어주면 할 수 있지?'라는 마음을 주셨어요.

그래서 아가서 8장부터 매일 영상을 찍었지요. 지나고 보니 이 유튜브 채널을 통해 오병이어의 기적이 매일 일어나고 있더라고요. 어림 반 푼어치도 안 되는 부족한 것으로나마 순종했더니 저도 충만히 먹고, 나아가 매일 수많은 사람이 이 영상을 통해 배불리 먹으며, 남은 것을 주변에 나누고 있었어요.

우리는 많이 부족해요. 그런데 예수님은 우리 손에 있는 그 부족한 것으로 기적을 이루세요. 우리의 능력이 아닌 주님의 능력으로요. 창자가 찢어질 듯한 긍휼함으로 우리를 먹이시고 또 넘치게 주셔서 주위에 전하게 하시지요.

28 물 위를 걸어보아요 14:22-36

33 배에 있는 사람들이 예수께 절하며 이르되 진실로 하나님의 아들이
로소이다 하더라

이번 본문의 주인공은 제자들이니 그들의 말과 행동을 주시해보세요.

오병이어의 기적을 체험한 사람들은 흥분이 가라앉질 않았어요. 그들은 확신했지요.

'저분을 왕으로 세우자! 민생 문제부터 경제 문제까지 해결해주시니 우리가 로마로부터 독립할 절호의 기회다!'

예수님이 메시아이심을 보여준 오병이어 사건이 오히려 대중의 눈을 가렸어요. 예수님은 이 땅에 로마를 물리칠 왕으로 오신 게 아니라 십자가에서 우리의 죗값을 대신 치르기 위해 오신 거였지요. 약 1년 뒤 십자가를 지셔야 했어요. 대중의 잘못된 시선을 바로잡기 위해 예수님은 그들을 해산시키셔야 했습니다.

22 예수께서 즉시 제자들을 재촉하사 자기가 무리를 보내는 동안에 배를 타고
앞서 건너편으로 가게 하시고

흥분의 도가니 속에서 제자들도 대중과 같은 마음이었어요.

'드디어 때가 됐구나! 예수님을 둘러싼 여론까지 만들어졌으니 이제 왕만 되시면 된다!'

대중이 예수님의 제자인 그들까지 우러러보니 어깨가 으쓱했겠지요. 제자들은 분명 대중보다 더 흥분해서 떠나기 싫었을 거예요. 예수님이 제자들을 재촉해서 보내신 걸 보면 알 수 있어요.

예수님은 들뜬 여론을 조성하는 무리를 흩으시고, 제자들을 재촉해서 배를 타고 앞서 건너편으로 가게 하세요.

23 무리를 보내신 후에 기도하러 따로 산에 올라가시니라 저물매 거기 혼자 계시더니

예수님은 홀로 산에 올라가 밤이 깊도록 기도하셨지요. 어떤 기도를 하셨을까요? 아마 제자들이 영적으로 더 성장하여 사명을 잘 감당하기를 기도하셨을 거예요.

24 배가 이미 육지에서 수 리나 떠나서 바람이 거스르므로 물결로 말미암아 고난을 당하더라

제자들을 태운 배는 이미 육지에서 수 리나 떠났는데, 역풍이 일어 풍랑에 시달리고 있었어요. 여기서 우리는 두 가지를 발견할 수 있습니다. 첫째는 제자들이 역풍을 맞으면서도 순종했다는 것이고, 둘째는 말씀대로 순종해도 고난이 올 수 있다는 거예요.

베드로를 비롯한 제자들은 어부로서 바다를 잘 아는 전문가였어요. 바람을 거슬러서 생긴 어려움이니 왔던 데로 돌아가면 해결될 문제였지요. 그러나 그들은 바람에 맞서 고난을 자초하며 말씀에 순종해요.

25 밤 사경에 예수께서 바다 위로 걸어서 제자들에게 오시니

"밤 사경"은 로마식 계산법으로 새벽 3-6시경이에요. 제자들은 밤새 풍랑과 씨름하며 버티고 있었던 거예요. 그때 예수님이 물 위를 걸어오십니다.

26 제자들이 그가 바다 위로 걸어오심을 보고 놀라 유령이라 하며 무서워하여 소리 지르거늘

제자들은 예수님의 모습을 보고 유령이라며 무서워 소리를 질러요.

27 예수께서 즉시 이르시되 안심하라 나니 두려워하지 말라

예수님은 즉시 "안심하라. 나니 두려워하지 말라"라며 그들을 안심시키세요. 여기서 "나니"가 아주 중요해요. 헬라어로는 '에고 에이미'인데, 구약에서 여호와가 자신을 계시하실 때 사용된 어구지요. 즉 예수님이 "나는 하나님이다. 나를 믿고 두려워하지 말라"라고 하신 거예요. 5천 명을 초자연적으로 먹이시고 바다 위를 걸어오심으로 우주 만물을 통치하시는 전능하신 하나님이심을 드러내시지요.

28,29 베드로가 대답하여 이르되 주여 만일 주님이시거든 나를 명하사 물 위로 오라 하소서 하니 오라 하시니 베드로가 배에서 내려 물 위로 걸어서 예수께로 가되

베드로는 흥분하여 예수께 "만일 주님이시면 나를 물 위로 오라고 명해주세요"라고 요청해요. 예수님이 "오라" 하시니 그는 배에서 내려 물 위로 걸어서 예수께로 가지요. 대단한 믿음이지요? 다른 제자들은 엄두도 못 냈는데 말이에요.

30 바람을 보고 무서워 빠져가는지라 소리 질러 이르되 주여 나를 구원하소서 하니

그런데 그의 믿음은 거기까지였어요. 그가 바람을 보고 무서워하는 순간, 바다에 빠지지요. 그는 소리를 질렀어요.

"주여, 나를 구원하소서!"

31,32 예수께서 즉시 손을 내밀어 그를 붙잡으시며 이르시되 믿음이 작은 자여 왜 의심하였느냐 하시고 배에 함께 오르매 바람이 그치는지라

예수님은 즉시 손을 내밀어 그를 붙잡으시고 "믿음이 작은 자여, 왜 의심하였느냐"라고 물으세요. 베드로는 믿음이 작아서 의심을 했고 두려움에 사로잡혀 결국 물에 빠진 거예요.

헬라어 '의심하다'는 '나누어진 마음을 가지고 있다'라는 뜻입니다. 베드로의 마음이 믿음과 현실 직시로 나뉘자 물에 빠진 거지요. 예수님이 그를 "믿음이 작은 자"라고 부르셨듯이 아직은 그의 믿음이 온전하지 않음을 알 수 있어요.

여기서 한 가지 명심할 건, 배가 바다를 건너는 수단이긴 하지만 예수

님과 함께할 때라야 온전히 건널 수 있다는 거예요. 우리는 예수님과 함께 있을 때 비로소 참 평안과 보호를 받을 수 있어요.

33 배에 있는 사람들이 예수께 절하며 이르되 진실로 하나님의 아들이로소이다 하더라

33절은 아주 중요한 구절이에요. 이 사건을 통해 배에 있던 제자들이 비로소 예수님을 하나님의 아들로 고백했거든요. 이러한 깨달음은 그들이 바람을 거슬러 말씀대로 가보려는 순종과 노력이 있었기에 얻어진 거예요.

제자들은 믿음으로 순종하며 예수님을 경험하고 신앙이 한 단계 깊어져서 예수님이 하나님의 아들임을 알게 되었어요. 그런데 완전해지지는 않았지요. 그들은 예수님이 잡히실 때 다 도망갔고, 베드로는 세 번이나 그분을 부인했으니까요. 그럼에도 그 절망의 상황 속에서 끝내 믿음을 놓지 않았기에 훗날 주를 위해 순교하는 진정한 사도로 성장할 수 있었어요.

하나님의 자녀는 평생에 걸쳐 성장해요. 실패를 통해 하나님을 배워가지요. 그분을 의지하며 풍랑 위를 걸을 때 우리의 믿음은 그리스도의 장성한 분량으로 자라나요. 그 고난의 과정을 통해 인격도 성장하여 세상을 넉넉히 품을 수 있게 되지요. 나만 알던 내가 오히려 남을 위해 내 것을 내주게 됩니다.

예수님이 물 위를 걸으신 사건은 오병이어 사건에 이어 제자들을 위해 주신 표적이에요. 이스라엘 백성들이 약속의 땅 가나안에 들어가기 위해

홍해를 건넜듯이 제자들이 영적인 홍해를 건넌 사건이었지요. 즉 사명을 감당하기 위해 거듭나는 계기가 되었어요.

34-36 그들이 건너가 게네사렛 땅에 이르니 그곳 사람들이 예수이신 줄을 알고 그 근방에 두루 통지하여 모든 병든 자를 예수께 데리고 와서 다만 예수의 옷자락에라도 손을 대게 하시기를 간구하니 손을 대는 자는 다 나음을 얻으니라

예수님 일행이 갈릴리 호수에서 그 엄청난 밤을 지나고 게네사렛에 도착하니 소식을 들은 사람들이 몰려왔어요. 그들은 모든 병자를 예수께 데려와 옷자락에라도 손을 대게 해달라고 간청했지요. 예수께 손을 대는 자마다 다 나음을 얻었어요.

이 본문을 통해 저는 많은 용기와 힘을 얻고 신앙이 한 뼘 자라날 수 있었어요. 저로서는 성경공부 영상을 매일 찍는 일이 바람을 거스르는 일이에요. 그런데 그것이 하나님의 뜻이기에 힘써 가는 거지요. 제자들이 역풍이 부는 배에서 밤새 버텼던 것처럼 저 역시 매일 잠을 줄이고 시간을 아끼고 가족의 이해를 받으며 묵묵히 해나가고 있어요.

책까지 집필하게 되자 말 그대로 생명의 위협을 느낄 만큼 힘들어서 물 위를 걷는 믿음이 필요했지요. 베드로처럼 두려움에 사로잡혀 물에 빠져서는 펑펑 울기도 했고요. 그런데 그때마다 주님은 저를 건지시고 새 힘을 주셨습니다. 제 신앙을 한 뼘씩 성장시키셨지요.

풍랑 속에서 제자들의 믿음이 성장하여 훗날 위대한 사명을 감당한 것처럼 우리도 그런 인생을 살 줄 믿어요. 예수께 시선을 고정해야 그분

의 일을 보고 하늘의 꿈을 꿀 수 있어요. 모든 시선을 주님께 드리고 살아계신 하나님을 느낄 때 내 삶이 주님의 역사가 되지요.

29 소리 질러! 15:1-28

28 이에 예수께서 대답하여 이르시되 여자여 네 믿음이 크도다 네 소원대로 되리라 하시니 그때로부터 그의 딸이 나으니라

이 본문에서는 유대인과 이방인의 믿음이 대조되어 묘사됩니다.

1,2 그때에 바리새인과 서기관들이 예루살렘으로부터 예수께 나아와 이르되 당신의 제자들이 어찌하여 장로들의 전통을 범하나이까 떡 먹을 때에 손을 씻지 아니하나이다

바리새인과 서기관들이 그들의 공회에서 파견을 받아 예수님을 조사하기 위해 예루살렘에서 와요. 그들은 예수님의 제자들이 장로들의 전통을 어긴다며 손을 씻지 않고 음식 먹는 걸 비난하지요.

우선 장로들의 전통이 무엇인지 알아볼게요. 유대인들은 나라가 없는 가운데서도 자기들의 정체성을 유지하고 경건 생활을 잘하기 위해 율법 외에 세칙들을 만들었어요. 이 세칙들은 분명 좋은 의도로 만든 거

지만 시간이 지나면서 다른 사람을 정죄하고 찌르기 위한 것으로 변질되었지요. 그들이 문제를 제기한 손 씻는 일은 단순히 위생을 위한 게 아니라 공식적인 종교 의례였어요. 그러니 이를 지키지 않는 제자들이 못마땅했던 거예요.

3-6 대답하여 이르시되 너희는 어찌하여 너희의 전통으로 하나님의 계명을 범하느냐 하나님이 이르셨으되 네 부모를 공경하라 하시고 또 아버지나 어머니를 비방하는 자는 반드시 죽임을 당하리라 하셨거늘 너희는 이르되 누구든지 아버지에게나 어머니에게 말하기를 내가 드려 유익하게 할 것이 하나님께 드림이 되었다고 하기만 하면 그 부모를 공경할 것이 없다 하여 너희의 전통으로 하나님의 말씀을 폐하는도다

이에 예수님은 도리어 바리새인과 서기관들을 지적하세요. 그들이 장로들의 전통으로 "하나님의 계명"을 어기고 있다며 그 예로 '고르반' 제도를 지적하세요. 당시 유대인에게는 자기 재산을 '하나님께 드리는 것'(고르반)이라고 맹세하면 부모를 부양하는 의무가 면제되는 관습이 있었어요. 다수의 사람이 재산을 하나님께 드렸다고 선언하고는 부모에 대한 의무를 게을리했지요.

문제는 하나님께 드리는 기한이 정해져 있지 않았다는 거예요. 그들은 드렸다고 말만 하고 실상은 계속 누리면서 부모를 부양하지 않았어요. 그들이 중시한 "장로들의 전통"으로 하나님의 말씀 곧 십계명의 제5계명 '네 부모를 공경하라'를 폐하고 어겼던 거지요.

7-9 외식하는 자들아 이사야가 너희에 관하여 잘 예언하였도다 일렀으되 이 백성이 입술로는 나를 공경하되 마음은 내게서 멀도다 사람의 계명으로 교훈을 삼아 가르치니 나를 헛되이 경배하는도다 하였느니라 하시고

이어 이사야서 29장 13절 말씀을 인용하여 그들의 외식을 지적하세요. 입으로는 말씀대로 산다며 세칙까지 만들어 경건 생활을 하지만 실제로는 하나님의 말씀 대신 사람의 계명을 가르쳐 하나님을 멀리하고 헛되이 경배하고 있다고 꾸짖으시지요. 참 무섭지요? 이를 통해 예수님은 장로들의 전통이 하나님 말씀에 근거한 게 아님을 밝히셨어요.

10,11 무리를 불러 이르시되 듣고 깨달으라 입으로 들어가는 것이 사람을 더럽게 하는 것이 아니라 입에서 나오는 그것이 사람을 더럽게 하는 것이니라

예수님은 이 사건을 통해 무리를 가르치세요. 사람의 입으로 들어가는 게 사람을 더럽게 하는 게 아니라 입에서 나오는 게 사람을 더럽힌다고 하시지요. 겉으로 보이는 종교 형식이 문제가 아니라 내면이 진짜 문제라는 거예요.

12-14 이에 제자들이 나아와 이르되 바리새인들이 이 말씀을 듣고 걸림이 된 줄 아시나이까 예수께서 대답하여 이르시되 심은 것마다 내 하늘 아버지께서 심으시지 않은 것은 뽑힐 것이니 그냥 두라 그들은 맹인이 되어 맹인을 인도하는 자로다 만일 맹인이 맹인을 인도하면 둘이 다 구덩이에 빠지리라 하시니

제자들은 바리새인들이 예수님의 가르침을 듣고 화가 났다며 초조해해요. 이에 예수님은 하늘 아버지께서 심지 않으신 건 다 뽑힐 거라고

하시며, 그들의 잘못이 반드시 심판을 받을 거라고 강조하세요. 그리고 대응할 가치도 없으니 그냥 두라고 하시지요.

또 바리새인들이 백성의 말씀선생 노릇을 하는 건 맹인이 맹인을 인도하여 멸망에 빠지는 격이라고 비판하십니다. 그들은 말씀을 가르치지만 정작 하나님의 뜻을 깨닫지 못했기에 스스로 멸망의 길을 가고, 그 가르침을 받는 사람까지 멸망으로 이끈다는 거였지요.

> 15-20 베드로가 대답하여 이르되 이 비유를 우리에게 설명하여주옵소서 예수께서 이르시되 너희도 아직까지 깨달음이 없느냐 입으로 들어가는 모든 것은 배로 들어가서 뒤로 내버려지는 줄 알지 못하느냐 입에서 나오는 것들은 마음에서 나오나니 이것이야말로 사람을 더럽게 하느니라 마음에서 나오는 것은 악한 생각과 살인과 간음과 음란과 도둑질과 거짓 증언과 비방이니 이런 것들이 사람을 더럽게 하는 것이요 씻지 않은 손으로 먹는 것은 사람을 더럽게 하지 못하느니라

이번에도 제자들은 예수님의 비유를 정확하게 알아듣지 못했어요. 그래서 베드로가 다시 여쭈어요. 예수님은 여전히 말씀을 깨닫지 못하는 제자들을 안타까워하시며 자세히 설명해주세요.

입으로 들어가는 음식이나 씻지 않은 손으로 먹는 것 자체가 사람을 더럽게 하지 못한다고요. 예수님이 율법을 완성하러 오셨기에 문자로 기록된 율법 특히 할례 등을 더 이상 지킬 필요가 없다고 설명하신 거지요. 반면 입을 통해 사람의 마음에서 나오는 것이야말로 사람을 더럽게 한다고 하세요. 이는 악한 생각, 살인, 간음, 음란, 도둑질, 거짓 증언,

비방 등을 말해요.

이제 예수님은 유대 지역을 떠나 두로와 시돈 지방으로 가세요. 유대 전통을 비난하고 이방 지역으로 가심으로 복음의 방향성을 보여주시지요. 여기서 유대인과 대조되는 이방인의 믿음에 대한 이야기가 등장해요.

21,22 예수께서 거기서 나가사 두로와 시돈 지방으로 들어가시니 가나안 여자 하나가 그 지경에서 나와서 소리 질러 이르되 주 다윗의 자손이여 나를 불쌍히 여기소서 내 딸이 흉악하게 귀신 들렸나이다 하되

한 가나안 여자가 나와서 소리를 지르며 예수께 간청해요.

"주 다윗의 자손이여, 나를 불쌍히 여기소서. 내 딸이 흉악하게 귀신 들렸나이다!"

그 여자는 헬라인으로 수로보니게 족속이었어요(막 7:26). 22절에 기록된 "소리 질러"가 미완료형이므로 그녀는 한 번 말한 게 아니라 계속 절규했음을 알 수 있어요. 여기서 그녀가 예수님을 "주 다윗의 자손"이라고 부른 걸 주목해야 해요. 이는 '다윗 언약으로 오신 메시아'라는 의미로, 그녀에게는 예수님이 메시아라는 믿음이 있었던 거예요.

23,24 예수는 한 말씀도 대답하지 아니하시니 제자들이 와서 청하여 말하되 그 여자가 우리 뒤에서 소리를 지르오니 그를 보내소서 예수께서 대답하여 이르시되 나는 이스라엘 집의 잃어버린 양 외에는 다른 데로 보내심을 받지 아니하였노라 하시니

이 엄청난 간구에도 예수님은 한마디도 하지 않으세요. 당시 유대인은 이방인을 무시했기에 제자들도 가만히 있었지요. 그런데 너무 소란스러우니까 보다 못한 제자들이 이 여자를 보내자고 말씀드려요.

그런데 예수님은 "나는 이스라엘 집의 잃어버린 양 외에는 다른 데로 보내심을 받지 아니하였노라"라고 하시며 마치 유대인의 구원만을 위해 오신 것처럼 말씀하세요. 이방 지역에서 그렇게 말씀하시다니, 뭔가 앞뒤가 맞지 않지요.

25,26 여자가 와서 예수께 절하며 이르되 주여 저를 도우소서 대답하여 이르시되 자녀의 떡을 취하여 개들에게 던짐이 마땅하지 아니하니라

여자는 예수께 무릎 꿇고 더 간절히 청해요. "주여"라는 호칭에 지극한 존경과 신앙고백이 담겨있음을 느낄 수 있어요. 그런데 예수님의 대답이 너무 차가워요. 차갑다 못해 듣는 사람에게 상처가 될 정도예요.

자녀의 떡을 개들에게 던지지 않는다고 하시며 그녀를 '개'로 비유하세요. 유대인에게 개는 부정적인 이미지로, 이 말씀은 엄청난 경멸처럼 들립니다. 하지만 예수님의 이 표현은 유대인들의 형식적인 믿음과 극명한 대조를 이루는 이방 여인의 믿음을 강조하기 위함이었어요.

27,28 여자가 이르되 주여 옳소이다마는 개들도 제 주인의 상에서 떨어지는 부스러기를 먹나이다 하니 이에 예수께서 대답하여 이르시되 여자여 네 믿음이 크도다 네 소원대로 되리라 하시니 그때로부터 그의 딸이 나으니라

여자는 예수님의 말씀을 인정해요. 유대인이 멸시하는 이방인인 자기 처지를 겸손히 인정하지요. 그런데 거기서 멈추지 않고 개들도 주인의 상에서 떨어지는 부스러기를 먹는다며 간절히 예수님의 긍휼을 구해요. 예수님은 그녀의 믿음을 칭찬하시며 딸을 낫게 해주십니다.

이 사건은 앞선 '장로들의 전통'과 극명한 대조를 이뤄요. 유대인들은 떡을 먹을 때 손에 묻어 더러워지면 떡 부스러기로 손을 깨끗이 하고 그 부스러기를 바닥에 버렸어요. 그러면 그것을 개들이 먹었지요. 예수님은 그 장면을 염두에 두고 개 이야기를 꺼내신 거예요. 진짜 더러운 건 하나님의 말씀보다 자기들의 규칙을 더 중시하는 유대인들의 부패한 마음이라는 거지요.

두로와 시돈 지역에 살던 이 가나안 여인은 그 지역의 특성상 부유한 사람으로 추정할 수 있어요. 그런데 그가 가진 모든 것으로도 목숨보다 귀한 자녀를 낫게 할 수 없었지요. 그녀는 자녀의 아픔이라는 환난을 통해 주님만이 답이심을 깨달았어요. 그래서 그 모욕과 수치를 뚫고 예수께 자녀를 맡긴 거예요. 이 여인은 복음의 가치가 세상의 가치와 비교할 수 없을 만큼 가장 귀함을 깨달은 사람입니다.

당시 유대인들처럼 우리도 교회에 다닌다는 것만으로 세상을 정죄하고 있는 건 아닌지 살펴봐야 해요. 유대인이 스스로 만든 규칙으로 하나님의 말씀을 어긴 것처럼 복음을 아는 우리가 왜곡된 신념이나 가치로 하나님을 가리고 그분을 욕되게 하는 건 아닌지, 그분의 말씀을 어기는 건 아닌지 돌아봐야 해요.

성숙한 사람은 자기 모습을 볼 줄 압니다. 가나안 여인처럼 예수님이 '개'라고 하셨을 때 그걸 인정하는 자세가 필요해요. 그녀는 자신에게 소망이 없고 오직 절망뿐임을 알았기에 주인의 상에서 떨어지는 부스러기라도 구한다는 위대한 고백을 할 수 있었어요.

저도 말씀을 가르치는 사람으로서 이런 본문을 보면 숨고 싶어져요. 하지만 부족한 모습 그대로 하나님께 나아가 스스로 점검하고 있어요. 이제는 남을 손가락질하는 대신에 날마다 말씀에 자신을 비추어보기로 해요.

30 사명 찾는 법 15:29-39

32 예수께서 제자들을 불러 이르시되 내가 무리를 불쌍히 여기노라 그들이 나와 함께 있은 지 이미 사흘이매 먹을 것이 없도다 길에서 기진할까 하여 굶겨 보내지 못하겠노라

저는 이 본문을 통해 '사명'을 다시 한번 생각하게 되었어요. 많은 사람이 "내 사명이 뭔지 모르겠다"라고 하지요. 그런데 바로 여기에 사명 찾는 방법이 나와요.

29-31 예수께서 거기서 떠나사 갈릴리 호숫가에 이르러 산에 올라가 거기 앉으시니 큰 무리가 다리 저는 사람과 장애인과 맹인과 말 못 하는 사람과 기타 여럿을 데리고 와서 예수의 발 앞에 앉히매 고쳐주시니 말 못 하는 사람이 말하고 장애인이 온전하게 되고 다리 저는 사람이 걸으며 맹인이 보는 것을 무리가 보고 놀랍게 여겨 이스라엘의 하나님께 영광을 돌리니라

예수님은 두로와 시돈을 떠나 갈릴리 호수에 도착하세요. 갈릴리 호수는 유대 쪽과 이방 쪽이 있는데, 예수님이 가신 곳은 이방 쪽으로 갈릴리 호수의 북동쪽 해변이에요.

여기서도 많은 사람이 예수께 몰려옵니다. 이미 소문이 널리 퍼졌으니까요. 예수님은 다리 저는 사람과 장애인, 맹인, 말 못 하는 사람들을 치유하세요. 이 놀라운 치유의 능력을 지켜보던 사람들이 이스라엘의 하나님께 영광을 올려드리지요. 이 장면은 이사야서 35장 5,6절 말씀의 성취예요.

그때에 맹인의 눈이 밝을 것이며 못 듣는 사람의 귀가 열릴 것이며 그때에 저는 자는 사슴같이 뛸 것이며 말 못 하는 자의 혀는 노래하리니 이는 광야에서 물이 솟겠고 사막에서 시내가 흐를 것임이라 사 35:5,6

메시아가 오시면 영혼의 구원뿐 아니라 육체의 구원까지 임하고 더 나아가 자연까지 회복될 거라는 말씀이에요. 이사야가 예언한 메시아 오심을 나타내는 사인들이 예수님을 통해 모두 이뤄지고 있어요. 유대뿐 아니라 이방 땅까지지요.

이 본문에 등장하는 사람들은 아무리 노력해도 스스로 절망에서 벗어날 수 없었어요. 그러나 예수님을 만났을 때 새 삶이 열렸지요. 예수님은 그들을 절망에서 일으켜 새 길을 열어주셨어요.

우리도 마찬가지예요. 도저히 손쓸 수 없는 절망적인 상황일지라도 예수 안에 있으면 반드시 새 길이 열려요. 생명이 소생하는 일이 벌어지자 사람들은 더 몰려들었어요. 그 상황에서 예수님이 4천 명을 먹이신 일이 일어나지요.

32 예수께서 제자들을 불러 이르시되 내가 무리를 불쌍히 여기노라 그들이 나와 함께 있은 지 이미 사흘이매 먹을 것이 없도다 길에서 기진할까 하여 굶겨 보내지 못하겠노라

사람들이 굶으며 말씀을 듣는 모습을 보시고 예수님은 그들을 '불쌍히' 여기세요. 14장의 오병이어 사건 때와 같이 'compassion'으로 번역되지요. 예수님은 제자들을 불러 무리가 모인 지 벌써 사흘이나 되었는데 먹을 게 없다고 안타까워하세요("사흘"은 절망이 극에 달한 수로 볼 수 있어요). 그들을 이대로 보내면 가는 길에 기진할 것 같으니 굶겨 보내지 못하겠다고 하시지요.

33 제자들이 이르되 광야에 있어 우리가 어디서 이런 무리가 배부를 만큼 떡을 얻으리이까

예수님은 그들을 충분히 먹이실 수 있는 분이에요. 이는 제자들도 잘 알아요. 불과 얼마 전에 오병이어 사건을 경험했으니까요. 그런데 그들

의 반응이 시큰둥해요. 어떻게 광야에서 이 많은 사람을 먹일 음식을 구하냐며 투덜대지요.

34 예수께서 이르시되 너희에게 떡이 몇 개나 있느냐 이르되 일곱 개와 작은 생선 두어 마리가 있나이다 하거늘

예수님은 제자들의 반응을 무시하시고 떡이 몇 개나 있는지 물으세요. 그들은 떡 일곱 개와 생선 두 마리가 있다고 답해요.

35-39 예수께서 무리에게 명하사 땅에 앉게 하시고 떡 일곱 개와 그 생선을 가지사 축사하시고 떼어 제자들에게 주시니 제자들이 무리에게 주매 다 배불리 먹고 남은 조각을 일곱 광주리에 차게 거두었으며 먹은 자는 여자와 어린이 외에 사천 명이었더라 예수께서 무리를 흩어 보내시고 배에 오르사 마가단 지경으로 가시니라

오병이어 때와 거의 동일한 광경이 벌어져요. 먼저 무리를 땅에 앉히시고 예수님이 떡 일곱 개와 생선을 축사하신 다음 떼어 제자들에게 주시면 제자들은 그것을 사람들에게 나눠줬지요. 여기서 돌발 퀴즈! 오병이어 사건과 다른 점 두 가지를 찾아보세요.

첫째는 빵과 물고기 수이고, 둘째는 제자들의 태도예요. 제자들의 태도가 다른 이유는 빵과 물고기 수에 그 답이 있어요. 먼저 오병이어를 살펴보면, 유대인에게 '5'는 모세오경을 떠올리게 하는 숫자예요. 그러므로 오병이어의 대상은 유대인이지요.

반면 '칠병이어'는 이방인을 대상으로 한 표적이었어요. '7'은 완전수이

자 모든 민족을 상징하는 숫자예요. 유대인들은 '70'을 모든 민족과 나라를 포함한 땅끝까지 충족되는 수로 보았기에 상징적으로 70인의 전도단을 보냈던 거예요(눅 10:1).

당시 유대인은 이방인을 꺼렸는데 이런 태도가 제자들에게도 남아있었어요. 내심 '이방인까지 먹여야 하나?'라는 마음이 들었겠지요. 그러니 이방인을 불쌍히 여기시는 예수님에게 뜨뜻미지근한 반응을 보인 거예요. 그와 상관없이 예수님은 이방인을 배불리 먹이셨어요. 다 먹고 남은 조각을 거두었더니 일곱 광주리가 찼지요. 오병이어 때의 열두 바구니가 열두 지파와 연관이 있다면, 일곱 광주리는 열방을 포함한 완전수를 상징해요.

9장을 보면 예수님의 가르치고 전파하고 고치시는 천국 사역도 무리를 "불쌍히" 여기심으로 시작되었어요(마 9:36). 목자 없이 떠도는 양 같은 백성을 불쌍히 여기셔서 천국 복음을 전하신 거였지요. 이후 병자를 고치고 무리를 먹이신 것도 불쌍히 여기셨기 때문이에요.

우리가 이 세상에서 예수님의 그 애끓는 마음을 느낄 때 하나님의 역사가 일어나요. 이 지점은 사람마다 달라요. 우리는 같은 사건을 보고도 다 다르게 느낍니다. 저마다 유난히 크게 다가오는 것들이 있어요. 그 지점이 바로 '사명'이에요.

우리에게 보여주시는 현장을 하나님 아버지의 눈으로 바라보고 불쌍히 여기는 마음으로 주어진 일에 순종하면, 나를 통해 그 자리에 하나님 나라가 시작돼요.

미국에서 사업을 할 때 한 단골손님이 제게 정말 궁금한 게 있다며 물었어요.

"너희 나라(한국)는 정말 대단한 것 같아. 한국전쟁도 잘 극복했고 IMF도 빠르게 이겨냈잖아. 게다가 역사와 전통도 깊고 문화도 꽃피운 나라인데, 왜 디자인은 명품을 카피하는 거야?"

저는 말문이 막혔지요. 그 질문이 두고두고 제 가슴에 박혔지만 그때는 제가 할 수 있는 일이 없다고 생각했어요. 그런데 제가 하나님을 만나고 사명을 구할 때, 그 순간을 떠올려주셨어요. 저는 그 단골손님의 질문에 답하고 싶어서 한국에 돌아온 뒤 '지나미'라는 한국 명품 브랜드를 만들었지요.

한때 부의 상징이자 할리우드 문화의 본거지인 미국 비벌리힐스와 중국에 진출해서 프라다, 펜디와 같은 명품과 나란히 전시되기도 했습니다. 결국 세상적으로는 실패했지만 하나님이 허락하시면 모든 걸 할 수 있음을 그때 배웠지요.

그렇게 세상의 흥함과 쇠함을 오가며 광야를 걷는 가운데 우주 만물을 주관하시는 하나님께 배우며 그분께 쓰임 받는 '컬쳐 크리에이터'가 되기로 결심했어요. 다윗이 영적 암흑기인 사사 시대를 배경으로 하나님나라 문화를 창조한 컬쳐 크리에이터였듯이 저도 그런 사명을 받았지요.

저는 자신을 컬쳐 크리에이터로 소개해요. 말씀이 넘치지만 여전히 말씀에 목말라하는 영혼들에게 성도의 눈높이에서 살아있는 복음을 전하고 있지요. 유튜브라는 세상 문화에 하나님나라의 깃발을 꽂고 천국 문화를 확장해갈 수 있음이 꿈만 같아요. 또 패션계에서 고객에게 편안함을 주는 옷을 제공하며 '천국 라이프스타일'을 제안하고 참 기쁨을 줄 수 있어서 감사해요.

다사다난한 세월을 지나며 제 삶에 수많은 '하나님의 이야기'가 만들어졌어요. 하나님께서는 제게 불쌍히 여기는 마음을 부어주시며 늘 사람을 살리라고 하세요. 저는 그 말씀에 순종하여 창자가 끊어지는 애통함으로 그분이 보여주시는 곳과 만나게 하시는 이들을 위해 중보하려고 해요. 또 예수님처럼 말씀과 사역으로 영과 육을 살리기 위해 매 순간 지혜를 구하며 최선을 다하고 있답니다.

31 정점을 향한 체크리스트 16:1-12

4 악하고 음란한 세대가 표적을 구하나 요나의 표적밖에는 보여줄 표적이 없느니라 하시고 그들을 떠나가시니라

이제 마태복음의 정점으로 향하고 있어요. 그 정점은 베드로의 고백인 "주는 그리스도시요 살아계신 하나님의 아들이시니이다"입니다. 이는 '예수님은 구약의 성취로 오신 메시아'라는 고백이지요. 그 정점으로 인도하는 표지판이 표적과 누룩 이야기예요.

1 바리새인과 사두개인들이 와서 예수를 시험하여 하늘로부터 오는 표적 보이기를 청하니

평소 바리새인과 사두개인은 사이가 좋지 않았어요. 바리새인은 경건생활을 강조했고, 사두개인은 부활을 믿지 않았지요. 그런 그들이 예수님을 공공의 적으로 삼아 한편이 되어서 찾아와요.

그들은 예수님을 시험하여 결정적인 흠을 찾아내 곤경에 빠뜨릴 심산이었지요. 그들은 "하늘로부터 오는 표적"을 구해요. 표적은 진리를 증거하는 사인이자 눈에 보이는 증거, 즉 표지판 같은 거예요. 우리가 표지판을 보고 길을 찾아가는 것처럼 예수님이 하나님께서 보내신 메시아라는 증거를 보이라는 겁니다.

그들은 이미 오병이어나 칠병이어를 비롯한 수많은 기적을 보고 들은 상태였어요. 확실한 표적을 보고도 또 보이라는 건 애초에 믿지 않겠다는 마음의 표현이었지요.

2-4 예수께서 대답하여 이르시되 너희가 저녁에 하늘이 붉으면 날이 좋겠다 하고 아침에 하늘이 붉고 흐리면 오늘은 날이 궂겠다 하나니 너희가 날씨는 분별할 줄 알면서 시대의 표적은 분별할 수 없느냐 악하고 음란한 세대가 표적을 구하나 요나의 표적밖에는 보여줄 표적이 없느니라 하시고 그들을 떠나가시니라

이에 예수님은 그들이 계속 언급하는 "하늘"을 예로 들어 책망하세요. 하늘의 상태를 보고 날씨는 예측하면서 구약에서 예고된 메시아의 사인을 성취하는 표적을 보고도 메시아를 분별하지 못한다고요. 그들의 영

적인 눈은 멀고 마음은 닫혀있다고 하시지요.

예수님은 공생애 사역을 통해 스스로 메시아임을 증명하셨어요. 더 나아가 눈먼 자를 보게 하고 병든 자를 고치는 사역을 통해 세상 끝날에 우리가 누리고 경험하게 될 구원의 완성을 보여주셨답니다.

예수님은 악하고 음란한 세대가 표적을 구하지만 요나의 표적밖에는 보여줄 표적이 없다고 말씀하세요. "악하고 음란한 세대"란 우상을 섬기며 영적인 간음을 하는 사람들을 말해요. 12장에서도 말씀하신 내용이지요.

이 세대에게 보이시는 요나의 표적은 세 가지 중요한 사실을 드러내요.

첫째, 십자가의 죽음과 부활이에요. 요나가 물고기 배 속에서 사흘 만에 나온 것처럼 예수님도 무덤에서 사흘 만에 부활하실 것을 예표하지요.

둘째, 요나에게 물고기가 사명 감당의 통로였던 것처럼 예수께는 십자가가 그런 의미였어요. 요나는 처음에 앗수르에 복음을 전하라는 하나님의 말씀을 거역하고 다시스를 향해 도망갔지요. 예수님의 십자가 사건도 하나님 아버지와 끊어지는 고통스러운 과정이지만, 우리를 구원하시기 위해 꼭 통과해야 하는 통로였어요.

셋째, 예수님은 요나의 표적을 시대적 표적으로 사용하셨어요. 당시 이스라엘은 선민사상이 매우 강했어요. 그들은 스스로 구원받은 백성이라 여기며 이방인을 멸시했지요. 거룩한 백성으로서 메시아가 안겨줄 보상과 축복만을 기대했어요. 그런데 이미 구원받은 그들을 예수님이 죄와 사망에서 구원하신다고 하니 화가 났던 거예요.

하지만 예수님의 십자가 사건은 모든 인류를 최대 당면 과제인 죄와 사망에서 구원하는 사건이었어요. 이는 선악과 사건을 통해 자세히 알 수 있지요. 인간은 사단의 유혹에 넘어가 스스로 하나님이 되려고 선악과를 따 먹었어요. 이것이 한 사람을 통해 들어온 인류의 근본적인 죄예요. 이 원죄를 예수님이 사해주신 거지요.

그런데 유대인은 이를 깨닫지 못했습니다. 하나님이 세계사 속에서 이스라엘을 제사장 나라로 삼으신 것을 깨닫지 못하고, '택함 받은 민족'이라는 우월감에 빠져있었던 거예요. 게다가 종교지도자들은 교만함까지 더해져 진리이신 예수님을 정죄했어요. 스스로 왕의 자리에 오른 대표적인 경우지요.

우리도 십자가의 죽으심과 부활하심만이 메시아의 표적임을 반드시 기억해야 해요. 능력이나 성공이 아니라 자기부인을 통한 십자가 죽음이 바로 우리가 '하나님의 자녀'라는 사인이에요.

이어서 예수님은 누룩으로 제자들을 가르치세요.

5 제자들이 건너편으로 갈새 떡 가져가기를 잊었더니

예수님과 제자 일행이 바다 건너편으로 이동해요. 그런데 건너편에 이르러서야 제자들은 식량을 챙기지 않은 걸 깨달았어요. 당시는 지금처럼 배달 서비스도 없고 음식점도 흔치 않아서 여행 중에 먹을 음식을 챙기는 게 필수였지요. 이를 두고 제자들이 아웅다웅하자 예수님은 누룩 이야기를 하세요.

6 예수께서 이르시되 삼가 바리새인과 사두개인들의 누룩을 주의하라 하시니

예수님은 "바리새인과 사두개인들의 누룩"을 주의하라고 하셨어요. 이 구절을 영어로 보면 "the yeast of the Pharisees and Sadducees"(NIV, NLT)로, 앞에 'the'를 붙임으로써 바리새인과 사두개인을 하나로 묶어 그들이 예수님의 공공의 적임을 나타내세요. 여기서 강조점은 "주의하라"입니다.

"누룩"은 빵을 부풀게 하는 이스트 같은 거예요. 출애굽기 12장의 무교절에 무교병을 먹는 대목에서 처음 등장한 상징으로 죄의 영향력을 의미하지요. 우리의 구원은 그리스도 외에는 그 어떤 것도 영향을 줄 수 없다는 뜻이에요.

본문에서 "바리새인과 사두개인들의 누룩"은 메시아에 대한 오해와 자신의 상태에 대한 오해를 말해요. 자신이 죄인임을 알지 못하고 메시아도 알아보지 못한 채 인생의 왕 노릇을 하는 이들의 영적 무지를 지적하신 거지요. 또한 그들이 백성의 선생으로서 잘못된 가르침과 나쁜 영향을 주는 걸 경계하라는 뜻입니다.

7-10 제자들이 서로 논의하여 이르되 우리가 떡을 가져오지 아니하였도다 하거늘 예수께서 아시고 이르시되 믿음이 작은 자들아 어찌 떡이 없으므로 서로 논의하느냐 너희가 아직도 깨닫지 못하느냐 떡 다섯 개로 오천 명을 먹이고 주운 것이 몇 바구니며 떡 일곱 개로 사천 명을 먹이고 주운 것이 몇 광주리였는지를 기억하지 못하느냐

이번에도 제자들은 예수님의 말씀을 알아듣지 못해요. 예수님은 여전

히 떡 이야기로 옥신각신하는 제자들을 향해 "믿음이 작은 자들아"라고 부르시며 아직도 깨닫지 못했냐고 책망하세요.

여기서 "믿음이 작은 자"는 '세상일로 염려하는 사람들'을 말합니다. 단순히 먹는 일에 연연하여 우리의 참 떡이신 예수님을 못 알아보고 있다는 말씀이지요. 그러고는 오병이어, 칠병이어 사건을 언급하세요.

떡 다섯 개로 5천 명을, 떡 일곱 개로 4천 명을 먹이신 분이 바로 옆에 계심에도 고작 배 안의 사람들을 못 먹이실까 염려하는 모습이 안타까우셨던 거예요. 제자들은 먹는 걱정에 가득 찬 나머지 '누룩'의 가르침도 떡 얘기로만 들렸던 거지요.

11,12 어찌 내 말한 것이 떡에 관함이 아닌 줄을 깨닫지 못하느냐 오직 바리새인과 사두개인들의 누룩을 주의하라 하시니 그제서야 제자들이 떡의 누룩이 아니요 바리새인과 사두개인들의 교훈을 삼가라고 말씀하신 줄을 깨달으니라

예수님은 바리새인과 사두개인의 누룩에 대해 다시 설명해주세요. 그제야 제자들은 깨닫지요.

우리도 제자들처럼 오병이어, 칠병이어의 기적을 경험하고도 늘 떡 걱정을 하면서 살아요. 그러나 한때 이렇게 무지했던 제자들도 성령이 임하시자 하나님을 제대로 알고 끝까지 사명을 감당했듯이 우리 안에 거하시는 성령께서 우리를 순종의 자리까지 나아가도록 도우실 줄 믿어요.

위 본문에서 또 하나 기억할 건, 오병이어와 칠병이어의 공통분모가 '물고기 두 마리'라는 사실이에요. 물고기는 1세기 기독교인에게 예수님

을 상징했어요. 그들은 핍박받는 중에 예수님을 드러낼 수 없어서 물고기 그림으로 예수 그리스도는 하나님의 아들이시며 구세주이심을 고백했지요.

우리는 예수님이 '산 떡'으로 이 땅에 오셔서 죄와 사망에서 우리를 건지셨다는 사실을 늘 기억해야 합니다. 예수님은 당시 유대인들이 기대했던 정치적 메시아도, 인간의 원함을 들어주러 온 요술램프 지니도 아니었어요. 그분은 요나의 표적, 곧 십자가의 죽으심으로 우리를 죄와 사망의 권세에서 건져내어 하나님의 영원한 생명 안에 두려고 오셨지요.

디모데전서 6장 3-5절에는 구원을 받고 교만해진 그리스도인의 모습이 잘 묘사되어 있어요.

> 누구든지 다른 교훈을 하며 바른말 곧 우리 주 예수 그리스도의 말씀과 경건에 관한 교훈을 따르지 아니하면 그는 교만하여 아무것도 알지 못하고 변론과 언쟁을 좋아하는 자니 이로써 투기와 분쟁과 비방과 악한 생각이 나며 마음이 부패하여지고 진리를 잃어버려 경건을 이익의 방도로 생각하는 자들의 다툼이 일어나느니라
>
> **딤전 6:3-5**

예수님이 보여주신 십자가의 길에 말씀과 경건이 함께 가지 않으면 싸움꾼이나 정죄의 달인이 되고 맙니다. 당시 바리새인과 사두개인들처럼 '나는 너희와 달라!', '나는 거룩해!'라는 교만한 시선으로 사람들을 바라보게 되지요. 우리는 이런 마음을 철저히 경계해야 해요. 나아가 예수

님이 표적을 충분히 보여주셨음에도 또 다른 표적을 구하고 있지 않은지, 내 누룩은 무엇인지 돌아보면 좋겠습니다.

32 화려한 길 한가운데서 16:13-28

16 시몬 베드로가 대답하여 이르되 주는 그리스도시요 살아계신 하나님의 아들이시니이다

이 본문은 아주 중요합니다. 예수님이 예루살렘으로 십자가를 지러 가시기 전에 제자들에게 자신의 정체를 완전히 밝혀 말씀하시기 때문이지요. 예수님과 제자들의 대화를 통해 십자가의 의미를 깨닫고 우리도 신앙고백을 드려보아요.

13 예수께서 빌립보 가이사랴 지방에 이르러 제자들에게 물어 이르시되 사람들이 인자를 누구라 하느냐

예수께서 빌립보 가이사랴 지방에 가셨어요. 이곳은 '가이사랴 빌립보'라고도 불리는데 로마 황제가 대헤롯에게 다스리라고 준 지역이에요. 대헤롯은 그의 아들 빌립에게 이 땅을 물려주었고, 빌립이 이곳에 로마 황제의 이름을 붙여 '가이사랴 빌립보'라고 명명했지요. 이곳은 로마의

가치가 충만한 세상 문화의 정점을 보여주는 아주 발달한 도시였어요. 그러다 보니 황제 숭배 사상이 편만했고 전통적으로 바알과 목양의 신인 판(Pan)도 숭배했습니다. 예수님이 십자가를 지기 위한 예루살렘 여행을 이곳에서 시작하시는 건 매우 의미심장해요. 게다가 예수님은 이곳에서, 더 정확하게는 길에서 제자들에게 "사람들이 인자를 누구라 하느냐"라고 물어보셨지요.

14 이르되 더러는 세례 요한, 더러는 엘리야, 어떤 이는 예레미야나 선지자 중의 하나라 하나이다

제자들은 사람들이 예수님을 세례 요한, 엘리야, 예레미야나 선지자 중 하나라고 한다고 답하지요. 구약의 마지막 성경인 말라기 4장에서 엘리야를 보내실 거라고 하며 끝났기에 신약 시대의 사람들은 엘리야를 기다렸어요. 그래서 예수님을 엘리야라고 생각했던 거지요. 더러는 세례 요한이 살아났다고도 하고, 이스라엘의 심판 앞에서 고난을 받았던 예레미야나 구약의 선지자들처럼 훌륭한 선생님이라 여기기도 했어요. 결론적으로 대중은 예수님을 메시아로 알아보지 못했지요.

15,16 이르시되 너희는 나를 누구라 하느냐 시몬 베드로가 대답하여 이르되 주는 그리스도시요 살아계신 하나님의 아들이시니이다

예수님은 제자들의 대답을 듣고 다시 질문하십니다.

"그럼 너희는 나를 누구라고 생각하느냐?"

이에 베드로가 정답을 말해요.

"주는 그리스도시요 살아계신 하나님의 아들이시니이다."

그의 대답은 훌륭했어요. 헬라어인 '그리스도'는 히브리어로 '메시아'란 뜻이에요. 메시아는 왕, 선지자, 제사장의 역할을 모두 감당하는데 예수님이 바로 그분이라고 고백한 거지요.

그분이 "하나님의 아들"이란 사실은 예수님이 세례 받으실 때 하나님이 선포하신 바 있어요(마 3:13-17). 그것이 제자들의 믿음의 고백이 된 거지요. 베드로를 통해 '기독론'이 선포되었어요.

17 예수께서 대답하여 이르시되 바요나 시몬아 네가 복이 있도다 이를 네게 알게 한 이는 혈육이 아니요 하늘에 계신 내 아버지시니라

예수님은 베드로의 100점짜리 신앙고백을 크게 칭찬하세요. 그리고 그의 고백이 사람이 아니라 하나님 아버지로부터 주어졌다고 말씀하세요. 그가 인간의 가르침이 아닌 하나님의 계시로 깨달았다는 뜻이에요. 그러나 바로 다음 구절에서 이 고백에 대한 베드로의 인식이 아직 부족함을 알 수 있어요.

18 또 내가 네게 이르노니 너는 베드로라 내가 이 반석 위에 내 교회를 세우리니 음부의 권세가 이기지 못하리라

예수님은 그에게 "베드로"란 이름을 주세요. 이름은 본질을 규명하지요. 주 안에서 인생에 새로운 의미가 부여된 거예요. "베드로"는 '반석'이

란 뜻으로, 예수님은 그에게 "너는 반석이다. 내가 이 반석 위에 내 교회를 세우리라"라고 하신 거예요(교회론). 그리고 음부의 권세가 교회를 이기지 못할 거라고 말씀하세요. 이는 죽음의 권세가 교회에 미치지 못하며 세상이 아무리 박해해도 교회는 영원할 거라는 뜻이지요(종말론).

예수님은 베드로를 열두 제자의 대표로 삼으시고 제자들 위에 교회를 세우시겠다고 하세요. 새로운 언약 공동체인 교회의 시작을 알리신 거예요. 훗날 제자들은 교회의 초석이 되었어요.

19 내가 천국 열쇠를 네게 주리니 네가 땅에서 무엇이든지 매면 하늘에서도 매일 것이요 네가 땅에서 무엇이든지 풀면 하늘에서도 풀리리라 하시고

또 예수님은 베드로에게 "천국 열쇠"를 주겠다고 하시며 그가 땅에서 무엇이든지 매면 하늘에서도 매이고 무엇이든지 풀면 하늘에서도 풀릴 거라고 말씀하세요. 이는 교회의 권세를 의미하지요.

안타깝게도 우리는 이 천국 열쇠로 세상적인 형통의 문을 열려고만 해요. 그러니 당연히 안 열리지요. 맞는 열쇠가 아니니까요. 그러면 이 위대한 열쇠가 아무짝에도 쓸모없어져요.

20 이에 제자들에게 경고하사 자기가 그리스도인 것을 아무에게도 이르지 말라 하시니라

예수님은 이 대화에서 밝히신 기독론, 교회론, 종말론을 누구에게도 말하지 말라고 하세요.

21 이때로부터 예수 그리스도께서 자기가 예루살렘에 올라가 장로들과 대제사장들과 서기관들에게 많은 고난을 받고 죽임을 당하고 제삼일에 살아나야 할 것을 제자들에게 비로소 나타내시니

"이때로부터"는 중요한 전환점을 가리키는 말입니다. 드디어 예수께서 첫 '수난고지', 즉 수난을 예고하세요. 곧 예루살렘으로 올라가 고난을 받고 죽임 당하고 사흘 만에 부활하실 것을 명확히 말씀하시지요.

22 베드로가 예수를 붙들고 항변하여 이르되 주여 그리 마옵소서 이 일이 결코 주께 미치지 아니하리이다

그러자 베드로가 예수님을 붙들고 항변해요. 영어로 보면 "took him aside"(NIV), 즉 '밀친다'라는 뜻으로 베드로가 흥분해서 예수님을 밀치며 "절대 그런 일이 일어나지 않을 겁니다!"라고 강하게 반대한 거예요. 베드로가 왜 이런 행동을 했을까요?

예수님이 자기가 생각하는 메시아상과 달랐기 때문이에요. 그 역시도 예수님이 로마로부터 유대 민족을 구원할 정치적 메시아로서 능력과 힘을 발휘할 거라고 기대한 거지요. 그는 그 메시아 왕국에서 한자리 차지할 야망을 품고 있었어요. 그런데 예수님이 고난 받고 죽임을 당하신다니 꿈이 한순간에 물거품이 되는 듯했겠지요. 그에게 그런 일은 절대 일어나서는 안 될, 상상조차 하기 싫은 일이었습니다.

23 예수께서 돌이키시며 베드로에게 이르시되 사탄아 내 뒤로 물러가라 너는 나를 넘어지게 하는 자로다 네가 하나님의 일을 생각하지 아니하고 도리어 사

람의 일을 생각하는도다 하시고

이에 예수님은 베드로를 "사탄"이라고 부르시며 "내 뒤로 물러가라. 너는 나를 넘어지게 하는 자로다"라고 말씀하세요. 반석인 베드로가 돌부리가 되어 예수님을 방해하고 있다는 거예요. 그리고 그가 하나님의 일을 생각하지 않고 도리어 사람의 일을 생각한다고 꾸짖으세요.

"하나님의 일"은 십자가 죽음을, "사람의 일"은 세상의 부귀영화를 말해요. 베드로의 항변은 예수님에게 구속 사역을 포기하라고 하는 셈이었지요. 이는 현실의 만족을 위해 영원한 생명을 포기하는 거였어요. 베드로는 메시아 사역을 이해하지 못했기에 이런 행동을 한 거예요.

24 이에 예수께서 제자들에게 이르시되 누구든지 나를 따라오려거든 자기를
부인하고 자기 십자가를 지고 나를 따를 것이니라

예수님이 길에서 "너희는 나를 누구라고 생각하느냐"라고 물으신 것 기억하지요? '길'에서요. 예수님은 당신이 걸어갈 십자가의 길과 제자들의 길을 연결하십니다.

예수님을 따르려거든 자기를 부인하고 자기 십자가를 지고 따르라고 하세요. 당시 십자가를 지는 건 죄인들이 사형장으로 가는 가장 수치스러운 방법이었어요. 십자가의 길은 멸시와 모욕이 쏟아지는 길이에요. 예수님은 이 길이 제자들의 길이라고 말씀하시지요.

25-27 누구든지 제 목숨을 구원하고자 하면 잃을 것이요 누구든지 나를 위하

여 제 목숨을 잃으면 찾으리라 사람이 만일 온 천하를 얻고도 제 목숨을 잃으면 무엇이 유익하리요 사람이 무엇을 주고 제 목숨과 바꾸겠느냐 인자가 아버지의 영광으로 그 천사들과 함께 오리니 그때에 각 사람이 행한 대로 갚으리라

예수님은 우리가 그 길을 가야 할 세 가지 이유를 말씀하세요.

첫째, 주님을 위해 제 목숨을 잃으면 찾을 것이고, 둘째, 영원한 생명을 주실 것이고, 셋째, 마지막 날에 주님께서 우리가 행한 대로 갚으실 것이기 때문이에요.

이처럼 예수님을 따르는 길은 제자들을 비롯한 대중이 생각한 길과 너무도 달랐어요. 세상의 부귀영화를 안겨주는 부강한 메시아 왕국이 아니라 죽는 길이었지요. 세상의 가치로는 철저히 실패한 것처럼 보일지 모르지만 그 귀한 목숨을 버림으로써 영원한 하나님나라에 들어갈 수 있는 거예요.

28 진실로 너희에게 이르노니 여기 서있는 사람 중에 죽기 전에 인자가 그 왕권을 가지고 오는 것을 볼 자들도 있느니라

이 구절은 논란이 많아요. 하지만 분명한 건 '인자가 그 왕권을 가지고 오신다'는 거예요. 베드로는 예수님이 어떤 분이신지 위대한 고백을 했지만 메시아의 사명은 깨닫지 못했어요. 그 메시아가 자신이 꿈꾸는 메시아 왕국을 이뤄주리라 기대했지요. 그런데 뜻밖의 십자가 고지에 당황하고 화가 났어요. 이 모습, 왠지 익숙하지요? 기도 응답을 받지 못할 때 화를 내는 우리 모습이에요.

하지만 베드로가 떼쓴다고 해서 예수님을 통해 인류를 구원하시려는

하나님의 뜻이 바뀌지 않아요. 그가 할 수 있는 유일한 방법은 빨리 영적으로 깨어서 예수님의 사역을 이해하는 거였어요. 천국 열쇠를 들어 천국 문을 여는 데 꽂아야 했지요. 베드로는 나중에 모든 걸 깨닫고 하나님나라 확장을 위해 헌신하다가 순교했어요. 그가 얼마나 복된 삶을 행복하게 살았을지 짐작할 수 있지요.

우리의 기도도 반쯤 깨달은 베드로의 욕심과 같을 수 있어요. 그 상태로는 아무리 졸라도 하나님이 들어주시지 않아요. 그건 우리를 위한 길이 아니니까요. 또 천국 열쇠로 성공의 문을 아무리 열려고 해도 안 열려요. 그 열쇠는 그 문에 맞지 않으니까요. 우리가 이 땅에서 충만한 행복을 누리려면 우리를 향하신 하나님을 뜻을 깨닫고 그에 맞게 기도해야 해요. 주님의 마음에 합한 기도를 할 때 아버지의 뜻이 하늘에서 이루어진 것처럼 땅에서도 이루어질 거예요.

저는 아주 부하게도, 아주 가난하게도 살아봤어요. 이제는 부함도 가난함도 제 사명을 감당하는 데 방해물이 되지 못해요. 오직 내게 능력 주시는 분 안에서 그분의 뜻을 이루는 삶을 완주하길 늘 소망하지요. 또 지금 내 환경이 나를 죽기까지 사랑하시는 아버지가 허락하신 최고의 환경임을 믿어요. 그래서 불평 대신 감사할 수 있답니다.

살다 보면 때로 어려운 문제를 만나게 돼요. 그럴 때 문제를 주신 분이 답도 주실 줄 믿고 간절히 지혜를 구하면 문제가 풀리기 시작하지요. 저는 하나님을 알아갈수록 문제를 푸는 목적이 나를 위함이 아닌 주님을 위함이 되더라고요. 그렇게 푼 문제는 저도 살리고 세상도 살리는 걸 경험해요. 주님은 오늘 우리에게도 황제의 도시 가이사랴 빌립보의 길 한가운데서 물으세요.

“너는 나를 누구라고 생각하느냐? 네 십자가를 지고 나를 따라올 수 있겠느냐?”

이에 대한 우리의 대답이 온전해지는 순간 세상이 줄 수 없는 충만함과 기쁨이 임할 줄 믿습니다.

33 산 위의 강렬한 경험 17:1-13

5 말할 때에 홀연히 빛난 구름이 그들을 덮으며 구름 속에서 소리가 나서 이르시되 이는 내 사랑하는 아들이요 내 기뻐하는 자니 너희는 그의 말을 들으라 하시는지라

예수님은 세상 문화의 가치로 충만한 가이사랴 빌립보의 길에서 십자가 죽음을 예고하시고, 그 길이 제자들이 가야 할 길임을 말씀하셨어요. 물론 제자들은 알아듣지 못했지요.

이 본문은 그로부터 며칠 뒤 예수님이 산에서 변모하여 나타나신 장면을 기록해요. 지금까지의 계시와 베드로의 신앙고백에 나타난 예수님의 메시아 되심과 종말에 일어날 일이 눈앞에서 펼쳐지지요.

1 엿새 후에 예수께서 베드로와 야고보와 그 형제 요한을 데리시고 따로 높은 산에 올라가셨더니

예수님이 베드로와 야고보, 그의 동생 요한을 데리고 따로 산에 올라가세요. 같은 내용인 누가복음 9장을 보면 '기도'하기 위함이었지요. 이 산이 어딘지 의견이 분분하지만 최근 학자들은 '헐몬 산'으로 추정합니다. 그러나 어떤 산인지보다는 산이 가진 의미가 더 중요해요.

구약에서 산은 하나님의 임재와 계시를 상징하는 장소였어요. 모세는 산에서 율법을 받았고 엘리야도 산에서 하나님을 경험했지요.

2 그들 앞에서 변형되사 그 얼굴이 해같이 빛나며 옷이 빛과 같이 희어졌더라

예수님은 기도하시던 중 얼굴이 해같이 빛나며 옷이 빛과 같이 희어졌어요. 이때 제자들은 졸고 있다가 이 모습을 보고 깜짝 놀랐지요(눅 9:32). 예수님의 변화된 모습은 모세가 시내 산에서 하나님의 계시를 받고 얼굴에 광채가 나던 때를 떠오르게 해요(출 34:29-35). 또 하나님 보좌 우편에 계신 예수님의 모습을 묘사한 것과 동일하지요(계 1:16). 이는 예수님이 육신으로 오시기 전과 승천 후의 영광된 모습을 보여주는 거예요.

3 그때에 모세와 엘리야가 예수와 더불어 말하는 것이 그들에게 보이거늘

그때 모세와 엘리야가 나타나 예수님과 더불어 말을 나눕니다. 왜 두 사람이 갑자기 등장한 걸까요? 모세는 이스라엘 백성을 애굽에서 구원

해냈기에 예수님의 '구원 사역'을 예표하고, 엘리야는 주의 심판의 날이 이르기 전에 다시 온다고 했기에(말 4장) '종말론적 소망'을 예표하지요. 또 모세는 제사장의 대표, 엘리야는 선지자의 대표로 예수님의 정체성인 메시아의 삼중직을 나타냅니다. 이를 통해 예수님이 율법과 예언을 모두 성취하는 분이심을 입증해요.

누가복음에 의하면 이들은 예수께서 예루살렘에서 이루실 일 곧 그의 떠나가심에 대해 이야기 나눴어요(눅 9:31).

4 베드로가 예수께 여쭈어 이르되 주여 우리가 여기 있는 것이 좋사오니 만일 주께서 원하시면 내가 여기서 초막 셋을 짓되 하나는 주님을 위하여, 하나는 모세를 위하여, 하나는 엘리야를 위하여 하리이다

베드로와 그 일행은 잠결에 이 광경을 보고 화들짝 깼어요. 그러고는 이 황홀한 영적 체험을 하다가 모세와 엘리야가 떠나려 하자 베드로가 갑자기 외쳐요. "여기" 있는 게 좋으니 초막 셋을 짓고 "여기"에서 살자고요. 그는 자신이 무슨 말을 하는지도 몰랐어요(눅 9:33).

우리도 은혜를 받으면 너무 좋은 나머지 그 안에 계속 머물러 교인끼리만 교제하고 교회에만 있고 싶어 해요. 그러나 꼭 기억해야 할 건, 은혜를 받았으면 산 아래로 내려가야 한다는 사실이에요. 우리에게 부어주시는 성령 충만은 산 위에 머물기 위함이 아닌 산 아래에서 살기 위함이거든요. '너로 인하여 모든 민족이 복을 받게 될 것이다'가 우리의 방향임을 잊지 말아야 해요.

5 말할 때에 홀연히 빛난 구름이 그들을 덮으며 구름 속에서 소리가 나서 이르시되 이는 내 사랑하는 아들이요 내 기뻐하는 자니 너희는 그의 말을 들으라 하시는지라

이때 하늘에서 빛나는 구름이 그들을 덮어요. 이 장면은 출애굽기(40:34-38)에서 구름이 성막을 덮었던 대목을 연상시킵니다. 바로 하나님의 임재를 상징하지요. 이어서 하늘에서 "이는 내 사랑하는 아들이요 내 기뻐하는 자니 너희는 그의 말을 들으라"라는 음성이 들려와요.

예수님이 공생애를 시작하며 세례 받으실 때 들렸던 말과 똑같아요. 다른 점이 있다면 "너희는 그의 말을 들으라"라고 덧붙이신 거예요. 하나님의 음성은 예수님의 정체성과 사역을 다시 한번 확증하지요.

6,7 제자들이 듣고 엎드려 심히 두려워하니 예수께서 나아와 그들에게 손을 대시며 이르시되 일어나라 두려워하지 말라 하시니

제자들은 하나님의 음성에 심히 두려워해요. 이는 모세의 얼굴이 하나님의 영광으로 빛이 나자 사람들이 두려워해 결국 수건으로 그 얼굴을 가린 장면을 떠오르게 해요(출 34:29-33). 이에 예수님은 친히 제자들에게 다가와 손을 대시며 두려워하지 말라고 하시지요.

8 제자들이 눈을 들고 보매 오직 예수 외에는 아무도 보이지 아니하더라

제자들이 다시 보니 예수님만 남으셨어요. 이제 구약은 예수님으로 완성된다는 것을 말하는 거예요. 오직 예수만 남아야 한다는 걸 강조하

는 거지요.

9 그들이 산에서 내려올 때에 예수께서 명하여 이르시되 인자가 죽은 자 가운데서 살아나기 전에는 본 것을 아무에게도 이르지 말라 하시니

산에서 내려올 때 예수님은 당신이 부활하실 때까지 본 것을 누구에게도 말하지 말라고 하십니다. 메시아 사역에 대한 사람들의 오해를 막기 위함이었지요.

사실 이 장면을 본 제자들은 제대로 깨닫지 못한 상태였어요. 얼마 뒤 예루살렘으로 올라가면서 서로 누가 크냐를 두고 자리다툼을 하거든요. 게다가 요한과 야고보의 어머니가 예수님을 찾아와서 자리 청탁까지 해요. 그들은 예수님이 부활하신 뒤 약속하신 성령이 오신 후에야 비로소 모든 의미를 깨닫지요.

10 제자들이 물어 이르되 그러면 어찌하여 서기관들이 엘리야가 먼저 와야 하리라 하나이까

제자들이 예수께 "엘리야가 먼저 와야 한다"라는 서기관들의 말에 대해 물어요. 당시 유대인들은 말라기 4장에 근거하여 메시아가 오시기 전에 먼저 엘리야가 와야 한다며 그를 간절히 기다리고 있었거든요.

보라 여호와의 크고 두려운 날이 이르기 전에 내가 선지자 엘리야를 너희에게 보내리니 **말 4:5**

그들은 아직 엘리야가 오지 않았다고 생각했지요. 그런데 조금 전에 제자들은 산에서 엘리야를 봤기에 혼란스러웠던 거예요.

11,12 예수께서 대답하여 이르시되 엘리야가 과연 먼저 와서 모든 일을 회복하리라 내가 너희에게 말하노니 엘리야가 이미 왔으되 사람들이 알지 못하고 임의로 대우하였도다 인자도 이와 같이 그들에게 고난을 받으리라 하시니

예수님도 구약 말씀대로 엘리야가 먼저 와야 모든 일이 회복될 거라고 말씀하세요. 그런데 엘리야와 메시아가 이미 왔는데도 사람들이 못 알아보고 함부로 대했다고 안타까워하시지요.

결국 엘리야인 세례 요한이 핍박받고 죽임 당한 것처럼 자신도 고난을 받고 죽게 될 거라고 하십니다.

13 그제서야 제자들이 예수께서 말씀하신 것이 세례 요한인 줄을 깨달으니라

제자들은 그제야 말라기에서 말한 엘리야가 세례 요한인 줄 깨달아요. 예수님이 이미 말씀하셨지만요(마 11:13,14).

본문을 통해 우리는 세 가지를 배울 수 있습니다.

첫째, 우리는 점진적으로 하나님을 깨닫는다는 사실이에요. 사람들이 제게 자녀의 신앙교육을 어떻게 하냐고 물으면 정말 난감해요. 신앙은 하루아침에 배울 수 있는 게 아니고 단기간에 어떤 사건에 의해 믿음이 자라지도 않기 때문이에요.

마찬가지로 하나님의 구원은 역사라는 시공간을 통과하며 점진적으로 계시돼요. 구약 시대의 웅장하고 화려한 사건들이 신약 시대에 비로소 해석되지요. 그래서 신약과 구약을 모두 알아야 하나님을 온전히 알 수 있고 하나님나라를 볼 수 있어요.

제자들도 구약에 능통했고 많은 기적을 경험했지만 곧바로 깨닫지는 못했어요. 심지어 예수님과 함께 있었으면서도요. 나중에 그들 안에 성령이 임하시자 신구약이 통합되면서 말씀이 해석되었고, 그때 비로소 하나님나라를 보고 복음 전파에 인생을 걸게 되었지요.

부활하신 예수님이 엠마오로 가는 제자들에게 나타나셨을 때 그들은 주님을 알아보지 못했어요. 그런데 예수님이 구약에 예언된 말씀을 십자가 사건으로 풀어주시자 그들의 가슴이 뜨거워지고 눈이 열려 주님을 알아봤지요(눅 24:13-32). 사도 요한도 예수님을 따라다니던 당시에는 깨닫지 못했지만 훗날 모든 깨달음을 통합하여 요한계시록을 썼어요.

복음을 깨닫는 방법도 동일해요. 우리는 인생의 어느 순간에 죄와 사망에서 벗어나 영원한 생명을 얻었다는 기쁜 소식을 들었어요. 천국 시민으로 신분이 격상됐지요.

그러나 시민권만 얻었을 뿐 그 나라 백성답게 사는 법을 배워야 해요. 바로 말씀 공부를 통해서요. 예수님도 제자들이 복음을 깨닫도록 말씀 공부를 시키셨어요. 말씀을 제대로 알아야 세상의 어떤 환경도 뚫고 갈 동력을 얻기 때문이에요. 제가 영상에서 말씀을 전할 때 에너지가 넘친다고 많이들 말해요. 이는 새벽에 말씀을 묵상할 때 채워주시는 은혜가 있기에 가능한 일이에요. 그 은혜로 말씀을 전하다 보면 저도 모르게 목소리 톤이 올라가요. 진리의 말씀에 감동되니 신이 나서 전하게 되지요.

둘째, 제자들처럼 산 위에서의 영적 경험이 있어야 산 아래서 승리할 수 있다는 거예요. 날마다 하나님의 임재를 경험해야 그 힘으로 산 아래의 삶을 살아낼 수 있답니다.

셋째, 예수만 남으시는 삶을 살아야 해요. 날마다 나를 부인하고 그분이 걸으셨던 십자가의 길을 묵묵히 걸어야 하지요.

34 라떼신앙은 No, No, No 17:14-27

20 이르시되 너희 믿음이 작은 까닭이니라 진실로 너희에게 이르노니 만일 너희에게 믿음이 겨자씨 한 알 만큼만 있어도 이 산을 명하여 여기서 저기로 옮겨지라 하면 옮겨질 것이요 또 너희가 못 할 것이 없으리라

제자들은 산 위에서 엄청난 영적 경험을 했습니다(마 17:1-13). 기독론, 교회론, 종말론을 재정리했지요. 또 산 위에 마냥 머물고 싶을 정도로 충만함도 맛보았어요. 그러나 산 위의 은혜는 산 아래의 승리와 영혼 구원을 위한 것임을 기억해야 해요.

자, 제자들과 함께 산 아래로 내려가 볼까요?

14-16 그들이 무리에게 이르매 한 사람이 예수께 와서 꿇어 엎드려 이르되 주여
내 아들을 불쌍히 여기소서 그가 간질로 심히 고생하여 자주 불에도 넘어지며
물에도 넘어지는지라 내가 주의 제자들에게 데리고 왔으나 능히 고치지 못하
더이다

역시 산 아래는 아픔과 슬픔이 가득해요. 예수님 일행이 무리에게 이르자 한 사람이 예수님 앞에 무릎을 꿇고 아들을 불쌍히 여겨달라고 애원합니다.

"주님, 제 외아들이(눅 9:38) 간질병으로 몹시 고통받고 있어요. 게다가 귀신이 아이를 사로잡아 자주 불과 물에 빠뜨리기도 합니다. 그래서 아이를 선생님의 제자들에게 데려갔지만 그들은 고치지 못했어요."

제자들이 병든 아이를 고치지 못한 것처럼 오늘날 교회가 이 병든 세상을 회복시키지 못하고 있지요.

17,18 예수께서 대답하여 이르시되 믿음이 없고 패역한 세대여 내가 얼마나 너
희와 함께 있으며 얼마나 너희에게 참으리요 그를 이리로 데려오라 하시니라
이에 예수께서 꾸짖으시니 귀신이 나가고 아이가 그때부터 나으니라

예수께서 그의 말을 들으시고 "믿음이 없고 패역한 세대"라며 꾸짖으세요. "패역"은 '진리를 왜곡하다, 다투기를 좋아하다, 하나님을 대적하다, 불순종하다'라는 의미예요. 이 "패역한 세대" 안에는 제자들, 아픈 아이의 아버지, 어두운 권세가 다 포함되지요.

특히 제자들이 포함된 이유는 그들이 이미 귀신을 쫓아내고 질병을 고치는 권능을 받았음에도(마 10:1) 아이를 고치지 못했기 때문이에요.

예수님은 그 이유를 '믿음 없음'이라고 말씀하세요. 또 '기도하지 않았기 때문'이라고 하시지요(막 9:29).

예수님은 "내가 얼마나 너희와 함께 있으며 얼마나 너희에게 참으리요"라고 탄식하세요. 예수님과 함께하는데도 제자들의 믿음이 성장하지 않고 여전히 영적으로 무감각한 상태라는 거지요. 이 말씀 후에 귀신을 꾸짖어 나가게 하시니 아이가 그 순간에 말끔히 나았어요.

> 19,20 이때에 제자들이 조용히 예수께 나아와 이르되 우리는 어찌하여 쫓아내
> 지 못하였나이까 이르시되 너희 믿음이 작은 까닭이니라 진실로 너희에게 이
> 르노니 만일 너희에게 믿음이 겨자씨 한 알 만큼만 있어도 이 산을 명하여 여
> 기서 저기로 옮겨지라 하면 옮겨질 것이요 또 너희가 못할 것이 없으리라
>
> 21 (없음)

이때 제자들이 예수께 조용히 다가와서 왜 자기들은 귀신을 쫓아내지 못했는지 물어요. 그들은 이미 귀신 쫓는 권능을 받았고 실제로 귀신을 쫓은 적도 있었어요. 그런데 이번에는 왜 못 했는지 의문이 생긴 거예요.

예수님은 "너희 믿음이 작은 까닭"이라고 말씀하세요. 그리고 겨자씨를 예로 들며 겨자씨 한 알 만큼의 아주 작은 믿음만 있어도 산을 옮길 수 있다고 하시지요. 산을 옮기는 건 불가능한 일을 상징해요. 오직 믿음으로 불가능을 가능케 할 수 있는데, 제자들에게 그런 믿음이 없다는 거예요.

마가복음 9장 29절에는 기도만이 이런 종류(귀신들)를 쫓을 수 있다고 기록되어 있어요. 위 본문 21절은 "없음"이라고 되어있는데 관주에는

"어떤 사본에, 21절 '기도와 금식이 아니면 이런 유가 나가지 아니하느니라'가 있음"이라고 쓰여있어요. 기도와 금식은 내 힘이 아니라 하나님의 능력을 온전히 의지하겠다는 고백의 적극적인 표현이에요. 제자들은 이 믿음이 없었기에 귀신을 쫓아내지 못했지요.

또 하나 생각할 건, 제자들이 예전에 했던 일을 왜 지금은 못 하냐는 거예요. 이는 세상이 점점 악해지고 악한 영의 권세도 강해지는데 그들의 믿음은 이전 수준에 머물러있거나 그마저도 사그라들었기 때문이에요.

어제의 믿음이 오늘을 보장해주지 않아요. "라떼(나 때)는 말이야" 식의 발상은 믿음에 적용되지 않지요. 오직 십자가 앞에 늘 엎드려 은혜를 구하고 믿음이 성장해야 어제보다 악해진 오늘, 승리할 수 있어요.

22,23 갈릴리에 모일 때에 예수께서 제자들에게 이르시되 인자가 장차 사람들의 손에 넘겨져 죽임을 당하고 제삼일에 살아나리라 하시니 제자들이 매우 근심하더라

갈릴리에서 예수님은 다시 한번 십자가의 죽음과 부활을 말씀하세요. 제자들은 이 말을 듣고 매우 근심하지요. 그들은 받아들일 수가 없었어요. 베드로처럼 예수님을 어떻게든 설득해야겠다는 생각과 더불어 복잡한 마음이 들었을 거예요.

24 가버나움에 이르니 반 세겔 받는 자들이 베드로에게 나아와 이르되 너의 선생은 반 세겔을 내지 아니하느냐

예수님과 제자들이 갈릴리 호수 근처 가버나움 지방에 이르렀을 때 성

전세를 거두는 사람들이 베드로에게 와서 "당신의 선생님도 성전세를 내십니까?"라고 물었어요. 당시 20세 이상 유대인 성인 남성은 매년 유월절 한 달 전쯤 반 세겔의 성전세를 냈거든요. 이 돈은 성전 보수 및 유지 비용으로 사용됐으며, 반 세겔은 당시 노동자의 이틀 치 품삯 정도였어요.

유대인들은 성전세 내는 걸 매우 자랑스럽게 여겼습니다. 이는 로마에 내는 세금이 아니라 자신이 유대인 공동체의 일원이라는 증표였기 때문이에요. 예수님도 관례에 따라 늘 성전세를 내셨기에 베드로는 "내십니다"라고 답했어요.

25 이르되 내신다 하고 집에 들어가니 예수께서 먼저 이르시되 시몬아 네 생각은 어떠하냐 세상 임금들이 누구에게 관세와 국세를 받느냐 자기 아들에게냐 타인에게냐

베드로가 집에 들어오니 예수님이 먼저 질문하세요.

"시몬아, 세상 임금들이 관세와 국세를 누구한테서 받느냐? 자기 아들에게냐, 타인에게냐?"

26 베드로가 이르되 타인에게니이다 예수께서 이르시되 그렇다면 아들들은 세를 면하리라

베드로는 타인에게 세금을 받는다고 대답해요. 너무 당연한 대답이지요. 예수님은 "그렇다면 아들들은 세를 면하리라"라고 말씀하세요. 이는 왕의 자녀가 세금을 낼 필요가 없듯이 하나님의 자녀도 낼 필요가 없다는 말씀이에요.

27 그러나 우리가 그들이 실족하지 않게 하기 위하여 네가 바다에 가서 낚시를 던져 먼저 오르는 고기를 가져 입을 열면 돈 한 세겔을 얻을 것이니 가져다가 나와 너를 위하여 주라 하시니라

그런데 예수님은 왜 내셨을까요? 그들의 눈높이를 맞춰주신 거예요. 고린도전서 9장 16-23절에서 바울은 자신이 이미 자유로운 몸이지만 많은 사람을 얻으려고 스스로 모든 사람의 종이 되었다고 해요.

바울의 이 고백은 제게 큰 충격을 주었고, 제 삶의 방향성이 되었어요. 그래서 저는 성경을 믿지 않는 사람이나 신앙이 어린 사람의 눈높이를 맞춰 설명하려고 늘 노력해요. 물론 처음부터 그랬던 건 아니에요. 저는 의지가 강해서 마음만 먹으면 해내는 장점이 있는데, 그것이 신앙에서는 걸림돌이 되었지요. 그런데 하나님께서 한 걸음씩 가르쳐주셨어요. 뒤돌아보면 제가 하나님을 모를 때부터였던 것 같아요.

저는 두 아들을 낳고서 막내는 꼭 딸을 낳고 싶었어요. 그래서 할 수 있는 노력은 다했지요. 당시 미국 버지니아에 살고 있었는데 수소문해서 불임 치료와 원하는 성별의 아이로 임신하게 해주기로 소문난 한약방을 찾았어요. 지인이 15년간 불임이었는데 그 병원의 약을 먹고 원하는 성별의 아이를 낳았거든요.

약을 극도로 싫어하지만 불굴의 의지로 꼬박 1년을 먹었어요. 고기를 먹지 말라고 해서 아예 손도 안 댔죠. 그런데 인터넷에 검색해보니 딸을 낳으려면 식이요법을 반대로 해야 한다는 거예요. 한의사에게 거듭 물어도 지금 하는 방법이 맞다고 해서 그냥 따랐지요.

그렇게 1년간 딸을 임신하기 좋은 몸 상태로 만든 후에 아이를 가졌어요. 5개월이 지나 설레는 마음으로 초음파를 보는데 의사가 "Oh, boy, you have three boys!"라고 하더군요. 그 순간 딸이 아니라는 서운함보다 사람이 노력해도 안 되는 신의 영역이 있음을 깨달았지요.

나중에 제 친구도 불임이어서 그 병원에 다녔는데 의사가 제 식이요법과 반대로, 즉 맞는 방법을 알려주더래요. 제가 물을 때만 반대로 알려준 거예요. 그것도 세 번이나요. 더 정확히는 하나님이 그렇게 말하게 하신 거지요. 참 신비했어요. 더 감사한 건 제가 셋째 아들을 낳고 얼마 뒤 교회에 가게 된 거예요.

이 일을 계기로 창조주가 계심을 인정하게 되었어요. 인간이 노력으로 이룰 수 없는 영역이 있음을 깨달았거든요. 이렇게 하나님은 제가 한 걸음 한 걸음 그분께 나아갈 수 있도록 오래 참아주셨어요. 그 놀랍고 충만한 사랑을 경험하자 제 급한 성격도 바뀌기 시작했어요. 기다리며 오래 참을 줄 알게 되었지요.

그리스도인은 세상의 원리인 힘으로 세상을 정복해선 안 돼요. 하나님나라의 원리인 사랑으로 정복해야 합니다. 또 이전의 뜨거웠던 믿음이 오늘의 미지근한 신앙을 지켜줄 거라는 안일한 생각도 경계해야 해요.

하나님은 산 위의 은혜를 경험하고 온 제자들에게 귀신에 붙들린 영혼 하나 구해내지 못하는, 곧 세상 권세에 아무런 영향도 끼치지 못하는 동료들을 보게 하셨어요. 이는 은혜가 없으면 제자리걸음이 아니라 능력이 사라짐을 보여주지요. 그러니 '라떼 신앙'은 버려야 해요.

하나님의 아들인 예수님은 성전세를 낼 필요가 없으셨지만, 사람들의 눈높이에 맞춰서 내셨어요. 그 방법으로 바닷속 물고기 입에서 한 세겔을 얻으시며 그분이 창조주이심을 다시 한번 보여주셨답니다.

인간의 본성은 큰 자가 되어
박수갈채 받길 원합니다.
내 존재가 세상의 기대에 미치지 못하고
별 볼 일 없을 땐 실망하고 절망하며
분노하기까지 하지요.

그러나 천국의 가치는 반대예요.
세상은 능력 있는 사람에게 박수를 보내지만,
천국에서는 어린아이처럼 자기를 낮추는 사람이
큰 자가 된답니다.

예수님이 우리를 살리시기 위해 인간의 몸으로 오신
성육신 사건이 '작은 자'의 완벽한 표본이에요.

우리도 작은 자로 부름 받았어요.
내 존재 가치와 달란트 그리고 이웃을
하나님의 눈으로 봐야 합니다.
무엇보다 내가 하나님께 얼마나 소중한 존재인지
깨달았으면 좋겠어요.

PART 5

천국은 이 세상과 달라요

18-20장

35 누가 누가 더 클까? 18:1-14

14 이와 같이 이 작은 자 중의 하나라도 잃는 것은 하늘에 계신 너희 아
버지의 뜻이 아니니라

제자들은 누가 큰 사람인지를 놓고 논쟁을 벌입니다. 이 논쟁의 배경은 '변화산 사건'이지요. 예수님이 변화산에 제자 셋만 데리고 올라가셨기에 나머지 제자들의 마음이 상했을 수도 있어요. 또 산에 오른 세 제자는 마음이 높아졌을 거예요. 이런 배경에서 누가 크냐는 논쟁이 벌어져요.

1 그때에 제자들이 예수께 나아와 이르되 천국에서는 누가 크니이까

유대 사회는 서열을 중요시했어요. 둘만 모이면 나이부터 묻고 서열을 정하는 한국 문화와 비슷했지요. 이 논쟁의 도화선은 변화산 사건이었어요. 제자들의 이런 논쟁은 근본적으로 예수님의 사역을 여전히 이해하지 못해서 일어난 거예요.

당시 예수님은 십자가를 지러 예루살렘에 가시는 중이었어요. 하지만 제자들은 곧 메시아 왕국이 세워질 것을 기대하며 서열에 민감하게 반응했지요. 그야말로 동상이몽이에요.

2-4 예수께서 한 어린아이를 불러 그들 가운데 세우시고 이르시되 진실로 너희
에게 이르노니 너희가 돌이켜 어린아이들과 같이 되지 아니하면 결단코 천국

에 들어가지 못하리라 그러므로 누구든지 이 어린아이와 같이 자기를 낮추는 사람이 천국에서 큰 자니라

예수님은 한 어린아이를 불러 그들 가운데 세우시고 천국에 들어가려면 어린아이처럼 자기를 낮춰야 한다고 말씀하세요. 당시 "어린아이"는 '힘없고, 약하고, 낮은 사람'을 상징했어요. 예수님은 어린아이의 사회적 지위를 당신과 동격이라고 말씀하시는 거예요. 즉 낮고 천한 신분의 사람을 당신의 이름으로 영접하면 예수님을 영접한 것이고, 하나님을 영접한 거라고 하시지요.

그러면서 천국은 높은 자가 아니라 자기를 낮추는 사람이 들어가며 그런 사람이 큰 자라고 하세요. 하나님이신 예수님이 우리를 살리시기 위해 인간의 몸으로 오신 성육신 사건이 '작은 자'의 완벽한 표본이에요.

너희 안에 이 마음을 품으라 곧 그리스도 예수의 마음이니 그는 근본 하나님의 본체시나 하나님과 동등 됨을 취할 것으로 여기지 아니하시고 오히려 자기를 비워 종의 형체를 가지사 사람들과 같이 되셨고 사람의 모양으로 나타나사 자기를 낮추시고 죽기까지 복종하셨으니 곧 십자가에 죽으심이라 **빌 2:5-8**

예수님은 '인류 구원'이라는 위대한 사명을 이루셨지만, 세상의 눈으로는 가장 혐오스러운 십자가형을 당한 사형수였어요. 이 땅에서 그분의 인생은 하나도 흠모할 가치가 없었지요. 그러나 하나님나라의 특성과 질서는 세상의 것과 달라요. 세상은 힘의 원리를 말하며 능력 있는 사람에게 박수를 보내지만 천국의 가치는 그렇지 않거든요.

우리도 작은 자로 부름 받았어요. 하나님이 지으신 우리 존재의 참 가치를 깨닫고 각자의 은사대로 생명 살리는 일에 쓰임 받으며 세상에 온기를 전하는 존재 말이에요.

그런데 안타깝게도 인간의 본성은 큰 자가 되어 끊임없이 박수갈채를 받기를 원합니다. 내 존재가 세상의 기준과 기대에 미치지 못하고 별 볼 일 없을 때 혹은 지극히 평범할 때 우리는 실망하고 절망하며 분노하기까지 해요.

저도 하나님이 부르셔서 비즈니스를 시작할 때 정말 잘될 줄 알았어요. 순종의 대가로 세상에서의 성공이 주어질 거라고 착각했지요. 그런데 하나님은 저를 반대 방향으로 이끄셨고 결국 '작은 자'의 의미를 깨닫게 해주셨어요.

요즘은 제 비즈니스에 자유함이 있어요. 하나님이 크게 사용하실 계획이면 키우실 거고, 근근이 살아남아 하나님을 드러내실 계획이면 평생 굶지 않을 만큼만 공급하실 거라고 생각해요. 하나님의 계획이 무엇이든 감사할 뿐이지요.

물론 이 고백이 하루아침에 나오진 않았어요. 처음엔 무조건 크게 되리라 기대했고, 신앙이 점점 자라면서 '그리 아니하실지라도' 감사는 하겠지만 '이왕이면 크게'를 바랐지요. 그런데 최근 들어 이 문제에 자유함을 누리니 얼마나 감사한지 몰라요. 이 놀라운 진리가 깨달아지자 감격하며 울컥할 때가 많아요.

세상은 성공만 귀히 여기고 박수를 보내지만 하나님께는 다 귀한 일이에요. 하나님께서 크게 쓰시는 사람이 있고 작게 쓰시는 사람이 있어요. 우리는 주어진 삶의 가치를 깨닫고 그것을 감사함으로 누리며 살아야 해요. 물론 상대적으로 적게 가진 사람이 많이 가진 사람 앞에서 당당하기가 쉽지 않을 수 있습니다. 저는 자존심이 엄청 세서 당장 굶는 상황임에도 가족에게조차 손을 벌리지 않았어요. 그런 저를 하나님께서 바닥으로 떨어뜨리시고 가진 사람들에게 예수 그리스도만을 당당히 전하도록 훈련하실 때는 무척 힘들었지요.

처음에는 성경이 너무 재밌어서 거의 매일 들고 팠어요. 그러다가 하나님이 제게 쉽게 가르치는 은사를 주신 걸 깨달은 후에는 성경을 깨닫는 기쁨을 혼자 누리는 게 불편했지요. 그래서 말씀의 갈급함이 있는 곳에 흘려보내야 한다는 생각에 글로 나누다가 영상까지 찍게 된 거예요.

초반엔 제가 영상 촬영에 쏟는 많은 에너지에 비해 구독자는 얼마 되지 않아 마음이 흔들렸어요. 또 사람들이 별것 아닌 뉴스에는 엄청나게 반응하면서 진리를 전하는 콘텐츠에는 반응하지 않는 게 실망스러웠지요.

그런데 말씀이 하루하루 저를 성장시켰고, 한 영혼에게라도 도움이 된다면 충분한 가치가 있음을 깨달았어요. 그러자 구독자 수나 조회 수에 연연하지 않게 되었지요. 본질에 초점을 두고 성실히 이어갔더니 어느새 수만 명이 구독하는 채널이 되었습니다.

5 또 누구든지 내 이름으로 이런 어린아이 하나를 영접하면 곧 나를 영접함이니

앞부분에서 어린아이의 사회적 위치를 상징적으로 말씀하셨다면 여기

서는 이들을 어떻게 대해야 하는지 가르쳐주세요. 사회적으로 소외와 멸시를 받는 작고 연약한 사람을 영접하는 게 예수님을 영접하는 거라고 하시지요.

6 누구든지 나를 믿는 이 작은 자 중 하나를 실족하게 하면 차라리 연자 맷돌이 그 목에 달려서 깊은 바다에 빠뜨려지는 것이 나으니라

'나를 믿는 작은 자 중에 하나를 실족하게 하는 죄'는 동료 제자들을 실족하게 하는 죄를 말해요. 그럴 바엔 차라리 연자 맷돌이 목에 달려 깊은 바다에 빠뜨려지는 게 낫다고 무시무시한 경고를 하시지요. 이는 천국 공동체 즉, 믿는 사람의 공동체 안에서 서로 죄를 짓게 하는 행위가 얼마나 무서운 죄인지 강조하시는 거예요.

7 실족하게 하는 일들이 있음으로 말미암아 세상에 화가 있도다 실족하게 하는 일이 없을 수는 없으나 실족하게 하는 그 사람에게는 화가 있도다

"화가 있도다"라는 표현은 예수님이 심판주로서 세상 끝날에 있을 심판을 말씀하시는 것입니다. 이미 예수님은 11장에서 회개하지 않는 지역에 화가 있을 거라고 선포하셨고(마 11:20-24), 십자가를 지시기 전 마지막 화요일에 벌어진 종교지도자들과의 신학 논쟁에서도 이를 엄중히 경고하세요(마 23장).

예수님은 인간의 죄성과 세상의 악함을 인정하시지만 그럼에도 남을 실족하게 하면 화가 있을 거라고 말씀하세요. 우리는 적극적으로 은혜

를 구하며 누군가를 실족하게 하지 않기 위해 끊임없이 조심해야 해요.

8,9 만일 네 손이나 네 발이 너를 범죄하게 하거든 찍어 내버리라 장애인이나 다리 저는 자로 영생에 들어가는 것이 두 손과 두 발을 가지고 영원한 불에 던져지는 것보다 나으니라 만일 네 눈이 너를 범죄하게 하거든 빼어 내버리라 한 눈으로 영생에 들어가는 것이 두 눈을 가지고 지옥 불에 던져지는 것보다 나으니라

예수님은 계속해서 죄를 범하는 게 얼마나 나쁜지 말씀하세요. 범죄하게 하는 발이나 손, 눈을 차라리 빼버리라고 아주 강하게 말씀하시지요. 온전한 육체로 지옥에 가는 것보다 불구가 되더라도 죄를 제거하고 구원받는 게 낫다고요. 당연히 이를 문자적으로 적용하라는 말씀은 아니에요. 죄를 짓게 하는 유혹과 환경을 철저히 차단하고 그 자리를 떠나라는 거지요.

성경 인물 중 죄의 유혹을 탁월하게 대처한 사람으로 요셉을 꼽을 수 있어요. 그는 보디발의 아내가 유혹해오자 그 자리를 도망침으로써 죄의 유혹을 원천 봉쇄했어요. 유혹의 자리에 가거나 머물러있는 건 이미 죄를 반이나 지은 거예요. 그 자리를 벗어나지 않고 결국 넘어지고는 "나는 연약한 죄인입니다"라고 한탄하거나 합리화하는 건 미련하고 악한 짓이지요.

10 삼가 이 작은 자 중의 하나도 업신여기지 말라 너희에게 말하노니 그들의 천사들이 하늘에서 하늘에 계신 내 아버지의 얼굴을 항상 뵈옵느니라

11 (없음)

이어서 예수님은 아무리 작은 자라도 업신여기지 말라고 경고하세요. 세상의 눈으로 보면 작은 자일지 모르나 하나님께는 눈에 넣어도 안 아플 소중한 존재라는 거지요. 여기서 "그들의 천사"라는 표현을 한 사람 한 사람을 지키는 수호천사로 해석하면 안 돼요.

성경 속 천사는 하나님의 백성들을 돕고(시 91:11), 세상 권세에 영향을 주고(단 10:10-14), 구원받은 백성을 섬기라고(히 1:14) 보냄 받은 영이에요. 그러므로 천사를 보내신 분을 경외해야지 당시의 천사 숭배 사상처럼 보냄 받은 천사를 경외하는 건 옳지 않아요.

12-14 너희 생각에는 어떠하냐 만일 어떤 사람이 양 백 마리가 있는데 그중의 하나가 길을 잃었으면 그 아흔아홉 마리를 산에 두고 가서 길 잃은 양을 찾지 않겠느냐 진실로 너희에게 이르노니 만일 찾으면 길을 잃지 아니한 아흔아홉 마리보다 이것을 더 기뻐하리라 이와 같이 이 작은 자 중의 하나라도 잃는 것은 하늘에 계신 너희 아버지의 뜻이 아니니라

어느 목자에게 양 백 마리가 있는데, 그중 한 마리를 잃으면 당연히 그 한 마리부터 찾겠지요. 이는 나머지 아흔아홉 마리가 중요하지 않다는 게 아니라 단 한 마리여도 소중하다는 말씀이에요.

길 잃은 양은 죽음의 위험에 빠질 수 있어요. 들짐승에게 먹힐 수도 있고요. 양은 시력이 나빠서 절벽에서 떨어질 수도 있어요. 그러니 양을 잃었다가 찾으면 죽었다가 살아난 거나 마찬가지니 목자가 얼마나 기쁘고 더 애착이 가겠어요? 우리도 하늘에 계신 아버지의 시선으로 양을 돌봐

야 해요. 작은 자 하나라도 잃어버리지 않도록 사랑으로 품어야 하지요.

자, 본문의 요점을 정리해볼까요?

첫째로 우리는 이 세상에 종의 형체로 오신 예수님처럼 작은 자로 왔음을 기억해야 합니다. 힘을 자랑하며 군림하기 위해서가 아니라 섬기고 사랑하는 존재로 이 세상에 왔음을 명심해야 하지요. 만약 내게 많은 것을 부어주셨다면 그건 적게 받은 사람에게 베풀라고 맡겨주신 거예요. 그게 돈이든 재능이든 다른 무엇이든 말이죠!

둘째로 내 존재 가치와 달란트 그리고 이웃을 하나님의 눈으로 바라봐야 합니다. 무엇보다 자신이 하나님께 얼마나 소중한 존재인지 깨달았으면 좋겠어요. 저는 직원을 대할 때 그의 부모님을 떠올려요. 그 분들에게 이들이 얼마나 소중한 아들딸일지 생각하면 직원 한 명 한 명을 귀하게 바라보게 되지요.

달란트도 마찬가지예요. 하나님이 제게 주신 은사 중 하나가 색채 감각이에요. 하나님이 창조하신 수많은 아름다운 색감을 누릴 수 있어서 얼마나 행복한지요. 저는 이 은사를 활용하여 사람들에게 어울리는 색을 찾아주곤 해요. 그러면 사회적, 경제적 이유로 무채색 옷만 입던 사람들이 자신의 색을 발견하고, 좋아하는 색의 옷을 입으면서 하나님의 사랑을 느끼는 경우가 많았지요.

만물을 지으신 하나님은 우리가 세상을 다스림과 동시에 이 땅의 삶을 충만히 누리고 행복하길 원하세요. 부모가 차린 음식을 자녀가 잘 먹으면 보기만 해도 배부르듯이 하나님 아버지의 마음도 똑같아요.

그분은 우리를 위해 지으신 우주 만물을 우리가 충만히 누릴 때 가장 기뻐하세요. 그 충만함을 누릴 줄 아는 사람이 이웃을 살리는 사명도 기쁘게 감당할 수 있답니다.

36 밴댕이 소갈딱지 탈출 작전 18:15-35

18 진실로 너희에게 이르노니 무엇이든지 너희가 땅에서 매면 하늘에서도 매일 것이요 무엇이든지 땅에서 풀면 하늘에서도 풀리리라

앞서 우리는 하나님께서 작은 자와 길 잃은 양에게 관심이 많으신 걸 살펴봤어요. 그 연결 선상에서 이 본문에는 범죄한 형제가 등장해요. 이들은 지극히 작은 자이고 잃어버린 양이지요.

15-17 네 형제가 죄를 범하거든 가서 너와 그 사람과만 상대하여 권고하라 만일 들으면 네가 네 형제를 얻은 것이요 만일 듣지 않거든 한두 사람을 데리고 가서 두세 증인의 입으로 말마다 확증하게 하라 만일 그들의 말도 듣지 않거든 교회에 말하고 교회의 말도 듣지 않거든 이방인과 세리와 같이 여기라

어느 공동체나 문제가 발생해요. 여기서는 공동체 안에서 지체가 범죄할 경우 어떻게 해결해야 하는지 권면의 단계적 절차를 말씀하세요. 이

는 신명기 말씀을 근거로 하지요(신 19:15-19).

첫 번째 단계는 단둘이 있는 자리에서 충고하는 거예요. 당사자끼리 만나 조용히 해결하라는 거지요. 만약 범죄한 형제가 그 충고를 받아들이면 그를 얻는 셈이 됩니다.

그러나 해결이 안 된다면 두 번째 단계로 두세 증인을 대동하여 그가 하는 모든 말을 확증하라고 하세요. 그래도 해결되지 않으면 세 번째 단계로 교회에 말해야 해요. 이것은 교회 차원에서 그를 설득하기 위함이에요. 그래도 그가 마음을 돌이키지 않으면 "이방인과 세리와 같이" 여기라고 하세요. 당시 유대인들은 이방인과 세리를 상대하지 않았어요. 즉 그를 공동체에서 내보내라는 거지요.

18 진실로 너희에게 이르노니 무엇이든지 너희가 땅에서 매면 하늘에서도 매일 것이요 무엇이든지 땅에서 풀면 하늘에서도 풀리리라

땅에서 매면 하늘에서도 매이고 땅에서 풀면 하늘에서도 풀리는 놀라운 열쇠! 예수께서 베드로의 신앙고백 위에 주셨던 교회의 권세를 다시 한번 확증하세요. 교회는 머리이신 예수 그리스도의 몸 된 공동체이기에 교회의 결정을 중요하게 여기심을 보여주는 대목이지요.

창조주 하나님께서 우리의 결정을 통해 하나님의 역사를 만들어가신다는 게 무척 놀라워요. 그러니 우리 개개인의 결정, 특히 교회의 결정이 더욱 성숙하고 정결해야 하지요. 그에 따른 책임감도 느껴야 하고요.

그럼 하나님의 뜻을 대변하는 중요한 결정은 어떻게 내려야 할까요?

19,20 진실로 다시 너희에게 이르노니 너희 중의 두 사람이 땅에서 합심하여 무엇이든지 구하면 하늘에 계신 내 아버지께서 그들을 위하여 이루게 하시리라 두세 사람이 내 이름으로 모인 곳에는 나도 그들 중에 있느니라

답은 바로 '기도'입니다. 교회가 성도를 권징하기 전에 합심해서 기도해야 한다는 말씀이지요. 기도를 통해 하나님의 뜻을 확인하고 그분 마음에 합한 결정을 내려야 해요. 지체를 내보내는 일이 쉽진 않지만 기도할 때 하늘에 계신 아버지께서 그들을 통해 하나님의 뜻을 이루신다고 약속하셨어요.

또 두세 사람이 주님의 이름으로 모인 곳에 예수님도 함께하신다고 말씀하시며 교회의 권위를 강조하세요. 교회 규모가 아무리 작아도, 기도 모임에 두세 사람뿐이어도 하나님이 전적으로 주관하십니다.

기도로 결정된 건 주님의 결정이에요. 기도는 하나님과 소통하는 핫라인이고 기도 모임은 하나님이 함께하시는 영광스런 자리이며 특권이지요.

이처럼 우리는 엄청난 특권을 받았기에 스스로 정결한 통로가 되도록 끊임없이 노력해야 해요. 가끔 '나 같은 사람이 뭘…'이라는 생각이 올라와요. 그런데 하나님은 의인 10명만 있으면 소돔과 고모라를 멸망시키지 않겠다고 하셨어요(창 18:32). 심지어 에스겔서에서는 의인 한 사람만 있어도 성을 멸하지 않겠다고 하셨지요(겔 22:30).

우리는 그런 위대한 존재예요. 그러므로 우리의 시각을 바꾸어야 해요. 세상 잣대로 자신을 가진 것 없고 내세울 것 없는 존재로 평가 절하하면 안 돼요. 만약 한국인이 일본 법을 지키며 산다면 어떨까요? 말이

안 되지요. 우리는 하나님 안에서 내 존재를 분명히 알고 그 존재 가치대로 살아야 합니다.

예수님의 제자 공동체에도 별의별 일이 다 생겼어요. 누가 크냐는 세력 다툼부터 공동체 안에서 지체를 실족시키는 일, 무시하는 일…. 그 외에도 지금 교회에서 일어나는 수많은 일이 있었을 거예요. 지금까지는 이런 문제를 교회가 어떻게 처리해야 할지를 말씀하셨다면 이번에는 개인적인 관계에서 죄지은 자를 어떻게 대해야 할지 알려주세요.

21,22 그때에 베드로가 나아와 이르되 주여 형제가 내게 죄를 범하면 몇 번이나 용서하여주리이까 일곱 번까지 하오리이까 예수께서 이르시되 네게 이르노니 일곱 번뿐 아니라 일곱 번을 일흔 번까지라도 할지니라

베드로는 누군가가 자신에게 범죄하면 얼마나 용서해야 하냐며 일곱 번이면 되는지 여쭈어요. 사실 혼란스러울 수도 있어요. 이미 예수님은 '주기도문'을 가르쳐주시면서 '무한 용서'를 말씀하셨거든요. 그런데 죄를 지으면 반드시 심판이 있다고 하시고(6-9절) 교회에서 치리하는 절차를 말씀하시자(15-20절) 제자들이 헷갈린 거지요.

당시 유대인들은 보통 세 번 용서하면 충분하다고 생각했기에 베드로가 말한 일곱 번은 최대치를 뜻하는 거였어요. 그런데 예수님은 한술 더 떠서 "일곱 번을 일흔 번까지라도" 용서하라고 하세요.

이 말은 "일곱 번×일흔 번=사백구십 번" 용서하라는 게 아니라 완전수에 완전수를 곱하여 무한대로 용서하라는 뜻이에요.

이게 과연 가능할까요? 솔직히 베드로가 말한 일곱 번도 쉽지 않은데 말이지요. 이에 예수님은 끝없이 용서해야 하는 이유와 방법을 가르쳐주세요.

23-27 그러므로 천국은 그 종들과 결산하려 하던 어떤 임금과 같으니 결산할 때에 만 달란트 빚진 자 하나를 데려오매 갚을 것이 없는지라 주인이 명하여 그 몸과 아내와 자식들과 모든 소유를 다 팔아 갚게 하라 하니 그 종이 엎드려 절하며 이르되 내게 참으소서 다 갚으리이다 하거늘 그 종의 주인이 불쌍히 여겨 놓아 보내며 그 빚을 탕감하여주었더니

예수님은 이전에 천국을 설명하실 때와 동일한 화법으로 "천국은 그 종들과 결산하려 하던 어떤 임금과 같으니"라고 말씀하세요. 어떤 왕인지 볼까요?

왕 앞에 한 명씩 들어와 결산을 해요. 이때 만 달란트를 빚진 사람이 불려 나와요. 당시 1달란트는 가장 큰 화폐단위로, 6천 데나리온의 가치를 지녔어요. 1데나리온이 노동자의 하루 품삯이었으니까 6천 데나리온은 장장 20년 치 임금이에요. 한마디로 만 달란트는 절대 갚을 수 없는 엄청난 금액을 상징하지요.

만 달란트 빚진 종이 갚을 능력이 없자 주인은 그에게 그의 몸과 아내, 자녀는 물론 모든 소유를 다 팔아서 갚으라고 명령합니다. 그러나 그의 가족과 재산을 다 팔아도 갚을 수 없었지요. 종은 무릎을 꿇고 절규해요. "참아주십시오. 다 갚겠습니다." 아버지로서 자녀까지 팔아야 하는 현실이 얼마나 절망스러웠을까요. 이는 바로 죄인인 우리의 상태예

요. 사람은 죗값을 치를 능력이 없어 죽을 수밖에 없는 존재입니다.

주인은 이 종을 불쌍히 여겨 놓아주고 그 어마어마한 빚을 탕감해주지요. 기적 같은 일이에요. 종의 마음이 어땠을까요? 진짜 죽었다 살아난 기분이었을 거예요. 그런데 사람이 얼마나 완악한 존재인지 다음 행동에서 나타나요.

28-30 그 종이 나가서 자기에게 백 데나리온 빚진 동료 한 사람을 만나 붙들어 목을 잡고 이르되 빚을 갚으라 하매 그 동료가 엎드려 간구하여 이르되 나에게 참아주소서 갚으리이다 하되 허락하지 아니하고 이에 가서 그가 빚을 갚도록 옥에 가두거늘

천문학적인 액수의 빚을 탕감받은 종이 자기에게 100데나리온 빚진 동료를 만나요. 100데나리온은 조금 전에 탕감받은 돈의 60만분의 1에 불과한 액수예요. 적은 돈은 아니지만 자신이 입은 은혜를 생각하면 충분히 탕감해줄 수 있는 돈이었어요.

그런데 이 종은 다짜고짜 빚진 동료의 멱살을 잡고 빚을 갚으라고 겁박해요. 동료가 엎드려 "참아주게. 내가 갚겠네"라며 간청하지만 그 종은 듣지 않고 동료가 빚을 갚을 때까지 감옥에 가둬요.

해도 해도 너무하지요. 그런데 이게 우리 모습이에요. 하나님이 우리에게 갚을 수 없는 은혜를 베풀어주셨는데 우리는 우리에게 빚진 자를 풀어주지 않고 보복하려 하지요.

31-34 그 동료들이 그것을 보고 몹시 딱하게 여겨 주인에게 가서 그 일을 다 알

리니 이에 주인이 그를 불러다가 말하되 악한 종아 네가 빌기에 내가 네 빚을 전부 탕감하여주었거늘 내가 너를 불쌍히 여김과 같이 너도 네 동료를 불쌍히 여김이 마땅하지 아니하냐 하고 주인이 노하여 그 빚을 다 갚도록 그를 옥졸들에게 넘기니라

다른 동료들이 이 광경을 보다가 너무한다 싶어 주인에게 말해요. 그러자 주인이 그를 불러 "이 악한 종아, 네가 애원하기에 나는 네 빚을 다 없애주었다. 내가 너를 불쌍히 여긴 것처럼 너도 동료를 불쌍히 여겼어야 할 게 아니냐"라고 책망합니다. 화가 난 주인은 그 종이 빚을 다 갚을 때까지 감옥에 가두지요. 그 종은 영원히 풀려나지 못했을 거예요.

살아서 죄의 감옥에 갇힌 우리가 죽어서도 갇히지 않으려면 우리 안에 막힌 담을 헐고 은혜의 통로가 되어야 해요. 우리가 이렇게 할 수 있는 근거는 이미 긍휼하심을 넘치게 받았기 때문이에요. 사랑을 많이 받고 자란 아이가 사랑을 베풀 줄 알듯이 우리는 끝없는 사랑을 베풀 수 있는 조건을 이미 완벽하게 갖추었어요.

35 너희가 각각 마음으로부터 형제를 용서하지 아니하면 나의 하늘 아버지께서도 너희에게 이와 같이 하시리라

예수님은 "너희가 진심으로 형제자매를 용서하지 않으면 나의 하늘 아버지께서도 너희에게 똑같이 하실 것이다"라는 무시무시한 말씀을 하세요.

저는 '용서' 하면 요셉이 떠올라요. 요셉이 형제들에 의해 노예로 팔려갔을 때 처음엔 크게 상처받았을 거예요. 그러나 그는 결국 아픔 속에서

하나님의 뜻을 깨달아요.

> 요셉이 그들에게 이르되 두려워하지 마소서 내가 하나님을 대신하리이까 당신들은 나를 해하려 하였으나 하나님은 그것을 선으로 바꾸사 오늘과 같이 많은 백성의 생명을 구원하게 하시려 하셨나니 **창 50:19,20**

아버지 야곱이 죽자 형제들은 요셉이 보복할까 봐 두려웠어요. 그때 요셉은 '심판은 하나님의 몫'이라며 자기의 권한이 아니라고 하지요. 그는 자신의 다사다난했던 과거가 많은 백성의 생명을 구하기 위한 하나님의 뜻임을 분명히 알았던 거예요. 형제들의 잘못도 하나님의 뜻을 이루기 위한 하나의 도구였음을 깨달은 거지요.

요셉의 이 고백은 제가 정말 좋아하는 성경 구절이에요. 늘 이 말씀을 마음에 새기고 실천하려고 노력하고 있어요. 사실 노력하고 말고 할 문제도 아니지요. 은혜 입은 우리 모두가 말씀대로 믿고 순종해야 할 문제니까요.

37 이혼해도 되나요? 19:1-15

4 예수께서 대답하여 이르시되 사람을 지으신 이가 본래 그들을 남자와 여자로 지으시고

드디어 예수께서 갈릴리를 떠나 요단강 건너 유대 지경에 이르셨어요. 때는 십자가 사역을 한 달 정도 남겨둔 시점으로, 앞서 황제의 도시 가이사랴 빌립보에서 밝히신 것처럼(16장) 죽임을 당하시고 사흘 만에 다시 살아나실 거라는 말씀을 이루시기 위한 발걸음이었어요. 21장에서 예수님이 예루살렘에 도착하시니 이젠 십자가 사건이 코앞으로 다가온 거지요. 예수님과 제자들의 마음은 어땠을까요?

1,2 예수께서 이 말씀을 마치시고 갈릴리를 떠나 요단강 건너 유대 지경에 이르시니 큰 무리가 따르거늘 예수께서 거기서 그들의 병을 고치시더라

예수님은 요단강을 건너 유대 지방에 도착하셨어요. 사마리아를 지나지 않고 요단강 건너편으로 우회하신 것은 유대인들이 사마리아인을 좋아하지 않았기 때문이에요.

그 배경을 잠깐 살펴볼게요. 북방 이스라엘이 앗수르에 의해 패망했을 때 앗수르가 이주 정책을 펼쳤어요. 그 결과로 북이스라엘 지역은 혼혈의 땅이 되어버렸는데, 그 혼혈인이 바로 '사마리아인'이지요. 유대인들은 사마리아인을 이방인보다 더 혐오했어요.

이때 예수님이 세례 요한의 사역지였던 베레아 지역에 도착한 것으로 추정되는데, 그 소문을 듣고 큰 무리가 따랐어요. 예수님은 그들의 병을 고쳐주며 전도 사역을 펼치셨어요. 그러자 예수님의 사역을 못마땅하게 여기던 바리새인들이 또다시 예수님을 시험하러 몰려왔지요.

3 바리새인들이 예수께 나아와 그를 시험하여 이르되 사람이 어떤 이유가 있으면 그 아내를 버리는 것이 옳으니이까

바리새인들이 예수께 이혼에 대해 질문합니다. 이 질문의 배경은 헤롯 안티파스의 불륜 때문이었어요. 앞서 세례 요한이 지적했던 그 불륜 사건 말이지요. 헤롯 안티파스가 이복동생 빌립의 아내 헤로디아를 아내로 삼자 세례 요한이 그 부도덕함을 지적했다가 참수를 당했어요.

베레아는 바로 그 헤롯 안티파스의 통치 영역이었어요. 그러므로 바리새인들은 세례 요한이 이혼과 부정한 혼인을 지적해서 죽임을 당한 것처럼 예수님도 같은 정치적 이슈에 휘말리게 하려는 속셈이었지요.

바리새인들은 구약에 능통했기에 모세의 이혼 증서에 대해서 잘 알고 있었어요. 그런데 굳이 이 이야기를 꺼낸 건 예수님이 마태복음 5장 31,32절에서 이혼을 금한다고 말씀하신 것과 이혼 증서에 관한 모세의 율법을 충돌시킴으로써 예수님을 곤경에 빠뜨리려는 목적도 있었어요.

4-6 예수께서 대답하여 이르시되 사람을 지으신 이가 본래 그들을 남자와 여자로 지으시고 말씀하시기를 그러므로 사람이 그 부모를 떠나서 아내에게 합하여 그 둘이 한 몸이 될지니라 하신 것을 읽지 못하였느냐 그런즉 이제 둘이

아니요 한 몸이니 그러므로 하나님이 짝지어 주신 것을 사람이 나누지 못할지니라 하시니

예수님은 창세기 1장 27절과 2장 24절을 인용하시며 하나님께서 창조 때 정해놓으신 결혼의 원칙을 말씀하세요. 하나님은 그분의 형상대로 사람을 창조하시되 남자와 여자로 창조하셨어요. 결혼이란 이 둘이 한 몸이 되는 것으로 사람이 나눌 수 없다는 거지요.

7 여짜오되 그러면 어찌하여 모세는 이혼 증서를 주어서 버리라 명하였나이까

이혼에 대한 예수님과 바리새인의 입장이 충돌해요. 예수님의 입장은 창조 원리에 의해 이혼할 수 없다는 것이고 바리새인들은 모세의 율법에 있는 이혼 증서에 근거해 이혼할 수 있다는 거예요.

당시 바리새인들은 학파에 따라 이혼 조건에 견해 차이가 있었어요. 샴마이 학파는 보수적인 근본주의 성향으로 아내가 간음과 같은 부도덕한 죄를 지었을 때만 이혼할 수 있다고 주장했고, 힐렐 학파는 사소한 이유로도 이혼을 허용했어요. 예를 들어 아내보다 더 예쁜 여자를 만나면 그것이 자기에 대한 수치이므로 이혼할 수 있고, 아내의 음식이 맛이 없다는 이유로 이혼이 가능했을 정도이니 이들이 율법을 얼마나 악용했는지 알 수 있지요.

8,9 예수께서 이르시되 모세가 너희 마음의 완악함 때문에 아내 버림을 허락하였거니와 본래는 그렇지 아니하니라 내가 너희에게 말하노니 누구든지 음행한 이유 외에 아내를 버리고 다른 데 장가드는 자는 간음함이니라

예수님은 모세가 사람의 완악함 때문에 이혼을 허락한 거지 본래 창조 원리는 아니라고 답하세요. 당시는 여자와 어린이의 인권에 대한 존중이 거의 없었기에 아내를 함부로 버리는 일이 비일비재했어요. 그래서 이혼 증서를 써주는 것은 이혼당한 여인이 합법적으로 재혼할 수 있도록 돕는, 여성 인권 보호를 위한 방편이었습니다. 그런데 사람들은 이 제도마저 악용하여 보존하기 어려운 나뭇잎에 이혼 증서를 써주기도 했어요. 정말 인간의 완악함은 끝이 없지요.

예수님은 음행 외에 아내를 버리고 장가드는 건 간음이라고 분명하게 말씀하세요. 이는 음행하면 이혼할 수 있다는 게 아니라 이혼의 정당한 사유는 음행뿐임을 말씀하신 거예요. 이혼은 하나님의 뜻이 아니니 최대한 하지 말라는 데 방점을 찍으셨지요.

10-12 제자들이 이르되 만일 사람이 아내에게 이같이 할진대 장가들지 않는 것이 좋겠나이다 예수께서 이르시되 사람마다 이 말을 받지 못하고 오직 타고난 자라야 할지니라 어머니의 태로부터 된 고자도 있고 사람이 만든 고자도 있고 천국을 위하여 스스로 된 고자도 있도다 이 말을 받을 만한 자는 받을지어다

바리새인들이 떠나자 제자들이 이에 대해 더 자세히 물어요. 그들의 입장은 결혼으로 문제가 생길 거면 차라리 장가들지 않는 게 낫지 않느냐는 거예요. 그러나 예수님은 독신도 하나님의 창조 원리가 아니라고 말씀하세요. 오직 타고난 사람만 할 수 있다고 하시지요.

이는 태어날 때부터 고자이거나 사람이 만들어서 된 고자(내시)이거나 천국을 위해 스스로 고자 된 사람, 즉 특별한 사명을 받아 독신의 삶을

선택한 사람을 말해요. 바울이 말한 독신의 은사(고전 7장)가 여기에 속하지요. 이 외에는 결혼해서 가정을 이루는 게 하나님의 창조 질서에 합당해요.

13 그때에 사람들이 예수께서 안수하고 기도해주심을 바라고 어린아이들을 데리고 오매 제자들이 꾸짖거늘

결혼 문제에 이어 '어린아이'가 등장하며 가정에 관한 은유가 이어집니다. 예수님의 소문이 점점 더 퍼지자 부모들은 자녀가 안수기도 받기를 바라며 어린아이들을 예수께 데리고 왔어요. 누가복음을 보면 아주 어린 아기까지 포함한다는 걸 알 수 있어요(눅 18:15).

그런데 당시엔 어린아이에 대한 인권 의식이 낮아서 제자들은 그 부모들을 꾸짖어 물리치려고 했지요. 제자들의 생각은 '예수님은 곧 유대의 왕이 되실 분인데 어디 감히 애들을 데리고 와서 안수를 받으려 해!'였을 거예요. 불과 얼마 전에 "어린아이와 같이 자기를 낮추는 사람이 천국에서 큰 자니라"(마 18:4)라는 가르침도 받았지만 그들의 믿음은 여전히 제자리였어요.

14,15 예수께서 이르시되 어린아이들을 용납하고 내게 오는 것을 금하지 말라 천국이 이런 사람의 것이니라 하시고 그들에게 안수하시고 거기를 떠나시니라

이에 예수님은 또다시 천국은 이 어린아이들처럼 작고 낮은, 또 온전히 하나님을 믿고 따르는 사람의 것이라고 말씀하세요. 그리고 어린아

이들에게 친히 안수하시고 그곳을 떠나시지요.

하나님이 만드신 결혼과 가정은 우리에게 큰 의미가 있어요. 특히 부부 관계에는 그리스도와 교회의 관계에 대한 비밀이 숨어있지요. 에베소서 5장 22-32절에 그 비밀이 밝히 드러나 있어요.

하나님이 최초로 맺어주신 부부, 아담과 하와를 살펴볼까요? 하나님은 아담과 하와를 창조하실 때 각각 흙으로 빚지 않으시고 아담에게서 하와를 꺼내셨어요. 아담을 깊이 잠들게 하신 후 그의 갈빗대 하나를 뽑아 하와를 만드셨지요.

성경에서 '잠'은 '죽음'을 말합니다. 그러므로 남편의 죽음을 통해 아내가 탄생한 거지요. 이는 남편 되신 예수님의 죽으심으로 신부인 교회가 탄생함을 상징해요. 또 남편이 아내의 머리 됨이 그리스도께서 교회의 머리 됨과 같다고 말씀하세요. 그러므로 아내는 교회가 그리스도께 복종하듯이 남편에게 복종해야 하지요(엡 5:23,24).

여기서의 '복종'은 세상의 원리처럼 힘과 권력에 대한 복종이 아니에요. 신랑이신 예수님이 신부인 교회(우리)를 위해 자기 목숨까지 내어주신 그 사랑에 대한 자연스러운 순종이지요. 바울은 이 신비를 깨닫고 감탄해요. "이 비밀이 크도다"(엡 5:32).

남편과 아내가 사랑만 하고 살 수는 없어요. 우리 안에 죄성이 있기 때문이지요. 그래서 그리스도의 눈으로 남편을 보고, 아내를 볼 때만 평화가 유지될 수 있어요. 각자가 하나님과 가까워지면 자연스럽게 두 사람도 가까워지지요. 하나님은 이 비밀을 가정에 심으시고 우리가 매 순간 천국을 연습하게 하세요.

가정의 비밀을 담은 이 말씀 바로 앞에 "오직 성령으로 충만함을 받으라"(엡 5:18)라는 말씀이 기록되어 있어요. 성령 충만은 특별한 은사나 사역 현장에서가 아니라 가정에서 가장 먼저, 가장 많이 실현되어야 한다는 의미입니다. 가정은 우리를 가장 성숙하게 만들고 그리스도와 교회의 관계를 몸소 경험하게 하는 귀한 공동체니까요.

38 엄친아에게 배우기 19:16-30

16 어떤 사람이 주께 와서 이르되 선생님이여 내가 무슨 선한 일을 하여야 영생을 얻으리이까

부자 청년의 비유는 너무나 중요해서 요한복음을 제외한 공관복음에 모두 등장합니다. 작은 자, 어린아이의 개념에 이은 하나님나라 백성에 관한 이야기지요.

16 어떤 사람이 주께 와서 이르되 선생님이여 내가 무슨 선한 일을 하여야 영생을 얻으리이까

한 청년이 예수께 와서 질문해요. 마태는 그냥 "어떤 사람"이라고 기록했지만, 마가복음과 누가복음을 종합해보면 부자이고 관리인 청년이

었어요. 세상 기준으로 보면 완벽한 스펙의 소유자이지요. 게다가 예수께 무릎 꿇고 말하는 태도를 보아 성품과 신앙도 좋은 '엄친아' 같아요. 그는 영생에 대한 갈망이 있는 청년이었지요.

그는 예수님을 "선생님"이라고 부르며 무슨 선한 일을 해야 영생을 얻을 수 있냐고 물어요. 여기서 유의할 점이 몇 가지 있어요. 첫째는 호칭이에요. 청년은 신앙이 좋긴 했지만 예수님을 메시아로 알아보지 못하고 '선생님' 정도로 이해했어요.

둘째는 "하여야"라는 단어예요. 그는 영생을 얻기 위해 스스로 뭔가를 해야 한다고 생각했어요. 당시 유대인은 율법을 지켜야 구원을 얻는다고 여겨서 율법을 지키는 데 목숨을 걸었지요. 하지만 문제는 누구도 율법을 온전히 지킬 수 없다는 거예요. 그 청년은 율법이 우리가 죄인임을 가르쳐주는 초등교사에 지나지 않으며 오직 믿음으로 의롭게 된다는 걸 몰랐던 거지요(갈 3:24,25).

에베소서 2장 8절을 보면 "너희는 그 은혜에 의하여 믿음으로 말미암아 구원을 받았으니 이것은 너희에게서 난 것이 아니요 하나님의 선물이라"라고 말씀하세요. 구원은 우리의 행위나 노력에 의한 게 전혀 아니라는 거지요.

17 예수께서 이르시되 어찌하여 선한 일을 내게 묻느냐 선한 이는 오직 한 분이시니라 네가 생명에 들어가려면 계명들을 지키라

예수님은 청년의 질문 자체가 잘못됐음을 지적하세요. '선한+일'의 문제가 아니라 '선한+이'의 문제라는 거지요. 그리고 영생을 얻으려면 계

명을 지켜야 한다고 하세요.

18,19 이르되 어느 계명이오니이까 예수께서 이르시되 살인하지 말라, 간음하지 말라, 도둑질하지 말라, 거짓 증언 하지 말라, 네 부모를 공경하라, 네 이웃을 네 자신과 같이 사랑하라 하신 것이니라

이에 청년이 어떤 계명인지 여쭈어요. 그는 나름 경건 생활에 힘써왔기에 자신이 있었거든요. 예수님은 십계명 중 5-10계명을 말씀하세요. 십계명의 1-4계명은 '하나님 사랑'에 관한 계명으로 하나님과 사람의 관계에서 지켜야 할 내용을 담고 있어요. 그리고 5-10계명은 '이웃 사랑'으로 사람과 사람 사이의 계명이지요. 이 중 이웃 사랑을 말씀하신 거예요.

20 그 청년이 이르되 이 모든 것을 내가 지키었사온대 아직도 무엇이 부족하니이까

청년은 당당하게 "그런 것들은 이미 지키고 있답니다. 더 지켜야 할 것이 있나요?"라고 물어요.

21 예수께서 이르시되 네가 온전하고자 할진대 가서 네 소유를 팔아 가난한 자들에게 주라 그리하면 하늘에서 보화가 네게 있으리라 그리고 와서 나를 따르라 하시니

예수님은 온전한 사람이 되려면 가서 소유를 팔아 가난한 사람에게 주라고 하세요. 그 후에 예수님을 따르라고 말씀하세요. 그러면 하늘에서 보화를 차지할 것이라고 하시면서요.

이는 말 그대로 재물을 다 팔아 나눠줘야만 천국에 들어간다는 뜻이 아니에요. 이 땅에서 인간의 어떤 수고로도 하나님나라에 들어갈 자격이 주어지지 않는다는 말씀이지요. 곧 삶의 우선순위를 바로잡으라는 거예요. 청년은 자신의 노력과 행위로 천국에 들어가려 했어요. 하지만 예수님은 오직 하나님을 왕으로 인정하고 모든 소유가 하나님의 것임을 인정함으로 하나님나라에 들어갈 수 있다고 하세요.

에베소서 2장 8절에서 구원은 "하나님의 선물"이라고 했어요. 그리고 10절에서 그 선물을 주신 이유를 알려주세요. 우리는 선한 일을 위해 지음 받은 존재라고요. 세상에서 복음을 전하며 사람을 살리라고 그 선물을 주셨다는 뜻이지요. 물론 사람마다 쓰임 받는 방법은 다 달라요.

하나님께서 이 청년에게 많은 재산을 주신 건, 그의 소유를 모두 하나님의 것으로 고백하고 생명을 살리는 데 쓰라는 거였어요.

22 그 청년이 재물이 많으므로 이 말씀을 듣고 근심하며 가니라

그러나 청년은 그 단계까지 이르지 못했어요. 많은 재산을 자기 것으로 여겼기에 근심하며 돌아갔지요.

23,24 예수께서 제자들에게 이르시되 내가 진실로 너희에게 이르노니 부자는 천국에 들어가기가 어려우니라 다시 너희에게 말하노니 낙타가 바늘귀로 들어가는 것이 부자가 하나님의 나라에 들어가는 것보다 쉬우니라 하시니

청년이 돌아간 뒤 예수님은 부자가 천국에 들어가는 건 낙타가 바늘

귀에 들어가는 것보다 어렵다고 말씀하세요. 이는 불가능을 의미해요.

이 말의 유래에는 여러 가지 설이 있습니다. 그중 한 가지를 소개할게요. 당시 예루살렘 성문은 일정 시간이 되면 닫혔는데 상인들은 먼 길에서 돌아오느라 늦을 때가 있었어요. 성문 옆에 쪽문이 하나 있었는데 그 문의 모양이 바늘귀처럼 생겼다고 해요. 그 문은 크지 않아서 상인들이 낙타에 물건을 잔뜩 실은 상태에서는 들어갈 수 없었지요. 짐을 다 내려놓아야 간신히 들어갈 수 있었는데 바로 그 모습을 비유하셨다는 설이 있어요. 한마디로 다 내려놓기 전에는 어렵다는 이야기지요.

왜 부자가 천국에 들어가기가 이처럼 어려울까요? 돈은 '유사 전능성'을 가질 만큼 그 위력이 대단해요. 성경에서도 유일하게 하나님과 견주어 말하는 게 바로 '돈'일 정도지요.

사람은 완악해서 필요할 때 혹은 아쉬울 때만 하나님께 무릎을 꿇어요. 그런데 모든 게 풍족하고 부족한 게 없으면 그럴 기회가 줄어들 수밖에 없지요. 이 부자 청년에게는 '돈'이 하나님께 전심으로 나아가는 데 큰 걸림돌이었어요. 예수님은 그걸 간파하시고 돈을 내려놓으라고 말씀하신 거예요.

25 제자들이 듣고 몹시 놀라 이르되 그렇다면 누가 구원을 얻을 수 있으리이까

예수님의 말씀에 제자들이 깜짝 놀라요. 왜냐면 당시 유대인은 부자를 하나님의 특별한 은혜와 복을 받은 자로 생각했는데 그들이 구원받지 못한다고 하시니 충격을 받은 거지요.

26 예수께서 그들을 보시며 이르시되 사람으로는 할 수 없으나 하나님으로서
는 다 하실 수 있느니라

예수님은 구원이 전적인 하나님의 선물임을 다시 강조하세요.

27 이에 베드로가 대답하여 이르되 보소서 우리가 모든 것을 버리고 주를 따랐
사온대 그런즉 우리가 무엇을 얻으리이까

그러자 베드로가 제자들을 대표해서 여쭈어요.

"우리는 모든 걸 버리고 예수님을 따랐으니 무엇을 얻을 수 있을까요?"

사실 제자들의 생각도 부자 청년과 별 차이가 없었어요. 예수님의 제자로서 엄청난 보상, 곧 도래할 메시아 왕국에서 한자리 차지할 걸 기대했거든요. 예루살렘이 코앞이니 그들의 기대는 극에 달했지요. 20장에서 요한의 어머니가 찾아와 예수님에게 자리를 청탁할 만큼 모두가 권력에 대한 욕망이 가득했어요.

28-30 예수께서 이르시되 내가 진실로 너희에게 이르노니 세상이 새롭게 되어
인자가 자기 영광의 보좌에 앉을 때에 나를 따르는 너희도 열두 보좌에 앉아
이스라엘 열두 지파를 심판하리라 또 내 이름을 위하여 집이나 형제나 자매나
부모나 자식이나 전토를 버린 자마다 여러 배를 받고 또 영생을 상속하리라
그러나 먼저 된 자로서 나중 되고 나중 된 자로서 먼저 될 자가 많으니라

베드로의 질문에 예수님은 진정한 제자도로 답하세요. 인자가 영광의 보좌에 앉을 때 제자들도 열두 보좌에 앉아 이스라엘 열두 지파를 심판하게 될 거라는 의미심장한 말씀을 하시며 천국 시민으로서 누릴 권세

를 알려주십니다. 사람들은 끊임없이 세상적인 성공과 보상을 꿈꾸지만 예수님은 천국 시민의 진정한 승리는 다른 차원이라고 계속 말씀하시는 거예요. 그야말로 동상이몽이지요.

또 예수님의 이름을 위해 집, 형제, 부모, 자식, 땅을 버린 사람은 여러 배를 보상받고 영생을 상속받는다고 하세요. 이는 하나님 앞에서 우선순위를 바로 세워야 복을 받는다는 말씀이에요.

이에 덧붙여 먼저 믿어도 꼴찌가 될 수 있고 꼴찌가 일등이 될 수도 있다고 하세요. 지금 믿음의 상태가 좋다고 해서 하나님나라에 갈 때도 좋을 거란 보장이 없다는 거지요.

부자 청년의 이야기에서 예수님은 '우선순위'를 강조하세요. 그리고 우리가 인생에서 끝까지 붙들고 있는 걸 내려놓아야 비로소 온전한 천국 시민이 될 수 있다고 알려주시지요.

여러분이 붙들고 있는 건 무엇인가요? 제 경우는 '교만'이었어요. 저는 좋은 환경에서 태어났고 유학도 하고 큰돈도 벌어서 부족할 게 없었어요. 성품도 특별히 모나지 않았고 원체 긍휼함이 많아서 나름 착하게 살려고 노력했지요. 게다가 열정적이고 긍정적이어서 뭐든지 잘 해냈어요. 스스로 다 할 수 있으니 하나님이 필요 없었지요. 그러나 외형적인 것들이 채워질수록 제 의와 교만이 점점 커졌어요.

제가 미국에 살 때 친동생들이 저를 위해 10년 동안 기도했어요. 동생들이 다니는 교회 교인들도 중보기도를 많이 해주셨지요. 감사한 마음에 연중행사로 1년에 한 번 정도 교회에 방문해보면 신앙은 없어도 교회와 목사님, 성도들이 무척 좋아 보였어요. 그 교회는 버지니아에 있었는데 교회 공동체가 정말 따뜻해서 언젠가는 그곳으로 이사하고 싶다고 생각할 정도로요.

몇 년 뒤, 저는 버지니아로 이사했어요. 그리고 그 교회가 제 첫 교회가 되었지요. 제가 교회에 나가기 전에 남편이 먼저 다니고 있었는데 어느 날 목사님이 집에 심방을 오셨어요. 저를 전도하려는 목적도 있었겠지요. 저는 정성껏 대접해드렸어요.

나중에 제가 하나님을 제대로 믿게 되었을 때 목사님이 제 첫인상을 말씀해주셨는데 '저 자매는 하나님을 알기가 참 어렵겠다'라고 생각하셨대요. 왜냐면 세상 것을 다 가지고 있어서 하나님을 필요로 하지 않을 것 같았다고 해요. 그런데 놀랍게도 하나님의 은혜로 구원을 선물로 받았지요.

그 후로 저는 하나님께서 제게 많은 재능을 주신 이유가 그리스도 예수 안에서 선한 일을 하기 위함임을 깨달았습니다. 제가 축복의 통로라고 생각하니 스스로 높아진 마음도, 이 모든 게 내 것이란 생각도 사라졌어요. 대신 흘려보내는 일 자체가 기쁨이 되었지요.

우리에게 주신 재능, 물질, 넉넉한 마음, 사랑은 다 하나님이 세상을 살리라고 주신 도구예요. 그것들을 각자 부름 받은 자리에서 주신 분의 뜻대로 사용해야 하지요. 일터가 선교지이고 내가 하는 일이 세상을 살리는 도구이자 통로임을 깨달으면 삶이 예배가 되는 충만한 기쁨을 누릴 수 있답니다.

39 우리의 특권 20:1-16

1 천국은 마치 품꾼을 얻어 포도원에 들여보내려고 이른 아침에 나간 집
주인과 같으니

이제 살펴볼 본문은 포도원 품꾼의 비유입니다. 저는 이 비유가 가슴에 확 와닿는 일이 있었어요. 예전 집 근처에 공사 현장이 있었는데, 제가 새벽기도에 다녀올 때면 이른 새벽인데도 사람들이 공사장 문 앞에 서있더라고요. 처음에는 일하러 온 줄 알았는데 알고 보니 일하고 싶은 사람들이 그냥 공사 현장을 찾아온 거였어요.

공사 책임자는 그중 몇 명에게만 일을 시키고 나머지는 돌아가라고 하더군요. 주로 외국인 노동자들이었는데 하나같이 간절해 보였어요. 한번은 몸이 왜소한 어느 노동자가 일을 받지 못하고 돌아가는 뒷모습을 우연히 보면서 저도 모르게 눈물이 흘렀어요. 그 현장을 목격한 후 이 본문이 새롭게 보였지요.

포도원 품꾼의 비유는 예수님 일행이 부자 청년을 만난 이후 베드로와 예수님의 우문현답에 이어지는 본문이에요. 베드로가 모든 걸 다 버리고 주님을 따른 제자들의 충성에 대한 보상을 여쭙자 예수님은 "먼저 된 자로서 나중 되고 나중 된 자로서 먼저 될 자가 많으니라"라고 답하세요. 포도원 품꾼의 비유도 같은 문장으로 마무리되지요. 단, 순서를 바꾸어 "나중 된 자로서 먼저 되고 먼저 된 자로서 나중 되리라"라고 하세요.

1 천국은 마치 품꾼을 얻어 포도원에 들여보내려고 이른 아침에 나간 집주인
과 같으니

이 비유의 주인공은 포도원 주인이에요. 포도원 주인의 행동과 말에 초점을 두고 읽어보세요. 예수님은 천국이 품꾼을 얻어 포도원에 들이려고 이른 아침에 나간 집주인과 같다고 하세요. 여기서 포도원 주인은 하나님을, 품꾼은 사람을 의미해요.

2 그가 하루 한 데나리온씩 품꾼들과 약속하여 포도원에 들여보내고

주인은 한 데나리온(노동자 일당)으로 품꾼들과 계약하고 포도원에서 일하게 합니다. 이른 아침에 고용된 품꾼들은 좋은 조건의 일꾼일 가능성이 커요. 이들은 일할 기회를 일찍 얻은 복된 사람들이지요.

한편 품꾼의 입장에서는 먹고 살기 위해 계약을 한 거지 주인의 성품이나 그 일자리의 가치를 알아본 건 아니었어요. 전적으로 주인의 일방적인 선택에 의한 거였지요. 이는 우리가 아직 죄인 되었을 때 불러주신 하나님의 은혜가 생각나는 대목이에요(롬 5:8).

3,4 또 제삼시에 나가보니 장터에 놀고 서있는 사람들이 또 있는지라 그들에게
이르되 너희도 포도원에 들어가라 내가 너희에게 상당하게 주리라 하니 그들
이 가고

주인은 이른 아침에 만난 품꾼들을 포도원에 들여보내고 제삼시(오전 9시)에 다시 나가보았어요. 장터에는 일을 찾지 못해 노는 사람들이 있

었지요. 주인은 그들에게 포도원에서 일하라고 제안하며 임금을 "상당하게 주리라"라고 합니다. 그들은 만족하며 일하러 갔어요. 하루를 공칠 수 있었는데 감사한 제안이었거든요.

> 5-7 제육시와 제구시에 또 나가 그와 같이 하고 제십일시에도 나가보니 서있는 사람들이 또 있는지라 이르되 너희는 어찌하여 종일토록 놀고 여기 서있느냐 이르되 우리를 품꾼으로 쓰는 이가 없음이니이다 이르되 너희도 포도원에 들어가라 하니라

주인이 제육시(낮 12시), 제구시(오후 3시), 제십일시(오후 5시)에 각각 나가보니 여전히 일자리를 못 찾고 절망 가운데 있는 사람들이 있었어요. 주인은 그들을 전부 포도원에서 일하게 해요. 하루가 저물어가는 시간이었기에 그들은 아마 포기 상태였을 거예요. 그런데 일자리를 얻었으니 얼마나 감격했을까요? 그저 일할 수 있는 것만으로도 감사했을 거예요.

늦은 시간일수록 감격은 더 컸겠죠. 보통 해가 지는 오후 6시쯤 일을 마치니 오후 5시에 택함 받은 사람은 꿈인가 생시인가 싶었을 거예요. 또 늦은 시간에 선택받은 사람일수록 일에 능숙하지 못하거나 합당한 조건을 갖추지 못했을 가능성이 커요.

그런데 주인은 그들을 실력이나 효율, 돈의 가치로 평가하지 않았습니다. 생계를 이어가려고 일하러 나온 그들을 긍휼히 여겨 일자리를 준 사랑이 많은 사람이었지요. 포도원의 이익만 생각한다면 절대 할 수 없는 일을 한 거예요. 사회를 위한 노블레스 오블리주의 실천이었어요.

8-10 저물매 포도원 주인이 청지기에게 이르되 품꾼들을 불러 나중 온 자로부터 시작하여 먼저 온 자까지 삯을 주라 하니 제십일시에 온 자들이 와서 한 데나리온씩을 받거늘 먼저 온 자들이 와서 더 받을 줄 알았더니 그들도 한 데나리온씩 받은지라

날이 저물어 일을 마치자 주인은 청지기에게 품삯을 나눠주게 해요. 여기서 날이 저무는 건 마지막 심판의 때를 상징하고, 품삯은 사람을 향한 하나님의 보상을 말해요. 주인은 맨 나중에 온 사람부터 임금을 주라고 해요. 그렇게 해서 먼저 온 사람들이 모든 걸 지켜보게 하지요.

오후 5시부터 일한 사람들이 한 데나리온씩 받자 먼저 온 사람들은 은근히 기대했어요. 자기들이 더 오랜 시간 수고했으니 당연히 더 많이 받을 거라고 예상했지요. 그런데 그들은 맨 나중에 받았을 뿐 아니라 똑같이 한 데나리온씩 받았어요.

11,12 받은 후 집주인을 원망하여 이르되 나중 온 이 사람들은 한 시간밖에 일하지 아니하였거늘 그들을 종일 수고하며 더위를 견딘 우리와 같게 하였나이다

먼저 온 사람들은 불만이 생길 수밖에 없었어요. 자기들은 온종일 더위를 견디며 수고했는데 어떻게 한 시간 일한 사람과 같은 임금을 받느냐는 거지요.

13-15 주인이 그중의 한 사람에게 대답하여 이르되 친구여 내가 네게 잘못한 것이 없노라 네가 나와 한 데나리온의 약속을 하지 아니하였느냐 네 것이나 가지고 가라 나중 온 이 사람에게 너와 같이 주는 것이 내 뜻이니라 내 것을

가지고 내 뜻대로 할 것이 아니냐 내가 선하므로 네가 악하게 보느냐

하지만 주인은 논리적으로 대답해요. 이른 아침에 온 그들과 한 데나리온으로 계약했고 정확히 지불했는데 뭐가 문제냐고요. 나중에 온 품꾼들에게 동일하게 지불한 건 주는 사람 마음이라는 거예요. 사실 주인이 자기 것을 가지고 자기 뜻대로 행했으니 할 말은 없어요. 부당한 것도 없고요. 주인의 따뜻한 마음을 탓하는 것도 말이 안 돼요.

16 이와 같이 나중 된 자로서 먼저 되고 먼저 된 자로서 나중 되리라

예수님은 이야기를 정리하시며 순서의 역전을 강조하십니다. 가망 없던 나중 된 자가 먼저 되고, 먼저 왔다고 자부하던 자가 꼴찌가 된다고 하시지요. 여기서 "먼저 된 자"는 유대인으로 볼 수 있어요. 그들은 선택을 받았다는 우월함과 선민사상이 가득했고 율법을 지키며 엄청난 보상을 기대했어요. 비유 속 품꾼들처럼 주인이 어떤 분인지는 관심 없고 보상에만 초점을 두었지요.

사실 유대인은 택함 받은 민족으로서 이미 충분히 혜택을 받았기에 주인의 자비로운 처사에 박수를 치고 그분을 위해 일할 수 있음에 자부심을 갖는 게 마땅해요. 그러나 자기 이익에만 관심 있으니 주인의 뜻이 불공평하다며 반기를 든 거예요. 구원은 하나님의 선물입니다. 우리의 행위에 대한 보상이 아닌 하나님의 절대 주권에 의한 은혜이지요.

또 하나 기억할 건 "먼저 된 자"는 그만큼 먼저 누렸다는 사실이에요. 이른 아침부터 일한 사람이 오후 5시에 온 사람보다 많이 일한 만큼 더

누렸다는 거예요. 어떤 사람은 세상에서 자기 마음대로 살다가 죽기 직전에 회개하고 믿는 게 이득이라는 말을 해요. 그런데 하나님의 은혜를 제대로 경험한 사람은 다시 세상으로 돌아가질 못해요. 이미 무엇과도 바꿀 수 없는 가치, 세상이 줄 수 없는 기쁨과 평안을 맛보았기 때문이지요.

그러므로 사랑을 받는 자녀같이 너희는 하나님을 본받는 자가 되고 그리스도께서 너희를 사랑하신 것같이 너희도 사랑 가운데서 행하라 **엡 5:1,2**

"하나님을 본받는 자"는 영어로 "imitators of God"(NIV)이에요. 그리스도께서 우리를 사랑하셔서 자기를 내주심같이 우리도 그분처럼 사랑으로 행하라는 말씀이지요.

하나님을 본받는 자에게 말씀대로 사는 건 특권이자 기쁨이지 노동이나 올무가 아닙니다. 언뜻 "나중 된 자"에게 보상이 더 큰 것 같지만 '하나님 따라쟁이'로 산 세월의 기쁨을 생각해보면 훨씬 많이 받았음을 알 수 있어요.

더 받은 사람은 더 받은 사람답게 넉넉한 마음으로 주인에게 감사해야 해요. 또 늦게 와서 임금을 동일하게 받은 사람은 그 자체로 감격이 크겠지요. 사실 순서는 아무 의미가 없어요.

40 치맛바람의 원조 20:17-34

26,27 너희 중에는 그렇지 않아야 하나니 너희 중에 누구든지 크고자 하는 자는 너희를 섬기는 자가 되고 너희 중에 누구든지 으뜸이 되고자 하는 자는 너희의 종이 되어야 하리라

사람은 마음에 원함이 있으면 그것만 보고 들으려는 습성이 있어요. 지금 제자들의 모습이 딱 그래요. 예수님이 아무리 십자가를 말씀하셔도 안 들려요. 다른 꿈을 꾸고 있기 때문이지요. 제자들은 '메시아 왕국이 되면 나는 총리가 되어야지, 나는 외무부 장관이 되어야지' 하며 예수님과 전혀 상관없는 생각을 하고 있었어요.

17-19 예수께서 예루살렘으로 올라가려 하실 때에 열두 제자를 따로 데리시고 길에서 이르시되 보라 우리가 예루살렘으로 올라가노니 인자가 대제사장들과 서기관들에게 넘겨지매 그들이 죽이기로 결의하고 이방인들에게 넘겨주어 그를 조롱하며 채찍질하며 십자가에 못 박게 할 것이나 제삼일에 살아나리라

예수님은 드디어 예루살렘으로 올라가세요. 예루살렘은 유대인에게 정치와 종교의 중심지였어요. 게다가 로마 통치하에서 로마가 주시하는 도시였지요. 때는 유월절을 앞두고 전 세계에 흩어졌던 유대인들이 몰려오는 민감한 시기였어요.

예수님은 열두 제자를 따로 부르셔서 머지않아 예루살렘에서 일어날 일에 대해 세 번째로 예고하세요. 바로 십자가의 죽으심과 부활하심이

었지요. 당신이 대제사장과 서기관에게 넘겨져 죽음을 언도받고 이방인에게 넘겨져 십자가형을 당하지만 사흘 만에 부활하실 거라고 구체적으로 말씀하세요.

예수님은 말씀하신 그대로 종교지도자들에 의해 로마 총독 빌라도에게 넘겨져 로마법에 따라 죽임을 당하세요. 또 말씀대로 사흘 만에 부활하시지요. 미래의 일을 미리 정확하게 말씀해주시는 건 예수님의 하나님 되심을 증명하는 거예요.

> 20,21 그때에 세베대의 아들의 어머니가 그 아들들을 데리고 예수께 와서 절하며 무엇을 구하니 예수께서 이르시되 무엇을 원하느냐 이르되 나의 이 두 아들을 주의 나라에서 하나는 주의 우편에, 하나는 주의 좌편에 앉게 명하소서

그러나 제자들은 다른 꿈에 부풀어있었어요. 요한과 야고보는 적극적으로 어머니까지 동원해요. 그들의 어머니가 예수님을 찾아와서 "제 두 아들이 주의 나라에서 하나는 주의 오른편에, 하나는 왼편에 앉게 해 주십시오"라며 은밀히 자리 청탁을 하지요. 거의 치맛바람의 원조로 볼 수 있는 현장이에요.

> 22,23 예수께서 대답하여 이르시되 너희는 너희가 구하는 것을 알지 못하는도다 내가 마시려는 잔을 너희가 마실 수 있느냐 그들이 말하되 할 수 있나이다 이르시되 너희가 과연 내 잔을 마시려니와 내 좌우편에 앉는 것은 내가 주는 것이 아니라 내 아버지께서 누구를 위하여 예비하셨든지 그들이 얻을 것이니라

예수님은 요한과 야고보에게 "너희는 너희가 구하는 것이 무엇인지 모

르고 있다. 내가 마시려는 잔을 너희가 마실 수 있겠느냐?"라고 물으십니다. 두 형제는 일말의 망설임 없이 할 수 있다고 대답해요.

그러자 예수님은 "너희가 내 잔을 마실 것이지만 그 자리를 정하는 건 아버지의 소관"이라고 말씀하세요. 훗날 야고보와 요한은 예수님의 말씀대로 그 잔을 마셨어요. 야고보는 사도 중에 제일 먼저 순교했고, 요한은 마지막까지 살아남아 요한계시록을 기록하며 주님의 잔을 마셨지요.

그들은 한때 철없이 자리싸움을 했지만 십자가 사건 이후 부활 승천하신 예수님을 경험하고 성령께서 깨닫게 해주시자 주님의 고난에 동참하는 값진 제자의 삶을 살았어요.

어머니까지 동원된 청탁 사건에 다른 제자들의 반응은 어땠을까요?

24 열 제자가 듣고 그 두 형제에 대하여 분히 여기거늘

너무도 분개했어요. 그들도 같은 마음이었던 거지요. 그나마 드러내지 않고 물밑 작업만 하고 있었는데 요한과 야고보가 선수를 치니 마음이 다급해서 화가 난 거예요.

25-28 예수께서 제자들을 불러다가 이르시되 이방인의 집권자들이 그들을 임의로 주관하고 그 고관들이 그들에게 권세를 부리는 줄을 너희가 알거니와 너희 중에는 그렇지 않아야 하나니 너희 중에 누구든지 크고자 하는 자는 너희를 섬기는 자가 되고 너희 중에 누구든지 으뜸이 되고자 하는 자는 너희의 종

이 되어야 하리라 인자가 온 것은 섬김을 받으려 함이 아니라 도리어 섬기려 하고 자기 목숨을 많은 사람의 대속물로 주려 함이니라

예수님은 이런 제자들을 부르셔서 하나님나라와 세상의 차이를 알려 주세요. 세상 통치자들은 백성을 억압하고 권세를 부리지만 하나님나라의 리더십은 '섬김'이라고요. 그러므로 크고 으뜸이 되는 자, 곧 리더가 되고자 한다면 종의 태도로 섬겨야 한다고 말씀하세요.

예수님은 '섬기는 자'의 본을 보여주셨어요. 그분은 인류를 구원하기 위해 자기 목숨을 지불하려 오셨지요. 우리도 그 길을 따라가야 해요.

29 그들이 여리고에서 떠나갈 때에 큰 무리가 예수를 따르더라

예수님 일행이 드디어 예루살렘으로 들어가는 관문인 여리고를 떠나요. 그때 큰 무리가 그분을 따라왔어요. 이미 예수님은 유명하셨기에 그들은 여러 목적을 갖고 따랐을 거예요. 정치적 메시아를 추종하기 위해, 병을 고침 받기 위해, 또는 호기심에 많은 사람이 따랐어요. 예수님 사역이 절정으로 향하는 길목에서 군중의 거친 숨소리가 배경음이 되어주는 듯해요.

30 맹인 두 사람이 길가에 앉았다가 예수께서 지나가신다 함을 듣고 소리 질러 이르되 주여 우리를 불쌍히 여기소서 다윗의 자손이여 하니

이어지는 내용이 의미심장합니다. 갑자기 맹인들이 고침 받는 이야기가 등장해요. 이는 마태가 의도한 것으로, 눈이 있어도 보지 못하는 제

자들의 영적 무지 상태를 맹인을 통해 나타내고자 함이었어요.

맹인 두 사람이 예수님이 지나가신다는 소식에 큰 소리로 "다윗의 자손이신 주님, 우리를 불쌍히 여겨주십시오!"라고 외쳤어요. 이는 '구약의 성취로 오신 메시아'라는 의미로 엄청난 신앙고백이었지요. 자칫 로마의 심기를 건드릴 수 있는 정치적 발언이기도 했어요. 유대 민족의 독립을 담고 있었으니까요.

31-34 무리가 꾸짖어 잠잠하라 하되 더욱 소리 질러 이르되 주여 우리를 불쌍히 여기소서 다윗의 자손이여 하는지라 예수께서 머물러 서서 그들을 불러 이르시되 너희에게 무엇을 하여주기를 원하느냐 이르되 주여 우리의 눈 뜨기를 원하나이다 예수께서 불쌍히 여기사 그들의 눈을 만지시니 곧 보게 되어 그들이 예수를 따르니라

무리가 두 맹인에게 조용히 하라고 꾸짖지만 그들은 더 절박하게 외칩니다. 예수님은 걸음을 멈추시고 그들에게 무엇을 원하냐고 물으시지요. 그들은 눈 뜨기를 원한다고 말해요. 예수님은 이번에도 '긍휼히 여겨' 그들의 눈에 손을 대어 고쳐주세요. 앞을 보게 된 그들은 예수님의 제자가 되었지요.

구약에는 죽은 사람이 살아난 사건은 있어도 맹인이 눈을 뜬 사건은 없었어요. 이사야도 메시아의 표적으로 "맹인의 눈이 밝을 것"(사 35:5)이라고 예언했지요. 그러므로 이 사건은 예수님이 메시아이심을 다시 한번 강조하는 거예요.

마태는 예루살렘 입성 직전에 이 사건을 배치함으로써 제자들을 비롯

한 모든 사람이 시대의 맹인이었음을 말하고 있어요. 특히 제자들은 예수님과 동행하며 더 깊은 가르침을 받았음에도 눈뜬장님이었지요. 왜냐면 그들의 야망이 눈을 가리고 있었거든요.

우리 모두 주님이 보여주시는 대로 보고 느낄 수 있으면 좋겠어요. 이건 매일 십자가 앞에서 '리셋'해야만 가능한 일이지요.

Bible Study for the First Time

고난은 우리를 성장하게 만들어요.
고난이 클수록 더 아름다운 형상으로 빚어지지요.
천국을 소유하며 이 땅에 연연하지 않는 사람으로요.

이 세상은 하나님을 반대하는 사상과
죽음의 문화가 가득해요.
그 안에서 허우적거리는 사람은
살아도 죽은 인생을 살고 있어요.

우리는 그들에게 바른길과 생명을 보여줘야 해요.
적그리스도의 늪에 빠진 영혼들을 살려내고
그 늪을 건강한 땅으로 일구어야 하지요.

이 땅은 쉼터가 아닌 일터예요.
만만치 않은 현실이지만
'끝까지 인내하기'와 '복음 전하기'를 마음에 새긴다면
예수님이 반드시 피할 길을 주신답니다.

PART 6

이 땅에서 천국을 살아요

21-25장

41 술술 풀리는 인생 21:1-17

3 만일 누가 무슨 말을 하거든 주가 쓰시겠다 하라 그리하면 즉시 보내리라 하시니

드디어 예수님이 예루살렘에 입성하세요. 십자가를 지시기 전, 예수님의 마지막 일주일 일정은 다음과 같아요.

- 주일: 예루살렘 입성
- 월요일: 열매 없는 무화과나무 저주하심, 성전 정화
- 화요일: 열매 없는 무화과나무 마르게 하심,
  종교지도자들과 마지막 신학 논쟁, 감람산 강론
- 수요일: 침묵
- 목요일: 제자들과 마지막 만찬, 다락방 강론, 포도나무 강설,
  대제사장적 기도
- 금요일: 잡히심, 밤새 심문받고 십자가에서 죽으심, 장사 되심
- 토요일: 무덤에 계심
- 주일: 부활하심

이 일정을 염두에 두고 예수님과 함께 예루살렘에 입성해보아요.

1-3 그들이 예루살렘에 가까이 가서 감람산 벳바게에 이르렀을 때에 예수께서

두 제자를 보내시며 이르시되 너희는 맞은편 마을로 가라 그리하면 곧 매인
나귀와 나귀 새끼가 함께 있는 것을 보리니 풀어 내게로 끌고 오라 만일 누가
무슨 말을 하거든 주가 쓰시겠다 하라 그리하면 즉시 보내리라 하시니

신학자 캠벨 몰간에 의하면 예수님이 예루살렘에 세 번 입성하신 건 메시아의 삼중직인 왕, 선지자, 제사장으로서의 입성이라고 해요. 그중 이 첫 번째 입성은 왕으로서의 입성을 보여주지요.

예수님 일행이 예루살렘에 가까운 감람산 부근 벳바게 마을에 이르렀을 때, 예수님은 두 제자를 맞은편 마을로 보내시며 매인 나귀와 나귀 새끼를 풀어 끌고 오라고 말씀하세요. 누가 무슨 말을 하거든 "주께서 쓰려고 하십니다"라고 말하면 즉시 내어줄 거라고 하시지요.

나귀 새끼를 예비하신 건 십자가 죽음이 하나님의 계획이심을 보여줘요. 예수님이 힘이 없거나 종교지도자들의 모략에 의해 갑자기 죽음에 이르신 게 아니라는 거지요.

4,5 이는 선지자를 통하여 하신 말씀을 이루려 하심이라 일렀으되 시온 딸에게
이르기를 네 왕이 네게 임하나니 그는 겸손하여 나귀, 곧 멍에 메는 짐승의 새
끼를 탔도다 하라 하였느니라

게다가 이 나귀 사건은 구약 예언의 성취를 나타내요. 스가랴서 9장 9절을 보면 나귀 새끼를 타고 오실 겸손의 왕이신 예수님의 프로필이 잘 묘사되어 있거든요.

6-9 제자들이 가서 예수께서 명하신 대로 하여 나귀와 나귀 새끼를 끌고 와서

자기들의 겉옷을 그 위에 얹으매 예수께서 그 위에 타시니 무리의 대다수는 그들의 겉옷을 길에 펴고 다른 이들은 나뭇가지를 베어 길에 펴고 앞에서 가고 뒤에서 따르는 무리가 소리 높여 이르되 호산나 다윗의 자손이여 찬송하리로다 주의 이름으로 오시는 이여 가장 높은 곳에서 호산나 하더라

제자들이 예수님의 명대로 나귀와 나귀 새끼를 끌고 와서 그 위에 자신들의 겉옷을 안장처럼 얹으니 예수님이 그 위에 타셨어요. 예루살렘으로 입성하시는 그분을 보고 많은 사람이 환영했지요. 앞서가는 무리가 그들의 겉옷을 길에 펴고 나뭇가지를 길에 깔면서 뒤따르는 무리와 함께 "호산나 다윗의 자손이여 찬송하리로다 주의 이름으로 오시는 이여 가장 높은 곳에서 호산나!"라고 외쳤어요.

10,11 예수께서 예루살렘에 들어가시니 온 성이 소동하여 이르되 이는 누구냐 하거늘 무리가 이르되 갈릴리 나사렛에서 나온 선지자 예수라 하니라

예수님이 예루살렘에 들어가시니 온 성이 소동했어요. "소동하여"라는 단어에서 예루살렘에 유대인의 왕이 태어났다는 소식을 듣고 동방박사들이 찾아왔을 때가 떠올라요(마 2:3). 왕이 태어났을 때 일어났던 소동이 왕이 입성할 때 다시 일어난 거지요.

유월절을 맞아 예루살렘을 찾은 유대인 순례자들이 그 광경을 보고 "이는 누구냐"라고 묻자 무리가 "갈릴리 나사렛에서 나온 선지자 예수"라고 답합니다. 이 표현에는 여러 의미가 담겨있어요. 어떤 사람은 예수님을 이적을 일으키는 선지자 곧 나사렛에서 난 큰 선지자로, 어떤 사람은 정치적 메시아로, 또 어떤 사람은 신명기에서 예언된 종말론적인 '그

선지자'로 생각했지요. 대중은 환호하고 열광하면서도 예수님이 어떤 분인지, 무슨 일을 하시려는 건지 몰랐어요. 저마다 자기 욕심대로 예수님을 바라보았지요. 심지어 제자들조차 그랬어요.

예수님의 예루살렘 입성 장면에서 중요한 몇 가지를 살펴볼게요.

첫째는 예수님이 '나귀'를 타고 입성하셨다는 점이에요. 원래 왕이나 개선장군은 화려한 준마(駿馬)를 타고 입성하지요. 그런데 예수님은 어린 나귀를 타셨어요. 이는 세상 왕과는 구분되는 모습이에요.

요세푸스의 《유대 고대사》에 따르면 유대 전통에는 적들과 전쟁을 하기에 앞서 두 가지 방식이 있었습니다. 준마를 타고 가서 무력에 의한 전쟁을 선포하는 것과 나귀를 타고 가서 화친을 요청하는 거였지요. 예수님은 나귀를 타심으로 평화와 화친의 메시지를 안고 입성하신 거예요.

둘째는 세 부류의 반응이에요. 먼저 백성들은 예수께 "호산나, 다윗의 자손이여"라며 열렬히 환호하고 영접했어요. "호산나"는 '우리를 구원하소서', "다윗의 자손"은 '언약의 성취로 오신 메시아'라는 의미예요. 백성들은 예수님을 로마의 통치로부터 자신들을 구원해줄 정치적 메시아로 여겼던 거지요.

다음으로 로마 정부의 반응이에요. 로마는 유대 백성들의 환호와 예수님의 행렬을 '반역'으로 여길 수도 있었어요. 그런데 준마가 아닌 나귀를 탔기에 '종교 행사'라고 생각하고 넘어갔지요. 종교 문제에 대해서는 자율권을 줬기에 놔둔 거예요.

마지막은 종교지도자들이에요. 그들은 이미 예수님을 어떻게든 죽이기로 결정했어요. 만약 예수님이 준마를 타고 등장하셔서 대중의 환호를 받으셨다면 누가 봐도 반역이기에 로마법으로 간단히 처리할 수 있었겠지요. 그런데 로마가 예수님을 적으로 생각하지 않으니 화가 잔뜩 났을 거예요.

이렇듯 하나님의 계획은 여러 각도에서 한 치의 오차도 없이 진행되었어요. 약 500년 전 스가랴의 예언까지 성취하면서요. 우리 앞에 벌어지는 크고 작은 일들도 다 하나님의 완벽한 계획 안에 있다고 생각하면 모든 일이 소중하게 느껴지지요.

12,13 예수께서 성전에 들어가사 성전 안에서 매매하는 모든 사람들을 내쫓으시며 돈 바꾸는 사람들의 상과 비둘기 파는 사람들의 의자를 둘러 엎으시고 그들에게 이르시되 기록된 바 내 집은 기도하는 집이라 일컬음을 받으리라 하였거늘 너희는 강도의 소굴을 만드는도다 하시니라

월요일에(막 11:15-19) 예수님은 성전에 들어가셔서 성전 안에 벌어진 장사판을 뒤엎으시며 청결케 하십니다. 그리고 이사야서와 예레미야서 말씀을 빌려 "내 집은 기도하는 집인데 너희가 강도의 소굴로 만들었다"라고 호통을 치시지요(사 56:7, 렘 7:11).

당시 예루살렘 성전은 솔로몬 성전이 무너진 자리에 다시 세운 거였어요. 솔로몬 성전은 나라의 멸망과 함께 바벨론에 의해 무너졌지요. 70년 만에 포로에서 돌아온 유대인들이 주전 6세기에 왜소하게나마 재건했답니다. 그러나 주전 63년경 로마에 의해 다시 파괴되었어요.

그 후 헤롯 대왕이 유대인의 환심을 사기 위해 주전 19년경부터 짓기 시작했고 그의 사후인 주후 64년에 성전이 완공되었어요. 본문의 시기

는 주후 27년경(30년으로 보는 견해도 있음)으로 헤롯 성전을 46년째 짓고 있는 시점이에요. 성전은 하나님의 임재의 상징이에요. 그래서 나라가 망할 때 하나님의 임재가 떠났다는 상징으로 철저히 무너뜨린 거예요.

당시 예루살렘 성전은 종교지도자들에 의해 장사판으로 전락한 상태였어요. 특히 멀리서 오는 순례자들에게 희생제물을 팔았지요. 하나님께 드리는 예물은 흠이 없어야 하는데 먼 데서부터 제물을 끌고 오면 상처가 생기고 병들기 일쑤였어요. 제물 검사에서 불합격 판정을 받으면 그냥 돌아갈 수는 없으니 결국 성전에서 제물을 다시 사야 했지요.

이것을 악용해서 대제사장과 사두개인들은 수십 배에 달하는 폭리를 취했어요. 또 이스라엘 백성이 성전세를 내기 위해 환전할 때 높은 수수료를 매기는 불법이 성행했지요. 이처럼 탐욕스런 종교지도자들에 의해 성전이 하나님의 이름으로 배를 채우는 강도의 소굴로 전락한 거예요.

이때 성전의 주인이신 예수님이 등장하셔서 장사꾼들을 다 내몰고 장사판을 뒤엎으시며 강도의 소굴을 청결케 하세요. 성전의 본래 목적과 기능을 회복하신 거지요.

14 맹인과 저는 자들이 성전에서 예수께 나아오매 고쳐주시니

예수님은 그 와중에도 맹인과 다리 저는 자들을 고쳐주세요. 이는 성전이 본래 영적으로 눈멀고 병든 자들이 고침 받는 곳임을 보여주시는 거예요. 누구든지 참 성전이신 예수님 안에서 온전한 치유와 회복을 경험할 수 있답니다.

15,16 대제사장들과 서기관들이 예수께서 하시는 이상한 일과 또 성전에서 소
리 질러 호산나 다윗의 자손이여 하는 어린이들을 보고 노하여 예수께 말하되
그들이 하는 말을 듣느냐 예수께서 이르시되 그렇다 어린 아기와 젖먹이들의
입에서 나오는 찬미를 온전하게 하셨나이다 함을 너희가 읽어본 일이 없느냐
하시고

종교지도자들은 화가 단단히 났어요. 그들의 생계에 위협이 가해졌으니까요. 게다가 성전에서 어린아이들이 "호산나 다윗의 자손이여"라고 외치자 더 화가 났지요. 성전에서 행해지던 종교지도자들의 불법행위에 사람들의 불만이 극에 달했는데, 이를 해결해주시는 메시아에 대한 찬송이었거든요. 이 찬송은 종교지도자들에 대한 비난이기도 했어요.

종교지도자들은 예수께 그 소리가 들리냐고 항의해요. 예수님은 그렇다고 하시며 시편 말씀을 빌려 어린아이들과 젖먹이들이 자발적으로 찬양한 것처럼 모든 사람이 주님을 찬양하게 될 것을 말씀하세요(시 8:2).

17 그들을 떠나 성 밖으로 베다니에 가서 거기서 유하시니라

예수님은 성전을 정화하신 후에 성 밖의 베다니로 가서 묵으세요. 베다니는 예루살렘에서 동쪽으로 약 3.2킬로미터 떨어진 나사로의 집이 있던 곳이에요. 그 지역은 나병환자를 비롯한 많은 환자의 격리 장소로 사용되었지요. 그들을 살리시려고 예수님이 자주 유하셨어요.

본문은 하나님이 얼마나 크시며 그분의 계획이 얼마나 완벽한지를 보여줘요. 역사를 통해 그 큰 그림에 아주 작은 부분들이 세세하고 완벽하

게 맞춰지는 걸 볼 수 있어요. 우리는 성경 속 나귀 새끼 한 마리도 하나님의 완벽한 계획 안에 있었음을 기억해야 해요. 그 나귀 새끼도 인류 구원을 위한 예루살렘 입성에 쓰임 받았지요.

주님께서 쓰시면 모든 게 풀어지는 역사가 일어나요. 만약 우리가 아무것도 모르는 상태에서 주님이 대뜸 건넛마을에 가서 나귀 새끼를 끌고 오라고 명령하시면 매우 당황스러울 거예요. 그런데 제자들은 이해되지 않아도 순종했어요. 그러자 나귀 주인이 새끼 나귀를 내주었지요. 이처럼 하나님 말씀에 순종하면 불가능이 가능해지는 역사를 경험한답니다.

42 이제는 좀! 21:18-46

38,39 농부들이 그 아들을 보고 서로 말하되 이는 상속자니 자 죽이고 그의 유산을 차지하자 하고 이에 잡아 포도원 밖에 내쫓아 죽였느니라

우리는 복음서의 절정인 십자가로 한 발씩 다가가고 있어요. 앞서 예수님의 예루살렘 입성과 성전 정화 장면도 보았지요. 이후 예수님의 하나님 되심과 십자가 죽으심의 의미, 회개하지 않는 심령이 받을 심판의 이야기가 여러 비유로 등장해요.

이어지는 본문은 열매 맺지 않는 무화과나무의 심판과 포도원 농부의

비유예요. 마가복음에 의하면 '무화과나무 저주'는 월요일 아침과 화요일 아침, 예루살렘에 들어가기 전에 벌어진 일이에요. 그런데 마태는 이를 묶어서 기록하고 있어요.

18,19 이른 아침에 성으로 들어오실 때에 시장하신지라 길가에서 한 무화과나무를 보시고 그리로 가사 잎사귀밖에 아무것도 찾지 못하시고 나무에게 이르시되 이제부터 영원토록 네가 열매를 맺지 못하리라 하시니 무화과나무가 곧 마른지라

이른 아침, 예수님이 베다니에서 예루살렘 성으로 들어오실 때 시장하셔서 길가의 무화과나무를 보시고는 열매를 찾으셨어요. 그런데 나무에 잎사귀만 무성하고 열매는 없었지요. 이에 예수님이 그 무화과나무를 심판하시자 나무가 곧 말라버렸어요.

보통 이스라엘에서는 무화과나무 열매가 1년에 두 번 맺혔어요. 이른 열매는 3-4월에, 본 열매는 8-10월까지 열렸지요. 이른 열매는 작고 맛이 덜해 상품 가치가 떨어져서 보통은 수확하지 않고 가난한 사람과 이방인을 위해 두었어요. 그런데 그 열매가 없었던 거예요.

이 무화과나무 저주 사건은 중요한 상징을 담고 있어요. 있어야 할 열매는 없고 잎이 풍성하여 열매가 있을 것처럼 보였던 무화과나무 같은 유대인, 특히 종교지도자들의 위선을 고발하는 거예요. 그들은 화려한 종교 형식은 갖추고 있었지만 정작 하나님을 몰랐기에 열매가 없었지요. 그러니 이 저주는 유대교의 위선적 종교 행위에 대한 심판을 예고하는 '행동 예언'이었어요.

20-22 제자들이 보고 이상히 여겨 이르되 무화과나무가 어찌하여 곧 말랐나이까 예수께서 대답하여 이르시되 내가 진실로 너희에게 이르노니 만일 너희가 믿음이 있고 의심하지 아니하면 이 무화과나무에게 된 이런 일만 할 뿐 아니라 이 산더러 들려 바다에 던져지라 하여도 될 것이요 너희가 기도할 때에 무엇이든지 믿고 구하는 것은 다 받으리라 하시니라

제자들은 눈앞에서 무화과나무가 마르자 눈이 번쩍 뜨였어요. 그래서 어떻게 이런 일이 일어났냐고 여쭈어요. 그러자 예수님은 '믿음'에 대해 말씀하세요. 믿고 의심하지 않으면 무화과나무에 일어난 일뿐 아니라 산이 바다에 던져지게 할 수도 있다고 하시죠. "믿고 구하는 것은 다 받으리라"라고 강조하세요.

이는 무엇이든지 믿고 끈질기게 조르며 기도하면 응답된다는 말씀이 아니에요. 기도는 하나님과 우리 마음이 연결되는 통로예요. 근시안인 우리는 눈앞에 당장 좋아 보이는 것을 구하지만 기도를 하면 하나님께서 언제나 더 나은 것을 보여주시는 경험을 할 수 있어요.

저는 의지가 강하고 열정적이어서 마음을 먹으면 밀어붙이는 경향이 있어요. 물론 장점이긴 하지만 그 방향이 잘못되었을 때는 치명적인 단점이 되지요. 하나님은 제 이런 부분을 철저히 훈련시키셨어요.

저는 세계적인 한국 명품 가방을 만들겠다고 아무것도 없는 상황에서 비벌리힐스에 '지나미' 숍을 열었어요. 세계적인 명품들과 어깨를 나란히 하며 기적과 같이 숍을 열기는 했지만 얼마 못 버티고 망했어요. 물론 그때도 막무가내로 조르지 않고 '하나님 뜻이면'이란 단서를 붙이며 기도했었지요.

하지만 제 마음에는 세계가 주목하는 브랜드가 되고 싶은 성공에 대한 갈망이 있었어요. 하나님나라의 성공법을 완전히 이해하지 못했거든요. 제 인생 훈련의 중간쯤 되는 시기였는데 하나님의 뜻이 '오픈은 하지만 철저히 망하는 것'이라고는 상상도 못 했지요.

그 일로 금전적으로는 마이너스의 길로 접어들었지만 돈으로 환산할 수 없는 깨달음을 얻었어요. 그 후로는 내가 먼저 밀어붙이지 않고 하나님께서 등 떠미실 때까지 기다리게 되었지요. 당연히 기도하면서요. 행동이 아닌 기다림이 제 삶의 태도가 되어 정말 감사해요.

다음은 예수님의 권위에 대한 이야기예요.

23 예수께서 성전에 들어가 가르치실새 대제사장들과 백성의 장로들이 나아와
이르되 네가 무슨 권위로 이런 일을 하느냐 또 누가 이 권위를 주었느냐

예수님이 성전에서 가르치실 때 종교지도자들이 나와서 무슨 권위로 이런 일을 하며, 누가 그 권위를 주었냐고 추궁해요. 성전에서 이런 일을 하려면 그들로부터 권위를 부여받아야 하는데 자기들은 준 적이 없다는 거지요.

24-27 예수께서 대답하시되 나도 한 말을 너희에게 물으리니 너희가 대답하면
나도 무슨 권위로 이런 일을 하는지 이르리라 요한의 세례가 어디로부터 왔느
냐 하늘로부터냐 사람으로부터냐 그들이 서로 의논하여 이르되 만일 하늘로
부터라 하면 어찌하여 그를 믿지 아니하였느냐 할 것이요 만일 사람으로부터

라 하면 모든 사람이 요한을 선지자로 여기니 백성이 무섭다 하여 예수께 대답하여 이르되 우리가 알지 못하노라 하니 예수께서 이르시되 나도 무슨 권위로 이런 일을 하는지 너희에게 이르지 아니하리라

예수님은 역질문으로 그들의 입을 막으세요. 요한이 준 세례의 권위를 물으시지요. 그들에게는 무척 곤란한 질문이었어요. 만약 요한의 세례가 하나님으로부터 왔다고 하면 왜 그를 믿지 않았냐는 비난을 받을 것이고, 사람으로부터 왔다고 하면 모든 사람이 요한을 참 선지자로 여기고 있기에 엄청난 공격을 받을 게 예상됐지요.

결국 그들은 의논 끝에 "모르겠소!"라고 답해요. 신앙의 소신이 아닌 대중을 의식한 정치적 발언이었어요. 예수님은 "그럼 나도 내가 무슨 권한으로 이런 일을 하는지 말하지 않겠다"라고 마무리하세요.

주의 길을 예비한 요한의 사역을 이해하지 못한다면 예수님의 사역도 이해하지 못할 것이기에 "내가 대답해도 너희는 이해 못 한다"라는 의미가 담겨있어요.

이어 예수님은 세 가지 비유를 들어 종교지도자들에게 일침을 가하십니다. 바로 '두 아들 비유', '포도원 농부의 비유', '혼인 잔치 비유'예요.

28-32 그러나 너희 생각에는 어떠하냐 어떤 사람에게 두 아들이 있는데 맏아들에게 가서 이르되 얘 오늘 포도원에 가서 일하라 하니 대답하여 이르되 아버지 가겠나이다 하더니 가지 아니하고 둘째 아들에게 가서 또 그와 같이 말하니 대답하여 이르되 싫소이다 하였다가 그 후에 뉘우치고 갔으니 그 둘 중

의 누가 아버지의 뜻대로 하였느냐 이르되 둘째 아들이니이다 예수께서 그들에게 이르시되 내가 진실로 너희에게 이르노니 세리들과 창녀들이 너희보다 먼저 하나님의 나라에 들어가리라 요한이 의의 도로 너희에게 왔거늘 너희는 그를 믿지 아니하였으되 세리와 창녀는 믿었으며 너희는 이것을 보고도 끝내 뉘우쳐 믿지 아니하였도다

첫 번째 '두 아들 비유'부터 살펴볼게요. 예수님은 특별히 종교지도자들에게 "너희 생각에는 어떠하냐"라고 물으시며 그들과 비유를 연관시키세요. 내용인즉, 어떤 사람이 두 아들 중 맏이에게 포도원에 가서 일하라고 했더니 맏아들이 가겠다고 대답만 하고 가지 않았어요. 둘째 아들에게도 같은 얘기를 하자 그는 처음에는 싫다고 했다가 나중에는 뉘우치고 갔지요.

예수님이 종교지도자들에게 누가 아버지의 뜻대로 했냐고 물으시자 그들은 둘째 아들이라고 답해요. 너무 당연한 답이지요. 그 대답을 듣고 예수님은 "세리들과 창녀들이 너희보다 먼저 하나님의 나라에 들어가리라"라고 강하게 말씀하세요. 당시 유대인들은 세리와 창녀를 죄인 중의 죄인으로 여겼기에 이는 엄청 모욕적인 말씀이었지요.

예수님은 말씀을 이어가세요. 세례 요한이 예수님의 길을 예비하며 그들에게 옳은 길, 곧 복음을 전했지만 그들이 믿지 않고 받아들이지 않았음을 지적하세요. 더 나아가 세리와 창녀도 믿었는데 종교지도자들은 끝내 뉘우쳐 믿지 않았음을 꾸짖으세요. 그러니 그들의 모습이 딱 큰아들과 같다는 거지요.

33 다른 한 비유를 들으라 한 집주인이 포도원을 만들어 산울타리로 두르고 거기에 즙 짜는 틀을 만들고 망대를 짓고 농부들에게 세로 주고 타국에 갔더니

예수님은 곧장 두 번째 '포도원 농부의 비유'를 드셨어요. 이 비유의 주인공인 포도원 주인의 마음을 헤아리며 묵상해보세요.

어느 포도원 주인이 포도원을 만들어 산울타리를 두르고 거기에 즙 짜는 통을 만들고 망대를 짓고 농부들에게 세를 주고 타국으로 갔어요. 당시엔 지주(地主)에 대한 압박이 심했기에 많은 지주가 농장을 세놓고 주로 타국에서 지냈거든요.

여기서 이 비유가 상징하는 바를 살펴볼게요. 구약 때부터 포도나무는 늘 '하나님의 백성인 이스라엘'을 상징했어요. 그러니 포도원 주인은 이스라엘의 주인이신 하나님이시고, 포도원은 하나님나라, 농부는 이스라엘의 종교지도자들임을 알 수 있어요.

34-36 열매 거둘 때가 가까우매 그 열매를 받으려고 자기 종들을 농부들에게 보내니 농부들이 종들을 잡아 하나는 심히 때리고 하나는 죽이고 하나는 돌로 쳤거늘 다시 다른 종들을 처음보다 많이 보내니 그들에게도 그렇게 하였는지라

수확할 때가 되자 주인은 열매를 받아오라고 종들을 보냈지요. 그런데 농부들이 당연히 줘야 할 열매는 주지 않고 오히려 종들을 잡아서 하나는 심히 때리고, 하나는 죽이고, 하나는 돌로 쳤어요. 이들은 지금껏 하나님의 보내심을 받은 주의 종들, 즉 선지자들을 뜻해요. 이스라엘 백성들이 하나님께서 보내신 선지자들의 말을 듣지 않고 그들을 핍박하고

심지어 죽이기까지 했음을 말씀하신 거예요.

37-39 후에 자기 아들을 보내며 이르되 그들이 내 아들은 존대하리라 하였더
니 농부들이 그 아들을 보고 서로 말하되 이는 상속자니 자 죽이고 그의 유산
을 차지하자 하고 이에 잡아 포도원 밖에 내쫓아 죽였느니라

하는 수 없이 포도원 주인은 그의 아들을 보내기로 해요. 적어도 농부들이 자기 아들은 존대할 거라고 기대한 거지요. 그런데 농부들은 몹시 악한 발상을 해요. 주인의 유산을 상속받을 아들을 죽이면 포도원이 자기들 차지가 될 거로 생각하고, 그 아들을 잡아 포도원 밖에 내쫓아 죽여버리지요.

이 아들은 예수님을 상징해요. 히브리서 13장 12절을 보면 예수님이 성문 밖에서 고난을 받으셨다고 기록되어 있지요. 예수님은 이 비유를 통해 이스라엘이 하나님께서 보내신 선지자에 이어 그 아들까지 죽일 것임을 말씀하신 거예요.

40,41 그러면 포도원 주인이 올 때에 그 농부들을 어떻게 하겠느냐 그들이 말
하되 그 악한 자들을 진멸하고 포도원은 제때에 열매를 바칠 만한 다른 농부
들에게 세로 줄지니이다

예수님은 종교지도자들에게 이런 상황에서 포도원 주인이 그 농부들을 어떻게 하겠냐고 물으세요. 그들은 바로 답하지요. 악한 농부들을 가차 없이 죽이고 제때 소출을 바칠 다른 농부들에게 포도원을 맡길 거라고요. 그들의 대답은 복음의 방향성이 열방을 향함을 보여줘요.

42 예수께서 이르시되 너희가 성경에 건축자들이 버린 돌이 모퉁이의 머릿돌이 되었나니 이것은 주로 말미암아 된 것이요 우리 눈에 기이하도다 함을 읽어본 일이 없느냐

그러자 예수님은 성경에서 이런 내용을 읽어본 적이 없냐며 그들의 무지를 질책하세요. 성경에 능통한 종교지도자들이 정작 그 의미는 모르고 있음을 책망하시지요. 이어서 시편 118편 22,23절의 "건축자가 버린 돌이 집 모퉁이의 머릿돌이 되었나니 이는 여호와께서 행하신 것이요 우리 눈에 기이한 바로다"라는 말씀을 하세요. 여기서 "건축자"는 이스라엘의 종교지도자들과 그들을 따르는 백성을 말하며, 버려졌다가 요긴하게 사용될 "모퉁이의 머릿돌"은 예수님을 상징해요. 예수께서 죽임을 당하신 뒤에 부활 승천하셔서 영화롭게 되실 걸 말하고 있지요.

43,44 그러므로 내가 너희에게 이르노니 하나님의 나라를 너희는 빼앗기고 그 나라의 열매 맺는 백성이 받으리라 이 돌 위에 떨어지는 자는 깨지겠고 이 돌이 사람 위에 떨어지면 그를 가루로 만들어 흩으리라 하시니

이어서 예수님은 비유를 해설해주세요. 하나님나라가 열매 맺지 못하는 유대인에게서 열매 맺는 백성에게로 옮겨질 것을 밝히 말씀하시지요. 사실 열매 맺지 못하는 포도나무의 비유는 이사야서와 예레미야서에 잘 드러나 있어요. 극상품 포도를 심었는데 들포도를 내는 포도나무 이야기지요(사 5:2, 렘 2:21).

예수님은 이 돌 위에 떨어지는 사람은 부스러지고, 이 돌이 사람 위에 떨어지면 그를 가루로 만들어 흩어버릴 거라고 하세요. 버려진 돌이 버

린 자들을 심판할 거란 의미지요. 실제로 주후 70년에 로마에 의해 예루살렘 성전이 완전히 파괴됩니다. 이는 돌 위에 돌 하나도 남기지 않을 거란 예언의 성취예요.

45,46 대제사장들과 바리새인들이 예수의 비유를 듣고 자기들을 가리켜 말씀하심인 줄 알고 잡고자 하나 무리를 무서워하니 이는 그들이 예수를 선지자로 앎이었더라

대제사장들과 바리새인들은 대번에 이 비유가 자기들을 빗댄 것인 줄 알았어요. 그들은 안타깝게도 회개하기는커녕 예수님을 잡으려 했지요. 그러나 예수님을 지지하는 대중이 무서워 실행하지는 못해요.

예수님은 마지막 순간까지 행동과 말과 비유로 반복 설명해주십니다. 사랑하시되 끝까지 사랑하시며 죄를 깨닫지 못하는 백성들을 안타까워하시지요. 그분은 지금도 우리가 알아들을 때까지 말씀해주세요. 우리에게는 이미 완성된 계시가 있어요. 또 내주하신 성령께서 깨닫게 해주시니 더욱 변명할 거리가 없지요.

하나님은 구약 시대에 수많은 선지자를 통해 여러 방법으로 예수님이 오실 걸 말씀하셨어요. 그리고 예수님이 실제로 역사 속에 들어오셨지요. 모든 예언을 성취하시면서요. 그분은 우리에게 다시 오심을 약속하셨어요. 그 재림의 약속은 초림이 성취된 것처럼 반드시 성취될 거예요.

우리는 재림에 초점을 두고 살아야 해요. 지금의 어려움과 설움, 고통을 그때 다 보상받을 거예요. 히브리서 13장 12,13절은 예수님이 백성

을 거룩하게 하려고 성문 밖에서 고난을 받으셨으므로 "그런즉 우리도 그의 치욕을 짊어지고 영문 밖으로 그에게 나아가자"라고 해요. 우리도 예수님의 길을 따라가야 해요. 그분의 길은 세상의 꽃길은 아니지만 충만한 평안과 기쁨이 있는 복된 길이랍니다.

43 내 안에 주님 있다! 22:1-22

21 이르되 가이사의 것이니이다 이에 이르시되 그런즉 가이사의 것은 가이사에게, 하나님의 것은 하나님께 바치라 하시니

1-3 예수께서 다시 비유로 대답하여 이르시되 천국은 마치 자기 아들을 위하여 혼인 잔치를 베푼 어떤 임금과 같으니 그 종들을 보내어 그 청한 사람들을 혼인 잔치에 오라 하였더니 오기를 싫어하거늘

예수님은 앞선 '두 아들 비유', '포도원 농부의 비유'에 이어 '혼인 잔치 비유'로 말씀하십니다. 천국은 마치 아들을 위해 혼인 잔치를 베푼 어느 임금과 같다고 하시지요. 왕가(王家)의 혼인 잔치는 국가 행사로, 초대받는 것 자체가 엄청난 영광이에요. 지금 영국 왕실의 결혼식을 상상해 보면 쉬워요. 어느 날 갑자기 일어나는 일이 아니라 미리 초대장을 보내고 모든 게 완벽하게 준비되는 중요한 날이지요. 그런데 초대받은 사람

들이 잔치에 오기를 싫어해요. 이는 왕을 무시하는 행동이지요.

4-7 다시 다른 종들을 보내며 이르되 청한 사람들에게 이르기를 내가 오찬을 준비하되 나의 소와 살진 짐승을 잡고 모든 것을 갖추었으니 혼인 잔치에 오소서 하라 하였더니 그들이 돌아보지도 않고 한 사람은 자기 밭으로, 한 사람은 자기 사업하러 가고 그 남은 자들은 종들을 잡아 모욕하고 죽이니 임금이 노하여 군대를 보내어 그 살인한 자들을 진멸하고 그 동네를 불사르고

왕은 다른 종들을 보내어 성대한 잔치가 준비되었다며 올 것을 다시 한번 청해요. 마음이 넓고 몹시 너그러운 왕이지요. 그러나 사람들은 들은 척도 안 하고 저마다 자기 일을 합니다. 한 사람은 밭에 가고, 한 사람은 장사하러 가고, 나머지는 왕의 종들을 붙잡아 모욕하고 죽여요.

이쯤 되면 왕이 가만히 있을 수 없지요. 군대를 보내 그 살인한 자들을 죽이고 그들의 도시를 불살라 버려요. 사실 말도 안 되는 상황이지만 이런 일이 지금도 일어나고 있어요.

하나님이 종말론적 잔치(재림 때 어린양의 혼인 잔치)를 열어 사람들을 구원으로 초청하시고 그분의 종들을 보내시지만, 많은 사람이 이를 거절하고 그 종들을 핍박하며 심지어 죽이기까지 하지요.

8-10 이에 종들에게 이르되 혼인 잔치는 준비되었으나 청한 사람들은 합당하지 아니하니 네거리 길에 가서 사람을 만나는 대로 혼인 잔치에 청하여 오라 한대 종들이 길에 나가 악한 자나 선한 자나 만나는 대로 모두 데려오니 혼인 잔치에 손님들이 가득한지라

왕은 종들에게 말해요. 정작 초대받은 사람들은 혼인 잔치에 올 자격이 없으니 네거리로 나가 아무나 잔치에 데려오라고요. 종들이 길에 나가 악한 자든 선한 자든 만나는 대로 다 데려오니 혼인 잔치가 손님으로 가득 찼어요. 이는 처음 선택된 유대인들은 천국 잔치에서 배제되고, 그들에게 무시당하던 이방인들이 초대받는다는 이야기예요.

앞서 포도원을 열매 맺지 못하는 악한 농부들에게서 빼앗아 열매 맺는 농부들, 즉 이방인에게 준다고 한 것과 일맥상통하지요. 또 악한 자나 선한 자나 다 잔치에 들어오게 함으로써 구원은 사람의 어떠함이나 노력이 아닌 전적인 하나님의 은혜임을 알 수 있어요.

11-13 임금이 손님들을 보러 들어올새 거기서 예복을 입지 않은 한 사람을 보고 이르되 친구여 어찌하여 예복을 입지 않고 여기 들어왔느냐 하니 그가 아무 말도 못 하거늘 임금이 사환들에게 말하되 그 손발을 묶어 바깥 어두운 데에 내던지라 거기서 슬피 울며 이를 갈게 되리라 하니라

드디어 왕이 손님들을 만나러 들어갔다가 혼인 예복을 입지 않은 사람을 발견해요. 왕은 종에게 그 사람의 손발을 묶어 바깥 어두운 데 내던지라고 명령해요. 그가 거기서 슬피 울며 이를 갈게 될 거라면서요.

우리는 '손님이 갑자기 청함을 받는 바람에 예복을 준비하지 못한 게 아닐까?'라고 생각할 수 있어요. 그러나 고대 팔레스타인 문화에서는 잔칫집 주인이 손님을 위해 예복을 미리 준비해주었어요. 그러니 그 준비된 예복을 입지 않고 잔치에 참석한 건 의도적으로 혼인 잔치를 모독하겠다는 의사 표현이었지요.

이 장면은 영원한 심판에 대한 묘사예요. 비록 초대를 받았어도 왕과 그 아들이 준비한 혼인 잔치, 곧 천국 잔치를 모욕하면 영원한 심판에 이르게 된다는 말씀이지요.

14 청함을 받은 자는 많되 택함을 입은 자는 적으니라

예수님은 이 비유를 통해 부름 받은 사람은 많으나 택함을 받은 사람은 적음을 말씀하세요. 복음이 만인에게 전파되어도 '믿음'이라는 예복이 없으면 구원받지 못한다는 이야기지요. 구원은 하나님의 선물이고 오직 예수 그리스도를 믿음으로 말미암아 받을 수 있어요.

유대의 종교지도자들은 예수님을 올무에 걸리게 하려고 궁리했어요.

15,16 이에 바리새인들이 가서 어떻게 하면 예수를 말의 올무에 걸리게 할까 상
의하고 자기 제자들을 헤롯 당원들과 함께 예수께 보내어 말하되 선생님이여
우리가 아노니 당신은 참되시고 진리로 하나님의 도를 가르치시며 아무도 꺼
리는 일이 없으시니 이는 사람을 외모로 보지 아니하심이니이다

바리새인은 민족주의자들이었고 헤롯 당원은 친(親)로마 성향이 강한 정치 집단이었어요. 이들은 정치, 종교, 사회 등 모든 면에서 견해가 달라 평소 사이가 좋지 않았어요. 그런데 도저히 함께할 수 없는 두 무리가 예수님을 궁지에 몰기 위해 한마음이 된 거예요. 영적인 관점으로 보면 '예수님 vs 예수님을 대적하는 세력'으로 나뉘지요. 이 대적하는 세력들이 하나로 뭉쳐 예수님을 공격합니다.

그들은 예수님을 칭찬하는 척하면서 혐의를 잡으려 했어요. 그분을 향해 "당신은 참되시고 진리로 하나님의 도를 가르치시며 사람을 외모로 보지 않으신다"라고 한껏 치켜세웠지요. 이 말은 예수님이 사람을 두려워하지 않고 바른말 하시는 분이니 이번에도 소신 발언을 해달라는 거예요. 도대체 어떤 질문을 하려고 이런 말까지 한 걸까요?

17 그러면 당신의 생각에는 어떠한지 우리에게 이르소서 가이사에게 세금을 바치는 것이 옳으니이까 옳지 아니하니이까 하니

그들의 질문은 "로마 황제에게 세금을 바치는 게 옳은가?"였어요. 당시 유대인들은 로마 정부에 세금 바치는 걸 싫어했거든요. 로마 정부가 그들의 세금을 착취하여 호의호식하는 걸 보았기 때문이지요. 세금은 그들에게 엄청난 삶의 무게였어요.

로마 정부는 세금을 편하게 거두기 위해 유대인 '세리'를 세웠어요. 세리는 일정 금액만 로마에 바치면 나머지는 자기 것이 되기에 악착같이 세금을 더 거뒀지요. 그래서 사람들이 세리를 죄인 취급하며 상대하지 않았던 거예요.

유대인들은 로마와 분봉왕 헤롯의 압제로 정치 경제적 억압을 받고 있었어요. 그나마 소망인 종교마저도 지도자들의 부패로 절망에 놓여있었지요. 그야말로 소망 없는 현실 속에서 메시아를 대망하고 있었기에 더더욱 예수님을 왕으로 추대하려고 했던 거예요.

18-22 예수께서 그들의 악함을 아시고 이르시되 외식하는 자들아 어찌하여 나

를 시험하느냐 세금 낼 돈을 내게 보이라 하시니 데나리온 하나를 가져왔거늘 예수께서 말씀하시되 이 형상과 이 글이 누구의 것이냐 이르되 가이사의 것이니이다 이에 이르시되 그런즉 가이사의 것은 가이사에게, 하나님의 것은 하나님께 바치라 하시니 그들이 이 말씀을 듣고 놀랍게 여겨 예수를 떠나가니라

그들이 덫을 놓고 있음을 훤히 아셨던 예수님은 "위선자들아, 어찌하여 나를 시험하느냐?"라고 말씀하시며 세금으로 내는 돈을 보여달라고 하세요. 유대인이 세금을 낼 때 사용하던 돈은 '데나리온'으로 당시 통용되던 로마 화폐였어요. 그런데 유대인, 특히 바리새인은 데나리온을 쓰는 것 자체를 우상숭배로 여기고 반대했어요. 성전에 환전소가 있었던 것도 성전에서는 '세겔'만 받았기 때문이지요.

그들은 왜 이렇게까지 데나리온 사용을 싫어했을까요? 그 화폐 안에 로마의 가치와 철학이 담겨있었기 때문이에요. 데나리온의 앞면에는 당시 로마 황제인 티베리우스의 얼굴과 '신의 아들 티베리우스 황제'라는 글귀가, 뒷면에는 '신의 대리인이 평화를 내린다'라는 글귀가 적혀있었어요. 그 돈을 소유하고 사용하는 모든 이들의 마음에 황제의 은혜로 살고 있음을 각인시키려는 로마 정부의 의도였지요.

또 그 돈으로 세금을 바치는 행위는 모든 은혜를 가이사에게 돌린다는 의미를 담고 있었어요. 그러니 민족주의자이자 율법주의자인 바리새인들이 그 돈을 쓸 리 없었지요. 그 자체를 우상숭배로 여길 수밖에요.

이런 배경에서 예수님은 데나리온을 들고 "이 초상은 누구의 것이며, 적힌 글자는 누구를 가리키느냐?"라고 물으세요. 그들이 "황제의 것"이라 답하자 예수님은 "그렇다면, 황제의 것은 황제에게 돌려주고, 하나님

의 것은 하나님께 돌려드려라"라고 말씀하세요.

이 말은 엄청난 내용을 담고 있어요. "그런즉 가이사의 것은 가이사에게, 하나님의 것은 하나님께 바치라", 이 구절은 "가이사의 것은 가이사에게 바치라, (그러나) 하나님의 것은 하나님께 드리라"라는 의미예요.

여기서 "하나님의 것"은 무엇일까요? 바로 우리가 하나님의 것입니다. 동전의 형상을 생각해보면 쉬워요. 우리는 하나님의 형상과 모양대로 지어졌어요. 그러니 하나님의 형상대로 살아야 하지요.

비록 지금은 망가졌지만 평생 그리스도의 장성한 분량에 이르기를 소원하며 깎이고 성장해야 해요. "보시기에 좋았더라"라고 말씀하신 본래의 형상을 회복하여 하나님께 돌려드려야 하지요.

44 부활의 능력으로 살기 22:23-46

44 주께서 내 주께 이르시되 내가 네 원수를 네 발아래에 둘 때까지 내 우편에 앉아있으라 하셨도다 하였느냐

우리는 예수님과 종교지도자들의 마지막 신학 논쟁을 보고 있습니다. 서로 의견이 달라 화합하지 못했던 그들이 공공의 적인 예수님 덕분에 마음이 합해졌네요. 화요일에 일어난 이 논쟁은 예수님의 십자가 죽

음 전 마지막 논쟁이에요. 바리새파, 사두개파, 헤롯당 등이 한패가 되어 함정이 있는 질문으로 아무리 공격해도 예수님은 모든 논쟁을 완벽한 승리로 종결시키세요. 결국 그들은 더 이상 질문하지 못해요. 훗날 제자들은 이때 예수님이 정리해주신 모범 답변을 비슷한 상황에서 지혜롭게 활용한답니다.

23-28 부활이 없다 하는 사두개인들이 그날 예수께 와서 물어 이르되 선생님이여 모세가 일렀으되 사람이 만일 자식이 없이 죽으면 그 동생이 그 아내에게 장가들어 형을 위하여 상속자를 세울지니라 하였나이다 우리 중에 칠 형제가 있었는데 맏이가 장가들었다가 죽어 상속자가 없으므로 그 아내를 그 동생에게 물려주고 그 둘째와 셋째로 일곱째까지 그렇게 하다가 최후에 그 여자도 죽었나이다 그런즉 그들이 다 그를 취하였으니 부활 때에 일곱 중의 누구의 아내가 되리이까

이번에는 천사와 부활을 믿지 않는 사두개인이 질문해요. '사두개인'이란 이름은 다윗과 솔로몬 시대의 제사장 '사독'의 이름에서 유래된 것으로 추정되지만 정확하진 않아요. 그들은 제사장과 상류층 유대인으로 로마 권력자들과 밀접하게 관계하는 기득권층이었어요.

그들은 모세오경에 부활에 관한 내용이 없다는 이유로 부활을 믿지 않았지만 내세는 믿었지요. 그 마음의 중심을 잘 살펴보면, 그들이 누리는 기득권을 '부활'이라는 이해할 수 없는 과정을 통과하지 않고 내세에 그대로 유지하려는 욕망이 숨어있었어요.

그런 그들에게 예수님이 사흘 만에 부활하신다는 말은 터무니없는 얘

기였지요. 그래서 '계대 결혼법'에 의해 한 여자가 일곱 형제랑 결혼하면 부활 때 누구의 아내가 되는지 질문해요.

29 예수께서 대답하여 이르시되 너희가 성경도, 하나님의 능력도 알지 못하는 고로 오해하였도다

예수님은 그들이 성경도, 하나님의 능력도 알지 못해 어리석은 질문을 한다고 일침을 가하세요. 그들은 모세오경만 믿었기에 "모세가 일렀으되"(24절)라며 질문하지요. 그런데 예수님은 그들이 "성경도"(29절) 알지 못한다고 답하시며 모세오경 외에 시편, 역사서, 선지서까지 전부 성경임을 확증하세요. 성경이 분명하게 부활을 가르치고 있으며 하나님은 전능하시기에 능치 못할 일이 없으시다는 거지요.

30 부활 때에는 장가도 아니 가고 시집도 아니 가고 하늘에 있는 천사들과 같으니라

이어 부활 때에는 시집이나 장가를 가는 일이 없고 하늘에 있는 천사들과 같아진다고 말씀하세요. 남녀가 결혼하여 자녀를 낳는 일은 죄의 결과로 죽음이 온 세상을 지배하게 된 뒤 인류를 번성시키기 위한 방편이었어요. 그러나 천국에는 더 이상 죽음이 없기에 자녀를 낳아 번성할 필요가 없지요. 천사를 믿지 않는 그들에게 '천사처럼' 될 거라는 말씀 또한 의미심장합니다.

31,32 죽은 자의 부활을 논할진대 하나님이 너희에게 말씀하신 바 나는 아브라함의 하나님이요 이삭의 하나님이요 야곱의 하나님이로라 하신 것을 읽어 보지 못하였느냐 하나님은 죽은 자의 하나님이 아니요 살아있는 자의 하나님이시니라 하시니

예수님은 그들의 눈높이에 맞춰 출애굽기 말씀을 인용하세요. 하나님이 모세에게 나타나셔서 "나는 네 조상의 하나님이니 아브라함의 하나님, 이삭의 하나님, 야곱의 하나님이니라"(출 3:6)라고 하셨던 것을 언급하시며 그들이 천국에 살아있음을 전제하세요. 그러면서 하나님은 죽은 자의 하나님이 아니라 산 자의 하나님이심을 말씀하시지요.

이 말은 우리에게도 중요해요. 하나님은 살아있는 자의 하나님이세요. 우리는 십자가에서 세상을 이기신 예수님의 생명 안에 산 사람들이지요. 그러므로 부활한 사람답게, 살아있는 자답게 부활의 능력을 보이며 세상을 살아야 합니다. 사두개인들은 죽은 자의 하나님을 믿었기에 그들의 신앙도 죽어있었어요. 그들의 삶에서는 어떤 생명도 느낄 수 없었지요.

그렇다면 우리가 어떻게 일상에서 부활의 권세를 누리며 살아있는 자답게 살 수 있을까요? 제 생생한 이야기를 들려드릴게요.

어느 날, 평소 응원하던 동네의 한 감자탕집이 문을 닫은 걸 보게 됐어요. 그 일을 통해 저는 유튜버로서 또 하나의 역할이자 사명을 발견했지요. 홍보가 부족한 좋은 상품과 상점을 소개하면서 어려운 시기를 지나는 자영업자들을 돕는 거였어요.

저는 너무 신이 났어요. 예수님의 십자가 죽으심과 부활하심에 동참하여 얻은 부활의 능력이 제 안에 펼쳐지고 있었기 때문이지요. 큰돈도, 큰 힘도 아니지만 저를 통해 세상이 조금이나마 따뜻해지고 누군가에게 힘이 될 수 있다는 게 정말 행복했어요.

하나님께서 저를 신학교가 아닌 비즈니스 현장으로 등 떠미신 걸 진심으로 감사해요. 치열한 삶의 현장에서 부활의 능력을 생생히 느끼고 전하며 살 수 있어서요.

33 무리가 듣고 그의 가르치심에 놀라더라

사두개인들은 예수님의 가르침에 깜짝 놀라며 입을 다물었습니다. 그들이 할 말이 없어지자 이번에는 바리새인 중 율법사 한 사람이 예수님을 시험하고자 했어요.

34-36 예수께서 사두개인들로 대답할 수 없게 하셨다 함을 바리새인들이 듣고 모였는데 그중의 한 율법사가 예수를 시험하여 묻되 선생님 율법 중에서 어느 계명이 크니이까

그의 질문은 율법 중 어떤 계명이 가장 크냐는 거였어요. 사실 이 질문은 바리새인들 사이에서도 아직 정리되지 않은 이슈였지요. 유대 랍비들은 율법의 모든 계명을 613개로 분류하여 248개는 반드시 지켜야 할 명령적 계명, 365개는 피해야 할 금지적 계명으로 나누고 중요한 계명과 그렇지 않은 것으로 구분했어요.

37-40 예수께서 이르시되 네 마음을 다하고 목숨을 다하고 뜻을 다하여 주 너
의 하나님을 사랑하라 하셨으니 이것이 크고 첫째 되는 계명이요 둘째도 그와
같으니 네 이웃을 네 자신같이 사랑하라 하셨으니 이 두 계명이 온 율법과 선
지자의 강령이니라

예수님은 그들의 숨은 의도를 잘 아셨지만, 신명기 6장 5절과 레위기 19장 18절을 인용하여 '하나님 사랑', '이웃 사랑'으로 정리해주세요. 이 두 계명이 온 율법과 선지자의 강령이며 성경 전체가 이 두 계명으로 요약된다고 하시지요.

예수님은 종교지도자들과 세 번의 논쟁(세금, 부활, 큰 계명)에서 승리하심으로 권위를 입증하셨어요. 이어서 메시아적 권위도 입증하십니다.

41,42 바리새인들이 모였을 때에 예수께서 그들에게 물으시되 너희는 그리스도
에 대하여 어떻게 생각하느냐 누구의 자손이냐 대답하되 다윗의 자손이니이다

예수님은 모든 종교지도자를 향해 질문을 던지세요. "너희는 그리스도에 대하여 어떻게 생각하느냐, 누구의 자손이냐?" 그러자 그들이 "다윗의 자손입니다"라고 답해요. 이 사상은 사무엘하 7장 16절의 다윗 언약에 근거해요. 하나님께서 다윗의 왕권이 영원할 거라고 약속하셨기에 그들은 다윗의 후손으로 오실 메시아가 다윗의 때처럼 다시 부강한 나라를 만들어줄 거라고 기대했지요.

43,44 이르시되 그러면 다윗이 성령에 감동되어 어찌 그리스도를 주라 칭하여
말하되 주께서 내 주께 이르시되 내가 네 원수를 네 발아래에 둘 때까지 내 우

편에 앉아있으라 하셨도다 하였느냐

예수님은 다윗이 성령에 감동되어 그리스도를 "주"로 부른 사실을 언급하세요. 이는 그리스도가 다윗의 자손이 아닌 '다윗의 주'라는 뜻이에요. 그리고 시편 110편 1절을 인용하여 설명해주세요.

"여호와(성부 하나님)께서 내 주(성자 예수님)에게 말씀하시기를 내(하나님)가 네(예수님) 원수를 네(예수님) 발판이 되게 하기까지 너는 내(하나님) 오른쪽에 앉아있으라 하셨도다." 이는 예수님이 하나님 우편에 앉을 권한, 바로 심판주로서 하나님의 권한을 위임받았다는 뜻이에요.

45 다윗이 그리스도를 주라 칭하였은즉 어찌 그의 자손이 되겠느냐 하시니

예수님은 다윗이 그리스도를 주라 불렀는데 어떻게 그의 자손이 되겠냐고 반문하세요. 후손을 주라고 부를 수는 없으니까요. 예수님의 출생을 생각해보면 그분은 분명 법적으로 다윗의 후손으로 오셨지만, 다윗 혈통의 후손이 아닌 성령으로 잉태된 하나님이세요. 예수님은 당신이 메시아임을 밝히며 논쟁을 끝내시지요.

46 한마디도 능히 대답하는 자가 없고 그날부터 감히 그에게 묻는 자도 없더라

그러자 한마디도 능히 대답하는 사람이 없고 그날부터 예수께 묻는 사람도 없었어요. 사도행전을 보면 제자들이 예수님의 이 말을 여러 번 인용해요(행 2:25-35, 행 7:56). 논쟁이 발생하면 이 말로 곧장 종식시켜버리지요. 예수님만 따라 하면 세상의 모든 논쟁이 사라져요.

또 말씀을 정확하게 알면 문제가 해결되는 걸 볼 수 있어요. 제아무리 날고 기던 당대 율법학자와 세상 권세자들도 아무 소리 못 하고 심지어 감탄하지요. 말씀을 제대로 아는 게 얼마나 중요한지를 깨닫게 되는 본문입니다.

45 강력한 훈계, 새로운 시작 23:1-39

37 예루살렘아 예루살렘아 선지자들을 죽이고 네게 파송된 자들을 돌
로 치는 자여 암탉이 그 새끼를 날개 아래에 모음같이 내가 네 자녀를
모으려 한 일이 몇 번이더냐 그러나 너희가 원하지 아니하였도다

1-4 이에 예수께서 무리와 제자들에게 말씀하여 이르시되 서기관들과 바리새인
들이 모세의 자리에 앉았으니 그러므로 무엇이든지 그들이 말하는 바는 행하
고 지키되 그들이 하는 행위는 본받지 말라 그들은 말만 하고 행하지 아니하
며 또 무거운 짐을 묶어 사람의 어깨에 지우되 자기는 이것을 한 손가락으로도
움직이려 하지 아니하며

예수님은 말씀에 탁월한 서기관들과 바리새인들이 모세의 자리에 앉아 말씀을 가르치고 있다고 하세요. 그런데 그들이 가르치는 말씀은 행하고 지키되 그들의 행위는 본받지 말라고 하시지요. 왜냐면 그들이 말

만 하고 행하지 않았으니까요. 그들은 율법을 잘못 이해하고 가르침으로써 사람들을 더 힘들게 하고 무거운 짐을 지게 했어요. 더 기가 막힌 건 자기들은 조금도 실천하지 않으면서 백성에게는 말씀대로 살라고 닦달했다는 거예요. 이런 배경에서 예수님이 "무거운 짐 진 자들아 다 내게로 오라"(마 11:28)라고 하신 겁니다.

> 5-7 그들의 모든 행위를 사람에게 보이고자 하나니 곧 그 경문 띠를 넓게 하며 옷술을 길게 하고 잔치의 윗자리와 회당의 높은 자리와 시장에서 문안받는 것과 사람에게 랍비라 칭함을 받는 것을 좋아하느니라

그들의 근본적인 문제는 '하나님 앞'에서 살지 않고 '사람 앞'에서 사는 거였어요. 모든 행위를 "사람에게 보이고자" 했으니 하나님과는 전혀 상관없는 삶이었지요. 그들은 사람의 눈길을 끌기 원했고 칭찬과 존경 받기를 좋아했어요.

그래서 경문 띠를 넓게 하고 옷술을 길게 늘어뜨리고 다녔어요. "경문"은 성경 구절이 적힌 양피지를 넣는 가죽으로 된 작은 '말씀함'인데, 아침저녁으로 기도할 때 왼쪽 팔이나 이마에 붙이고 다녔어요(신 6:8). 또 "술"은 겉옷의 네 귀퉁이에 다는 장식으로 그것을 볼 때마다 하나님의 명령을 기억하고 준행하게 하는 상징이었지요(신 22:12).

둘 다 신명기 말씀에 근거한 관습이었어요. 그러나 그들은 형식만 취했을 뿐 그 뜻은 이해하지 못했고 실천하지도 않았어요. 경문과 술을 크고 도드라지게 하여 자신이 누구보다도 하나님 말씀을 사모하고 지킨다는 것을 자랑하는 용도로 사용했지요.

또 유대 문화에서 "자리"는 굉장히 중요한 의미가 있었어요. 특히 잔치에서는 사회적 지위와 신분에 따라 자리가 배정되었고 회당 안에서도 마찬가지였어요. 서기관과 바리새인은 사람들에게 인정받는 것을 과시하기 위해 상석을 선호했지요.

그뿐 아니라 시장에서 문안받기를 즐기고 "랍비"로 불리기를 좋아했어요. "랍비"는 '나의 주'라는 뜻으로 율법을 가르치는 훌륭한 선생님을 높여 부르는 표현이었어요. 칭찬과 존경을 받길 원했던 거지요. 예수님은 그들이 즐겨하던 행위를 나열하시며 이 모든 게 '타락의 증거'임을 말씀하세요.

> 8-10 그러나 너희는 랍비라 칭함을 받지 말라 너희 선생은 하나요 너희는 다 형제니라 땅에 있는 자를 아버지라 하지 말라 너희의 아버지는 한 분이시니 곧 하늘에 계신 이시니라 또한 지도자라 칭함을 받지 말라 너희의 지도자는 한 분이시니 곧 그리스도시니라

이런 배경에서 예수님은 제자들에게 "랍비", "아버지"(선생님을 아버지라 부름), "지도자"라 칭함을 받지 말라고 하세요. 사람에게 높임을 받지 말아야 하는 이유는, 하나님만이 유일한 아버지이시고 선생님이시며 지도자이시기 때문이에요. 이는 호칭 자체를 탓하는 게 아니라 서기관과 바리새인이 자기 영광을 위해 잘못 사용하는 방식을 금하신 거예요.

> 11,12 너희 중에 큰 자는 너희를 섬기는 자가 되어야 하리라 누구든지 자기를 높이는 자는 낮아지고 누구든지 자기를 낮추는 자는 높아지리라

11,12절이 이 대목(1-12절)의 결론이에요. 예수님은 세상의 가치와는 완전히 다른 천국 시민의 삶을 살라고 하세요. 바리새인과 서기관처럼 사람의 눈을 의식하며 높임 받으려는 삶이 아니라 하나님 앞에서 섬기는 자로 살아야 한다는 거지요. 섬기는 리더십이어야 한다는 거예요.

저는 이 본문을 보면 항상 남편이 떠올라요. 남편은 세상 기준으로 보면 최고의 스펙을 가졌어요. 그런데 늘 겸손하고 어디서나 궂은일을 마다하지 않아요. 낮은 자리의 가치를 아는 남편이 참 복되다는 생각이 들지요. 또 남편은 늘 일을 실행시키는 자리에서 섬겨줘요.

사실 저는 굉장히 가부장적인 집에서 자라서 남자가 앞서고 여자가 뒤에 서는 게 익숙하고 편했어요. 그래서 처음엔 제가 앞장서야 하는 상황이 어색하고 힘들었지요. 하지만 저를 지지해주는 남편을 통해 세상이 만들어놓은 남자와 여자의 위치가 아닌 하나님이 주신 달란트로 허락하신 자리에 서는 법을 배웠어요. 지금은 각자의 달란트를 인정하고 위치를 찾으니 평안해졌답니다.

이제 예수님은 심판주로서 외식하는 종교지도자들에게 일곱 가지 화, 곧 심판을 선포하세요.

13 화 있을진저 외식하는 서기관들과 바리새인들이여 너희는 천국 문을 사람들 앞에서 닫고 너희도 들어가지 않고 들어가려 하는 자도 들어가지 못하게 하는도다

14 (없음)

첫 번째, 그들이 그릇된 가르침과 위선적인 삶으로 천국 문을 가로막고, 본인들도 들어가지 않으며, 들어가려 하는 사람들도 못 들어가게 막는다며 심판을 선언하세요. 이들이 아무리 말씀에 능하고 선생의 위치에 있어도 하나님나라에 걸림돌 역할을 했기 때문이지요.

15 화 있을진저 외식하는 서기관들과 바리새인들이여 너희는 교인 한 사람을 얻기 위하여 바다와 육지를 두루 다니다가 생기면 너희보다 배나 더 지옥 자식이 되게 하는도다

두 번째, 하나님의 제자가 아닌 자기 제자를 만드는 그들의 행태에 심판을 선언하세요. 그들은 자기들의 교훈에 자부심이 있었어요. 그래서 그들의 종파에 더 많은 사람을 끌어들이기 위해 바다와 육지를 두루 다니며 적극적으로 활동했지요.

문제는 수많은 사람을 제자로 삼고 잘못된 전통을 가르쳐 "배나 더 지옥 자식"이 되게 했다는 거예요. 기껏 전도한 사람들을 천국이 아닌 지옥으로 이끌고 하나님의 심판의 대상으로 만들어버렸지요. 잃어버린 한 영혼을 찾으시는 예수님의 마음과 반대되는 마음이었어요.

16-22 화 있을진저 눈먼 인도자여 너희가 말하되 누구든지 성전으로 맹세하면 아무 일 없거니와 성전의 금으로 맹세하면 지킬지라 하는도다 어리석은 맹인들이여 어느 것이 크냐 그 금이냐 그 금을 거룩하게 하는 성전이냐 너희가 또 이르되 누구든지 제단으로 맹세하면 아무 일 없거니와 그 위에 있는 예물로 맹세하면 지킬지라 하는도다 맹인들이여 어느 것이 크냐 그 예물이냐 그 예물을

거룩하게 하는 제단이냐 그러므로 제단으로 맹세하는 자는 제단과 그 위에 있는 모든 것으로 맹세함이요 또 성전으로 맹세하는 자는 성전과 그 안에 계신 이로 맹세함이요 또 하늘로 맹세하는 자는 하나님의 보좌와 그 위에 앉으신 이로 맹세함이니라

세 번째, 맹세에 대한 그들의 잘못된 가르침을 책망하세요. 당시 그들은 성전이나 제단보다 성전의 금과 제물을 더 중요하게 여겼어요. 한마디로 돈에 더 가치를 둔 거죠. 그래서 사람들에게 "성전"으로 맹세한 건 지키지 않더라도 "성전의 금"으로 맹세한 건 꼭 지켜야 한다고 가르쳤어요. 이에 예수님은 금이 중요한 게 아니라 금을 거룩하게 하는 성전이 중요하고, 제단의 예물보다 그 예물을 거룩하게 하는 제단이 중요하다고 바로잡으세요.

또 어떤 맹세는 지켜야 하고, 어떤 맹세는 지키지 않아도 된다고 구분하는 잘못된 가르침에 대해 모든 맹세는 하나님께 하는 것이기에 다 지켜야 함을 강조하세요. 예수님은 이미 산상설교에서 함부로 맹세하지 말라고 하셨지요.

23,24 화 있을진저 외식하는 서기관들과 바리새인들이여 너희가 박하와 회향과 근채의 십일조는 드리되 율법의 더 중한 바 정의와 긍휼과 믿음은 버렸도다 그러나 이것도 행하고 저것도 버리지 말아야 할지니라 맹인 된 인도자여 하루살이는 걸러내고 낙타는 삼키는도다

네 번째, 율법의 형식은 강조하지만 정작 율법의 정신을 모르는 그들의 위선을 꾸짖으세요. 그들은 율법을 잘 지키기 위해 세칙을 만들고 백

성에게 철저히 지키게 했어요. 십일조에 있어서도 박하, 회향, 근채 등 소량으로 생산되는 약재나 정원에서 나는 작은 작물에도 엄격한 십일조의 잣대를 들이댔지요.

그러나 예수님은 그들이 그보다 더 중요한 긍휼과 믿음을 버렸다고 지적하세요. 십일조의 형식은 갖췄으나 그 정신을 알지도, 살아내지도 못했던 거지요. 그것 자체가 사람들에게 걸림돌이 된 거예요.

이렇듯 "맹인 된 인도자"인 종교지도자들의 상태를 "하루살이는 걸러내고 낙타는 삼키는도다"라고 표현하셨어요. 가장 작은 곤충과 큰 짐승을 대조하는 과장법이지요.

레위기에서 날개가 있고 기어 다니는 곤충은 부정하다고 했어요(레 11:20-30). 그래서 그들은 실수로라도 부정한 곤충을 먹지 않기 위해 물이나 포도주를 마실 때 하루살이가 빠졌을까 봐 철저하게 걸러서 마셨어요. 또 새김질은 하되 굽이 갈라지지 않은 짐승도 부정하다고 했는데 낙타가 여기에 해당되었어요(레 11:4).

그러니 이 말씀은 가장 작은 곤충인 하루살이는 걸러내면서 큰 짐승인 낙타는 삼키는 모순된 행동을 하고 있다는 거예요. 율법의 사소한 부분에는 목숨을 걸면서, 정작 가장 중요한 율법의 정신은 모르고 무관심한 그들의 어리석음을 풍자적으로 비난하신 거지요.

25,26 화 있을진저 외식하는 서기관들과 바리새인들이여 잔과 대접의 겉은 깨끗이 하되 그 안에는 탐욕과 방탕으로 가득하게 하는도다 눈먼 바리새인이여 너는 먼저 안을 깨끗이 하라 그리하면 겉도 깨끗하리라

다섯 번째, 그들의 내면이 정결하지 않음을 책망하세요. 그들은 정결 의식에 따라 외적 정결은 엄청 강조했지만 마음의 정결은 돌보지 않아 탐욕과 방탕이 가득했어요. 예수님은 마음의 정결이 우선되어야 겉도 깨끗해진다고 강조하세요.

> 27,28 화 있을진저 외식하는 서기관들과 바리새인들이여 회칠한 무덤 같으니 겉으로는 아름답게 보이나 그 안에는 죽은 사람의 뼈와 모든 더러운 것이 가득하도다 이와 같이 너희도 겉으로는 사람에게 옳게 보이되 안으로는 외식과 불법이 가득하도다

여섯 번째, 이 말씀은 앞선 다섯 번째 심판의 내적 정결과 비슷한 맥락이에요. 예수님은 그들의 상태를 "회칠한 무덤"에 비유하세요. 당시 유대인은 때마다 무덤을 하얗게 말끔히 회칠했어요. 행인들이 무덤인 걸 알아보고 만지지 않도록 하기 위함이었지요. 이렇게 회칠한 무덤은 겉으론 아름다웠지만 그 속에는 죽은 사람의 뼈와 온갖 부패한 것이 가득했어요. 종교지도자들의 상태가 꼭 이러했답니다. 눈에 보이는 겉은 거룩했지만 정작 속은 외식과 불법이 가득했지요.

> 29-32 화 있을진저 외식하는 서기관들과 바리새인들이여 너희는 선지자들의 무덤을 만들고 의인들의 비석을 꾸미며 이르되 만일 우리가 조상 때에 있었더라면 우리는 그들이 선지자의 피를 흘리는 데 참여하지 아니하였으리라 하니 그러면 너희가 선지자를 죽인 자의 자손임을 스스로 증명함이로다 너희가 너희 조상의 분량을 채우라

일곱 번째, 의인을 죽인 자에게 반드시 심판이 임함을 말씀하세요. 당시 종교지도자들은 선지자의 무덤을 만들고 의인의 비석을 꾸며서 죽은 이들의 생애와 업적을 기리고 존경을 표했습니다. 그러면서 만일 자기들이 조상의 시절에 살았더라면 절대 의인을 죽이지 않았을 거라고 말했지요. 하지만 그 말이 진심이라면 그들은 지금 예수님을 배척해서는 안 돼요. 예수님은 선지자들의 대를 이어 모든 예언을 성취하며 오신 분이니까요. 그런데 그들은 예수님을 열렬히 반대했지요.

예수님은 그들의 위선적인 행동이 선지자를 죽인 자의 자손임을 스스로 증명한다고 지적하세요. 그러면서 그 후예로서 조상의 죄의 분량을 마저 채우라고 하세요. 의인을 죽였던 선조들처럼 그들이 예수님을 죽일 것임을 예고하신 거지요.

> 33-36 뱀들아 독사의 새끼들아 너희가 어떻게 지옥의 판결을 피하겠느냐 그러므로 내가 너희에게 선지자들과 지혜 있는 자들과 서기관들을 보내매 너희가 그중에서 더러는 죽이거나 십자가에 못 박고 그중에서 더러는 너희 회당에서 채찍질하고 이 동네에서 저 동네로 따라다니며 박해하리라 그러므로 의인 아벨의 피로부터 성전과 제단 사이에서 너희가 죽인 바라갸의 아들 사가랴의 피까지 땅 위에서 흘린 의로운 피가 다 너희에게 돌아가리라 내가 진실로 너희에게 이르노니 이것이 다 이 세대에 돌아가리라

이어 "뱀들아, 독사의 새끼들아! 너희가 어떻게 지옥의 판결을 피하겠느냐?"라고 강하게 비난하세요. 예수님을 반대하는 자에게는 반드시 하나님의 심판이 임할 것을 말씀하신 거예요.

또한 구약 시대에 보냄을 받은 하나님의 대변자들이 박해와 죽임을 당했듯이 예수님과 제자들이 그 박해를 받게 될 거라고 하세요. 의인 아벨의 피(창 4:8)와 사가랴의 피(대하 24:20,21)를 언급하시며 구약의 모든 역사를 아우르시지요.

예수님은 "내가 진실로 너희에게 이르노니 이것이 다 이 세대에 돌아가리라"라는 엄숙한 경고의 메시지로 결론을 맺으세요. 바리새인과 서기관, 그들의 가르침을 받아 예수님을 메시아로 인정하지 않은 사람들이 임박한 시일에 심판을 받을 것을 예고하신 거예요.

"이 세대"에게 내려질 심판은 일차적으로 이로부터 약 40년 뒤인 주후 70년, 로마 장군 디도(티투스)가 이끄는 로마 군대에 의해 예루살렘이 멸망하고 예루살렘 성전(헤롯 성전)이 파괴됨으로 이루어져요. 궁극적으로는 세상 끝날에 영원한 심판을 받게 될 거예요.

37-39 예루살렘아 예루살렘아 선지자들을 죽이고 네게 파송된 자들을 돌로 치는 자여 암탉이 그 새끼를 날개 아래에 모음같이 내가 네 자녀를 모으려 한 일이 몇 번이더냐 그러나 너희가 원하지 아니하였도다 보라 너희 집이 황폐하여 버려진 바 되리라 내가 너희에게 이르노니 이제부터 너희는 찬송하리로다 주의 이름으로 오시는 이여 할 때까지 나를 보지 못하리라 하시니라

마지막으로 예수님은 예루살렘을 향해 탄식하세요. 그들은 과거에도 현재에도, 미래에도 하나님의 사람들을 박해하고 죽입니다. 그러나 예수님은 암탉이 제 새끼를 날개 아래서 안전하게 품듯이 이스라엘 백성을 몇 번이나 모으시며 그들이 돌아오기를 간절히 바라셨어요.

노아의 때에 홍수를 오래 참으셨듯이 심판을 오래 참으셨지요. 그러나 결국 그들은 돌아오지 않았어요. 하나님은 사랑의 하나님이시자 공의의 하나님이세요. 사랑의 하나님은 우리의 잘못을 오래 참고 기다려주세요. 그러나 우리가 끝내 돌이키지 않으면 심판이 반드시 임한답니다.

46 훤히 알려주신 싸움 24:1-28

3 예수께서 감람산 위에 앉으셨을 때에 제자들이 조용히 와서 이르되 우리에게 이르소서 어느 때에 이런 일이 있겠사오며 또 주의 임하심과 세상 끝에는 무슨 징조가 있사오리이까

24장은 크게 두 부분으로 나눌 수 있어요. 1-28절까지는 주후 70년에 있을 예루살렘 성전 파괴에 대한 예언이고, 29-51절은 세상 종말에 대한 예언이에요. 이 본문은 23장 뒷부분에 언급하신 예루살렘 멸망에 대한 설명인데, 예수님은 예루살렘의 멸망과 세상의 종말을 연결해서 말씀하세요.

1,2 예수께서 성전에서 나와서 가실 때에 제자들이 성전 건물들을 가리켜 보이려고 나아오니 대답하여 이르시되 너희가 이 모든 것을 보지 못하느냐 내가

진실로 너희에게 이르노니 돌 하나도 돌 위에 남지 않고 다 무너뜨려 지리라

예수님이 종교지도자들과의 신학 논쟁에서 완승하시고 성전을 나오시자 제자들이 성전 건물을 가리켜요. 그 성전은 주전 19년경 헤롯 대왕 때 짓기 시작하여 주후 64년 헤롯 아그립바 2세 때 완공됐어요. 햇수로 무려 83년이나 걸린 이 성전은 화려할 뿐 아니라 규모도 예루살렘 땅의 6분의 1(혹은 4분의 1)을 차지할 만큼 웅장했어요.

제자들은 '예수 왕국'이 세워지면 이 성전이 그들의 무대가 될 거라고 생각했는지 더 특별하게 바라본 것 같아요. 게다가 누구도 감히 예수께 시비를 걸지 못하는 상황이니 더 그랬겠지요. 하지만 예수님은 그 성전이 무너질 거라고 예언하세요. 돌 위에 돌 하나도 남지 않고 완전히 파괴될 거라고요.

3 예수께서 감람산 위에 앉으셨을 때에 제자들이 조용히 와서 이르되 우리에게 이르소서 어느 때에 이런 일이 있겠사오며 또 주의 임하심과 세상 끝에는 무슨 징조가 있사오리이까

제자들은 충격을 받았어요. 예루살렘 성전의 파괴는 하나님의 심판을 의미했기 때문이지요. 예수님이 감람산에 앉아계실 때 제자들은 언제 그런 일이 임할지, 주의 다시 오심과 세상 끝날의 징조는 무엇인지 물어요.

4-8 예수께서 대답하여 이르시되 너희가 사람의 미혹을 받지 않도록 주의하라 많은 사람이 내 이름으로 와서 이르되 나는 그리스도라 하여 많은 사람을 미혹하리라 난리와 난리 소문을 듣겠으나 너희는 삼가 두려워하지 말라 이런 일

이 있어야 하되 아직 끝은 아니니라 민족이 민족을, 나라가 나라를 대적하여 일어나겠고 곳곳에 기근과 지진이 있으리니 이 모든 것은 재난의 시작이니라

제자들은 두 사건(성전 파괴, 세상 종말)을 하나로 이해하며 질문했어요. 당시 유대인은 성전의 파괴와 세상의 종말을 같은 것으로 여겼거든요. 그러나 예수님은 각각 대답하세요. 주후 70년에 일어날 성전 파괴는 예수님을 거스른 죄에 대한 심판이자 세상 끝날의 심판을 확인해주는 거라고요. 동일하게 세상 끝날에도 죄를 자복하고 돌이키지 않은 사람에게 심판이 있을 것임을 말씀하세요.

그리고 성전이 무너지기 전에 나타날 징조를 알려주세요. 자칭 '그리스도'라며 미혹하는 자가 많이 일어날 것이고, 곳곳에 전쟁과 기근, 지진이 있을 거라고요. 실제로 성전이 파괴되기 전에 이런 일들이 일어났어요. 그러나 이는 재난의 시작일 뿐이었지요.

9-14 그때에 사람들이 너희를 환난에 넘겨주겠으며 너희를 죽이리니 너희가 내 이름 때문에 모든 민족에게 미움을 받으리라 그때에 많은 사람이 실족하게 되어 서로 잡아주고 서로 미워하겠으며 거짓 선지자가 많이 일어나 많은 사람을 미혹하겠으며 불법이 성하므로 많은 사람의 사랑이 식어지리라 그러나 끝까지 견디는 자는 구원을 얻으리라 이 천국 복음이 모든 민족에게 증언되기 위하여 온 세상에 전파되리니 그제야 끝이 오리라

예수님은 그때에 제자들이 복음으로 말미암아 고난을 받지만 끝까지 견디면 구원을 얻을 거라고 하세요. 앞서 10장 22절에서 동일한 말씀으로 '인내'를 강조하셨던 것처럼요. 그리고 이 고난은 천국 복음이 온 세

상에 전파되어야 끝난다고 하세요.

예수님은 제자들에게 예루살렘 성전 파괴가 일어날 때 행할 구체적인 행동 지침을 주세요. 항상 피할 길을 주시는 아버지의 따뜻한 사랑을 느낄 수 있지요. 더불어 환난의 상징적 의미를 설명해주심으로 성전 파괴와 세상 종말을 구분하세요.

이렇듯 예수님은 현재의 눈높이로는 절대 안 보이는 상황을 예고하심으로 준비할 시간을 주셨어요. 그러나 제자들은 예루살렘 성전의 파괴가 끝이 아니라는 말씀을 듣고도 당장은 깨닫지 못했지요. 후에 약속하신 성령께서 오셔서 이 모든 말씀을 깨닫게 해주시자 그들은 원대한 하나님나라를 보게 되었고 '끝까지 견디며' 각자 달려갈 길을 완주할 수 있었어요. 예루살렘 멸망을 통해 세상 종말을 더 확신하게 되었고요.

주님은 우리에게도 말씀을 통해 세상 끝날의 일들을 미리 말씀해주시고 행동 지침도 주셨어요. 우리가 '끝까지 인내하기'와 '복음 전하기'를 마음에 새기고 분명한 방향성과 목적을 갖고 살아간다면 넘어지지 않을 수 있답니다.

> 15 그러므로 너희가 선지자 다니엘이 말한 바 멸망의 가증한 것이 거룩한 곳에 선 것을 보거든 (읽는 자는 깨달을진저)

"황폐하게 하는 가증스러운 물건이 거룩한 곳에 서있는 것을 보거든"(새번역). 마태는 다니엘서로 그 장면을 설명해요(단 9:27, 11:31, 12:11). 그는 믿지 않는 유대인을 대상으로 이 글을 썼기 때문이지요. 당시 유대인들은 다니엘서에 통달했기에 쉽게 이해했을 거예요.

그러나 우리는 이 내용이 잘 와닿지 않아요. 그래서 하나님은 이방인인 우리를 위해 누가복음을 주셨어요. 누가는 같은 장면을 "예루살렘이 군대들에게 에워싸이는 것을 보거든"(눅 21:20)이라고 서술했어요. 예루살렘이 로마 군대에 공격받는 상황을 나타내지요.

이 다니엘서 말씀은 주전 167년, 안티오코스 에피파네스가 성전에 제우스 신상을 세우고 제단 위에 부정한 동물의 상징인 돼지 피를 뿌린 것에 대한 예언이기도 했어요. 또한 주후 70년, 로마의 독수리 형상 깃발이 성전에 세워짐으로도 성취되지요.

> 16-20 그때에 유대에 있는 자들은 산으로 도망할지어다 지붕 위에 있는 자는 집 안에 있는 물건을 가지러 내려가지 말며 밭에 있는 자는 겉옷을 가지러 뒤로 돌이키지 말지어다 그날에는 아이 밴 자들과 젖 먹이는 자들에게 화가 있으리로다 너희가 도망하는 일이 겨울에나 안식일에 되지 않도록 기도하라

예수님은 이 환난 날을 대비해 구체적인 피난 지침을 주세요. 일단 산으로 도망가되 지체하지 말고 다급하게 가라고 하십니다. '그날에 임신부와 어린아이를 둔 사람에게 화가 있을 것'이라는 말씀은 그들이 빨리 도망갈 수 없기에 어려움을 겪을 거라는 뜻이에요.

예수님은 그날이 겨울이나 안식일이 아니길 기도하라고 하세요. 왜냐면 이스라엘은 겨울이 우기라 추워서 도망가기 어려울뿐더러 평소 말라 있던 계곡에 물이 불어나 건너기 어렵기 때문이지요. 또 그들은 안식일의 규례로 2,000규빗(약 1킬로미터) 이상 이동하는 걸 금했기 때문이에요.

21,22 이는 그때에 큰 환난이 있겠음이라 창세로부터 지금까지 이런 환난이 없었고 후에도 없으리라 그날들을 감하지 아니하면 모든 육체가 구원을 얻지 못할 것이나 그러나 택하신 자들을 위하여 그날들을 감하시리라

세상 처음부터 이제까지 없었고 앞으로도 없을 "큰 환난"의 의미는 당시 이스라엘 사람들이 느낄 신앙적 충격을 나타내고 있어요. 사실 환난의 크기로 보면 노아의 가족만 살아남은 '홍수' 사건에 비할 게 없어요.

그럼에도 유례없는 큰 환난이라고 말씀하신 건, 이스라엘이 그때 삶의 터전을 잃고 1948년에 다시 국가를 세울 때까지 거의 2천 년 동안 나라 없이 살아야 했기 때문이에요. 엄청난 환난이지요.

하지만 예수님은 주의 백성들을 위해 전쟁의 날을 줄여주신다고 말씀하세요. 실제로 로마 군인들은 오랜 시간을 끄는 아사(餓死) 작전을 변경해 5월에 예루살렘을 포위하여 9월에 전쟁을 끝냈어요. 고통을 줄여주신 아버지의 사랑을 느낄 수 있지요.

23-28 그때에 사람이 너희에게 말하되 보라 그리스도가 여기 있다 혹은 저기 있다 하여도 믿지 말라 거짓 그리스도들과 거짓 선지자들이 일어나 큰 표적과 기사를 보여 할 수만 있으면 택하신 자들도 미혹하리라 보라 내가 너희에게 미리 말하였노라 그러면 사람들이 너희에게 말하되 보라 그리스도가 광야에 있다 하여도 나가지 말고 보라 골방에 있다 하여도 믿지 말라 번개가 동편에서 나서 서편까지 번쩍임같이 인자의 임함도 그러하리라 주검이 있는 곳에는 독수리들이 모일 것이니라

예수님은 성전 파괴가 곧 세상 종말이 아님을 다시 말씀하세요. 세상

종말의 때에는 환난을 매개로 거짓 그리스도와 거짓 선지자들의 활동이 활발해질 걸 예고하시지요. 그들이 표적과 기적을 일으키며 사람들을 미혹하겠으나 흔들리지 말라고 당부하십니다.

반면 예수님의 재림은 하늘의 번개처럼 모두가 선명히 알아볼 수 있는 공적인 사건이라고 하세요. 주검이 있는 곳에 독수리가 모이는 걸 모두가 볼 수 있듯이 모든 사람이 재림을 명백하게 볼 거라는 뜻이에요.

예수님은 '예루살렘 멸망'이라는 가시적인 사건을 통해 그분을 거부하는 자들이 받을 심판을 미리 보여주세요. 멸망의 때를 미리 말씀하시는 이유는 회개할 기회를 주시고, 사랑하는 주의 자녀들에게 피할 길을 알려주시어 담대히 살게 하기 위함이에요.

우리는 예루살렘이 멸망한 실제 역사를 통해 세상 종말도 반드시 온다는 걸 알아야 해요. 멸망이 선고된 세상에서 영원을 보장받은 주의 자녀답게 초림과 재림 사이, 말세를 살아야 하지요. 죽어가는 영혼을 하나라도 더 구하면서요. 우리 인생은 방향과 목적지가 분명해야 헤매지 않을 수 있답니다.

저는 하나님의 훈련 기간 중간쯤 비벌리힐스에 기적적으로 매장을 오픈했지만 버티지 못해 이내 닫아야 하는 상황을 맞았어요. 그런데 마지막 결단을 내릴 즈음 이탈리아에서 1년에 두 번 있는 가죽 페어가 열렸어요. 그 가죽 페어는 다음 시즌을 준비하기 위해 꼭 참석해야 하는 행사였기에 저는 출장을 떠났지요.

사실 절망적인 미래를 앞두고 출장을 간다는 것 자체가 믿음의 행동이었어요. 저는 최선을 다해 좋은 가죽을 찾아 돌아다녔어요. 그리고 거의 탈진한 상태로 돌아오는 비행기를 탔지요. 문득 창밖을 보는데 바로 아래에 깎아지른 듯 험준한 알프스산맥이 보였어요. 그때 주님이 이런 마음을 주셨어요.

'지남아, 저 험난한 산을 네 두 발로 넘어서 집에 갈 수 있니? 네가 집이라는 방향과 목적지를 정하고 티켓을 끊었더니 이 비행기가 험한 산맥과 바다를 건너 너를 집에 안전히 데려다주지 않니. 네가 사명을 향한 올바른 방향과 목적지를 정한 이상 내가 너를 품에 안아서 반드시 데려다줄 거란다.'

저는 그 순간을 절대 잊지 못해요. 가슴 벅찬 감동이었지요. 주님의 약속대로 오늘도 저는 내 힘으로 건널 수 없는 험한 산맥과 바다를 건너 목적지로 향하고 있어요. 주님 품 안에서 평안을 누리면서요.

예수님은 반복해서 주의 자녀들의 삶이 평탄하지 않을 거라고 말씀하세요. 고난은 평생 친구처럼 함께 다니며 우리를 성장하게 만들어요. 그 고난이 클수록 우리는 더 아름다운 형상으로 빚어지지요. 저도 그 시간을 통해 진리를 깨달았어요. 천국을 소유하며 이 땅에 연연하지 않는 사람이 되었고요.

주님 말씀대로 이 땅은 쉼터가 아닌 일터예요. 우리는 주의 일꾼답게 세상 끝날까지 한 영혼이라도 더 구하며 살아야 하지요. 지금 세상은 대놓고 적그리스도를 표명하는 사람 외에도 하나님을 반대하는 사상과 죽음의 문화가 가득해요. 이 모든 것이 한편이 되어 죽음을 향해 가고 있어요. 그 안에 빠져 허우적거리는 사람은 살아도 죽은 인생이지요.

우리는 그들에게 바른길과 생명을 보여줘야 해요. 적그리스도의 늪에서 죽어가는 영혼들, 좀비같이 죽음으로 끌려가는 그들을 살리는 게 우리가 이 땅에서 해야 할 일이에요. 또 그 늪을 건강한 땅으로 개간해야 하지요. 만만치 않은 현실이지만 예수님이 피할 길을 주실 것을 믿으며 끝까지 인내하기로 해요.

47 생애 마지막 날처럼 24:29-51

44 이러므로 너희도 준비하고 있으라 생각하지 않은 때에 인자가 오리라

심판 날의 때와 그 징조에 대한 답변이 이어져요. 24장 앞부분이 예루살렘의 멸망을 다루었다면 뒷부분은 세상의 종말(29-35절)과 그 종말을 깨어 준비하라(36-51절)는 교훈으로 마무리되지요.

29 그날 환난 후에 즉시 해가 어두워지며 달이 빛을 내지 아니하며 별들이 하늘에서 떨어지며 하늘의 권능들이 흔들리리라

29절은 이사야서 13장 10절의 환난의 날 묘사와 동일합니다. 이는 예루살렘 멸망 직후의 일이 아니에요. 병행 본문인 누가복음 21장 24절에

"그들이 칼날에 죽임을 당하며 모든 이방에 사로잡혀 가겠고 예루살렘은 이방인의 때가 차기까지 이방인들에게 밟히리라"라고 기록된 걸 보면 "이방인의 때가 차기까지" 긴 시간이 필요함을 알 수 있지요.

30,31 그때에 인자의 징조가 하늘에서 보이겠고 그때에 땅의 모든 족속들이 통곡하며 그들이 인자가 구름을 타고 능력과 큰 영광으로 오는 것을 보리라 그가 큰 나팔 소리와 함께 천사들을 보내리니 그들이 그의 택하신 자들을 하늘 이 끝에서 저 끝까지 사방에서 모으리라

이 장면은 다니엘서 7장 13,14절에도 동일하게 묘사되어 있어요. 주님의 임재로 인해 천체의 변화가 있을 거라는 표현이지요. 가까운 미래와 종말을 겹쳐서 말하는 묵시문학의 특징이에요. 땅의 모든 족속이 심판이 임하면 후회하며 통곡할 것입니다. 예수님은 그때의 징조(사인)와 나팔 소리로 그의 택하신 자들을 모으셔서 하나님나라를 완성하실 거예요.

32,33 무화과나무의 비유를 배우라 그 가지가 연하여지고 잎사귀를 내면 여름이 가까운 줄을 아나니 이와 같이 너희도 이 모든 일을 보거든 인자가 가까이 곧 문 앞에 이른 줄 알라

예수님은 무화과나무 비유를 드세요. 무화과나무는 계절의 변화를 잘 보여주는 식물 중 하나예요. 저도 집에서 무화과나무를 키우는데 봄이 되면 가지가 연해지고 잎사귀가 무성해져요. 열매 맺을 여름이 가깝다는 증거이지요. 예수님은 이처럼 성전 파괴가 이루어지는 걸 통해 세상의 종말도 반드시 온다는 교훈을 얻으라고 경고하세요.

34 내가 진실로 너희에게 말하노니 이 세대가 지나가기 전에 이 일이 다 일어나리라

예수님은 이 세대가 끝나기 전에 이 일이 다 일어날 거라고 말씀하세요. 이건 이중적 의미예요. "이 세대", 곧 1세기를 살아간 예수님 당시 사람들이 "이 일", 곧 예루살렘 멸망을 겪게 될 것이고, 이처럼 세상 종말도 반드시 올 거라는 말씀이지요.

35 천지는 없어질지언정 내 말은 없어지지 아니하리라

예수님의 말씀은 없어지지 않고 영원할 거라고 하세요. 그분은 말씀이 육신이 되어 이 땅에 오신, 영원에서 영원을 사시는 하나님이시니까요. 예수님은 예루살렘 멸망처럼 세상 종말도 분명히 온다고 재차 강조하십니다. 그러면 이 종말을 어떻게 준비해야 할까요?

36 그러나 그날과 그때는 아무도 모르나니 하늘의 천사들도, 아들도 모르고 오직 아버지만 아시느니라

종말의 날은 아무도 몰라요. 오직 아버지만 아시지요. 성경은 여러 차례 종말의 때는 아버지만 아신다고 강조해요. '아버지만 아신다'라는 개념은 유대의 결혼식 문화에서 나온 거예요. 앞서 설명했듯이 유대의 두 번 결혼하는 문화에서 신랑이 신부를 언제 데려올지는 철저히 신랑 아버지의 소관이었어요. 이러한 결혼 문화의 배경에서 '그날과 그때는 오직 아버지만 아신다'라고 하신 거예요.

37-44 노아의 때와 같이 인자의 임함도 그러하리라 홍수 전에 노아가 방주에
들어가던 날까지 사람들이 먹고 마시고 장가들고 시집가고 있으면서 홍수가
나서 그들을 다 멸하기까지 깨닫지 못하였으니 인자의 임함도 이와 같으리라
그때에 두 사람이 밭에 있으매 한 사람은 데려가고 한 사람은 버려둠을 당할
것이요 두 여자가 맷돌질을 하고 있으매 한 사람은 데려가고 한 사람은 버려
둠을 당할 것이니라 그러므로 깨어있으라 어느 날에 너희 주가 임할는지 너희
가 알지 못함이니라 너희도 아는 바니 만일 집주인이 도둑이 어느 시각에 올
줄을 알았더라면 깨어있어 그 집을 뚫지 못하게 하였으리라 이러므로 너희도
준비하고 있으라 생각하지 않은 때에 인자가 오리라

우리는 종말의 때는 모르지만 깨어 준비해야 합니다. 예수님이 몇 가지 예를 들어주세요. 우선 재림은 노아의 때와 같을 거라고 하세요. 홍수 심판이 이르기 전에 노아가 방주를 짓는 동안 사람들은 그를 비웃었어요. 노아가 아무리 권유해도 방주에 타지 않았지요. 사람들은 심판을 꿈에도 생각하지 못하고 먹고 마시고 시집, 장가가며 평범한 일상을 살았어요.

물론 일상을 사는 건 잘못이 아니에요. 그러나 그것만 하는 건 잘못이지요. 우리는 먹고 마시기 위해 지어진 존재가 아니니까요. 결국 천국 시민의 정체성과 사명을 감당하지 않을 때 심판이 임한다는 거예요. 예수님은 노아의 때와 같이 재림의 때도 우리가 깨닫지 못하는 사이에 임한다고 말씀하세요.

또 인자가 오실 때 어떤 사람은 구원을 받고, 어떤 사람은 심판을 받을 거라고 하세요. 두 사람이 밭에 있다가도, 함께 맷돌을 갈다가도 심

판과 구원이 각각 임한다는 거지요. 도둑이 예고 없이 오듯이 인자도 불시에 오신다고 하세요. 도둑이 올 줄 알면서도 무방비 상태로 있을 사람은 없을 거예요. 당연히 깨어 준비하겠지요. 이렇듯 우리도 부지중에 임할 재림의 날을 깨어 준비해야 해요.

> 45-51 충성되고 지혜 있는 종이 되어 주인에게 그 집 사람들을 맡아 때를 따라 양식을 나눠줄 자가 누구냐 주인이 올 때에 그 종이 이렇게 하는 것을 보면 그 종이 복이 있으리로다 내가 진실로 너희에게 이르노니 주인이 그의 모든 소유를 그에게 맡기리라 만일 그 악한 종이 마음에 생각하기를 주인이 더디 오리라 하여 동료들을 때리며 술친구들과 더불어 먹고 마시게 되면 생각하지 않은 날 알지 못하는 시각에 그 종의 주인이 이르러 엄히 때리고 외식하는 자가 받는 벌에 처하리니 거기서 슬피 울며 이를 갈리라

이어서 말세를 사는 우리의 삶의 자세를 비유로 말씀해주세요. 한 주인이 종들에게 일을 맡기고 떠났는데 그들의 태도가 두 부류로 나뉘어요. 한 부류는 충성되고 지혜로우며, 다른 부류는 악하지요.

충성되고 지혜로운 종은 비록 주인이 떠나있어도 맡은 일을 한결같이 신실하게 감당해요. 반면 악한 종은 '주인이 늦게 오시는구나'라고 생각하여 동료를 때리고 술친구들과 먹고 마시지요. 주인은 불시에 돌아와서 그 악한 종을 엄히 벌하고, 충성되고 지혜로운 종에게는 모든 재산을 맡깁니다.

여기서 주인은 예수님이고 종은 제자들을 가리켜요. 그분이 떠나실 때 제자들에게 청지기의 사명을 주셨어요. 특히 주인의 하인들을 통솔하

고 제때 양식을 내주라고 맡기셨지요. 이게 정말 의미심장해요.

예수님은 약속대로 언젠가 반드시 오세요. 그때 충성스럽게 청지기 사명을 다한 제자들은 복이 있을 것이고, 세월을 아끼지 않고 방탕했던 종은 그 행위대로 벌을 받을 거예요. 본문에서는 이들의 죄목을 "외식하는 자가 받는 벌"이라고 말하고 있어요.

이는 앞서 살펴본 '포도원 농부의 비유'에서 기회가 주어져도 열매 맺지 못하고 급기야 포도원 주인의 아들까지 죽인 악한 종들의 행동과 일맥상통하지요. 이처럼 하나님 앞에서 살지 않는 사람은 세월을 아끼지 않고 방탕하며 외식하는 삶을 살게 돼요.

말세를 살아가는 우리는 언제 임할지 모르는 주님의 재림에 시선을 고정하고 살아야 해요. 제가 한국에 와서 파란만장한 삶을 살다 보니 13년 동안 여섯 번이나 이사를 했어요. 이사 날짜가 정해지면 생활도 '이사 모드'로 바뀌어요. 그 날짜에 맞춰 물건을 버리고 정리하는 게 관건이죠.

이사만 해도 이런데 재림에 초점을 맞추면 우리 삶의 모습은 세상과 달라질 수밖에 없어요. 더욱이 우리는 청지기라는 직분으로 이 땅에서 살아요. 그러니 주인이 맡기신 모든 재산과 재능, 환경을 주인이 기뻐하시는 대로 사용하고 관리해야 하지요.

48 찌질에서 벗어나는 법 25:1-30

23 그 주인이 이르되 잘하였도다 착하고 충성된 종아 네가 적은 일에 충
성하였으매 내가 많은 것을 네게 맡기리니 네 주인의 즐거움에 참여할지
어다 하고

이 본문에서도 재림을 기다리는 천국 시민의 자세와 삶의 태도가 연이어 등장해요. 그 첫 번째가 '열 처녀 비유'예요.

1 그때에 천국은 마치 등을 들고 신랑을 맞으러 나간 열 처녀와 같다 하리니

예수님은 여기서도 신랑이신 예수님과 신부인 교회의 관계를 통해 두 번째 혼인예식, 즉 천국이 완성되는 재림의 때를 설명해주세요.

유대의 혼인 잔치에는 신부 들러리가 많았어요. 본문에 등장하는 "열 처녀"가 바로 이들이지요. 신랑은 아버지의 허락을 받고 신부의 집으로 가서 혼인 잔치를 하고, 신랑의 집에서 한 번 더 예식을 치렀어요. 이 장면은 신부 집에서의 혼인 잔치 장면이에요.

2-4 그중의 다섯은 미련하고 다섯은 슬기 있는 자라 미련한 자들은 등을 가지
되 기름을 가지지 아니하고 슬기 있는 자들은 그릇에 기름을 담아 등과 함께
가져갔더니

다섯은 어리석고, 다섯은 슬기로웠어요. 어리석은 처녀들은 등이 있지만 기름이 없었고, 슬기로운 처녀들은 등불과 기름을 함께 준비했지요.

5 신랑이 더디 오므로 다 졸며 잘새

그런데 신랑이 늦어지자 다들 졸았어요. 당시 신랑이 밤늦게 도착하는 경우가 많았다고 해요. 여기서 눈여겨볼 점은 슬기로운 처녀들도 다 자고 있었다는 거예요. 잠드는 것 자체가 문제가 아니라 준비된 상태로 일상을 사느냐가 관건임을 알 수 있어요.

6-10 밤중에 소리가 나되 보라 신랑이로다 맞으러 나오라 하매 이에 그 처녀들이 다 일어나 등을 준비할새 미련한 자들이 슬기 있는 자들에게 이르되 우리 등불이 꺼져가니 너희 기름을 좀 나눠달라 하거늘 슬기 있는 자들이 대답하여 이르되 우리와 너희가 쓰기에 다 부족할까 하노니 차라리 파는 자들에게 가서 너희 쓸 것을 사라 하니 그들이 사러 간 사이에 신랑이 오므로 준비하였던 자들은 함께 혼인 잔치에 들어가고 문은 닫힌지라

밤중에 드디어 신랑이 도착했어요. 처녀들이 다 일어나 신랑을 맞기 위해 등을 준비했지요. 이 등불은 신부의 집으로 들어가는 길목을 비추는 역할을 했어요. 당시 등불은 약 15분에 한 번씩 기름을 보충해야 하는 횃불과 같은 형태로, 오래가지 않았지요.

기름을 준비하지 않은 어리석은 처녀들은 난감했어요. 신랑이 도착했는데 불이 꺼져가니까요. 그들은 슬기로운 처녀들에게 기름을 나눠달라고 했어요. 그러나 슬기로운 처녀들은 그들과 나누기엔 기름이 부족하다며 차라리 가서 사 오라고 해요.

그제야 어리석은 처녀들은 부랴부랴 기름을 사러 가지요. 그 사이 신랑이 와서 준비된 처녀들과 함께 혼인 잔치에 들어가고 문이 닫혀버려

요. 이제 잔치에 들어갈 '기회'는 영영 사라졌지요. 예수님은 이 비유를 통해 재림 후에는 구원의 기회가 없으므로 미리 준비해야 한다고 말씀하신 거예요.

11,12 그 후에 남은 처녀들이 와서 이르되 주여 주여 우리에게 열어주소서 대답하여 이르되 진실로 너희에게 이르노니 내가 너희를 알지 못하노라 하였느니라

뒤늦게 기름을 사 온 처녀들이 문을 열어달라고 애원하지만 "내가 너희를 알지 못하노라"라는 대답만 돌아와요. "알지 못한다"라는 말은 택함을 받은 자들이 아니라는 뜻이에요.

13 그런즉 깨어있으라 너희는 그날과 그때를 알지 못하느니라

우리는 영적으로 깨어있어야 해요. 잠을 자지 말라는 게 아니라 천국 시민으로서 "그날"을 믿음으로 준비하며 사명을 감당해야 한다는 말이지요.

하나님은 우리를 당신의 형상대로 지으셨어요. 그래서 우리는 하나님의 'being'(정체성)과 'doing'(사명)을 닮아야 해요. 그중에서도 'doing'은 곧잘 깨닫고 열심을 내는데 'being'은 크게 신경 쓰지 않을 때가 많아요. 성도로서 뭔가를 하는 것보다 중요한 건 천국 시민의 정체성으로 그리스도의 장성한 분량까지 성숙해지려고 노력하는 거예요.

다음은 '달란트 비유'예요. 여기서도 예수님은 깨어있는 삶의 태도를 거듭 강조하세요.

14-18 또 어떤 사람이 타국에 갈 때 그 종들을 불러 자기 소유를 맡김과 같으니 각각 그 재능대로 한 사람에게는 금 다섯 달란트를, 한 사람에게는 두 달란트를, 한 사람에게는 한 달란트를 주고 떠났더니 다섯 달란트 받은 자는 바로 가서 그것으로 장사하여 또 다섯 달란트를 남기고 두 달란트 받은 자도 그같이 하여 또 두 달란트를 남겼으되 한 달란트 받은 자는 가서 땅을 파고 그 주인의 돈을 감추어두었더니

어떤 사람이 타국으로 가면서 종들을 불러 자기의 재산을 맡겼어요. 종들의 능력에 따라 각각 다섯 달란트, 두 달란트, 한 달란트를 주고 떠났지요. 그러자 다섯 달란트 받은 사람은 "바로 가서" 장사하여 다섯 달란트를 남겼어요. 두 달란트 받은 사람도 동일하게 행하여 두 달란트를 남겼지요. 그러나 한 달란트 받은 사람은 땅을 파고 돈을 감추어두었어요. 당시에는 지금처럼 은행이 없었기에 땅속에 재물을 많이 감추었다고 해요.

여기까지 보면 별로 감흥이 없어요. 왜냐면 '달란트'라는 화폐의 단위가 얼마나 큰지 와닿지 않기 때문이에요. 달란트는 유대의 가장 큰 화폐 단위로 1달란트는 현재 가치로 10억 정도예요. 이런 엄청난 액수를 맡겼다는 건 주인이 종을 매우 신뢰한다는 뜻이지요. 또한 이는 갚을 수 없는 구원의 은혜를 의미해요.

19 오랜 후에 그 종들의 주인이 돌아와 그들과 결산할새

"오랜 후"에 주인이 돌아와서 종들과 결산을 해요. 이 결산의 때는 재림의 날을 말해요. 시간이 오래 지난 만큼 종들에게는 충분히 기회가 주

어졌던 거지요.

20-23 다섯 달란트 받았던 자는 다섯 달란트를 더 가지고 와서 이르되 주인이
여 내게 다섯 달란트를 주셨는데 보소서 내가 또 다섯 달란트를 남겼나이다
그 주인이 이르되 잘하였도다 착하고 충성된 종아 네가 적은 일에 충성하였
으매 내가 많은 것을 네게 맡기리니 네 주인의 즐거움에 참여할지어다 하고 두
달란트 받았던 자도 와서 이르되 주인이여 내게 두 달란트를 주셨는데 보소서
내가 또 두 달란트를 남겼나이다 그 주인이 이르되 잘하였도다 착하고 충성
된 종아 네가 적은 일에 충성하였으매 내가 많은 것을 네게 맡기리니 네 주인
의 즐거움에 참여할지어다 하고

다섯 달란트와 두 달란트 받은 종은 각각 맡은 재산의 두 배의 결실을 보고했어요. 주인은 그 둘을 똑같이 칭찬했지요. 여기서 주인이 '얼마나 많이 남겼느냐'가 아닌 '얼마나 충성되게 일했느냐'에 초점을 두었다는 게 중요해요. 주님은 성과가 아닌 우리의 노력과 충성됨을 보신다는 걸 알 수 있지요.

24,25 한 달란트 받았던 자는 와서 이르되 주인이여 당신은 굳은 사람이라 심
지 않은 데서 거두고 헤치지 않은 데서 모으는 줄을 내가 알았으므로 두려워
하여 나가서 당신의 달란트를 땅에 감추어두었었나이다 보소서 당신의 것을
가지셨나이다

그러나 한 달란트 받은 종은 달랐어요. 그는 주인이 마음이 굳은 사람이라 일하지 않고 이익을 얻으려 한다고 생각했기에 두려워서 한 달란

트를 땅에 묻었다고 말하지요. 이 종은 주인을 오해하고 있었어요. 주인이 10억을 맡긴 건 그를 믿고 사랑해서인데, 그는 그 기대를 저버리고 책임을 다하지 않은 거예요.

26,27 그 주인이 대답하여 이르되 악하고 게으른 종아 나는 심지 않은 데서 거두고 헤치지 않은 데서 모으는 줄로 네가 알았느냐 그러면 네가 마땅히 내 돈을 취리하는 자들에게나 맡겼다가 내가 돌아와서 내 원금과 이자를 받게 하였을 것이니라 하고

주인은 종에게 악하고 게으르다고 하세요. 만일 자신이 종이 생각하는 그런 사람이라면 그 한 달란트를 취리(取利, 돈이나 곡식을 빌려주고 이자를 받음)하는 자에게 맡겨서 이자를 받게 했어야 하지 않겠냐고 말해요.

28-30 그에게서 그 한 달란트를 빼앗아 열 달란트 가진 자에게 주라 무릇 있는 자는 받아 풍족하게 되고 없는 자는 그 있는 것까지 빼앗기리라 이 무익한 종을 바깥 어두운 데로 내쫓으라 거기서 슬피 울며 이를 갈리라 하니라

주인은 악하고 게으른 종에게 주었던 돈을 빼앗아 열 달란트 가진 사람에게 주라고 해요. 그리고 쓸모없는 종을 바깥 어두운 데로 내쫓으라고 명령하며 그가 거기서 슬피 울며 이를 갈게 될 거라고 해요. 이 표현은 마태복음에 여섯 번이나 반복되는 종말론적 심판을 뜻해요.

여기서 달란트는 물질을 상징하는 게 아니에요. 갚을 수 없는 은혜를 말하지요. 그 무한한 은혜를 주신 분께 감사하는 사람은 착하고 충성되게 살아갈 수밖에 없어요. 그럴수록 그에게는 은혜가 더욱 넘치지요.

그러나 반대의 경우에는 있는 것마저 빼앗기게 된다는 거예요.

제가 이 책을 쓰면서 받은 은혜가 이와 같았어요. 제게 맡기신 달란트에 매 순간 감격해서 그것을 땅에 묻어둘 수가 없었지요. 그래서 영상을 찍고 책까지 쓰게 되었어요. 놀라운 건 이 과정을 통해 제가 영적으로 부쩍 성장했다는 거예요. 감당할 수 없는 일정 가운데 책을 쓰느라 몇 번이나 앓아누웠어요. 그럴수록 사명이란 육체적으로 견디기만 하면 되는 일이 아니라 주님이 은혜를 주셔야 감당할 수 있음을 깨달았지요.

제가 컬쳐 크리에이터로, 또 말씀을 전하는 사람으로 살아가면서 늘 떠올리는 말씀이 있어요. 출애굽기 31장에서 성막을 짓기 위해 브살렐과 오홀리압을 부르시는 장면이에요.

여호와께서 모세에게 말씀하여 이르시되 내가 유다 지파 훌의 손자요 우리의 아들인 브살렐을 지명하여 부르고 하나님의 영을 그에게 충만하게 하여 지혜와 총명과 지식과 여러 가지 재주로 정교한 일을 연구하여 금과 은과 놋으로 만들게 하며 보석을 깎아 물리며 여러 가지 기술로 나무를 새겨 만들게 하리라 내가 또 단 지파 아히사막의 아들 오홀리압을 세워 그와 함께하게 하며 지혜로운 마음이 있는 모든 자에게 내가 지혜를 주어 그들이 내가 네게 명령한 것을 다 만들게 할지니 출 31:1-6

하나님은 브살렐을 지명하여 부르신 다음 성막을 알아서 만들라고 하지 않으세요. 하나님의 영을 그에게 충만히 부어주시지요. 지혜와 총명과 지식과 여러 가지 재주로 성막 기구를 만들게 하세요. 또 오홀리압을 동역자로 세워주시고 지혜로운 마음이 있는 모든 자에게 지혜를 주셔서 명령하신 걸 다 만들도록 도우세요. 출애굽기 40장에 드디어 성막을 봉헌하는데 "여호와께서 모세에게 명령하신 대로 되니라"라는 말이 반복해서 나와요. 말씀이 성취됨을 의미하지요.

우리 삶도 마찬가지예요. 나 같은 찌질이를 부르신 분이 바로 주님이심을 기억해야 해요. 주님이 우리를 지으셨기에 누구보다 우리를 잘 알고 계세요. 그런 분이 우리에게 사명을 주시고 끊임없이 "너는 내 판박이야"라고 말씀하시며 성숙을 사모하게 만드시는 거예요.

49 스리쿠션의 기적 25:31-46

45 이에 임금이 대답하여 이르시되 내가 진실로 너희에게 이르노니 이 지극히 작은 자 하나에게 하지 아니한 것이 곧 내게 하지 아니한 것이니라 하시리니

31-33 인자가 자기 영광으로 모든 천사와 함께 올 때에 자기 영광의 보좌에 앉으리니 모든 민족을 그 앞에 모으고 각각 구분하기를 목자가 양과 염소를 구분하는 것같이 하여 양은 그 오른편에 염소는 왼편에 두리라

이 본문은 재림 때 예수님이 심판주로서 영광의 보좌에서 최후 심판하

시는 장면이에요. 예수님은 보좌 앞에 모든 민족을 불러 모으고는 목자가 양과 염소를 구분하듯 양은 그 오른편에 염소는 왼편에 세우신다고 하세요. 일반적으로 성경에서 양은 하나님의 백성을 상징하고, 염소는 거의 등장하지 않지만 여기서는 심판받을 악인으로 볼 수 있어요.

34 그때에 임금이 그 오른편에 있는 자들에게 이르시되 내 아버지께 복 받을
자들이여 나아와 창세로부터 너희를 위하여 예비된 나라를 상속받으라

심판주이신 예수님이 최종 판결을 내리세요. 오른편에 있는 주의 백성들에게 하나님나라의 상속자가 되었음을 선포하시지요.

35,36 내가 주릴 때에 너희가 먹을 것을 주었고 목마를 때에 마시게 하였고 나
그네 되었을 때에 영접하였고 헐벗었을 때에 옷을 입혔고 병들었을 때에 돌보
았고 옥에 갇혔을 때에 와서 보았느니라

그들이 상속자가 된 이유는 주님이 주리고, 목마르고, 나그네 되고, 헐벗고, 병들고, 옥에 갇히는 어려움 속에 계실 때 돌보아 드렸기 때문이라고 하세요.

37-39 이에 의인들이 대답하여 이르되 주여 우리가 어느 때에 주께서 주리신 것
을 보고 음식을 대접하였으며 목마르신 것을 보고 마시게 하였나이까 어느 때
에 나그네 되신 것을 보고 영접하였으며 헐벗으신 것을 보고 옷 입혔나이까 어
느 때에 병드신 것이나 옥에 갇히신 것을 보고 가서 뵈었나이까 하리니

상속자가 된 의인들은 그런 적이 없다며 의아해해요. 그들은 주님의

말씀대로 이웃 사랑을 실천했지만, 그것이 주님께 한 거라고는 생각하지 않았어요. 천국 시민으로서 당연한 일을 했을 뿐 하나님나라의 상속자가 될 만한 근거라고 여기지 않았지요.

40 임금이 대답하여 이르시되 내가 진실로 너희에게 이르노니 너희가 여기 내 형제 중에 지극히 작은 자 하나에게 한 것이 곧 내게 한 것이니라 하시고

그런데 주님이 참 놀라운 말씀을 하세요. "내 형제 중에 지극히 작은 자 하나에게 한 것이 곧 내게 한 것이니라." 예수님은 우리를 "형제"라고 부르시며 지극히 작은 지체와 당신을 동일시하세요. 이 개념을 잘 설명해주는 본문이 바로 에베소서 4장 15,16절이에요.

오직 사랑 안에서 참된 것을 하여 범사에 그에게까지 자랄지라 그는 머리니 곧 그리스도라 그에게서 온몸이 각 마디를 통하여 도움을 받음으로 연결되고 결합되어 각 지체의 분량대로 역사하여 그 몸을 자라게 하며 사랑 안에서 스스로 세우느니라 **엡 4:15,16**

예수님은 머리이시고 우리(교회)는 몸으로 서로 연결되어 있어요. 우리가 손끝만 살짝 다쳐도 일상이 고통스럽듯 머리 되신 주님께 작은 지체의 아픔은 곧 그분의 아픔이에요. 또 작은 지체의 기쁨이 곧 주님의 기쁨이지요. 작은 자에게 행하는 이웃 사랑은 우리가 한몸이라는 생각이 없으면 할 수 없어요. 사람은 근본이 죄인이기에 '내 정신'으로 살면 모든 게 '나'에게 초점이 맞춰져요. 그러나 '성령'으로 살면 진정한 이웃 사랑

을 실천할 수 있지요.

하나님은 사람을 '그분'의 모양대로 지으셨어요. 그래서 성부, 성자, 성령 하나님의 코이노니아, 그 사랑의 관계가 사람의 DNA 속에 있지요. 즉 우리는 '나'에게만 집중하면 행복할 수 없는 존재로 지어졌어요.

우리가 가장 작은 자를 내 몸과 같이 사랑하는 이웃 사랑을 실천할 때 비로소 천국 상속자의 장성한 분량에 이르는 거예요. 그래서 하나님은 우리에게 계속해서 "Be imitators of God!"(하나님을 본받는 자가 되라, 엡 5:1)라고 말씀하세요.

41-44 또 왼편에 있는 자들에게 이르시되 저주를 받은 자들아 나를 떠나 마귀와 그 사자들을 위하여 예비된 영원한 불에 들어가라 내가 주릴 때에 너희가 먹을 것을 주지 아니하였고 목마를 때에 마시게 하지 아니하였고 나그네 되었을 때에 영접하지 아니하였고 헐벗었을 때에 옷 입히지 아니하였고 병들었을 때와 옥에 갇혔을 때에 돌보지 아니하였느니라 하시니 그들도 대답하여 이르되 주여 우리가 어느 때에 주께서 주리신 것이나 목마르신 것이나 나그네 되신 것이나 헐벗으신 것이나 병드신 것이나 옥에 갇히신 것을 보고 공양하지 아니하더이까

이어서 왼편에 있는 악인들에게 선고가 내려져요. 예수님은 그들에게 저주받은 자로서 영원한 불 속으로 들어가라고 명하세요.

그들은 의인과 반대로 살았어요. 주리고, 목마르고, 나그네 되고, 헐벗고, 병들고, 옥에 갇힌 주님과 같은 작은 자들을 돌보지 않았지요. 그런데 의인들이 자신의 선한 행위를 기억하지 못하듯이 악인들도 자기 잘

못과 악행을 깨닫지 못해요. 그 자체로 스스로 죄인임을 증명한 거지요.

45,46 이에 임금이 대답하여 이르시되 내가 진실로 너희에게 이르노니 이 지극히 작은 자 하나에게 하지 아니한 것이 곧 내게 하지 아니한 것이니라 하시리니 그들은 영벌에, 의인들은 영생에 들어가리라 하시니라

그들은 지극히 작은 자를 돌보지 않음으로 주님을 외면했어요. 말씀대로 살지 않은 건 말씀을 깨닫지 못했기 때문이고, 말씀을 깨닫지 못한 건 주님을 알지 못했기 때문이에요. 그런 사람은 영원한 형벌을 받게 되지요. 마침내 최종 판결이 내려져요.

"의인은 영원한 생명으로, 악인은 영원한 형벌로 들어가리라!"

이 최후 심판이 우리에게 현실로 다가올수록 삶이 바뀌어요. 물론 하루아침에 급변하지 않아도 올바른 방향과 목적지를 정하면 주님이 반드시 우리를 안아서 데려가세요.

하나님을 정말 사랑하면 자연히 이웃을 사랑하게 돼요. 이웃 사랑을 실천하는 사람은 그 자체로 하나님을 사랑하는 것이니 두 가지를 다 이룬 것이죠. 당구 용어로 '스리쿠션'(당구에서 제 공을 쳐서 처음 공을 치고 3회 이상 쿠션에 닿고 다음 공에 맞히는 방식)의 기적이 우리 삶에 일어난답니다.

이 땅에서 예수님의 일생은 말씀 그 자체였어요.

말씀이 육신이 되어 오셨고
마지막 호흡마저도 하나님의 말씀을
일점일획까지 성취하신 여정이었지요.

사람들이 때로는 하나님 편에서,
때로는 그 반대편에서 각자 인생을 살았을 뿐인데
모든 것이 합력하여 선을 이루는 걸 보면
삶의 순간순간이 더 소중하게 느껴집니다.

우리는 의인 혹은 악인의 편에 서서
하나님의 뜻을 이루어가요.
의인은 구원을 받고 악인은 심판을 받지요.

당신은 향유 옥합을 깨뜨린 마리아의 자리에 있나요?
아니면 가룟 유다의 자리에 있나요?

PART 7

예수님과 함께 죽고 살아요

26-28장

50 냄새(?)나는 현장 26:1-30

13 내가 진실로 너희에게 이르노니 온 천하에 어디서든지 이 복음이 전파되는 곳에서는 이 여자가 행한 일도 말하여 그를 기억하리라 하시니라

26-28장에는 예수님의 죽음과 부활, 그리고 제자들에게 주시는 사명이 기록되어 있습니다. 복음의 하이라이트지요. 마태는 이 장엄한 기록의 중간에 제자들의 배신과 아름다운 신앙고백을 배치함으로 십자가를 통과한 제자들의 이전과 이후(before and after)를 대비하며 그들의 앞날을 기대하게 만들어요.

십자가에는 죽음의 슬픔과 감격, 또 부활하심의 기쁨과 소망이 함께 있답니다.

1 예수께서 이 말씀을 다 마치시고 제자들에게 이르시되

여기서 "다 마치시고"는 감람산 강론을 마치셨다는 의미예요. 공식적인 예수님의 가르침이 모두 마무리되었다는 거지요.

2 너희가 아는 바와 같이 이틀이 지나면 유월절이라 인자가 십자가에 못 박히기 위하여 팔리리라 하시더라

예수님은 "이틀이 지나면 유월절"이라고 말씀하세요. 유월절은 출애굽 때 열 가지 재앙 중 마지막인 장자의 죽음을 통과하며 이스라엘 백성

이 구원받은 날을 기념하는 절기예요. 유월절이 가까웠다는 건 예수님의 죽음이 유월절과 관련이 있음을 말해줘요.

출애굽 때 어린 양의 피를 문설주에 바른 이스라엘 백성은 살아남았어요. 양이 죽임을 당함으로 백성들이 살 수 있었지요. 이처럼 이번에는 예수님이 스스로 제물이 되셔서 그들을 구원하실 걸 상징하는 거예요.

3,4 그때에 대제사장들과 백성의 장로들이 가야바라 하는 대제사장의 관정에 모여 예수를 흉계로 잡아 죽이려고 의논하되

백성들이 예수님을 왕으로 모시려 하자 종교지도자들은 예수님과 논쟁하며 함정에 빠뜨리려고 부단히 노력했어요. 하지만 매번 참패를 당하자 그들은 급기야 "예수를 흉계로 잡아 죽이려고" 단합했지요.

5 말하기를 민란이 날까 하노니 명절에는 하지 말자 하더라

하지만 유월절은 전 세계 유대인이 예루살렘으로 모이는 최대 절기여서 민란이 일어날 수 있으니 명절은 피하자고 해요. 구약의 예언대로라면 예수님은 유월절에 돌아가셔야 하는데 종교지도자들은 그 이후로 미루자고 한 거예요. 과연 어떻게 진행이 되었을까요?

1-5절에는 종교지도자들의 음모가, 14-16절에는 유다의 음모가 기록되어 있어요. 이 두 가지 음모가 유월절을 앞두고 한꺼번에 진행됩니다. 한 치의 오차도 없는 예언의 성취였지요.

이 두 음모 사이에 아름다운 신앙고백, 마리아의 향유 사건이 일어납

니다. 이 일은 모든 복음서에 기록될 정도로 중요한 사건이에요.

6 예수께서 베다니 나병환자 시몬의 집에 계실 때에

장소는 베다니의 나병환자 시몬의 집이에요. 그는 이전에 예수님에게 나병을 고침 받았지요.

7 한 여자가 매우 귀한 향유 한 옥합을 가지고 나아와서 식사하시는 예수의 머리에 부으니

예수님이 식사하실 때 한 여인이 귀한 향유 한 옥합을 가지고 와서 예수님의 머리에 부어요. 요한복음에 의하면 이 여인은 나사로의 누이이며 마르다의 자매인 마리아예요(요 12:1-3). 이 향유 옥합은 300데나리온(1데나리온=1일 노동자 품삯, 300데나리온은 보통 노동자의 연봉에 해당함) 정도예요.

8,9 제자들이 보고 분개하여 이르되 무슨 의도로 이것을 허비하느냐 이것을 비싼 값에 팔아 가난한 자들에게 줄 수 있었겠도다 하거늘

이 장면을 본 제자들이 분개하며 그 돈으로 가난한 사람을 구제했어야 한다고 말해요. 이는 율법에 근거한 말이었어요. 유월절에는 어려운 이웃을 돕도록 율법으로 규정되어 있었거든요.

10-12 예수께서 아시고 그들에게 이르시되 너희가 어찌하여 이 여자를 괴롭게 하느냐 그가 내게 좋은 일을 하였느니라 가난한 자들은 항상 너희와 함께 있거니와 나는 항상 함께 있지 아니하리라 이 여자가 내 몸에 이 향유를 부은 것

은 내 장례를 위하여 함이니라

그러나 예수님의 의견은 달라요. 마리아가 "좋은 일"(아름다운 일, 새번역)을 했다고 하세요. 그 일은 예수님의 장례를 위한 것이었기 때문이지요. 당시 향유는 왕, 제사장, 선지자에게 기름을 부을 때나 귀한 손님이 올 때, 특히 여인들이 외모를 단장할 때 주로 사용했어요. 또 장례 때 사용되기도 했는데 예수님이 이 용도를 말씀하신 거예요.

13 내가 진실로 너희에게 이르노니 온 천하에 어디서든지 이 복음이 전파되는 곳에서는 이 여자가 행한 일도 말하여 그를 기억하리라 하시니라

예수님은 온 세상 어디서든지 복음이 전파되는 곳마다 이 여자가 행한 일도 말하여 그녀를 기억하리라고 말씀하셨어요. 그런데 실제로 복음이 전파되는 곳마다 마리아의 향유 옥합 얘기를 하진 않지요.

이 말의 뜻은 마리아의 행동에 복음의 핵심이 담겨있다는 거예요. 사실 이때 마리아는 예수님의 죽으심과 부활하심에 대해 정확히 깨닫지는 못했어요. 예수님이 돌아가신 후 그녀의 태도를 보면 알 수 있지요. 마리아는 매우 슬퍼하다가 부활하신 그분을 몰라보고 깜짝 놀라거든요.

그렇지만 마리아는 예수님을 향한 사랑이 극진했어요. 그 사랑의 표현으로 자신에게 가장 귀한, 어쩌면 혼수로 준비했을지도 모를 소중한 향유를 예수님 머리에 부어 신앙고백을 한 거예요. 의도치는 않았지만 이 일이 예수님의 장례 준비로 완벽하게 쓰였지요.

그녀의 행위에는 "당신의 십자가 죽으심으로 우리가 구원을 받습니

다"라는 고백이 담겨있었어요. 이런 이유로 복음이 전파될 때마다 이 고백이 기억된다고 하신 거예요. 이렇듯 우리가 의미를 다 깨닫지 못하고 한 신앙고백의 행동을 통해서도 하나님나라가 이어져요. 그래서 우리의 행동 하나하나가 너무나 소중하지요.

> 14-16 그때에 열둘 중의 하나인 가룟 유다라 하는 자가 대제사장들에게 가서 말하되 내가 예수를 너희에게 넘겨주리니 얼마나 주려느냐 하니 그들이 은 삼십을 달아주거늘 그가 그때부터 예수를 넘겨줄 기회를 찾더라

이어서 향유 사건과 완전히 대조되는 유다의 배신이 기록되어 있어요. 유월절이 지난 뒤에 기회를 노리던 종교지도자들의 음모에 유다가 결정적인 기회를 제공하지요. 그는 예수님을 넘겨주는 대가로 금전을 요구했고, 종교지도자들은 "은 삼십"을 제시해요. 출애굽기에 의하면 은 삼십은 노예 한 사람의 몸값이었어요(출 21:32). 종교지도자들은 그런 의미로 이 가격을 제시한 거예요.

그런데 이마저도 구약의 성취입니다. 악인도 하나님의 뜻을 이루는 데 쓰임 받음을 알 수 있어요. 그러나 절대 가면 안 되는 길이지요. 유다는 결국 자살로 생을 마감해요.

다음은 예수님이 잡히시기 전 목요일 밤에 제자들과 마지막 만찬을 드시는 장면이에요. 예수님은 다시 한번 십자가에 죽으심과 부활하심에 대해 말씀하세요.

17 무교절의 첫날에 제자들이 예수께 나아와서 이르되 유월절 음식 잡수실 것
을 우리가 어디서 준비하기를 원하시나이까

무교절은 유월절과 붙어있어요. 유월절 다음 날부터 7일 동안 무교병을 먹으며 지켰지요. 당시에는 유월절 전날도 무교절에 포함해 8일 동안 지키기도 했답니다. 본문의 "무교절의 첫날"은 유대력으로 니산월 14일 목요일이었어요. 유대인들은 보통 목요일 낮에 양을 잡고 저녁에 유월절 식사를 했어요.

제자들이 예수님에게 식사 장소를 어디로 하면 좋을지 여쭈어요. 예루살렘 성안에는 많은 순례객이 모여있었기에 예약하지 않으면 장소를 구하기가 어려웠어요. 그러니 더 정확하게는 식사할 장소 걱정을 한 거지요.

18,19 이르시되 성안 아무에게 가서 이르되 선생님 말씀이 내 때가 가까이 왔으
니 내 제자들과 함께 유월절을 네 집에서 지키겠다 하시더라 하라 하시니 제
자들이 예수께서 시키신 대로 하여 유월절을 준비하였더라

예수님은 예루살렘 입성 전에 건넛마을의 나귀를 데려오라고 하신 것처럼 이번에는 "성안 아무에게 가서" 유월절 식사 장소로 그의 집을 쓰겠다고 말하라고 하세요.

마가복음에는 성안에 들어가 물동이를 메고 오는 한 남자를 따라가면 그가 큰 다락방을 보여줄 거라고 기록되어 있어요(막 14:13-15). 그곳이 '마가의 다락방'이 되지요. 성경에는 우연이 없어요. 우연을 가장한 필연만 있을 뿐이지요.

20-25 저물 때에 예수께서 열두 제자와 함께 앉으셨더니 그들이 먹을 때에 이르시되 내가 진실로 너희에게 이르노니 너희 중의 한 사람이 나를 팔리라 하시니 그들이 몹시 근심하여 각각 여짜오되 주여 나는 아니지요 대답하여 이르시되 나와 함께 그릇에 손을 넣는 그가 나를 팔리라 인자는 자기에 대하여 기록된 대로 가거니와 인자를 파는 그 사람에게는 화가 있으리로다 그 사람은 차라리 태어나지 아니하였더라면 제게 좋을 뻔하였느니라 예수를 파는 유다가 대답하여 이르되 랍비여 나는 아니지요 대답하시되 네가 말하였도다 하시니라

저녁이 되어, 예수님은 말씀대로 마가의 다락방에서 열두 제자와 함께 유월절 식사를 하세요. 그 자리에서 예수님은 제자 중 한 사람이 당신을 팔 거라고 말씀하시지요. 불안한 제자들은 근심 어린 표정으로 "주님, 저는 아니지요?"라고 물어요.

그러나 예수님은 "나와 함께 이 대접에 손을 담근 사람이, 나를 넘겨줄 것이다"라고 말씀하세요. 당시 유월절 음식을 먹을 때 빵과 고기와 쓴 나물을 식초를 타서 희석한 소스에 찍어 먹었어요. 그 소스 대접에 함께 손을 담근 사람, 즉 예수님과 가까이 앉은 사람이란 뜻이지요.

예수님은 그 일도 구약의 성취이며 인자는 성경에 기록된 대로 떠나실 거지만, 예수님을 넘겨주는 그 사람에게는 화가 있을 거라고 말씀하세요. 이 말에 제 발 저린 유다가 "랍비여, 저는 아니지요?"라고 여쭈자 예수님은 "네가 말하였도다"라고 확증하십니다.

그 후 유다가 언제 예수님을 떠났는지 성경에 정확한 언급은 없어요. 하지만 많은 학자가 이 대답을 들은 후 곧장 예수님을 떠났을 거라고 추정하지요. 그가 잠시 후에 로마 군인들과 함께 등장하거든요. 상식적

으로도 그의 음모가 공개적으로 밝혀졌으니 계속 앉아있기 어려웠던 거지요.

26-28 그들이 먹을 때에 예수께서 떡을 가지사 축복하시고 떼어 제자들에게 주시며 이르시되 받아서 먹으라 이것은 내 몸이니라 하시고 또 잔을 가지사 감사기도 하시고 그들에게 주시며 이르시되 너희가 다 이것을 마시라 이것은 죄 사함을 얻게 하려고 많은 사람을 위하여 흘리는 바 나의 피 곧 언약의 피니라

예수님은 제자들과 유월절 음식을 나누며 떡과 포도주의 의미를 설명하십니다. 이 마지막 만찬에 근거하여 오늘날 우리가 성찬식을 하는 거예요.

우선 떡을 떼어주시며 "내 몸"이라 하세요. 오병이어 사건을 해석해주실 때 말씀하신 바 있지요(요 6:22-59). 이는 예수님의 몸이 십자가에서 찢김 당할 걸 상징합니다.

이어 포도주를 나눠주시며 이는 죄를 사하여주려고 많은 사람을 위해 흘리는 예수님의 피, 곧 언약의 피라고 말씀하세요. 이스라엘 백성이 유월절 어린 양의 피를 문설주에 바름으로 구원을 얻었듯이 또 한 번 예수님의 피를 통해 사망에서 생명으로 옮겨짐을 의미해요. 예레미야가 말한 마음판에 새긴 "새 언약"(렘 31:31-34)의 성취가 온전한 제물이신 예수님의 피로 완성되는 거지요.

29,30 그러나 너희에게 이르노니 내가 포도나무에서 난 것을 이제부터 내 아버지의 나라에서 새것으로 너희와 함께 마시는 날까지 마시지 아니하리라 하시

니라 이에 그들이 찬미하고 감람산으로 나아가니라

이어서 예수님은 포도주를 "아버지의 나라에서 새것으로 너희와 함께 마시는 날까지 마시지 아니하리라"라고 말씀하세요. 이 말씀에는 구약적 배경이 숨어있어요. 보통 유월절 식사 중에는 포도주를 네 번 마셨어요. 이 네 잔은 각각 출애굽기 6장 6,7절에 언급된 구속 사역을 상징해요.

첫째, "애굽 사람의 무거운 짐 밑에서 너희를 빼내며" 둘째, "그들의 노역에서 너희를 건지며" 셋째, "편 팔과 여러 큰 심판들로써 너희를 속량하여" 넷째, "너희를 내 백성으로 삼고 나는 너희의 하나님이 되리니"가 바로 그 내용입니다. 예수님은 이 중 세 번째 잔까지 마시고 마지막 잔은 하나님나라가 완성될 재림의 날, 어린양의 혼인 잔치에서 마시겠다고 하신 거예요.

유월절 식사 후에 예수님 일행은 전통에 따라 하나님을 찬미하고 감람산으로 올라갔어요. 예수님이 감람산으로 향하셨다는 건 하나님의 뜻에 순종하여 십자가의 죽음을 맞이하시겠다는 의지였지요.

이 본문을 통해 하나님나라는 한 치의 오차 없이 성취되었고, 지금도 성취되고 있음을 볼 수 있어요. 우리는 향유 옥합을 깨뜨린 마리아의 자리에서 하나님 보시기에 아름다운 행위로 하나님나라를 이뤄갈 수도 있고, 유다의 자리에서 악인의 역할로 하나님나라를 성취해갈 수도 있어요. 당연히 복된 마리아의 자리에 있어야겠지요.

다 깨닫지 못해도 하나님을 사랑하는 마음이 충만하면 그 마음에서 우러나온 행동들은 하나님 보시기에 아름답게 쓰여요. 시간이 지나면서 그 의미도 깨닫게 되고요.

우리의 행동 하나하나에도 예수님의 죽으심과 부활하심이 절절히 녹아있어서, 복음이 전파되는 자리마다 우리의 신앙고백이 선포되기를 바랍니다. 요한복음 12장 3절을 보면 "온 집 안에 향유 냄새가 가득 찼다"(새번역)라고 기록되어 있어요. 우리 삶에도 이 아름다운 향유 냄새가 가득 차길 바라요.

51 실패의 추억 26:31-75

34 예수께서 이르시되 내가 진실로 네게 이르노니 오늘 밤 닭 울기 전에 네가 세 번 나를 부인하리라

십자가를 통과한 사람은 누구든 멋진 사람이 될 수 있어요. 포기하고 싶은 삶이 기대하는 삶으로 바뀌지요.

31 그때에 예수께서 제자들에게 이르시되 오늘 밤에 너희가 다 나를 버리리라 기록된 바 내가 목자를 치리니 양의 떼가 흩어지리라 하였느니라

유월절 식사 전에 유다가 예수님을 팔 것을 예고하신 주님은 이번에

는 나머지 제자들에게 "다 나를 버리리라"라고 말씀하세요. 그러면서 스가랴 13장 7절 말씀을 인용하시지요. 원래 이 말씀은 신실하지 못한 목자와 믿음 없는 양 떼에 대한 종말론적 심판을 뜻합니다.

그런데 여기서는 예수님이 모든 죄를 짊어지고 하나님의 심판을 받으실 것과 그 결과로 양들(제자들)이 모두 흩어질 것을 의미하지요.

32 그러나 내가 살아난 후에 너희보다 먼저 갈릴리로 가리라

그러나 부활하셔서 제자들보다 먼저 갈릴리에 가신다고 하세요. 그런데 나중에 보면 제자들이 예수님보다 먼저 가있어요. 당시 갈릴리는 흑암과 사망의 땅(마 4:15,16)의 상징이었어요. 예수님은 바로 그 나사렛(갈릴리)에서 자라나셔서 '나사렛 사람'이라 불리셨지요(마 2:23). 그 땅은 죽음의 땅, 곧 십자가의 현장인 거예요. 그 십자가의 길을 예수님이 먼저 가시겠다는 의미지요.

33-35 베드로가 대답하여 이르되 모두 주를 버릴지라도 나는 결코 버리지 않겠나이다 예수께서 이르시되 내가 진실로 네게 이르노니 오늘 밤 닭 울기 전에 네가 세 번 나를 부인하리라 베드로가 이르되 내가 주와 함께 죽을지언정 주를 부인하지 않겠나이다 하고 모든 제자도 그와 같이 말하니라

성격 급한 베드로가 바로 반응했어요. '갈릴리 이야기'는 새겨듣지 않고 '예수님을 버린다'는 말씀에만 사로잡혀 모두가 예수님을 버려도 자기는 절대 그러지 않을 거라며 충성을 맹세하지요.

그러나 주님은 "오늘 밤 닭 울기 전에 네가 세 번 나를 부인하리라"라

고 예고하세요. 앞에 "진실로"를 덧붙이시며 반드시 그 일이 있을 걸 강조하시지요. 하지만 베드로는 예수님과 함께 죽을지언정 절대 배신하지 않을 거라고 자신해요. 이를 듣고 다른 제자들도 같은 말을 하지요.

우리는 베드로만 예수님 앞에서 맹세하고 배신했다고 생각하는데 그렇지 않아요. 다른 제자들도 똑같이 맹세했지만 불과 몇 시간도 안 되어 예수님을 버리고 뿔뿔이 흩어졌어요. 그나마 베드로는 끝까지 예수님 곁을 서성이다가 끝내 부인하여 예언이 성취된 거예요.

다음 단락은 예수님이 겟세마네에서 기도하시는 장면이에요.

36-38 이에 예수께서 제자들과 함께 겟세마네라 하는 곳에 이르러 제자들에게 이르시되 내가 저기 가서 기도할 동안에 너희는 여기 앉아있으라 하시고 베드로와 세베대의 두 아들을 데리고 가실새 고민하고 슬퍼하사 이에 말씀하시되 내 마음이 매우 고민하여 죽게 되었으니 너희는 여기 머물러 나와 함께 깨어있으라 하시고

예수님은 제자들을 데리고 겟세마네 동산에 가셨는데, 이곳은 올리브기름 저장 창고로 유명했어요. 예수님이 늘 가서 기도하시던 장소이기도 했고요.

예수님은 여기서 제자들에게 "앉아있으라"(기도하라)라고 하신 다음, 베드로와 요한, 야고보를 따로 데리고 조금 떨어진 한적한 곳으로 기도하러 가세요. 그리고 고민하며 슬퍼하시지요. 마음이 괴로워 죽을 지경이라고 심경을 토로하시며 제자들에게 기도를 부탁하세요.

39 조금 나아가사 얼굴을 땅에 대시고 엎드려 기도하여 이르시되 내 아버지
여 만일 할 만하시거든 이 잔을 내게서 지나가게 하옵소서 그러나 나의 원대로
마시옵고 아버지의 원대로 하옵소서 하시고

예수님은 세 제자로부터 조금 더 나아가 얼굴을 땅에 대고 엎드려 기도하세요. 그 유명한 대제사장적 기도예요.

"나의 아버지, 하실 수만 있으시면, 이 잔을 내게서 지나가게 해주십시오. 그러나 내 뜻대로 하지 마시고, 아버지의 뜻대로 해주십시오."

예수님은 십자가 죽음을 원치 않으세요. 그러나 자신의 뜻이 아닌 아버지의 뜻대로 되기를 바라시지요. 당시 예수님의 심적인 갈등과 고통이 얼마나 컸는지 절절히 느껴집니다. 동시에 아버지의 뜻에 순종하시겠다는 확고함도 보이지요.

그분은 십자가를 지심으로 우리를 구원하기 위해 이 땅에 오셨어요. 그런데 무엇이 그렇게 괴로우셨을까요? 십자가에서 겪어야 할 고통, 아픔, 수치였을까요? 다 아니에요. 예수님은 인간의 몸을 입고 오셔서 죽음으로 죗값을 치르셔야 했어요. 그 죽음은 하나님 아버지와의 단절을 의미했지요. 예수님은 아버지와 끊어지는 것에 가장 큰 고통을 느끼신 거예요.

외아들의 애절한 기도를 들으시는 하나님 아버지의 마음은 어떠셨을까요? 아이를 키우는 엄마로서 상상하기도 싫은 고통이에요. 동시에 하나님의 크신 사랑이 쓰나미처럼 밀려와요.

이 엄청난 사랑과 순종으로 사람이 생명을 얻은 거예요. 새삼 우리가 얼마나 귀하디 귀한 존재인지 새롭게 느껴져요.

40,41 제자들에게 오사 그 자는 것을 보시고 베드로에게 말씀하시되 너희가 나와 함께 한 시간도 이렇게 깨어있을 수 없더냐 시험에 들지 않게 깨어 기도하라 마음에는 원이로되 육신이 약하도다 하시고

예수님이 이런 엄청난 기도를 하시는 동안에 제자들은 자고 있었어요. 예수님은 이들에게 함께 한 시간이라도 깨어 기도하자고 하세요. 시험에 들지 않도록 깨어 기도하라고 하시며, 마음은 원하지만 육신이 약하다고 탄식하시지요.

42 다시 두 번째 나아가 기도하여 이르시되 내 아버지여 만일 내가 마시지 않고는 이 잔이 내게서 지나갈 수 없거든 아버지의 원대로 되기를 원하나이다 하시고

그리고 다시 나아가 기도하세요. 두 번째 기도에서도 처음과 같이 아버지의 뜻대로 이루어지길 간구하시지만 조금 더 내려놓으신 듯해요. 이것이 기도의 힘이지요. 상황이 변하지 않아도 평안함이 주어지는 것 말이에요. 아버지의 뜻대로 점점 설득되기 때문이에요.

43 다시 오사 보신즉 그들이 자니 이는 그들의 눈이 피곤함일러라

예수님이 다시 오셨는데 제자들은 또 자고 있어요. 사실 자정이 넘은 새벽 시간이라 졸릴 때긴 했어요. 그러나 이 특별하고 중요한 날 졸음을 이기지 못했다는 건 그들이 그날의 의미를 제대로 알지 못했다는 증거입니다.

44-46 또 그들을 두시고 나아가 세 번째 같은 말씀으로 기도하신 후 이에 제자들에게 오사 이르시되 이제는 자고 쉬라 보라 때가 가까이 왔으니 인자가 죄인의 손에 팔리느니라 일어나라 함께 가자 보라 나를 파는 자가 가까이 왔느니라

예수님은 아무 말씀 없이 제자들을 자게 두시고 같은 말씀으로 세 번째 기도를 하세요. 그리고 다시 그들에게 오셔서 이제는 자고 쉬라고 하시지요. 또한 인자가 죄인의 손에 넘겨질 때가 이르렀고 넘겨줄 자가 가까이 왔으니 일어나 함께 가자고 말씀하세요.

그분은 제자들이 기도에 계속 실패하는 모습을 보시며 십자가 죽음만이 구원의 유일한 답임을 확인하셨을 거예요.

이 본문은 기도에 엄청난 힘이 있음을 보여줍니다. 기도에 승리하신 예수님은 '사명 감당'도 승리하세요. 반면 기도에 실패한 제자들은 엄청난 신앙고백과 다짐을 했음에도 현장에서 패배하지요. 이처럼 기도의 승리는 삶의 승리로 귀결돼요.

47 말씀하실 때에 열둘 중의 하나인 유다가 왔는데 대제사장들과 백성의 장로들에게서 파송된 큰 무리가 칼과 몽치를 가지고 그와 함께하였더라

드디어 유다가 대제사장들(안나스, 가야바)과 백성의 장로들이 보낸 무리를 데리고 예수님을 잡으러 와요. 유다는 예수님과 오랜 시간을 함께 했기에 그분의 동선을 잘 알고 있었거든요. 무리의 손에는 칼과 몽둥이가 들려있었어요. 제자들이 강하게 저항할 거라고 예상했던 거지요.

48-50 예수를 파는 자가 그들에게 군호를 짜 이르되 내가 입 맞추는 자가 그 이니 그를 잡으라 한지라 곧 예수께 나아와 랍비여 안녕하시옵니까 하고 입을 맞추니 예수께서 이르시되 친구여 네가 무엇을 하려고 왔는지 행하라 하신대 이에 그들이 나아와 예수께 손을 대어 잡는지라

유다는 자신이 입 맞추는 사람을 잡으라고 무리와 미리 짠 다음 예수께 다가가 인사하며 입을 맞추었어요. 입을 맞추는 건 친근함의 표시인데 그것을 작전 사인으로 삼은 거지요. 예수님은 이 상황을 다 아시면서도 유다에게 "친구여"라고 인사를 건네시고 하려는 일을 행하라고 말씀하세요. 그러자 무리가 예수님을 붙잡았어요.

51-54 예수와 함께 있던 자 중의 하나가 손을 펴 칼을 빼어 대제사장의 종을 쳐 그 귀를 떨어뜨리니 이에 예수께서 이르시되 네 칼을 도로 칼집에 꽂으라 칼을 가지는 자는 다 칼로 망하느니라 너는 내가 내 아버지께 구하여 지금 열두 군단 더 되는 천사를 보내시게 할 수 없는 줄로 아느냐 내가 만일 그렇게 하면 이런 일이 있으리라 한 성경이 어떻게 이루어지겠느냐 하시더라

제자 중 하나가 칼을 빼어 대제사장의 종(말고)의 귀를 내리쳤어요. 누가는 예수께서 이 종의 귀를 만져서 고쳐주셨다고 기록해요(눅 22:51). 예수님은 흥분한 제자들에게 칼을 도로 칼집에 꽂으라고 하시며 칼을 쓰는 사람은 모두 칼로 망한다고 말씀하세요.

또 당신이 구하면 아버지께서 열두 군단도 더 되는 천사를 보내시겠지만 성경의 성취를 위해 그렇게 하지 않는다고 말씀하십니다. 이 모든 게 하나님의 계획을 성취하기 위함이지 힘이 없어서가 아님을 강조하시지요.

55,56 그때에 예수께서 무리에게 말씀하시되 너희가 강도를 잡는 것같이 칼과 몽치를 가지고 나를 잡으러 나왔느냐 내가 날마다 성전에 앉아 가르쳤으되 너희가 나를 잡지 아니하였도다 그러나 이렇게 된 것은 다 선지자들의 글을 이루려 함이니라 하시더라 이에 제자들이 다 예수를 버리고 도망하니라

예수님은 당신이 성전에서 가르치실 때는 무서워서 손도 못 대던 이들이 야밤에 강도를 잡듯 무기를 들고 잡으러 왔다고 하시며 그들의 비겁함과 정당하지 못함을 비난하세요. 그러나 이것 또한 구약의 메시아 예언을 성취하기 위함이라고 말씀하시지요.

예수님이 아무 저항 없이 잡히시려 하자 제자들은 모두 그분을 버리고 도망갔어요. 마가복음은 당시 맨몸으로 달아난 청년도 있다고 기록해요. 차마 마가 자신이라고 밝히지는 못했지만요(막 14:52).

57 예수를 잡은 자들이 그를 끌고 대제사장 가야바에게로 가니 거기 서기관과 장로들이 모여있더라

예수님은 대제사장 가야바에게로 끌려가셨어요. 요한복음에는 먼저 전임 대제사장이었던 안나스에게 비공식 심문을 받고 가야바에게 공식 심문을 받으셨다고 기록되어 있어요(요 18:12,13). 원래 대제사장은 아론 계열의 레위인만 될 수 있었어요. 그런데 유대의 정복자들이 그들에게 충성도가 높은 사람을 대제사장으로 임명했고, 그 결과 돈으로 '대제사장권'을 사는 일이 벌어졌어요. 대제사장직은 그 권한이 대단했고 돈벌이가 되었기에 막대한 돈을 들여 세습도 했어요.

사실 가야바는 전임 대제사장이었던 안나스의 사위예요. 이를 보면

안나스가 실세였음을 추정할 수 있지요. 예수님이 끌려가신 가야바의 집에는 율법 학자들과 장로들까지 모여있었어요.

58 베드로가 멀찍이 예수를 따라 대제사장의 집 뜰에까지 가서 그 결말을 보려고 안에 들어가 하인들과 함께 앉아있더라

죽기를 각오했던 제자들은 다 도망갔어요. 그들이 생각한 메시아의 모습과 달라도 너무 다른 예수님의 무기력한 모습에 놀라고 실망한 거예요. 저런 무기력한 사람에게 인생을 걸 수 없다는 생각이 든 거지요. 그중 베드로만 멀찍이 떨어져서 예수를 따라 대제사장의 집 안마당까지 갔어요. 그 이유는 그의 고백대로 충성이 아닌 "결말을 보려고"였지요.

59-61 대제사장들과 온 공회가 예수를 죽이려고 그를 칠 거짓 증거를 찾으매 거짓 증인이 많이 왔으나 얻지 못하더니 후에 두 사람이 와서 이르되 이 사람의 말이 내가 하나님의 성전을 헐고 사흘 동안에 지을 수 있다 하더라 하니

대제사장들과 온 공의회가 예수님을 죽이려고 거짓 증거를 찾았으나 쓸 만한 증거를 찾지 못했어요. 그러다가 마침내 두 사람이 나와 예수님이 성전을 허물고 사흘 만에 세울 수 있다고 한 말을 고발했어요. 이건 신성 모독죄에 해당했지요.

62,63 대제사장이 일어서서 예수께 묻되 아무 대답도 없느냐 이 사람들이 너를 치는 증거가 어떠하냐 하되 예수께서 침묵하시거늘 대제사장이 이르되 내가 너로 살아계신 하나님께 맹세하게 하노니 네가 하나님의 아들 그리스도인지

우리에게 말하라

대제사장이 일어서서 예수님에게 이 고발에 대한 의견을 물어요. 예수님의 대답에서 더 큰 죄목을 찾으려 했지요. 그러나 예수님은 아무 대답도 안 하세요. 이에 대제사장이 예수께 "네가 늘 주장하던 대로 하나님의 아들 그리스도인지 말하라"라고 다그쳐요.

64 예수께서 이르시되 네가 말하였느니라 그러나 내가 너희에게 이르노니 이후에 인자가 권능의 우편에 앉아있는 것과 하늘 구름을 타고 오는 것을 너희가 보리라 하시니

예수님은 맞다고 대답하시지요. 더불어 이후에 인자가 "권능의 우편에 앉아있는 것과 하늘 구름을 타고 오는 것을 너희가 보리라"라고 말씀하세요. 앞서 종교지도자들과 신학 논쟁에서도 말씀하셨듯이 시편 110편 1절과 다니엘서 7장 13,14절 말씀으로 그리스도의 정체성을 밝히신 거지요. 이는 예수님이 지금은 불의한 심판을 받고 계시지만 장차 심판주로 오실 것과 그들에게 심판이 임할 것을 예고하신 거예요.

65-68 이에 대제사장이 자기 옷을 찢으며 이르되 그가 신성모독 하는 말을 하였으니 어찌 더 증인을 요구하리요 보라 너희가 지금 이 신성모독 하는 말을 들었도다 너희 생각은 어떠하냐 대답하여 이르되 그는 사형에 해당하니라 하고 이에 예수의 얼굴에 침 뱉으며 주먹으로 치고 어떤 사람은 손바닥으로 때리며 이르되 그리스도야 우리에게 선지자 노릇을 하라 너를 친 자가 누구냐 하더라

이 말을 듣고 대제사장은 분노와 슬픔의 표현으로 옷을 찢으며 예수

님이 신성을 모독했으니 더 이상의 증인은 필요 없다고 해요. 모든 공회원들도 사형이 마땅하다고 이구동성으로 대답했지요.

그들은 예수께 침을 뱉고 주먹과 손바닥으로 때리기도 했어요. 그러면서 "그리스도야, 너를 때린 사람이 누구인지 알아맞혀 보라"라며 조롱했지요. 이 장면도 이사야서 50장 6절의 성취예요.

69,70 베드로가 바깥뜰에 앉았더니 한 여종이 나아와 이르되 너도 갈릴리 사
람 예수와 함께 있었도다 하거늘 베드로가 모든 사람 앞에서 부인하여 이르되
나는 네가 무슨 말을 하는지 알지 못하겠노라 하며

예수님이 심문과 조롱을 받고 계실 때 베드로는 가야바의 집 안뜰 바깥쪽에 앉아있었어요. 그때 한 하녀가 그를 알아봤지요. 그러나 베드로는 무슨 말인지 모르겠다며 여러 사람 앞에서 첫 번째 부인을 해요.

71,72 앞문까지 나아가니 다른 여종이 그를 보고 거기 있는 사람들에게 말하
되 이 사람은 나사렛 예수와 함께 있었도다 하매 베드로가 맹세하고 또 부인
하여 이르되 나는 그 사람을 알지 못하노라 하더라

베드로가 자리를 피해 대문 쪽으로 나아가자 이내 다른 하녀가 그를 알아보지요. 그러자 그는 맹세하며 또다시 부인해요.

73,74 조금 후에 곁에 섰던 사람들이 나아와 베드로에게 이르되 너도 진실로
그 도당이라 네 말소리가 너를 표명한다 하거늘 그가 저주하며 맹세하여 이르
되 나는 그 사람을 알지 못하노라 하니 곧 닭이 울더라

조금 뒤에 또 다른 사람들이 그를 알아보고 예수님과 한패라고 말해요. 그의 갈릴리 사투리가 그 증거라면서요. 이에 베드로는 더욱 강하게 부인하며 저주하고 맹세까지 합니다. 그 순간 운명의 닭 울음소리가 들렸어요.

75 이에 베드로가 예수의 말씀에 닭 울기 전에 네가 세 번 나를 부인하리라 하심이 생각나서 밖에 나가서 심히 통곡하니라

베드로는 그제야 닭이 울기 전에 세 번 부인할 거라던 예수님의 말씀이 생각나서 몹시 울었어요. 이는 인생을 바꿀 만한 영적 지진이 일어난 순간이었지요. 그는 자기 안에 의가 없음을 발견하고 깊이 회개하며 통곡했어요.

이렇듯 제자들의 모습은 다 실망스러워요. 그러나 중요한 건 그들이 회개했다는 사실이에요. 잘못을 저지르고 나서야 자신의 참모습과 실력 없음을 깨닫고 예수께 엎드릴 수 있었지요.

나중에 예수님이 '말씀대로' 부활하셔서 이 일을 다시 성경에 근거하여 설명해주시고 약속하신 성령이 이 모든 일을 깨닫게 해주셨을 때, 그들은 비로소 하나님나라의 진정한 일꾼이 되었어요.

사도행전 속 제자들의 모습은 정말 멋져요. 베드로전·후서를 보면 베드로가 완전히 다른 사람이 되어있지요. 이전의 경솔하고 말만 앞서던 모습은 온데간데없고, 오직 그리스도의 사랑만 꾹꾹 눌러 담은 편지를 남겼어요. 그로 인해 우리에게도 할 수 있다는 소망이 생겼고요.

제자들처럼 우리는 모두 연약해요. 그러나 예수님에게 제대로 붙들리면 완전히 다른 인생을 살 수 있어요.

> 내가 그리스도와 함께 십자가에 못 박혔나니 그런즉 이제는 내가 사는 것이 아니요 오직 내 안에 그리스도께서 사시는 것이라 이제 내가 육체 가운데 사는 것은 나를 사랑하사 나를 위하여 자기 자신을 버리신 하나님의 아들을 믿는 믿음 안에서 사는 것이라 갈 2:20

우리는 그리스도와 함께 십자가에 못 박혔어요. 이제 내가 사는 것이 아니요 오직 내 안에 그리스도께서 사시는 거예요. 그러니 내 삶에서 그리스도만 드러나야 합니다. 사실 베드로처럼 완전히 자아가 죽기까지는 긴 시간이 필요해요. 또 수많은 실패를 거쳐야 하지요.

그러나 우리는 결국 해낼 거예요. 왜냐면 우리 안에서 사시는 그리스도께서 절대 우리를 포기하지 않으시니까요. 우리도 베드로처럼 제대로 실패하고 죽은 뒤 다시 살아날 때 비로소 그런 삶을 살 수 있어요.

52 대세냐 대의냐 27:1-31

18 이는 그가 그들의 시기로 예수를 넘겨준 줄 앎이더라

마태는 예수님이 십자가를 지신 과정을 짧게 기술하고 있어요. 이 부분은 요한이 가장 자세히 기록했지요. 본문은 마침내 예수님이 로마의 총독인 빌라도에게 넘겨져 당시 세계 최고 권력이었던 로마법에 따라 재판을 받으시는 장면입니다.

1,2 새벽에 모든 대제사장과 백성의 장로들이 예수를 죽이려고 함께 의논하고
결박하여 끌고 가서 총독 빌라도에게 넘겨주니라

이 일은 "새벽"에 이루어져요. 새벽은 가장 어두운 때이면서 새날이 시작되는 신비로운 시간이에요. 예수님의 재판은 이 두 가지 의미를 띠며 로마 법정으로 넘겨지지요.

로마 법정으로 넘겨진 또 다른 이유는 종교지도자들이 예수님을 죽이기로 '결의'했기 때문입니다. 로마의 식민지였던 유대는 사형권이 없었는데 신성 모독죄를 지으면 죽일 수 있다는 견해가 있었어요. 그런데 유월절이 가까웠기에 자칫 민란(民亂)이 일어날까 두려워 신속한 사형 집행을 위해 예수님을 로마 총독 빌라도에게 넘긴 거예요.

3-5 그때에 예수를 판 유다가 그의 정죄 됨을 보고 스스로 뉘우쳐 그 은 삼십
을 대제사장들과 장로들에게 도로 갖다주며 이르되 내가 무죄한 피를 팔고 죄

를 범하였도다 하니 그들이 이르되 그것이 우리에게 무슨 상관이냐 네가 당하라 하거늘 유다가 은을 성소에 던져 넣고 물러가서 스스로 목매어 죽은지라

이에 유다는 "스스로 뉘우쳐"요. 원어에 사용된 단어는 '회개에 이르지 못한 후회'라는 뜻이에요. 그는 예수님을 팔아 받은 은 삼십을 대제사장들과 장로들에게 돌려주지요. 그리고 "무죄한 피를 팔고" 죄를 범했음을 실토해요.

하지만 대제사장과 장로들은 "이는 우리와 상관없는 일이니 그 죗값은 네가 당하라"고 말해요. 사실 그들은 예수님의 죄나 혐의를 밝히는 것보다 오로지 그분을 죽이는 데 혈안이 되어 있었어요. 그런 자들이 율법을 앞장서서 지키는 종교지도자였지요. 결국 유다는 은을 성전에 던지고 나와 스스로 목매달아 죽어요.

6-10 대제사장들이 그 은을 거두며 이르되 이것은 핏값이라 성전고에 넣어둠이 옳지 않다 하고 의논한 후 이것으로 토기장이의 밭을 사서 나그네의 묘지를 삼았으니 그러므로 오늘날까지 그 밭을 피밭이라 일컫느니라 이에 선지자 예레미야를 통하여 하신 말씀이 이루어졌나니 일렀으되 그들이 그 가격 매겨진 자 곧 이스라엘 자손 중에서 가격 매긴 자의 가격 곧 은 삼십을 가지고 토기장이의 밭 값으로 주었으니 이는 주께서 내게 명하신 바와 같으니라 하였더라

대제사장들은 그 은 삼십을 처리하기가 무척 난감했어요. 그 돈은 "핏값"이니 성전 금고에 차마 넣어둘 수도 없었지요. 그래서 그들은 의논한 후 그 돈으로 토기장이의 밭을 사서 "나그네의 묘지"로 삼았습니다.

놀라운 사실은 그들이 악한 의도로 행한 이 일조차 예레미야의 예언

을 성취했다는 점이에요(렘 19:1-13, 32:6-9, 사본에 따라서는 슥 11:12,13, 사 30:14). 악인의 뜻과 선인의 뜻을 모두 합력하여 선을 이루시는 하나님나라의 놀라운 신비예요.

드디어 예수님이 로마 총독 빌라도에게 재판을 받으세요. 같은 내용을 기술한 누가복음을 보면, 공회원들은 예수께 거짓 죄목을 붙여 로마 총독에게 고발했어요. 예수님이 백성을 미혹하고 가이사에게 세금 바치는 것을 반대하며 자신을 그리스도 곧 왕이라 칭하는 반역자라고요.

당시 로마는 유대의 종교 문제에는 자유권을 주었으나, 형을 집행할 권한은 로마 정부에만 있었어요. 그래서 유대 공회는 예수님을 로마 정부에 반역하는 '정치범'으로 고소한 거지요.

빌라도는 그 사실을 알았기에 몇 번이나 예수님을 풀어줄 기회를 줍니다. 하지만 그에게는 유대인의 환심을 사려는 정치적 야욕이 있었기에 결국 예수님을 죽음의 자리로 몰아가지요. 이후 빌라도는 이 일로 괴로워하다가 자살했다는 기록이 있어요.

11 예수께서 총독 앞에 섰으매 총독이 물어 이르되 네가 유대인의 왕이냐 예수께서 대답하시되 네 말이 옳도다 하시고

빌라도는 예수께 "당신이 유대인의 왕이오?"라고 물어요. 이는 조롱의 의미도 있지만 유대 종교지도자들의 고소장 내용을 보고 그대로 말한 거예요. 예수님은 "당신이 그렇게 말하고 있다"라고 답하세요.

12 대제사장들과 장로들에게 고발을 당하되 아무 대답도 아니하시는지라

대제사장들과 장로들은 그 외에도 예수님에게 여러 혐의를 씌워 고발하지요. 하지만 예수님은 아무런 답도 하지 않으세요. 이 장면은 "도수장으로 끌려가는 어린 양과 털 깎는 자 앞에서 잠잠한 양같이 그의 입을 열지 아니하였도다"라는 이사야서 53장 7절 말씀의 성취예요.

13,14 이에 빌라도가 이르되 그들이 너를 쳐서 얼마나 많은 것으로 증언하는지 듣지 못하느냐 하되 한마디도 대답하지 아니하시니 총독이 크게 놀라워하더라

빌라도는 예수님에게 종교지도자들의 불리한 증언이 들리지 않느냐며 변론하라고 말해요. 하지만 예수님은 답하지 않으시지요. 총독은 이를 매우 이상하게 여깁니다.

누가복음에 보면 빌라도는 예수님이 갈릴리 사람인 것을 알고 갈릴리 분봉왕인 헤롯 안티파스에게 보내요. 자신은 진심으로 관여하고 싶지 않았던 거예요.

헤롯 안티파스는 예수님의 소문을 익히 들어서 그분이 기적을 일으키시는 걸 보고 싶어 했어요. 그러나 예수님은 아무 반응도 보이지 않으셨지요. 그러자 안티파스는 호위병들과 함께 예수님을 충분히 조롱한 후 빌라도에게 돌려보냈어요.

15-18 명절이 되면 총독이 무리의 청원대로 죄수 한 사람을 놓아주는 전례가 있더니 그때에 바라바라 하는 유명한 죄수가 있는데 그들이 모였을 때에 빌라도가 물어 이르되 너희는 내가 누구를 너희에게 놓아주기를 원하느냐 바라바

냐 그리스도라 하는 예수냐 하니 이는 그가 그들의 시기로 예수를 넘겨준 줄 앎이더라

유월절은 이스라엘 백성이 애굽으로부터 해방된 것을 기념하는 유대 최대 명절이었어요. 그래서 유대 사회에는 이때 죄수 한 명을 풀어주고 대신 양을 희생시키는 오랜 관습이 있었지요. 마치 우리나라의 '광복절 특사'처럼 '유월절 특사'가 있었던 거예요. 로마 정부는 유대의 관습을 허용하여 유대 백성이 요구하는 죄수 한 사람을 풀어주었습니다.

로마 총독 빌라도는 예수님이 종교지도자들의 시기심 때문에 잡히신 걸 알고는 유월절 특사를 통해 풀어주려고 했어요. 마침 로마 감옥에는 소문난 죄수였던 '바라바'도 갇혀있었지요. 그는 독립운동을 하다가 잡힌 과격한 정치범이었어요. "바라바"는 아람어로 '아버지의 아들'이라는 뜻이에요. 하나님의 아들인 예수님과 아버지(사람)의 아들인 바라바가 대조되지요.

빌라도는 군중에게 바라바와 예수님 중에 특별 사면할 자를 고르라고 말합니다.

19 총독이 재판석에 앉았을 때에 그의 아내가 사람을 보내어 이르되 저 옳은 사람에게 아무 상관도 하지 마옵소서 오늘 꿈에 내가 그 사람으로 인하여 애를 많이 태웠나이다 하더라

빌라도가 재판석에 있을 때, 그의 아내가 사람을 보내어 "저 옳은 사람에게 아무 상관도 하지 말라"라고 말해요. 예수님과 관련한 사건에 연루되지 말라는 거예요. 그녀는 예수님을 "옳은 사람"이라 표현하며

지난밤 꿈에 그 사람 때문에 무척 괴로웠다고 해요. 그녀는 예수님의 무죄를 확신하고 있었지요(빌라도의 아내가 신비주의에 심취한 유대인이라는 설도 있어요).

20 대제사장들과 장로들이 무리를 권하여 바라바를 달라 하게 하고 예수를 죽이자 하게 하였더니

그러나 종교지도자들은 군중을 설득했어요. 유대 독립을 위해 무력해 보이는 예수보다는 열정적으로 독립운동을 했던 바라바의 장점을 부각하면서, 그를 석방하고 예수님은 죽이자고 선동해요.

21 총독이 대답하여 이르되 둘 중의 누구를 너희에게 놓아주기를 원하느냐 이르되 바라바로소이다

총독이 누구를 놓아줄지 다시 묻자, 무리는 '바라바'라고 답해요.

22 빌라도가 이르되 그러면 그리스도라 하는 예수를 내가 어떻게 하랴 그들이 다 이르되 십자가에 못 박혀야 하겠나이다

아내의 경고 메시지를 들은 빌라도는 난감했어요. 그가 "그러면 나더러 예수를 어떻게 하라는 거요?"라고 묻자 무리는 "십자가에 못 박으시오"라고 대답했지요.

23 빌라도가 이르되 어찜이냐 무슨 악한 일을 하였느냐 그들이 더욱 소리 질러 이르되 십자가에 못 박혀야 하겠나이다 하는지라

빌라도는 사람들의 반응이 이해되지 않았어요. 예수님에게서 어떤 혐의도 찾지 못했기 때문이지요. 그가 "이 사람이 대체 무슨 나쁜 일을 하였소?"라며 망설이는 사이에 무리는 더욱 큰 소리로 예수님을 십자가에 못 박으라고 외쳤어요.

24-26 빌라도가 아무 성과도 없이 도리어 민란이 나려는 것을 보고 물을 가져다가 무리 앞에서 손을 씻으며 이르되 이 사람의 피에 대하여 나는 무죄하니 너희가 당하라 백성이 다 대답하여 이르되 그 피를 우리와 우리 자손에게 돌릴지어다 하거늘 이에 바라바는 그들에게 놓아주고 예수는 채찍질하고 십자가에 못 박히게 넘겨주니라

군중의 분위기가 점점 고조되자 빌라도는 더 이상 어쩔 수 없다고 생각했어요. 자칫 민란이 날까 두려워 그들의 요구대로 한 거지요.

보통 총독의 임기는 5년이었는데 빌라도는 10년(주후 26-36년)을 연임할 정도로 정치적 수완이 뛰어났어요. 그러나 그 당시에는 임기 초반에 로마 군기를 경배하라고 강압한 일 때문에 유대인의 마음을 얻지 못한 상태였지요. 그래서 바른 재판을 하기보다 정치적으로 군중의 요구를 들어주며 민심을 잡으려고 했던 거예요.

그래도 그는 양심의 가책을 느꼈던 것 같아요. 무리 앞에서 손을 씻으며 예수의 피에 대한 책임이 자기에게 없음을 강조해요. 그러자 군중은 무슨 자신감인지 예수의 피를 자기들과 그 자손에게 돌리라고 말해요. 그 죗값으로 주후 70년에 예루살렘 성이 무너지고, 1948년까지 나라 없이 떠돌아다녀야 했지요.

결국 빌라도는 바라바의 특별 사면과 예수님의 십자가형을 언도했어요. 바라바가 풀려남과 동시에 예수님은 채찍질을 당하셨지요.

27-31 이에 총독의 군병들이 예수를 데리고 관정 안으로 들어가서 온 군대를 그에게로 모으고 그의 옷을 벗기고 홍포를 입히며 가시관을 엮어 그 머리에 씌우고 갈대를 그 오른손에 들리고 그 앞에서 무릎을 꿇고 희롱하여 이르되 유대인의 왕이여 평안할지어다 하며 그에게 침 뱉고 갈대를 빼앗아 그의 머리를 치더라 희롱을 다 한 후 홍포를 벗기고 도로 그의 옷을 입혀 십자가에 못 박으려고 끌고 나가니라

병사들이 예수님을 총독 관정으로 끌고 가서 "온 군대"(약 600명)를 모아 조롱하고 고문해요. 예수님의 옷을 벗기고 자색(또는 붉은색) 옷을 걸치게 한 뒤 가시로 면류관을 엮어 머리에 씌우고 오른손에 갈대를 들게 했어요.

"유대인의 왕"이란 죄목에 빗대어 예수님에게 왕복과 면류관을 입히고 조롱한 거지요. 그들은 예수님 앞에 무릎까지 꿇고 "유대인의 왕 만세"라며 희롱했어요. 그러고는 침을 뱉고 갈대를 빼앗아 예수님의 머리를 치며 조롱했지만, 예수님은 묵묵히 견디셨어요.

이 모든 일은 이사야서 50장 6절, "나를 때리는 자들에게 내 등을 맡기며 나의 수염을 뽑는 자들에게 나의 뺨을 맡기며 모욕과 침 뱉음을 당하여도 내 얼굴을 가리지 아니하였느니라"의 성취였어요. 그들은 예수님을 심하게 모욕한 뒤 다시 옷을 입히고 십자가에 못 박으려고 끌고 나갔어요.

예수님은 어떻게 이런 수모를 견디실 수 있었을까요? 비록 인간의 몸을 입고 이 땅에 오셨지만 오직 '하나님의 말씀'에 기준을 두고 사셨기 때문이에요. 그 결과 하나님의 계획대로 인류 구원의 과업을 다 이루신 거고요.

세상은 십자가의 길을 걷는 예수님을 죄인으로 몰아세우고 조롱하고 괴롭히며 참을 수 없는 모욕을 줬어요. 더 가슴 아픈 건 그토록 예수님을 따랐던 제자들도 위기 앞에서는 한달음에 도망갔다는 거예요. 충성을 맹세했던 베드로마저 세 번이나 부인했고요. 그러나 예수님은 세상의 어떤 배신과 부당한 대우에도 흔들리지 않으셨어요.

우리도 의로운 재판장이신 하나님 앞에서 오로지 말씀에 기준을 두고 살 때 십자가의 길을 걸을 수 있어요. 시대의 가치는 늘 변하고 역사의 평가도 달라집니다. 그 가변적인 가치에 기준을 두면 우리 인생도 표류할 수밖에 없지요.

많은 분이 제 유튜브를 보시고 자녀 교육에 대해 물으세요. 그런데 사실 저는 아이들에게 해준 게 별로 없어요. 재정 훈련을 받는 동안에는 맛있는 것도 많이 해주지 못했고 학원에 보낼 수도 없었지요. 그러나 하나님이 인생의 주인이시고 말씀이 삶의 기준임은 분명히 가르쳤어요.

막내 다니엘이 어릴 때 축구를 무척 잘했어요. 팀에서 골 담당이어서 경기 때 코치가 다니엘에게 패스하도록 작전을 짤 정도였지요. 1년에 1회 경기가 있었는데 다니엘은 그날을 위해 매일 연습했어요.

그런데 어느 해에는 경기가 주일에 잡혔어요. 저는 1년을 준비한 다니엘에게 "너는 크리스천이어서 주일에 경기를 못 나간다"라고 말해야 하는 게 마음이 아팠어요. 하지만 앞으로 아이의 인생길에 아주 중요한 기준이 될 것 같아서 잘 설명해주었지요.

팀에서는 교회에 다녀와서 오후 경기라도 참가하라고 여러 대안을 제시했어요. 그때도 저는 아들에게 하나님 기준으로 살아야 함을 단호하게 가르쳤어요. 마침내 시합 날이 되어 다니엘과 함께 예배를 드리는데, 놀랍게도 설교 시간에 1924년 파리올림픽에서 주일에 경기에 출전하지 않았던 영국의 100미터 달리기 선수 에릭 리들에 관한 이야기가 나왔어요. 다니엘은 그 설교를 듣고 자신이 경기에 안 나간 걸 자랑스럽게 생각하게 되었지요.

크리스천으로 살다 보면 모두가 당연히 하는데 혼자 못하는 일도 많고 홀로 맞서야 하는 순간도 종종 찾아옵니다. 마치 모두가 신상에 엎드려 절하는 와중에 다니엘과 세 친구가 끝까지 서있었던 것처럼요. 이는 결코 쉬운 일이 아니에요. 때로는 목숨이나 생계, 관계를 걸어야 하지요. 그래도 내 삶의 주인, 우주 만물의 주인이 하나님이심을 분명히 아는 사람은 흔들림 없이 주의 길로 당당하게 갈 수 있어요. 더 큰 가치를 아니까요.

분명한 것은 뜻을 정한 사람에게 하나님은 넉넉히 승리하는 은혜를 주신다는 사실입니다. 그렇기에 우리는 이 땅의 것이나 사람들의 평가에 연연하지 않고 오직 의로운 재판장이신 주님이 마지막 날에 씌워주실 영광의 면류관을 바라보며 선한 싸움을 끝까지 싸워나갈 수 있지요.

53 알고 보면 짜여진 각본 27:32-56

54 백부장과 및 함께 예수를 지키던 자들이 지진과 그 일어난 일들을 보고 심히 두려워하여 이르되 이는 진실로 하나님의 아들이었도다 하더라

기쁨이 고통이 되고, 고통이 기쁨이 되는 성도의 삶은 정말 신비해요. 모든 과정을 통해 주님의 뜻이 이루어져 가는 게 놀랍고요.

32 나가다가 시몬이란 구레네 사람을 만나매 그에게 예수의 십자가를 억지로 지워 가게 하였더라

로마 군인들이 예수님을 십자가에 못 박으려고 끌고 나가요. 당시 십자가의 세로대는 처형 장소에 이미 세워져 있고 사형수가 가로대를 그곳까지 지고 가서 매달려야 했어요. 그러나 밤새 심문과 고문을 당하신 예수님의 육신은 도저히 그걸 감당할 만한 상태가 아니었지요.

그래서 군인들이 십자가 행렬을 구경하던 사람 중에 구레네 사람 시몬을 불러내 강제로 대신 지게 했어요. 당시 로마 군인들은 식민지 백성을 징집해서 오 리 정도 강제로 짐을 지우고 갈 권한이 있었거든요.

구레네는 키레네(Cyrene)로 오늘날 북아프리카의 리비아를 말해요. 그런데 그의 이름은 유대식 이름인 '시몬'이었어요. 아마 북아프리카의 디아스포라 유대인인 그가 유월절을 지내기 위해 예루살렘에 온 것으로 추정할 수 있어요.

마가복음 15장 21절에서는 그를 "알렉산더와 루포의 아버지"라고 설

명해요. 놀랍게도 사도 바울의 동역자 명단에 "루포와 그의 어머니에게 문안하라 그의 어머니는 곧 내 어머니니라"(롬 16:13)라고 기록되어 있는 것을 볼 수 있습니다. 후에 이 구레네 사람 시몬의 집안이 바울과 특별한 동역 관계가 되었음을 말해주지요.

즉 루포의 아버지 시몬은 강제로 예수님의 십자가를 대신 졌다가 이 일로 예수님의 제자가 된 거예요. 그의 아내와 아들들도 바울의 신실한 동역자로 쓰임 받았지요. 엄청난 축복이자 신비한 일이에요.

33,34 골고다 즉 해골의 곳이라는 곳에 이르러 쓸개 탄 포도주를 예수께 주어 마시게 하려 하였더니 예수께서 맛보시고 마시고자 하지 아니하시더라

예수님의 십자가 행렬은 골고다 곧 "해골의 곳"에 도착했어요. "골고다"는 아람어로 '해골'이란 뜻이에요. 이 이름은 후에 라틴어로 번역되어 '갈보리'라고도 불리지요. 골고다, 갈보리, 해골의 곳이 다 같은 뜻이에요. 이 지명의 유래에도 여러 가지 설이 있어요. 사형 집행 장소라 해골이 많아서라는 설도 있고, 이곳 지형이 해골 모양이라 그렇게 불렸다는 설도 있지요. 분명한 건 예루살렘 성 바깥에 있었고 사람들 눈에 잘 띄는 곳이었다는 점이에요.

군인들이 예수께 쓸개 탄 포도주를 마시게 하려 했으나 예수님은 맛을 보시고 드시지 않았어요. 당시 부자들은 극상품 포도주에 몰약을 타서 마셨어요. 마가복음에 보면 "몰약을 탄 포도주를 주었으나"(막 15:23)라고 기록되어 있지요. 결국 군인들이 예수님을 희롱하기 위해 몰약을 탄 포도주라 말하고 실제로는 고통을 가중시키는 "쓸개 탄 포도주"를

준 거예요. 그러니 맛보시고 드시지 않았지요. 이것 또한 로마 병사들의 조롱 행위로 이는 시편 69편 21절, "그들이 쓸개를 나의 음식물로 주며 목마를 때에는 초를 마시게 하였사오니"의 성취였어요.

35-38 그들이 예수를 십자가에 못 박은 후에 그 옷을 제비 뽑아 나누고 거기 앉아 지키더라 그 머리 위에 이는 유대인의 왕 예수라 쓴 죄패를 붙였더라 이때에 예수와 함께 강도 둘이 십자가에 못 박히니 하나는 우편에, 하나는 좌편에 있더라

로마 군인들은 예수님을 십자가에 못 박고 제비를 뽑아서 그분의 옷을 나누어 가졌어요. 당시 십자가 처형은 가장 수치스럽고 고통스러운 형벌로, 사형수의 모든 옷을 벗겨서 나누는 게 관례였지요.

사형수들은 한순간에 죽지 않고 발가벗은 채로 매달려 고통과 수치 속에서 서서히 죽어가야만 했어요. 또 예수님의 머리 위에는 '이 사람은 유대인의 왕 예수다'라는 죄패가 붙었어요. 이것도 조롱의 결과였지만 '유대인의 왕=하나님'이 공식적으로 공표되었지요.

예수님의 양쪽에는 강도 두 사람이 똑같이 십자가에 못 박혔어요. 이들은 바라바와 같은 정치범으로 추정할 수 있어요. 이 일련의 과정을 통해 시편 22편의 메시아 예언이 그대로 성취되었지요(시 22:12-18).

39-43 지나가는 자들은 자기 머리를 흔들며 예수를 모욕하여 이르되 성전을 헐고 사흘에 짓는 자여 네가 만일 하나님의 아들이어든 자기를 구원하고 십자가에서 내려오라 하며 그와 같이 대제사장들도 서기관들과 장로들과 함께

희롱하여 이르되 그가 남은 구원하였으되 자기는 구원할 수 없도다 그가 이스라엘의 왕이로다 지금 십자가에서 내려올지어다 그리하면 우리가 믿겠노라 그가 하나님을 신뢰하니 하나님이 원하시면 이제 그를 구원하실지라 그의 말이 나는 하나님의 아들이라 하였도다 하며

지나가는 사람들이 머리를 흔들며 예수님을 모욕했어요.

"성전을 허물고, 사흘 만에 짓겠다던 사람아, 네가 하나님의 아들이거든, 너나 구원하여라. 십자가에서 내려와 보아라."

종교지도자들도 함께 조롱하며 말했어요.

"그가 남은 구원하였으나, 자기는 구원하지 못하는가 보다! 그가 이스라엘 왕이시니, 지금 십자가에서 내려오시라지! 그러면 우리가 그를 믿을 터인데!"

"자신이 하나님의 아들이라고 했으니 그 말이 사실이면 하나님이 구해주시겠지."

그들은 예수님이 하셨던 말씀으로 조롱했어요. 이것도 정확히 시편 22편 6-8절 말씀의 성취입니다. 사람들의 악한 저주와 조롱도 하나님의 뜻과 말씀을 성취하는 데 사용되었지요.

44 함께 십자가에 못 박힌 강도들도 이와 같이 욕하더라

심지어 양쪽에 함께 못 박힌 강도들도 예수님을 욕했어요. 그러나 누가복음을 보면 그중 한 명은 회개하고 구원을 얻었지요(눅 23:39-43).

예수께서 십자가에 달리심은 인류 구원이라는 하나님 아버지의 뜻을 향한 '순종'이었어요. 십자가의 참 의미는 '고통'이 아닌 '수치'였지요.

2004년에 개봉된 영화 〈패션 오브 크라이스트〉는 예수님의 '고통'에만 초점을 맞춰서 그 영화를 본 많은 사람이 착각하곤 해요. 그러나 십자가의 중요한 의미는 우리를 위해 '처절한 모욕과 수치를 끝까지 참으심'이에요. 예수님은 당신을 조롱하는 그들조차 구원하시기 위해 헤아릴 수 없는 크신 사랑으로 끝까지 견디신 거예요.

예수님은 이미 제자들에게 세 번이나 예고하신 대로, 또 구약 선지자들의 예언 그대로 죽으셨어요. 그러므로 이 죽음은 패배가 아닌 '승리'임을 알 수 있지요. 자, 이제 그 죽음의 절정으로 가볼게요.

> 45,46 제육시로부터 온 땅에 어둠이 임하여 제구시까지 계속되더니 제구시쯤에 예수께서 크게 소리 질러 이르시되 엘리 엘리 라마 사박다니 하시니 이는 곧 나의 하나님, 나의 하나님, 어찌하여 나를 버리셨나이까 하는 뜻이라

예수님은 제3시(오전 9시)에 십자가에 달리셨어요. 그리고 제6시(낮 12시)에 어둠이 임하기 시작하여 제9시(오후 3시)까지 계속되지요. 태양이 가장 밝게 빛나야 할 정오에 어둠이 온 땅을 덮음으로 천지가 예수님의 죽으심을 애도한 거예요. 이 장면은 출애굽 당시 마지막 재앙이었던 장자의 죽음을 떠오르게 해요. 이스라엘 백성이 믿음으로 어린 양의 피를 문설주에 발랐을 때 구원을 받았던 것처럼 진정한 제물이신 예수님의 죽음으로 우리가 구원을 받게 되었지요.

오후 3시쯤 예수님은 큰 소리로 "엘리 엘리 라마 사박다니", 곧 "나의 하나님, 나의 하나님, 어찌하여 나를 버리셨나이니까?"라고 큰 소리로 부르짖으셨어요. 이 외침도 시편 22편 1절의 성취예요.

예수님은 죄지은 인류를 대신해서 '죽음'(창 2:17, 선악과를 따 먹으면 반드시 죽으리라)이라는 하나님의 저주를 받으신 거예요. 그 저주는 바로 하나님과 '끊어짐, 단절'입니다. 예수님은 아버지로부터 버림 받은 끊어짐의 고통 때문에 부르짖으신 거예요. 죄로 인해 하나님으로부터 끊어진 우리는 예수님의 온전한 제물 되심으로 다시 하나님께 나아갈 수 있게 되었어요. 그분이 길이 되어주신 거예요.

47-50 거기 섰던 자 중 어떤 이들이 듣고 이르되 이 사람이 엘리야를 부른다 하고 그중의 한 사람이 곧 달려가서 해면을 가져다가 신 포도주에 적시어 갈대에 꿰어 마시게 하거늘 그 남은 사람들이 이르되 가만두라 엘리야가 와서 그를 구원하나 보자 하더라 예수께서 다시 크게 소리 지르시고 영혼이 떠나시니라

어떤 사람은 예수님의 절규를 듣고 "이 사람이 엘리야를 부른다"라고 했어요. 그러자 한 사람이 신 포도주를 적신 해면을 가져다가 갈대에 꿰어 예수님이 마시게 해드려요. 신 포도주는 당시 값이 저렴한 음료로 갈증 해소에 탁월했다고 해요. 그런데 이는 예수님의 고통을 덜어주기 위함이 아니라 의식을 깨워 고통을 길게 하려는 악한 의도였어요. 그럼에도 예수님은 이를 마심으로 마지막 호흡의 순간까지 말씀을 성취하시지요(시 69:21).

다른 사람들은 "어디 엘리야가 와서 그를 구해주는지 두고 보자"라며 끝까지 예수님을 조롱해요. 예수님은 다시 크게 소리를 지르시고 숨을 거두시지요.

51 이에 성소 휘장이 위로부터 아래까지 찢어져 둘이 되고 땅이 진동하며 바위
가 터지고

예수님이 돌아가시자 그분이 하나님이심을 증거하는 놀라운 일들이 일어납니다. 첫 번째로 성소의 휘장이 위에서 아래로 찢어졌어요.

성소의 휘장은 성소와 지성소를 구분하는 용도였어요. 하나님의 임재를 상징하는 지성소는 가장 거룩한 곳으로 오직 대제사장만이 1년에 한 번 속죄일에 들어가서 이스라엘의 죄를 대속했어요. 이때 대제사장은 허리에 끈을 묶고 들어갔는데, 만일 그에게 죄가 있어 그곳에서 죽으면 아무도 들어갈 수 없기에 줄을 당겨 끌어내야 했지요.

그런데 예수님이 숨을 거두시자 이 휘장이 찢어졌어요. 이는 예수님의 죽음으로 모든 인류가 하나님께 곧장 나아갈 수 있게 되었음을 극적으로 보여주는 거예요.

특히 위에서 아래로 찢어졌다는 점도 중요해요. 이 휘장의 두께는 한 뼘 정도라 사람이 이렇게 단번에 찢을 수 없어요. 그러므로 이는 곧 하나님이 하셨음을 증거하며, 구원은 우리에게 근거가 없고 오직 하나님의 선물임을 강조하는 거예요. 아들의 몸을 찢으심으로 우리를 살리신 하나님의 너무나 크신 사랑이 느껴져요.

휘장 사건은 출애굽기의 홍해가 갈라지는 사건을 떠올리게 해요. 홍해가 갈라짐으로 이스라엘이 구원을 얻은 것처럼 휘장을 찢으심으로 우리를 사망에서 생명으로 건너게 해주신 거예요. 출애굽기가 완성되는 감격스러운 장면이지요.

52,53 무덤들이 열리며 자던 성도의 몸이 많이 일어나되 예수의 부활 후에 그들이 무덤에서 나와서 거룩한 성에 들어가 많은 사람에게 보이니라

두 번째로 땅이 진동하고 바위가 갈라지고 무덤이 열리며 잠자던 많은 성도의 몸이 살아났어요. 그들은 예수께서 부활하신 뒤에 무덤에서 나와 예루살렘 도성으로 들어가서 많은 사람에게 나타났어요. 마치 예수님의 공생애 당시 나사로가 살아나고 야이로의 딸이 살아난 것처럼요. 이는 재림 때에 있을 부활을 예표하는 사건이었어요.

당시 사람들은 예수님의 부활을 적극적으로 증거했어요. 너무나 놀라운 일이었기에 아무리 외부에서 입을 틀어막아도 직접 경험한 부활을 전할 수밖에 없었던 거지요.

우리도 십자가 사건이 내게 실재가 되면 전할 수밖에 없어요. 때를 얻든 못 얻든 그 감격이 우리 입을 열게 하지요.

54 백부장과 및 함께 예수를 지키던 자들이 지진과 그 일어난 일들을 보고 심히 두려워하여 이르되 이는 진실로 하나님의 아들이었도다 하더라

세 번째로 예수님의 사형을 집행하던 백부장과 군인들의 신앙고백이에요. 그들은 모든 광경을 지켜보다가 결국 "참으로 이분은 하나님의 아들이셨다"라고 고백해요. 사실 이 고백은 당시 로마 황제에게만 할 수 있는 표현이었어요. 그러므로 그들은 목숨을 건 고백을 한 거예요.

여기서 "하나님의 아들"이라는 개념은 마태복음의 중요한 주제예요. 예수님이 세례 받으실 때 하늘로부터 "이는 내 사랑하는 아들이요 내 기

뻐하는 자라"(마 3:17)라는 소리가 들렸지요. 그 소리는 베드로의 고백이 되었고, 마침내 이방인인 백부장과 로마 군인들의 고백이 되었어요. 이처럼 찢어진 휘장으로 백부장과 로마 군인들이 먼저 들어감으로써 복음의 방향성이 어디를 향하는지 알 수 있습니다.

55,56 예수를 섬기며 갈릴리에서부터 따라온 많은 여자가 거기 있어 멀리서 바라보고 있으니 그중에는 막달라 마리아와 또 야고보와 요셉의 어머니 마리아와 또 세베대의 아들들의 어머니도 있더라

그 놀라운 현장을 많은 여자가 멀리서 지켜보고 있었어요. 이 여인들은 앞으로 예수님의 죽으심뿐 아니라 무덤으로 내려가심과 부활을 지켜보는 증인들이 되지요. 마태는 이들을 막달라 마리아, 야고보와 요셉의 어머니 마리아, 세베대의 아들들의 어머니라고 기록하지만 다른 복음서에는 다른 이름들도 등장해요. 많은 여자가 예수님의 마지막 순간을 지켰던 거예요.

예수님이 성문 밖에서 십자가에 달려 죽으시고 휘장이 찢어진 사건을 묵상하면 히브리서 말씀이 떠올라요.

그러므로 예수도 자기 피로써 백성을 거룩하게 하려고 성문 밖에서 고난을 받으셨느니라 그런즉 우리도 그의 치욕을 짊어지고 영문 밖으로 그에게 나아가자 우리가 여기에는 영구한 도성이 없으므로 장차 올 것을 찾나니 히 13:12-14

예수님은 자신의 피로 백성을 거룩하게 하시려고 성문 밖에서 온갖 치욕과 고난을 받으셨어요. 그러므로 그 자녀인 우리도 영문 밖으로 나아가 그분의 치욕을 짊어져야 해요. 당시 성안은 보호받는 공간으로 정치, 권력, 안정이 있었지만 성 밖은 달랐어요. 병자 특히 나병환자들이 격리되어 있고 죄인들이 모여 사는 아픔과 슬픔이 가득한 곳이었지요. 그런데 하나님은 우리에게 예수님이 그러셨던 것처럼 우리도 자진해서 성문 밖으로 나가 예수님의 동역자가 되라고 하세요.

동시에 이 땅에는 영구한 도성이 없으므로 세상 끝날에 올 영원한 도성을 사모하며 살라고 하세요. 이 땅에서 예배하며 부활의 증인으로 살아가라고요.

저는 하나님을 만난 뒤로 인생을 마라토너처럼 살아요. 마라토너는 긴 경주를 하며 중간중간 쉰다고 해요. 앉아서 쉬는 게 아니라 달리는 속도를 늦추면서 쉬는 거지요. 제 일상도 딱 그렇거든요. 그런데 그렇게 주를 위해 달리다 보면 내가 풀기 어려운 문제가 풀리는 걸 경험해요. 우리가 주님의 일을 하면 주님이 우리 일을 도맡아 해결해주시는 게 주님 안의 인생이라고 생각합니다.

54 폼나는 멋진 인생 27:57-66

57 저물었을 때에 아리마대의 부자 요셉이라 하는 사람이 왔으니 그도 예수의 제자라

이 땅에서 예수님의 일생은 말씀 그 자체였습니다. 말씀이 육신이 되어 오셔서 마지막 호흡마저도 하나님의 말씀을 일점일획까지 성취하신 여정이었지요. 이제 살펴볼 본문은 예수님의 장례에 관한 이야기예요. 이 또한 하나님이 짜놓으신 각본대로 성취됨을 알 수 있어요.

사람들이 때로는 하나님 편에서, 때로는 그 반대편에서 각자 인생을 살았을 뿐인데 모든 것이 합력하여 선을 이루는 걸 보면 삶의 순간순간이 더 소중하게 느껴집니다.

57 저물었을 때에 아리마대의 부자 요셉이라 하는 사람이 왔으니 그도 예수의 제자라

예수님은 금요일 오후 3시경 숨을 거두셨어요. 그날 해가 질 무렵 아리마대의 부자 요셉이 왔어요. "저물었을 때"는 보통 저녁을 말하지만 여기서는 오후 3-6시 사이로 추정할 수 있어요. 왜냐면 유대인의 하루는 오후 6시부터 시작되는데 그날은 안식일이 시작되는 시간이라 율법에 근거하여 아무것도 할 수 없었거든요.

'아리마대'는 예루살렘에서 북서쪽으로 약 30킬로미터 떨어진 지역으로 추정돼요. 마태는 그를 "부자"이며 "예수의 제자"라고 설명해요. 마

가는 그를 "존경받는 공회원", "하나님의 나라를 기다리는 자"(막 15:43)라 하고, 누가는 "공회 의원", "선하고 의로운 요셉", "하나님의 나라를 기다리는 자"(눅 23:50,51)라 표현하며 그가 예수님을 죽이자는 의회의 결의와 행사에 찬성하지 않았다고 덧붙여요.

반면 요한은 재미있는 사실을 알려줘요. "아리마대 사람 요셉은 예수의 제자이나 유대인이 두려워 그것을 숨기더니"(요 19:38)라고요.

당시 공회 의원은 엄청난 기득권을 누리고 있었습니다. 게다가 그는 선하고 의로운 성품에 부자였고 사람들의 존경을 받았지요. 그런 그가 예수님의 제자인 게 밝혀지면 누리던 모든 것이 사라질 수도 있었어요. 그는 하나님나라를 기다리며 몰래 예수님을 따르고는 있었지만, 33세 청년 예수에게 모든 인생을 걸기란 쉽지 않았기에 그분의 제자임을 숨기며 애매한 태도로 살았던 거예요.

그런 그에게 인생의 결정적인 순간이 찾아왔어요. 바로 예수님의 십자가 죽음이었지요. 그 십자가를 바라보면서 예수님이 '그리스도'라는 확신이 생기자 용기가 두려움을 물리쳤어요. 그때부터 그는 예수의 제자로서 당당히 살기 시작한 거예요.

58 빌라도에게 가서 예수의 시체를 달라 하니 이에 빌라도가 내주라 명령하거늘

아리마대의 부자 요셉은 예수님의 장례를 치르기 위해 빌라도를 찾아가 그분의 시체를 달라고 합니다. 사실 십자가의 처형 자체가 저주의 상징이었기에 로마법은 죽은 자의 명예로운 장례를 허용하지 않았어요. 십자

가 사형수들은 그대로 십자가에 달린 채 새들의 먹이가 되기 일쑤였지요.

게다가 예수님은 공회의 결정에 따라 사형수로 로마에 넘겨진 상태라 요셉의 행동은 한순간에 모든 걸 잃을 수 있는 위험한 행동이었어요. 그런데 그의 요청에 빌라도가 예수님의 시체를 내줘요. 그도 예수님이 무죄라고 생각했기 때문이었지요.

59,60 요셉이 시체를 가져다가 깨끗한 세마포로 싸서 바위 속에 판 자기 새 무덤에 넣어두고 큰 돌을 굴려 무덤 문에 놓고 가니

유대의 무덤은 우리나라처럼 위로 봉분을 만들지 않고 동굴이나 땅을 파서 묻었어요. 또 가족묘 형태라 보통은 외실과 내실이 있었지요. 이스라엘의 기후상 외실에 1년 정도 시체를 두면 완전히 썩어서 뼈만 남는데 그것을 추려서 내실에 넣었다고 해요.

요셉이 준비한 바위를 뚫어서 만든 무덤은 굉장히 비싸고 아무도 묻히지 않은 새 무덤이었어요. 요셉은 예수님을 깨끗한 세마포로 싸서 미리 파놓은 자신의 무덤에 안장했지요. 보통은 시체에 향품을 바른 뒤 깨끗한 세마포로 싸지만, 안식일이 다가오는 때라 시간이 촉박해서 세마포로만 싼 걸로 추정돼요. 그것만으로도 충분히 예를 갖춘 장례였거든요.

놀라운 사실은 이 또한 이사야서 53장 9절 말씀 “그가 죽은 후에 부자와 함께 있었도다”를 성취했다는 거예요.

61 거기 막달라 마리아와 다른 마리아가 무덤을 향하여 앉았더라

이때 막달라 마리아와 다른 마리아가 이 장면을 지켜보고 있었어요. 이 두 여인은 예수님 무덤의 위치를 알아뒀다가 안식일 다음 날 찾아가 부활의 "두 증인"(신 19:15)이 되었지요.

그들은 '부활'이라는 엄청난 일의 증인이 될 거라고는 상상조차 못 했을 거예요. 단지 예수님을 진심으로 사랑하고 순종해서 한 행동을 통해 예기치 않게 '부활의 목격자'로서 영광을 누리게 되었지요. 이 모든 게 한 치의 오차도 없는 말씀의 성취이자 하나님의 계획이었어요.

62 그 이튿날은 준비일 다음 날이라 대제사장들과 바리새인들이 함께 빌라도에게 모여 이르되

예수님이 돌아가신 금요일의 다음 날은 안식일이었어요. 그런데 "준비일 다음 날"인 안식일에 대제사장들과 바리새인들이 함께 규례를 깨고 빌라도를 찾아가 예수님의 시체를 지켜달라고 요청해요.

율법에 목숨을 걸었던 그들이 안식일에 이방인을 만난다는 건 있을 수 없는 일이었어요. 그럼에도 그들은 '예수 사건'을 종결시키는 데 혈안이 되어 안식일의 규례도 깨버렸지요.

63-66 주여 저 속이던 자가 살아있을 때에 말하되 내가 사흘 후에 다시 살아나리라 한 것을 우리가 기억하노니 그러므로 명령하여 그 무덤을 사흘까지 굳게 지키게 하소서 그의 제자들이 와서 시체를 도둑질하여 가고 백성에게 말하되 그가 죽은 자 가운데서 살아났다 하면 후의 속임이 전보다 더 클까 하나이다 하니 빌라도가 이르되 너희에게 경비병이 있으니 가서 힘대로 굳게 지키라

하거늘 그들이 경비병과 함께 가서 돌을 인봉하고 무덤을 굳게 지키니라

유대 종교지도자들은 예수님이 사흘 만에 다시 살아날 거라고 말씀하셨던 게 마음에 걸렸어요. 혹시나 제자들이 예수님의 시체를 도둑질해서 숨기고 백성들에게 살아났다고 거짓말을 할 수도 있다고 생각한 거예요.

빌라도가 허락하자 그들은 경비병과 함께 돌을 인봉하고 무덤을 확실하게 지켜요. 사실 시신이 도둑맞을까 봐 염려하여 무덤을 단단히 지킨 건데 이 일로 인해 예수님의 부활하심이 더 확실히 증명되지요. 물론 나중에 그들이 부활 사건을 조작하여 누군가가 시체를 훔쳐갔다고 소문을 퍼뜨리지만요.

아무리 사람이 악한 일을 꾀하고 하나님의 일을 막아도 그분의 계획은 그 악함까지 사용해서 더 견고하게 펼쳐집니다. 우리는 하나님의 계획에서 일점일획도 벗어나지 못해요. 예수님이 증명해주셨어요.

겁쟁이였던 아리마대 사람 요셉도 십자가를 경험하고 예수님의 제자로 살아갈 용기를 얻었어요. 하나님 앞에서 모든 소유를 잃을까 봐 두려워했던 것이 결국 아무것도 아님을 깨달았기 때문이에요.

갓 걸음마를 시작한 아이가 바닥이 아닌 엄마의 눈을 보면 발걸음을 뗄 수 있는 것처럼, 또 수많은 연습을 통해 걷고 뛰게 되는 것처럼 우리도 예수 그리스도께 시선을 고정할 때 하나님나라에서 내게 맡겨진 구간을 잘 달릴 수 있어요.

십자가 처형을 집행한 백부장의 "이분은 하나님의 아들이셨다"라는

용기 있는 고백, 아리마대 사람 요셉의 용기 있는 행동 모두 십자가를 통과하며 얻은 '부활'의 용기예요!

우리도 하나님이 짜놓으신 각본 안에서 살아간다는 사실을 잊으면 안 돼요. 그 각본의 포인트는 첫째, 세상은 하나님 뜻대로 오차 없이 이루어진다는 것과 둘째, 우리는 의인 혹은 악인의 편에 서서 하나님의 뜻을 이룬다는 것과 셋째, 의인은 구원을 받고 악인은 심판을 받는다는 거예요. 여기서 예외인 사람은 한 명도 없답니다.

55 사랑의 끝판왕 28:1-20

20 내가 너희에게 분부한 모든 것을 가르쳐 지키게 하라 볼지어다 내가 세상 끝날까지 너희와 항상 함께 있으리라 하시니라

마태복음의 마지막 자락에서 주님이 우리에게 주시는 말씀에 귀를 기울여봐요.

1 안식일이 다 지나고 안식 후 첫날이 되려는 새벽에 막달라 마리아와 다른 마리아가 무덤을 보려고 갔더니

안식일 다음 날 동틀 무렵, 막달라 마리아와 다른 마리아가 예수님의

무덤을 찾아갔어요. 주님을 사랑하는 마음에 가만히 있을 수 없었지요.

2-4 큰 지진이 나며 주의 천사가 하늘로부터 내려와 돌을 굴려내고 그 위에 앉았는데 그 형상이 번개 같고 그 옷은 눈같이 희거늘 지키던 자들이 그를 무서워하여 떨며 죽은 사람과 같이 되었더라

그런데 갑자기 큰 지진이 일어나더니 주님의 천사가 하늘로부터 내려와 무덤 입구를 막고 있던 돌을 옆으로 굴려내고 그 위에 앉았어요.

마태복음에 천사가 세 번 나타나는데 처음엔 요셉에게 예수님의 잉태 소식을 전했고, 두 번째는 동방박사들에게 하나님의 뜻을 전했어요. 그리고 마지막으로 여자들에게 예수님의 부활 소식을 전합니다.

그 모습은 다니엘서나 요한계시록에서 보여주는 것처럼 하늘의 영광을 나타냈어요. 이 광경에 무덤을 지키던 자들은 두려움에 사로잡혀 죽은 사람처럼 새파랗게 질렸지요.

5,6 천사가 여자들에게 말하여 이르되 너희는 무서워하지 말라 십자가에 못 박히신 예수를 너희가 찾는 줄을 내가 아노라 그가 여기 계시지 않고 그가 말씀하시던 대로 살아나셨느니라 와서 그가 누우셨던 곳을 보라

여자들도 천사를 보고 두려워하기는 마찬가지였어요. 천사는 그들에게 두려워하지 말라고 해요. 또 그들이 찾는 예수는 더 이상 무덤에 계시지 않고 말씀하신 대로 살아나셨다고 알려주지요. 그리고 예수님의 시신이 안치되었던 곳을 보라고 해요. 부활을 직접 확인하라는 거지요. 이렇게 여자들은 부활의 증인이 되었어요.

부활의 증인으로 여자가 택함을 받았다는 사실도 매우 의미심장해요. 당시 중동 문화권에서 여자는 남자의 재산 목록 중 하나였거든요. 그래서 증인으로 채택될 자격도 없었어요. 그런 배경에서 여인들이 부활의 증인이 되었다는 건, 부활이 '사실'임을 역설적으로 입증하는 거예요. 너무 당연한 이야기니까 굳이 증거가 필요치 않은 거지요.

또한 사복음서에는 무덤을 찾은 여자들의 이름이 각각 다르게 기록되어 있어요. 여러 여자가 있었다는 증거지요. 그런데 유독 막달라 마리아는 공통으로 기록돼요. 그녀는 일곱 귀신이 들렸다가 예수께 고침을 받은 여인으로, 주님이 신분이 낮은 자, 아픈 자, 소외된 자, 상처받은 자들과 함께하시며 그들을 사용하심을 알 수 있어요.

본문에 등장하는 여자들은 오직 주님을 사랑하는 마음으로 나아갔어요. 그들은 '부활의 증인'이라는 위대한 타이틀을 바라며 그 자리로 향하지 않았지요. 그저 주님을 사랑하기에 그 새벽에 달려갔고 그 사랑으로 위대한 타이틀을 얻었어요. 주님을 향한 진실한 사랑이 모든 걸 가능하게 해요. 또한 이들을 통해 복음이 사회적 통념을 넘어 모든 사람에게 전파될 거라는 방향성을 볼 수 있어요.

7 또 빨리 가서 그의 제자들에게 이르되 그가 죽은 자 가운데서 살아나셨고 너희보다 먼저 갈릴리로 가시나니 거기서 너희가 뵈오리라 하라 보라 내가 너희에게 일렀느니라 하거늘

천사는 여자들에게 부활을 확인시킨 후 제자들에게 가서 예수님의 부활을 알리라고 해요. 예수님이 먼저 갈릴리로 가시니 그곳에서 그분을

뵙게 될 것을 전하라고 하지요. 여기서 "먼저 갈릴리로 가시나니"가 중요해요. 예수님은 이 말씀을 이미 하셨어요. "내가 살아난 뒤에, 너희보다 먼저 갈릴리로 갈 것이다"(마 26:32, 새번역).

시간적 순서로 보면 제자들이 주님보다 먼저 갈릴리로 갑니다. 마태복음 4장 15,16절에 근거하여 갈릴리는(나사렛 포함) 이방의 땅, 흑암의 땅, 사망과 가난과 저주의 땅을 상징해요. 그런데 예수님이 나사렛 사람(마 2:23), 갈릴리 사람(사 9:1)으로 불리시는 건 의미심장합니다.

여기서 예수님이 "먼저 갈릴리로" 가신다는 말은 단순히 시공간적인 의미가 아니라 당신이 먼저 십자가(죽음)의 길을 가실 테니 그 길을 제자들도 따르라는 말씀이에요. 즉 새로운 종말론적 언약 공동체를 시작하시려는 거지요.

8-10 그 여자들이 무서움과 큰 기쁨으로 빨리 무덤을 떠나 제자들에게 알리려고 달음질할새 예수께서 그들을 만나 이르시되 평안하냐 하시거늘 여자들이 나아가 그 발을 붙잡고 경배하니 이에 예수께서 이르시되 무서워하지 말라 가서 내 형제들에게 갈릴리로 가라 하라 거기서 나를 보리라 하시니라

천사의 말에 여자들은 무서움과 큰 기쁨을 느꼈어요. 그리고 이 소식을 제자들에게 전하려고 급히 무덤을 떠나 달려갔지요. 천사의 말이 다 이해되진 않았지만 일단 예수님이 부활하셨다는 사실에 벅찬 감격이 몰려왔어요.

바로 그때 예수님이 여자들 앞에 나타나세요. 놀란 그녀들에게 "평안하냐?"라고 물으시지요. 여자들은 그분의 발을 붙잡고 경배해요. 그러

자 예수님은 "무서워하지 말라"라고 그들을 안심시키시며 "내 형제들에게 갈릴리로 가라 하라 거기서 나를 보리라"라고 말씀하세요. 예수님이 또다시 "먼저 갈릴리"에 가 계실 거라는 사실을 강조하시지요. 세 번이나 반복하신 건 매우 중요하다는 뜻이에요.

제가 말씀을 가르치다 보면 주님을 눈으로 직접 만나고 싶다고 하는 사람이 많습니다. 그런데 주님을 만난 사람들의 공통 반응은 두려움이에요. 주님의 첫마디가 늘 "두려워하지 말라"인 까닭이지요.

예수님을 만났다고 해서 이전에 깨닫지 못하던 게 갑자기 깨달아지는 건 아니에요. 물론 하나님이 우리 인생에 기적으로 역사하실 때도 있어요. 이는 영적 성장의 큰 계기가 되기도 해요. 가끔 마시는 보약처럼요. 하지만 일상에서 밥을 잘 챙겨 먹으면 굳이 보약이 필요 없겠지요.

몸에 아무리 좋아도 보약만 먹고 살 수 없듯이 극적인 기적, 영적 한 방만 기대하는 건 건강한 신앙이 아니에요. 담백한 집밥처럼 매일 말씀을 꾸준히 섭취하는 게 우리의 영적 건강을 지켜주지요.

11 여자들이 갈 때 경비병 중 몇이 성에 들어가 모든 된 일을 대제사장들에게 알리니

여자들이 제자들에게 갈 때 경비병 몇 사람도 대제사장들에게 달려갔어요. 그리고 지금까지 일어난 모든 일을 낱낱이 보고하지요.

12-14 그들이 장로들과 함께 모여 의논하고 군인들에게 돈을 많이 주며 이르되 너희는 말하기를 그의 제자들이 밤에 와서 우리가 잘 때에 그를 도둑질하여

갔다 하라 만일 이 말이 총독에게 들리면 우리가 권하여 너희로 근심하지 않게 하리라 하니

당황한 기색이 역력한 종교지도자들은 긴급회의를 소집해요. 그리고 '가짜뉴스 작전'을 펼치지요. 병사들을 돈으로 매수해서 '예수의 제자들이 밤중에 와서 우리가 잠든 사이에 시체를 훔쳐갔다'라고 소문내도록 해요. 만일 일이 잘못되어 모든 진실이 총독의 귀에 들어가더라도 아무 해가 없도록 뒤를 봐주겠다고 약속하면서요.

15 군인들이 돈을 받고 가르친 대로 하였으니 이 말이 오늘날까지 유대인 가운데 두루 퍼지니라

예수님의 무덤을 지키던 군인들은 돈을 받고 시키는 대로 '가짜뉴스'를 퍼뜨립니다. 그래서 마태복음이 기록될 당시 '예수 시신 도둑설'이 널리 퍼졌지요. 부인할 수 없는 진리를 직면하고도 끝까지 부인하고 가짜뉴스를 퍼뜨리며 제 무덤을 파는 사람들의 강퍅함을 볼 수 있어요.

마태복음의 마지막은 부활 이후에 '지상명령'이 주어지는 장면이에요.

16 열한 제자가 갈릴리에 가서 예수께서 지시하신 산에 이르러

열한 제자가 갈릴리로 가서 예수님이 지시하신 산에 이르렀어요. 이 산에 대해 여러 설이 있지만 마태는 유독 '산'을 강조하고 있어요. 산상수훈도 산에서 베풀어졌고(마 5:1,2), 예수님의 변화된 모습도 산에서 보여

주셨지요(마 17:1-9). 이는 구약에서 모세가 율법을 받은 시내 산과 대칭을 이루기 위해서예요. 믿지 않는 유대인이 공감할 수 있도록 한 거지요.

17,18 예수를 뵈옵고 경배하나 아직도 의심하는 사람들이 있더라 예수께서 나아와 말씀하여 이르시되 하늘과 땅의 모든 권세를 내게 주셨으니

제자들은 부활하신 예수님을 뵙고 경배했지만 더러 의심하는 사람들도 있었어요. 예수님은 그들에게 다가가셨어요. 당시 제자들은 다 그분을 버리고 도망가고 부인했기에 책망받을까 봐 긴장되고 부끄러웠을 거예요. 그러나 예수님은 단 한마디도 책망하지 않으세요.

대신 당신이 하늘과 땅의 모든 권세를 받았다고 말씀하십니다. 이는 육체에 갇혀 제한적으로 사용하시던 권세가 아닌 부활하신 후 하나님으로서의 절대적인 권세를 말씀하시는 거예요.

19,20 그러므로 너희는 가서 모든 민족을 제자로 삼아 아버지와 아들과 성령의 이름으로 세례를 베풀고 내가 너희에게 분부한 모든 것을 가르쳐 지키게 하라 볼지어다 내가 세상 끝날까지 너희와 항상 함께 있으리라 하시니라

절대적인 권세 다음에 "그러므로"로 말씀을 이어가시며 예수님의 권세와 제자들의 능력을 결부시키세요. 그리고 지상명령을 주시지요. 예수님이 그들을 제자 삼아 가르치신 것처럼 그들도 모든 민족을 제자 삼아 세례를 베풀고, 가르치고, 지키게 하라고 하세요. 이것이 주님의 제자가 되게 하는 방법이지요. 마지막으로 너무나 감격스러운 말씀을 하세요.

"내가 세상 끝날까지 너희와 항상 함께 있을 것이다!"

사실 제자들은 이 사명을 감당할 만한 재목이 아님이 이미 증명된 상태였어요. 하지만 예수님은 그들에게 엄청난 명령을 하셨고 제자들은 그 사명을 놀랍도록 멋지게 감당했지요. 어떻게 그런 일이 가능했을까요?

그 답은 첫째, "그러므로"에 있어요. 머리이신 예수님의 능력이 몸인 우리에게 연결되기 때문이에요. 주님이 받으신 하늘과 땅의 모든 권세가 그분의 제자 된 사도들과 우리에게도 흘러온 거지요.

둘째, "너희와 항상 함께 있으리라"예요. 주님이 우리와 함께 계시니 모든 게 가능해요. 요한복음에 보면 "세상에 있는 자기 사람들을 사랑하시되 끝까지 사랑하시니라"(요 13:1)라고 하셨어요. 주님은 우리 각 사람이 아름다운 걸작품이 될 때까지 절대 포기하지 않으시고 끝까지 놓지 않겠다고 말씀하세요. 놀랍게도 우리는 사명을 감당하며 아름답게 빚어지지요.

주님은 때로 가난과 질병, 여러 환난으로 우리를 흔드시고 결국 그분만 붙들게 하세요. 우리는 인생의 지진을 통해 주님의 가치를 비로소 깨닫고 그분만 온전히 붙들게 됩니다. 그 과정을 통과한 사람은 자나 깨나 '어떻게 하면 주님이 기뻐하실까'를 생각해요. 삶이 단순해지지요. 주님이 기뻐하시는 삶을 사니 주님이 예뻐하실 수밖에 없고요.

사랑을 많이 받은 아이가 사랑을 뿜어낼 줄 알아요. 주님의 사랑을 듬뿍 받은 사람은 눈빛, 목소리, 작은 몸짓에 주님의 사랑이 묻어나요. 이런 사람은 어떤 환경에서도 주님 한 분으로 기뻐할 수 있어요. 감사하려고 기를 쓰지 않아도 감사와 찬양이 그의 호흡이 되지요. 주님만이 유일한 소망이심을 깨닫고 영적 부요함 속에서 살아가는 거예요.

주님은 제자들을 실패의 자리로 몰아가심으로써 결국 영적 매력이 넘쳐나는 사도들로 빚으셨어요.

"내가 세상 끝날까지 너희와 항상 함께 있을 것이다."

우리도 주님의 이 약속의 메시지를 붙들고, 그분과 동행하며 세상 끝날까지 말씀을 전하는 충만한 기쁨을 누리게 될 줄 믿습니다.

마음의 중심을 세우는 말씀

우리는 지금껏 경험해보지 못한 새로운 세상을 살아가고 있습니다. 코로나19 바이러스가 전 세계적으로 유행하는 위기 가운데 첨단 기술은 빛의 속도로 발전하고 트렌드는 눈 깜짝할 사이에 바뀌고 있지요.

제 삶도 예외가 아니었어요. 이 빠르고 거센 흐름 속에서 건강하게 성장하던 회사가 휘청이기 시작했습니다. 예기치 못한 상황으로 회사는 망해갔지만, 저는 이것이 새로운 시작을 알리는 하나님의 응원처럼 느껴져 설레고 기대되었지요.

온라인 패션 브랜드를 새롭게 시작했고, 식품회사인 이즈굿도 설립했어요. 하나님께서 우주 만물을 만드시고 "보시기에 좋았더라"라고 하신 창세기 1장 말씀으로 회사명을 지었지요. 하나님이 보시기에도 좋고 사람이 보기에도 좋은 회사가 되어 좋은 식재료로 건강한 먹거리와 라이프

스타일을 만들겠다는 의미를 담았습니다.

이 브랜드로 인해 하나님께서 우리 가정에 주신 '북한 주민을 살리라'라는 사명이 실제가 되어감을 보며 감격스러웠어요. 이 모든 게 불과 1년 6개월도 안 되는 짧은 시간에 벌어졌지요.

역사를 돌아보면 팬데믹이 미래를 앞당기는 역할을 해왔어요. 그 어느 때보다 초고속으로 미래가 당겨지고 있는 지금, 저도 시대의 급물살을 타고 피보팅(pivoting, 급속히 변하는 외부 환경에 따라 사업의 방향을 다른 쪽으로 전환하는 것)하고 있어요.

이럴 때 마음의 중심을 바로 세우지 않으면 불안과 두려움에 사로잡혀 세상의 기류에 휩쓸릴 수밖에 없지요. 감사하게도 하나님께서는 제 중심을 견고히 세우시려고 이 책을 집필하게 하셨어요. 사실 회사 경영, 유튜브 채널 운영, 집안일을 모두 하는 게 정말 쉽지 않았습니다. 거기에 책까지 쓰려니 은혜가 아니면 불가능했지요.

지나고 보니 제 삶의 빠른 방향 전환과 성장을 계획하셨기에 중심을 더욱 견고히 세우길 원하셨음을 깨달아요. 책을 쓰게 하셔서 하나님을 더 붙들게 하셨지요. 또 세상의 거센 물살에 구명조끼와 같은 이 책으로 한 생명이라도 더 살리시려는 아버지의 마음이 느껴졌습니다.

제가 이 급류에 떠내려가지 않고 새 일을 시작할 수 있었던 비결이 뭔지 아세요? 매일 새벽 영적 광야에서 하나님께 하루를 결재받지 않으면 절대 세상에 나가지 않겠다는 결심 덕분이에요. 그 생생한 이야기를 책으로 엮어 나눌 수 있어서 참 감사해요.

창조주 하나님을 절로 찬양하게 되는 아름다운 계절에 이 책에 담긴 'His story'(역사이자 하나님의 이야기)가 세상에 아름답게 피어나길 소망합니다. 이 책의 독자들이 복음의 생명줄을 붙들고 서로 응원하고 격려하는 천국 패밀리가 되길 간절히 기도해요. 우리 함께 이 땅에서 파도타기를 즐기며 천국 문화를 만들어가요.

최고의 동역자인 남편과 세 아들 준모, 승모, 윤모에게 말로 표현할 수 없는 감사와 사랑을 보냅니다.

또 제 신앙의 기초를 닦아주신 영적 부모님, 이순근 목사님과 이애실 사모님, 성경 연구를 더 깊이 할 수 있도록 조언과 연구 방법을 알려주신 송태근 목사님, 기쁜 마음으로 추천의 글을 써준 비글 부부, 이 책의 출간 기회를 주시고 중보로 함께해주신 규장 가족들, 마지막으로 늘 사랑과 응원으로 성.공.(성경공부)을 함께해준 천국 패밀리에게 마음 다해 감사를 드립니다.

씨를 뿌리시고 때에 따라 은혜와 사랑으로 열매 맺게 하신 하나님께 모든 영광을 올려드립니다.

참 고 자 료

- 성경 역본-개역개정, 새번역, NIV, ESV, NLT
- Logos Bible 앱

《앵커바이블》(사복음서) 레이몬드 E. 브라운 외, 기독교문서선교회

《예수님의 행적》 김홍전, 성약

《마태복음 분해연구》 캠벨 몰간, 목회자료사

《하나님의 뜻》 캠벨 몰간, 규장

《요세푸스1: 유대 고대사》 요세푸스, 생명의말씀사

《요세푸스2: 유대 고대사》 요세푸스, 생명의말씀사

《요세푸스3: 유대 전쟁사》(예루살렘 함락사) 요세푸스, 생명의말씀사

《요세푸스4》(자서전과 아피온 반박문) 요세푸스, 생명의말씀사

《두란노 성서지도》 토마스 V. 브리스코, 두란노

《ESV 성경지도》 존 커리드, 데이비드 배릿, 부흥과개혁사

《성경역사, 지리학, 고고학 아틀라스》 앤손 F. 레이니, R. 스티븐 나틀리, 이레서원

《쾌도난마 다니엘서》 송태근, 지혜의샘

《쾌도난마 요한계시록》 송태근, 지혜의샘

《계약신학과 그리스도》 팔머 로벗슨, P&R

《기독교 교리사》 김영재, 합신대학원 출판부

《기독교의 기본 진리》 존 스토트, 생명의말씀사

《성령 하나님과 놀라운 구원》 마틴 로이드 존스, 부흥과개혁사

《영광스러운 교회와 아름다운 종말》 마틴 로이드 존스, 부흥과개혁사

《신구약읽기 내비게이션》 이애실, 성경방

《엑스포지멘터리 이사야》 송병현, EM

난생처음 성경공부 : 마태복음

초판 1쇄 발행 2021년 5월 27일
초판 5쇄 발행 2021년 7월 5일

지은이 이지남

펴낸이 여진구
책임편집 김아진 정아혜
편집 이영주 기은혜 정선경 최현수 안수경 김도연 최은정
책임디자인 조은혜 | 마영애 노지현 조아라
기획·홍보 김영하
마케팅 김상순 강성민 허병용 마케팅지원 최영배 정나영
제작 조영석 정도봉 경영지원 김혜경 김경희

303비전성경암송학교 유니게과정 박정숙 최경식
이슬비전도학교 / 303비전성경암송학교 / 303비전꿈나무장학회 여운학

펴낸곳 규장

주소 06770 서울시 서초구 매헌로 16길 20(양재2동) 규장선교센터
전화 02)578-0003 팩스 02)578-7332
이메일 kyujang0691@gmail.com 홈페이지 www.kyujang.com
페이스북 facebook.com/kyujangbook 인스타그램 instagram.com/kyujang_com
카카오스토리 story.kakao.com/kyujangbook
등록일 1978.8.14. 제1-22

책값 뒤표지에 있습니다.
ISBN 979 - 11 - 6504 - 219 - 6 03230

규 | 장 | 수 | 칙

1. 기도로 기획하고 기도로 제작한다.
2. 오직 그리스도의 성품을 사모하는 독자가 원하고 필요로 하는 책만을 출판한다.
3. 한 활자 한 문장에 온 정성을 쏟는다.
4. 성실과 정확을 생명으로 삼고 일한다.
5. 긍정적이며 적극적인 신앙과 신행일치에의 안내자의 사명을 다한다.
6. 충고와 조언을 항상 감사로 경청한다.
7. 지상목표는 문서선교에 있다.

하나님을 사랑하는 자 곧 그의 뜻대로 부르심을 입은 자들에게는 모든 것이 合力하여 善을 이루느니라(롬 8:28)

Member of the Evangelical Christian Publishers Association

규장은 문서를 통해 복음전파와 신앙교육에 주력하는 국제적 출판사들의 협의체인 복음주의출판협회(E.C.P.A:Evangelical Christian Publishers Association)의 출판정신에 동참하는 회원(Associate Member)입니다.